全国法律类专业职业教育规划教材

中国法制史新编

赵治国　王向英　张东华　编著

WUHAN UNIVERSITY PRESS
武汉大学出版社

图书在版编目(CIP)数据

中国法制史新编/赵治国,王向英,张东华编著.—武汉:武汉大学出版社,2015.3(2021.8 重印)
全国法律类专业职业教育规划教材
ISBN 978-7-307-15347-9

Ⅰ.中… Ⅱ.①赵… ②王… ③张… Ⅲ.法制史—中国—高等职业教育—教材 Ⅳ.D929

中国版本图书馆 CIP 数据核字(2015)第 039973 号

责任编辑:田红恩　　责任校对:汪欣怡　　版式设计:马　佳

出版发行:**武汉大学出版社**　(430072　武昌　珞珈山)
(电子邮箱:cbs22@whu.edu.cn 网址:www.wdp.com.cn)
印刷:武汉邮科印务有限公司
开本:787×1092　1/16　印张:18.75　字数:449 千字　插页:1
版次:2015 年 3 月第 1 版　　2021 年 8 月第 2 次印刷
ISBN 978-7-307-15347-9　　定价:30.00 元

前 言

中国传统法律作为中国传统文化不可或缺的部分，以独有的方式展示着先人的智慧。中国法律史与中华文明史同样渊远流长，其体系之完整，内容之丰富，规范之周密，制度之健全，文献之浩瀚，沿革之清晰，特色之鲜明，实为世界法律史一大奇观。

中国法律史包括中国法律思想史和中国法律制度史。本教材的名称是《中国法制史新编》，内容却涉及了各个朝代的法律思想，甚至有的朝代的法律思想还作为重点来讲述。但是从整体上看，最核心的还是讲述各朝代法律内容和司法制度的沿革，之所以讲述法律思想，是因为法律思想与法律制度两者的关系十分密切。任何法律制度都是人有意识创设的，都无不以一定的思想为指导，并体现这种思想。法律思想是法律制度之灵魂，法律制度是法律思想之躯身。无灵魂则躯身僵死，无躯身则灵魂无驻存之地，灵魂与躯身不可分，只有将二者统一起来才是完整的活的有机体。故此，要想完整地讲述中国法制史，不能忽视法律思想的存在及影响。

本教材以朝代为单元，分别讲述各个朝代的立法思想、立法状况、主要法律制度和司法制度。其对象和范围包括：

一、时间上限起自公元前21世纪夏朝建立，下限止于1949年，共历时四千余年。

二、各个王朝、各个历史时期，对法制产生重大影响的观念、思想，即法制的思想史。

三、各王朝、各时期法制的产生、创立和表现形式，即立法的历史。

四、各王朝、各时期各部门法的基本内容，即法律所调整的社会关系史，或曰静态法制史。

五、各王朝、各时期法律制度的实施及司法机关的活动，即执法的历史，或曰动态法制史。

六、各王朝、各时期法律制度的主要特点及其共同性，即比较的法制史。

七、各王朝、各时期法律制度是如何兴衰存亡、继承发展的，即法律演变规律的历史。

八、各王朝、各时期法律制度的利弊得失、经验教训，对政治、经济、文化的作用，以及对后世的影响，亦即关于法制的评价。

在当代，学习中国法制史具有重要的现实意义：

1. 与古人对话，提升个人素养和专业素养。作为高等院校法律专业的学生，尤其对于希望成为将帅之才的学生而言，需要提高自身的专业素质。法制史虽然不像部门法那样具有直接的可操作性，却是进行专业素质教育的好教材。在这一方面，绝对不是部门法所能取代的。

2. 与现实对话，服务于中国法治社会的建设。目前，中国的依法治国大计正在全面展开，在这种情况下学习中国法制史尤其具有现实意义。中国法制史表明法制的进步既需要变革，也需要继承。不论继承还是变革首先遇到的是传统，传统是一个永远都无法绕开的问题。不管对传统抱什么态度，都必须了解认识传统，而后才谈得上如何处理传统与现实的关系问题。学习中国法制史可以使人对法制建设采取更客观、更冷静、更理性的态度，避免情绪化的错误倾向，从而推动现实法制建设既快速又稳妥地发展，减少失败的可能。

3. 与世界对话，为中外世界法律文化交流做贡献。中国传统法律文化是世界法律文化的重要组成部分，法律文化需要交流，互通有无，取长补短。开放以来，人有我无、人长我短的东西，我们引进了一些，包括法律制度，也包括法律观念。这是明智之举，势在必行，此趋势有增无减。世界要与中国打交道，要更全面更深刻地认识中国，必须要认识中国的传统法律文化。如果我们不努力学习、整理并传播、传承传统法制，不为提高他们的认识提供方便，世界就很难认识中国，与中国进行深层次的交流。为此，我们有责任加强中国法制史的教学与研究，以便使更多的学生热爱这一学科，为中外法律文化的交流与发展培养出强大的后备军。

我们在借鉴已有的成果，特别是高积顺教授主编的《中国法制史新编》的基础上，编著了新的《中国法制史新编》教材。本教材的特点主要体现在：

第一，标题突出时代特色。本教材按朝代设章，每章标题突出了该朝代法制的显著特点。

第二，内容注重历史与现实的结合。本教材内容的选择以体现各朝代法制的特色、与司法考试的衔接及对学生法律素养的提升为标准，注重知识性、必要性和实用性。

第三，表现形式丰富多样。本教材根据各朝代法制的特点，分别用背景知识、案例、图片、表格等多种形式阐释历史上的法制，力求形式多样，生动活泼，通俗易懂，增强了可读性。

本教材主要适用于本科院校和高职高专法律专业的学生。同时，对中国传统法律文化感兴趣的读者来说，也是非常不错的选择。

本教材编著者分工如下：

赵治国：第一、二、三、四章；

王向英：第五、六、七、八、九章；

张东华：第十、十一、十二、十三、十四、十五、十六章。

本教材的编著暂时告一段落，对中国法制史的关注却永远不会结束。如果说我们的教材对于中国法制史的宣传和传承能够起到一点点作用的话，那么这份功劳应该归功于高积顺先生，可以说，如果没有高积顺先生的《中国法制史》，就不会有我们现在的教材，高积顺先生的前期成果是我们工作的坚实基础；功劳应该归功于河北政法职业学院法律系的领导和基础法教研室的同仁，领导的支持与同仁的帮助是我们工作的保障；功劳应该归功于我们的学生，他们学习的热情与思考是我们工作的动力；功劳也应该归功于武汉大学出版社的编辑，他们耐心细致的工作最终成就了我们的努力；功劳还应该归功于命运的安排，是命运使我们三位编著者有幸走到一起共同完成本书，在编著过程中的分工合作、勇于担责、相互鼓励、互谅互让的点点滴滴已经融入我们的生命，成为我们美好的回忆。

最终，我们三位编者想对每一位关心本书出版的朋友、有缘阅读本书的朋友发自内心地说一声：谢谢！有你们的关注与关心，真好！

目　　录

导　论

高积顺

一、中国法制史和中国法制史学

黄河是中华民族的摇篮，中国是世界四大文明古国之一，拥有四千余年并且从未中断的文明史。法律观念和法律制度是文明的重要组成部分，它伴随国家的产生而产生，又与国家同步发展。中国法制史，源远流长，体系完整，内容丰富，规范周密。制度健全，文献浩瀚，沿革清晰，特色鲜明，实为世界史一大奇观。

在中国古代，自公元前21世纪夏朝建立起，法律制度也开始了发生、发展、充实、健全的历程。夏、商、周是以习惯法为主的时代，其中西周的法制尤为发达，其影响所及绝不限于西周。以春秋郑国子产"铸刑书"为标志，中国的成文法、制定法迅速发展，历史揭开了制定公布成文法的新篇章。战国初期，李悝著《法经》，初步确立了中国古代法典体例和框架，显示出非凡的立法智慧，秦汉律宏大其规模，充实其内容，不仅法律调整范围扩大，规范也更加细密。魏晋南北朝时期出现了几部有影响的法典，篇章体例日臻科学，法律条文开始精简，立法技术长足发展。至隋唐，中国古代法制终于形成高峰，不仅为以后历朝所效法，又对东南亚诸国起示范作用。就法律形式来看，自秦汉至明清数千年间，各朝各代的开国者或有作为的统治者几乎都无一例外地把制定基本法典作为大事来做，以为子孙垂范，确保江山世代相传。除此之外，还有令、格、式、科、比、典、敕、例等门类齐全、形式多样的法律规范。这样，便形成了以基本法典为骨干、以其他各种法律形式相配合的法律体系，用以调整各个方面的社会生活。就司法看，历朝历代都建立了从中央到地方一整套司法机构，而且与日俱增，不断健全；审判制度独具特色，且逐渐丰富、发展，司法水平也日益提高。特别值得注意的是，在长期文化积累的过程中，一系列浓郁东方农耕社会情调的价值标准、道德观念，渗透到中国古代法制的各个环节，从而使传统法制具有极为明显的伦理性格和专制特征。

1840年鸦片战争后，中国社会发生了较以往任何王朝都更加深刻、更加本质的划时代的变化。在西方发达国家强大的政治、经济、军事的攻势下，中国败下阵来，西方的精神文明包括法律文明也随着坚船利炮等物质文明而进入具有数千年古老传统的中国。中国由鄙视、排斥，到认识、学习，再到移植、效法。经过欧风美雨的洗礼。中国法律传统发生转型，中华法系开始解体，欧洲大陆法系被引进中国。不管中国的国情如何，中国从清末变法开始，在形式上已经基本实现了法律的近代化。以后经过南京临时政府、北洋国民政府，至南京国民政府时终于修成《六法全书》。它集中国近代立法之大成，既少量继承中国固有的法律传统，又大量吸收西方发达国家的法律，可谓为具有中国特色的近代法律体系，或曰以西为主、中西结合的近代法律体系。

《中国法制史新编》作为一门课程和学科，主要阐述中国法律制度产生、发展的历史。其对象和范围：

（1）时间上限起自公元前21世纪夏朝建立，下限止于公元1949年，共历时四千余年。（2）各个王朝、各个历史时期，对法制产生重大影响的观念、思想，即法制的思想史。（3）各王朝、各时期法制的产生、创立和表现形式，即立法的历史。（4）各王朝、各时期各部门法的基本内容，即法律所调整的社会关系史，或曰静态法制史。（5）各王朝、各时期法律制度的实施及司法机关的活动，即执法的历史，或曰动态法制史。（6）各王朝、各时期法律制度的主要特点及其共同性，即比较的法制史。（7）各王朝、各时期法律制度是如何兴衰存亡、继承发展的，即法律演变规律的历史。（8）各王朝、各时期法律制度的利弊得失、经验教训，对政治、经济、文化的作用以及对后世的影响，亦即关于法制的评价。

中国法制的历史悠久，内容丰富，特点鲜明，然而，中国法制史学作为一门独立的学科却最早是由日本学者创立的。明治维新以后。日本脱离中华法系，迈入大陆法系，成为亚洲第一个实现近代化的国家。他们仿效西方，发展教育，兴办大学，开始了中国法制史的教学与研究。中国曾一度将日本学者编写的中国法制史教科书翻译过来作为大学法律专业的教材。中国不能首先开创中国法制史学，外国人却捷足先登，然后“出口转内销”，这不是中国人的光荣，恰是不可避讳的耻辱，也与自己悠久而内容丰富、特色鲜明的法制史不相匹配，有愧于先人，有愧于历史。

中国法制的历史源远流长，然而，中国关于自己的法制史学的历史却非常之短。如果中国法制史曾经有过辉煌灿烂、令世人羡慕、令国人骄傲的时期，那么，中国法制史学却诞生在内忧外患、危机四伏的灾难时期。在中国，清末民初沈家本、程树德等首途先鞭，其后又有杨鸿烈、陈顾远等知名学者。他们为了国家和民族的复兴，怀着对传统法律文化的深厚眷恋之情，在动荡不安的历史条件下，坚持长期坐冷板凳，大量搜集资料，细心考证，冷静思考，认真写作，特别在中国法制史资料整理方面作出了突出贡献，对于中国法制史学的建立具有开拓之功。

由上述可知，中国法制史的教学与科研前途无量，任务艰巨，只能加强，不可削弱。值得庆幸的是，中国法制史早已被确定为高等教育法学专业的必修课程。近两年，它又被国家教育部确定为法学本科教育14门核心课程之一。此外，国家教育部正在组织实施一项“全国成人高等教育面向二十一世纪双百课程（即二百门课程）建设”工程，中国法制史作为这一工程的首批建设项目，其教学规范性文件、教学大纲、教材、教材辅导用书、题库的制定编写工作已经启动，并即将告成。可以说，国家教育领导部门以及从事中国法制史教育和研究的知名专家学者比以往任何时候都更加重视中国法制史学。中国法制史学的地位正在巩固、提高，它的真正发展时期不是过去，而是现在、将来。

二、学习中国法制史的意义

为什么要学习中国法制史？学习中国法制史有什么用处或意义？它因人而异，随时而变，是个说不完的话题。但是任何一个从事这门学科的教学、研究和学习的人都不能不思考。我们撰写本教材的过程，既是研究的过程，也是总结、提高、学习的过程。在撰写的过程中，我们又从始至终一直在考虑上述问题。

在课程安排上。高等教育法学课程可分为基础法学和部门法学两大门类。基础法学主要是指理论法学和法律史学。部门法学即宪法学、刑法学、行政法学、民法学、经济法学、国际法学、诉讼法学，等等。这两类课程是互相依存的完整的体系，基础法学为部门法学提供理论指导和历史功底，是学好部门法学的前提，绝非可有可无，不能轻视。学不好基础法学就学不好部门法学，退一步，即使学好了部门法学也一定是零散的和肤浅的。事实上，任何一个在部门法学方面有造诣的人，同时也在基础法学方面有很好的修养。再从基础法学来看，法律史学与理论法学有极为密切的关系。从事法律史的学习与研究，要以一定的法律理论作指导。然而，任何法的理论都不是纯主观的东西，都不能随心所欲地进行杜撰，都无不是法律的历史与现实的高度概括和抽象。离开了这些，理论法学就成了无源之水、无本之木，是不切实际的空谈。也就是说，法的历史与现实是理论法学最基本的内容，同时也是检验理论法学的客观标准，没有它就没有理论法学，更谈不上理论法学的发展，法律的历史与现行各个部门法骨肉相连，二者是先与后、母与子、原因与结果的关系。现行任何部门法均非凭空产生，都无不植根于历史之中。没有历史就没有现在，没有过去就没有当今，没有法律的历史也就没有现行各个部门法。而且现在终成过去，今天又是明天的历史。因此，学习法律史不仅了解法律如何形成、如何发展、如何被送进历史博物馆的全过程，而且可以更好地把握现在、预测将来，可以站得更高，看得更远。那种只知其果不知其因。只知其子不知其母。只知法的现在而不知法的过去，是非常短见的，也是不可取的。

记得在1991年召开的一次学术会议上，与杨恩瀚教授闲聊，在谈到法律院系的个别领导和部分学生，赶时髦，追新潮，急功近利，重视部门法而轻视法史学的时候，他深有感慨地说：法史学培养的是“将”才，部门法学培养的是“匠”才，怎能轻视法史学呢?“将”与“匠”同音而异字，虽一字之差，也无高低贵贱之分。却表明了两类学科功用是有很大区别的。“将”即能统率千军万马、影响时代潮流的将帅；“匠”即从事具体法律事务的法律操作或应用型人才。这话是耐人寻味的，它可以从历史中找到足够的依据。孔子被誉为中国古代第一号圣人，被当代尊为世界十大文化名人之一。他之所以享有如此殊荣，其中一个重要原因就在于：他酷爱历史，“述而不作”，发掘整理古籍，继承弘扬传统文化．从而塑造了中华民族的文化性格。其影响力至今尚在，而且不仅影响中国，也影响世界。《法经》是中国古代成文法典的鼻祖，它在当时历史条件下达到了极高的立法水平，为后世历代成文法典建构了基本框架。这一切绝非李悝一人之功，李悝的主要功劳在于总结发展了历史上的立法经验，用《晋书·刑法志》的话来说，《法经》是“撰次诸国法”而成，并非李悝闭门造车造出来的。可以说，没有前人的努力就没有李悝的《法经》。唐律是中华法系中成就最高、影响最大、最有代表性的法典，同时也是千百年来历史累积的结晶，凝聚着长孙无忌等立法者卓越的历史智慧。唐律的绝大部分靠的是历史继承，小部分靠的是创造发展。这不仅从律条中可以得到证明，律疏也是很好的例证。唐律共30卷，12篇，卷卷、篇篇都有注疏，这些注疏往往对此卷、此篇的历史沿革作一番全面总结，有时对一个法律术语也要详尽考证其历史源流。长孙无忌等所以为中国法制史乃至世界法制史作出卓越贡献并因而青史永垂，其中一个重要原因乃在于他们对法律史的全面掌握和深刻洞察。沈家本在中国法制史上作出了划时代的贡献，他宣告了一个旧时代的过去、一个新时代的到来。中华法系经过他而解体，西方大陆法系又经过他而移植到中国，并且实现了中国传统法与国际社会的对接，建立了有中国特色的近代法律体系，而他正是学通古今、博贯中西的法律史学家。杨鸿烈在《中国法律发达史》中称他"是深了解中国法系且明白欧美日本法律的一个近代大法家，中国法系全在他手里承先启后，并且又是媒介东西方几大法系成为眷属的一个冰人"。不独中国，外国也是一样。众所周知，罗马法所以相隔数世纪后在意大利、法国、德国、英国、西班牙等欧洲各国全面复兴，并且使这些国家提前结束中世纪、实现近代化，其最直接的原因就在于有一批又一批的法律史学家孜孜不倦地从事罗马法历史的挖掘、整理、复原、注释、阐发等研究工作。没有这些法史学家，罗马法的复兴将是不可想象的，欧洲的近代化推迟至何时开始，也要打上问号。孟德斯鸠《论法的精神》是一部改变世界的书，自近代以来至今，几乎所有发达国家的宪政体制都无不受其影响。书中的一个基本观点即任何掌握权力的人都容易滥用权力，并认为这是一条万古不易的经验。可见，他的观点是对人类历史的高度概括和总结，以历史作为坚实的理论基础。他进而提出三权分立、以权力制衡权力的解决方案，以避免权力过分集中，给人类带来灾难。

中外历史表明，法律史可以而且已经造就出在历史上起重要作用的将帅之才。将帅之才永远都是少数，因而也显得格外珍贵，但国家的富强、文明、进步不能只靠少数人，更为重要的是国民整体素质的提高，作为高等院校法学专业的学生来说就尤其需要提高自身的素质，而法律史虽然不像部门法那样具有直接的可操作性，却是进行素质教育的好教材。在这一方面，绝对不是部门法所能取代的。

中国法制史是一门学术性极强的课程。一门课程的学术性越强，也就越具有科学性，其内容体系也相对成熟。中国历史上的法制已成过去，它是一种客观的存在，是定型的，是什么样就是什么样，虽然人们对它的认识会发生变化，但它本身却不依人的认识改变而改变；这就决定了中国法制史课内容的稳定性。所以一旦掌握，便受益终身。又由于中国法制史上下四千年。既经历了漫长的土生土长的专制时代，又经历了在西洋先进文化的影响下所发生的沧桑巨变；各王朝各历史时期不仅有纵向因果联系，而且又各有其特定的历史背景、立法思想、法制内容和司法实践。因此，知识信息量极为丰富。学习这门课程不仅大大开阔知识视野，避免因社会科学分工日细而造成的知识面片面单一的弊端，而且有利于培养全面、综合、发展地观察问题、分析问题、解决问题的能力，也有利于培养尊重事实、严谨治学的作风。

中国法制史与现实中国的法制建设绝不是互不相干，而是紧密地联系在一起。现实是历史的产儿，无法摆脱历史的影响。中国法制史课也绝不是空谈学术的课程，它能够为现实的法制建设服务，也必须为现实的法制建设服务，现实的法制建设非但不拒绝它提供的服务，反倒是多多益善，十分重要，甚至非它不可。这一点，古人是毫不怀疑的，今人不会退化到连古人也不如。人们常说"殷鉴不远"，其中的"殷鉴"就是把商朝的亡败教训作为一面镜子，经常照一照，以免覆辙。司马迁写《史记》，有一个远大抱负，那就是

"通古今之变"，即搞清历史与现实的关系，把历史与现实结合起来。唐太宗以史为鉴，照出了《贞观律》，照出了"贞观之治"，照出了大唐盛世，唐太宗也因此成了历代帝王的楷模。二十四史中备受后人推崇的一部史书是《资治通鉴》，这名称本身就清楚地告诉人们历史就是为现实服务，是帮助统治者实现统治的明镜。中国历史悠久，传统气息浓厚。生于斯、长于斯的每一个中国人都无不或多或少、或自觉或不自觉地打上传统的印记。纵观中国法制传统，继承与创造并举，继承为主、创造为辅，继承多于创造，即便是创造也是在既定条件下的创造，离开了既定条件，创造就是胡造、乱造、盲干、破坏。正如马克思在《路易·波拿巴的雾月十八日》中所说："人们创造自己的历史，但是他们并不是随心所欲地创造，并不是在他们选定的条件下创造，而是在直接碰到的、既定的、从过去继承下来的条件下创造。"因此，不了解历史，就无法把握现实。中国有数千年的法制史，既有经验又有教训，既有进步也有倒退，既有文明也有野蛮，既有精华也有糟粕，既有科学也有反科学，是一份巨大的文化遗产，值得炎黄子孙代代总结。在法制史上已经被证明是成功的经验，后人却不闻不问，摸着石头过河，重新探索、试验，那样，历史就将从头开始，不可能有发展进步。不登上前人的肩膀，怎能比前人站得更高？前人总结的经验又何须后人重复劳动、再做创造？对于历史上的教训，不引以为戒，却蛮干乱闯，那不但闯不出新路，只能闯祸，跌进历史的深谷。反之，通过几十节课的学习，了解几千年的法制史，是经验则拿来使用是教训则尽力避开，从而保证现实法制建设更便捷、更稳定地发展，法制史课对现实独特而重要的作用又有哪门课程可以取代？没有数千年文明史的累积，我们今天也许正处在野蛮未开的时代；没有法制的长期发展，我们也许正在巢住穴居，根本不可能建筑现代法制大厦。人类与其他动物的一个重要区别就在于人类的智慧远远高于其他动物，人类高超智慧的重要表现之一就在于人类能够创造文明，继承文明，发展文明，人类的历史就是不断走向文明的无止境的过程，其他动物虽然也有历史，但由于不能创造、继承、发展，所以只凭本能维持生存，永远止步不前，因此，人类若不注重从自己的文明史中总结经验、吸取教训，也就与其他动物相去不远。这样，学习法制史不但对现实法制建设大有裨益，也是人类引以为骄傲的事情。

学习中国法制史可以树立健康向上的法制观。纵观中国几千年的法制史，能够发现许多重要规律，其中最基本的一条就是法制从无到有，从粗到细，从低级到高级，不断向前发展。比如刑罚制度，夏商周时期的基本刑罚是墨、劓、剕、宫、大辟，至隋唐时发展成笞、杖、徒、流、死，清末形成近代刑罚体制，其主刑有罚金、拘留、有期徒刑、无期徒刑、死刑。从中可以清楚地看到，刑罚的残酷性越来越低，犯人的痛苦越来越轻，刑罚的手段越来越文明。认识法的这些规律和发展方向。就会使我们坚定信心，坚持进步，为法制文明作出贡献，同时还会使我们的人生更加充实、豁达、乐观，对人类的未来充满希望，不至于为不断进步的时代所淘汰，不至于与进步中的落后因素同流合污。中国法制史虽然已成过去，但过去孕育着未来。过去的中国没有民主或很少民主，而未来的中国只有民主才是唯一的出路，只有民主才能救中国，才符合中国乃至世界发展的潮流。因此，学习中国法制史可以坚持法制民主化的正确方向，为今天和未来的中国实现法制民主化贡献一份力量。中国法制史每前进一步都经历一个非常漫长的渐进过程。从夏商习惯法到中国历史上第一部成文法典《法经》，经历了千余年；从《法经》到中华法系的代表性法典唐律，又是千余年；从唐律到中华法系解体、中国近代法律体系形成，同样经历千余年。法制史的发展虽然有时慢，有时快，快慢不均，但无论怎样快慢都有一定限度。认识到此，我们就可以更好地把握历史发展的步伐，就可以一步一个脚印、更扎实更稳妥地走下去，而不会狂妄冒进，欲速则不达。也不会安于现状，该变不变，坐失良机。从中国法制史中还可以发现，潮流中有逆流，进步中有倒退，文明始终与野蛮相伴。因此，任何法律制度都不是完美无缺，只有相对的好，没有绝对的好，只有更好，没有最好。人无完人，金无足赤，最好的东西只是人的主观期待，客观事实上并不存在。所以，学习中国法制史不仅使人对前途充满乐观，又使人丢掉幻想，学会全面地看问题，变得更加成熟。

目前，中国的法制改革正在普遍展开，立法活动频繁，工程浩大，并努力实现传统法律与国际先进社会的对接。在这种情况下，学习中国法制史尤其具有现实意义。中国法制史表明法制的进步既要变革，也要继承，继承与变革并行。没有继承，历史将从零开始；没有变革，历史将原地踏步。继承与变革，看似矛盾，实则统一。然而，不论继承还是变革首先遇到的是传统，传统是一个永远都无法绕开的问题。中国是世界文明古国之一，拥有数千年从未中断的传统，中国是最富有传统的国家。这样，传统在当代的中国就显得异常重要。可以毫不夸张地说，不了解中国的历史传统，就不了解中国的国情，而无视本国国情特别像中国这样的国情，任何法制变革都必将统统归于失败，无异于纸上谈兵。不管对传统抱什么态度，都务须了解认识传统，而后才谈得上如何处理传统与现实的关系问题。中国法制史就是进行传统教育、国情教育的好教材，它将教人既要学会继承传统、弘扬传统，又要学会改造传统、发展传统，它还将教人放弃对传统做完全肯定和完全否定的两极单向选择，避免偏激对立情绪的产生。传统具有顽强的惰性力，与它过度亲和就必将故步自封，错过发展的机遇，阻碍时代的进步。任何“传统化”的主张都死路一条，守株非但不能待兔，反倒耽误生产，迟早要无饭可吃。同样，任何“非传统化”的做法也决不可取。数千年积淀而成的传统文化固然有消极的一面，但也不乏民族智慧的精华。放弃传统的民族是缺少个性和自信的民族，也是没有希望的民族。与传统过分对立的变革，非但不能征服传统且往往为传统所粉碎。苗扎根于泥土之中，拔苗助长不但不助长，反必因脱离泥土而枯萎。因此，学习中国法制史可以使人对传统法律文化采取更客观、更冷静、更理性的态度，避免情绪化的“左”右两种错误倾向，从而推动现实法制建设既快速又稳妥地发展，减少失败的可能。

学习中国法制史也可以为世界法律文化做贡献。1978 年迎来了开放的年代，世界要进入中国，中国要迈向世界；世界的产品打进中国市场，中国的产品也努力扩大出口。中国和世界不可分割，组成了国际性大市场。法律文化虽然与商品不同，但它与商品一样需要交流、交换，互通有无，取长补短。开放以来，人有我无、人长我短的东西，我们引进了一些，包括法律制度，也包括法律观念。这是明智之举，势在必行，此趋势有增无减。然而，我们有哪些法律文化可以拿得出手，以补世界之所短所无所需，从而为世界法律文化作出贡献呢？在 1998 年召开的中国法律史学会年会上，中国社会科学院负责《法学研究》编辑工作的张少瑜先生作了这样一番发言：目前，中国的宪法学、民法学、刑法学、诉讼法学等各部门法学，也包括法理学，都赶不上世界发达国家，都不是人家的对手，不是我们的长项。我们的长项是中国法律史学，这才是我们的优势所在，是具有中国特色的法学学科。我们能够也应该在这一学科为世界法律文化作出贡献，因此大有作为。这话给人留下了深刻印象，非常值得回味。中国法制的历史源远流长，而法学起步却非常之晚，并且又历经坎坷，屡受摧残；而西方法学的历史比我们要早得多，早在古罗马时代就出现了法学家阶层，到了近代，在学术自由的保障下，又持续发展，长江后浪推前浪。因此，在法学的许多领域我们需要甘当小学生，虚心学习。但有关中国的法律史，我们却得天独厚，近水楼台。许多外国学者也对它产生了浓厚的兴趣。比如，日本学者仁井田陞，他经过长时间的艰苦努力，广泛搜集资料，精心考证，终于编成《唐令拾遗》。迄今为止，这是一部有关唐令研究的最全面、最可信、最权威的书，并且已经返销到中国，为中国的法律史研究者广为引用。世界要与中国打交道，要认识中国，要认识中国的传统法律文化，而我们却在这方面不努力，不提供方便，世界就很难与中国进行往来。为此，我们有责任加强中国法制史的教学与研究，使学生热爱这一学科，学习这一学科，为这一学科的发展培养出强大的后备军。

三、中国法制史的学习方法

学习的方法不仅具有普遍性，更有特殊性。学习的对象不同，方法也不同；即使同一对象，方法也因人而异；即使同一个人，也会因人生的阅历和目的等因素的影响而大有差别；人类的认识要不断发展，科学技术日新月异，学习的方法也不可能一成不变。因此，中国法制史的学习方法与学习中国法制史的意义一样，也是个说不完的话题。然而方法问题十分重要，方法对路则事半功倍，方法不对路则缘木求鱼。所以，每一个学习这门课程的人都应该认真思考方法问题，努力探索适应本课程特点和个人实际情况的学习方法，以收到更好的学习效果。这里提出下列几点，供作参考。

很多学生认为，中国法制史课是法学所有课程中最难学的一门。这是切身感受，决非妄言，有其道理。中国法制史上下数千年，内容丰富，知识量大。它虽然与现实有密切关系，但毕竟不是现实。现实的人们对它疏远，或者非常陌生。但正因如此，才更有必要学习。如果不学习就已懂得，就根本用不着来学习。中国法制史难学是客观事实，它需要相关学科的知识作为辅助，这是由中国法制史学科的特点所决定的。

第一，要了解中国通史。中国法制史学既是法学专业中的基础法学，同时也是中国历史学中的一个专门史学，属于法学和历史学的交叉学科。就中国历史和中国法制史的关系来说，前者是个专业，后者是这一专业中的学科，前者为宏观，后者为微观。只有了解了前者才能站得更高，看得更远，才能从整体上把握中国法制史。任何时代任何国家的法律都不是凭空产生的，都不是孤立的存在，都无不是特定条件的产物，都无不依赖于特定的政治、经济、文化等背景。比如，中国自古以来就是专制国家，法律是政治的附属品，不了解中国历史上的政治就很难了解中国的法制史。又如，中国自古以来就是农业经济社会，宗法制则是这种经济关系在法律上的反映。只有了解了经济才能加深对宗法制的认识。再如，夏朝没有文字，商朝虽有甲骨文，但那只不过是中央高级神职人员或御用文人用来占卜凶吉的，西周的金鼎铭文都铸在青铜礼器上，这些器品的用途是神化国家政权。因此，这一时期不大可能有成文法，即使有也不太可能公布，即使公布了也由于人们的文化水平低下而等同徒劳。

第二，要有部门法知识，或者说把学习中国法制史与学习部门法结合起来。中国之有部门法始自清末，至1949年也不过半个世纪，在漫长的古代社会没有部门法。然而，虽然没有部门法，但近代以来部门法所调整的社会关系在中国古代也是存在的，只不过不像后世那么复杂，往往用礼来调整，或用习惯调整，或用刑法调整。因此，将部门法与中国法制史联系起来，不仅可以认识部门法的来龙去脉，也可以加深对中国法制史的理解，同时使各学科融合在一起，举一反三，触类旁通，全盘掌握，避免了学科间互不往来、各自为政、孤立无援局面的出现。这对于提高自身的文化素质来说，意义重大。

第三，要有相当的古汉语修养。“五四”时期开始提倡白话文，至1949年共30年，一部中国法制史绝大多数时期使用的是古汉语。没有起码的古汉语常识，不要说涉猎汗牛充栋般的古籍、占有充分的史料，就是仅仅读懂中国法制史教科书也非常费劲。古人著文很少废话，极为简洁，而且妙语连珠，形式精美，寓意深刻，富有人生哲理。因此，学习古汉语不仅有利于中国法制史的学习，又增长知识，提高素质，培养情操，得到美的享受。可以说，学习中国法制史能够促进古汉语的阅读能力，古汉语能力的加强又大大方便了中国法制史的学习，二者相互促进，相得益彰，互为条件。此外，学习中国法制史应努力与法学理论相统一，用理论指导法史的学习。用法史来说明、检验理论。两门学科的关系同样十分密切。总之，中国法制史是一门综合性极强的学科，它需要其他相关学科的配合，也为其他相关学科的学习奠定基础。

第四，要熟读教材。作为学生来说，学习中国法制史首要的是要精读教材。阅读教材可考虑下列两种方法：一是横向综合读法，一是纵向单线读法。所谓横向综合读法，就是阅读各王朝或政权的历史概况、法制思想、立法、法律内容、司法，从而对这一时期的法制有一个全面综合的了解，也就是断代法制史的阅读法。这样一代一代地读下去，就是一部综合性的中国法制通史。打破王朝或政权的限制，就各历史时期的同一个问题，逐朝逐代地读下去，从而认识这一问题产生、沿革的全程，了解中国法制史中各项内容发展、演变的历史，即中国法制史中的中国法制史，这便是纵向单线阅读法。比如，读完了法制思想部分就可以初步认识中国法制思想发展简史，读完了立法部分就可以了解中国立法简史；读完了法律内容部分的刑法就对中国刑法史有个大概了解；有关刑法往往要讲述刑法原则、犯罪、刑罚三块，也可以一块一块地往下读；司法部分也是一样，既可整体读，又可就司法机关、诉讼、审判等分头去读。通过上述纵横交错阅读法，把整个教材编织为一体，从而更牢固地加以把握。不论纵向读还是横向读，都宜精不宜粗，切忌一目十行，走马观花。中国法制史要靠史实说话，不得捏造、篡改、夸大、缩小，一是一，二是二，实事求是，来不得半点的马虎，务须认真。精读是为了准确熟练地掌握知识，充实丰富自己，但更为重要的是努力培养对知识的兴趣。没有对知识的兴趣，就只能被动地学，被迫地学，学习不是享受而是受罪。这样的学习既不能取得好的效果，也不可能坚持持久，一旦外在或人为的压力消失，学习也随之停止。反之，有了对知识的兴趣，就能主动地学，自觉地学，因为学习不再是受罪而是享受。这样，即使没有老师教自己也会学，即使离开了学校在社会上也同样会学，甚至活到老学到老，终身受益，而且通过这种学习所获得的知识将理解得更深，记得更牢，与死记硬背、应付考试所得到的知识相比，不可同日而语。然而，道理好说且易懂，而做起来却非常之难。有谁不愿意把学习作为享受，对知识产生兴趣呢？学生的本职工作就是求知，每一个学生都应对自己的生命负责，都有责任培养对知识的兴趣，创造快乐幸福的学习生活。从事学习生活，却对知识不感兴趣，那是非常残酷和不人道的。那么，怎样才能对知识产生兴趣呢？这固然一言难尽，但有一条十分重要，那就是在坚持学习的同时勤于思考、善于思考，勇于思考，把学习与思考统一起来，学习为思考提供材料，思考为学习知识提供源源不断的动力，二者相互促进，相互提高。早在几千年前孔子就说，“学而不思则罔，思而不学则殆”（《论语·为政》）。只要在学习中思考，在思考中学习，就会发现许多问题，这些问题将带你不知不觉地进入令人陶醉的知识海洋。如果不思考，听课、读书就无异于催眠曲，很快使人进入梦乡，甚至成为噪音，令人生厌；如果善于思考，进入境界，即使困倦也会振奋，甚至忘记时间在流动。对于思考者来说，任何知识都不是孤立的而是联系的，不是僵死的而是鲜活的，中国法制史中的知识自不例外。对于一个具体的知识，要多提出几个为什么。它为什么是这样？怎样成为那个样的？它受怎样的理念支配？它将成为什么样？将怎么样成为那个样？这样，不仅认识了知识的精神实质，而且将与其相关的知识串联在一起，可谓以点带面，一棋走对，全盘皆活。当然，兴趣的形成因人而异，既有天赋，更靠人为，绝非上述一端，要在学习中不断探索、总结、培养。

第五，要拓宽知识面。对于法学专业的大学生来说，学习中国法制史不应仅仅局限于课堂和一本教科书。人们常说，“学海无涯”，其实，不仅“学海”，即使学海中的一个学科也无止无休。认为学完了一本教材就穷尽了一门学问，这正是读书少、知识贫乏的表现。读书越多，所知越多，就越知道有更多的书还没有读，有更多的知识还不懂，也越觉得读书少、知识少，因而也越谦虚，越有读书求知的欲望。因此，要努力开辟第二课堂，充分有效地利用图书馆，大量阅读，不断开阔知识视野。首先要多读一些古籍，如《历代刑法考》、《历代刑法志》、《唐律疏议》等。这些书是经过千百年来大浪淘沙后流传至今的精品，绝不因为它们是过去的东西而过时，也绝不像当今粗制滥造，或因赶时髦而风靡一时又大起大落的作品。初读这些书会有些困难，但借助今人的注释，细心品味，常读，多读，也容易理解，甚至坚持下去，久而久之，还会养成习惯。养成读这些书的习惯比养成读打情骂俏作品的习惯更有益于人生，更胜于泡舞厅、逛酒吧、“筑长城”（打麻将）之类的习惯。其次要注意了解中国法制史学的学术行情和学术动态，阅读有关这方面的专著和论文。这些年来，不仅大陆的中国法制史研究硕果累累，并不乏经得住时间考验的力著佳文。同时随着开放的不断扩大，文化交流的日益发展，我国台湾地区和外国学者研究中国法制史的成果也陆续引进或翻译过来。“他山之石，可以攻玉”，阅读这些境外学者研究中国法制史的作品，不仅开阔我们的思路，弥补我们的不足，而且令我们自愧，令我们自尊，增强我们学好这门学问的责任感和使命感。上了几年大学，不能只知道几本教材，只读几本教材，毕业后只带回几本很快即将过时的教材，还应该知道与本学科相关的其他书籍，特别是名著。不仅在校期间知道哪些书可读，尽力去读，即使毕业后走向社会也要有可读之书，要经常不断地去读，终身去读。在校学习只是学习的一个阶段，或者是学习的开始，为离校后的继续学习创造条件，奠定基础。如果只是硬着头皮为拿到文凭而学习，走向社会后就不知道学习什么，停止了学习，那就失去了学习的真正意义。那样，尽管拿到了文凭，但文凭只是过去学习的部分记录，它并不表示未来，并不能帮助文凭的持有者安身立命、永远处于不败之地。反之，如果在校期间就知道有教材以外其他更多可读的书，并努力去读，毕业后仍能抓时间不断地去读，那不仅仅关系到自身的提高，也促进社会性读书风气的形成，有益于全民族文化素质的提高。因此，我们要重视教材的学习，但不是唯教材论者。

第六，要把握两点。学习中国法制史要注意两"点"，一是重点，二是特点。各个历史时期的法制各有其重点，这些重点表现在法制的具体内容之中，但都是由特定的历史条件所决定的。所以，要了解各王朝、各政权的历史背景，依历史背景确立重点。整个中国法制史，可划分为两个阶段：第一个阶段自夏至清，为中国古代法制史，是中华法系的形成发展阶段。这期间，唐朝的法制最为重要，唐律是中华法系中最为杰出的法典。因此，要认识中华法系或中国古代法制史，要特别重视唐律的学习。学好了唐律，也就对整个中国古代法有了基本的认识。有关这部分的教材要反复读，如有余力也可翻阅《唐律疏议》和相关的学术专著、论文。第二个阶段自20世纪初的清末变法修律至南京国民政府《六法全书》的形成，为中国近代法制史。这期间虽然不足半个世纪，却是中国法制发生翻天覆地变化的时期，中华法系解体，中国近代法制历经坎坷，却顽强发展。其中清末修律是中国古代法制与近代法制的交接时期，有许多经验和教训直到今天仍不乏借鉴意义，值得认真总结，可谓中国近代法制史中的重点。中国历史上各王朝或政权的法制一脉相承，有明显的继承性和共同性，同时又各不相同，各有特点。这些特点也是由特定的历史条件决定的。因此，在认识这些特点的时候，既要对不同历史时期的法制进行比较，也要考虑形成这些特点的历史条件。就中国古代法来看，各王朝的法制各不相同，同时又有相同的一面，而这些相同的一面又与世界其他几大法系区别开来，构成中国古代法的共同特征。学习的时候尤其要注意总结归纳。概括起来，这些共同特征主要有：宗法方面的法律非常健全、发达，生命力极强，而宗教法却始终不能独立，世俗特色浓厚，而个人却不被重视；官员贵族的等级特权受到法律的保护，同时又受到限制，可是却从来没有限制专制权力的法律，非但不限制，且竭力维护，有关这方面的法律最周密，有关这方面犯罪的处刑最为严厉，且一代胜过一代；由于上述情形又使礼与法的关系十分密切，礼的亲亲、尊尊原则指导立法、司法，法是推行礼的工具，礼法关系成为中国古代法发展的重要线索；法律维护官有经济和农业自然经济，而对于商品经济却极尽打压之能事。到了清末，虽然中华法系解体，但影响尚在，精神未死，它的某些方面一直得到继承。不过，它已明显退居次要地位，西方大陆法系被大量移植过来，并实现了与传统法律的结合，从而形成了有中国特色的近代法律制度。

第七，学习中国法制史一定要从中国的历史实际出发，实事求是，坚持历史事实与法学理论的统一。中国历史悠久，又有编写历史的悠久传统，一部二十四史可足资证明。然而，传统的治史方法有一个致命的缺陷，那就是缺乏对历史作理论的和系统的分析。无论是为现实提供借鉴的经世致用史学，还是以史料真伪为研究任务的考据史学，都是就事论事。这种经验型的治史方法使得史实丰富而理论不足，材料堆积而内在系统性的联系不够，就如同一个人四肢发达却头脑简单。传统的治史方法对中国近代关于中国法制史的研究产生了很大的影响。首先要提高法学理论的修养，对于各种法学理论兼收并蓄，博采诸家之长，切忌将某种理论教条化、绝对化。只有用现代先进的法学理论充实头脑，才能加深中国法制史的学习。否则，我们就很难有突破，很难超过像沈家本、程树德、杨鸿烈等中国近代涌现出来的中国法制史学家，因为他们在史料的搜集、考证、整理、汇编方面用功之勤苦、功底之扎实、资质之良好，是今人难以比拟的。但是，不论用何种理论指导中国法制史的学习，都必须从中国法制史的实际出发，将理论与史实结合起来。二者一旦发生矛盾，就义无反顾地放弃理论，服从于史实。这不仅是个学习方法问题，也是学习品德问题。在史实面前还不认账的人很难算作诚实。法律的理论是从法律的历史中抽象概括出来的，它经过了人的主观加工，带有很大的主观色彩，它不等于法律的历史，也有可能脱离法律史的实际。在这种情况下自然应该创造或修改理论，使其与法律史相统一，而不应该篡改历史服从于一种错误的理论。

第八，学习中国法制史要与中国现实的法制建设相结合。历史与现实难分难舍，不以人的意志为转移。历史曾经是现实，而现实终成历史。历史是深植于地下的树根，而现实则是凸显于地上的树干、树枝、树叶。黑格尔在《历史哲学·东方世界·印度》中指出："历史对于一个民族永远是非常重要的。因为他们靠了历史，才能够意识到他们自己的精神表现在法律、礼节、风俗和事件上的发展行程。法律所表现的风格和设备，在本质上是民族生存的永久的东西。"中国法制史与中国现实的法制建设本来就是联系在一起的，不可分割，我们能够而且必须将二者统一起来。只要注意二者的关系，就可处处发现现实中有历史的踪影，也可处处发现历史对现实或明或暗的影响。再如，古代在预防惩治犯罪方面，不单是依靠法律，而是德主刑辅、礼法并用，当今则实行综合治理，二者也有必然联系。诸如此类，比比皆是，不胜枚举。因此，学习中国法制史必须与现实相结合，为现实服务。这种方法可使人有先见之明，先天下之知而知，进而增强"先天下之忧而忧"的责任感、使命感，从而又为更好地学习这门课程注入热情与动力。为此，要克服两种倾向：一是埋头读史书，就史论史，只管历史之学而不管现实之用。生活在现实之中，却对现实漠不关心，毫无兴趣。这种学问于现实无补，徒有其劳。此种情况，在古代是由于大兴"文字狱"，在当代则是由于极左路线。这两样东西使大批学人麻木不仁，热血变成冷血，浪费摧残了最为宝贵的人力资源。因此，要冲破束缚必须有千千万万个热心于现实的中国法制史的爱好者。二是历史与现实虽然关系密切，但不能划等号，二者间还存有差别。因此，不能用历史附会现实，更不可搞影射史学。中国法制史学是门科学，科学有其独自的运行轨道，它实事求是，直来直去，用不着含沙射影。如果把中国法制史学作为现实政治斗争的御用工具，不仅使现实问题复杂化，还必将因现实问题使这门学科成为牺牲品，使其失去科学性，难以独立健康地发展。

第一章 轮廓初具
——夏朝法律制度

（公元前21世纪—前16世纪）

◎ **知识目标**：

- 掌握夏初法制的指导思想、夏朝定罪量刑的主要原则、禹刑及昏墨贼
- 掌握上古五刑的内容

◎ **能力目标**：

- 理解中国古代法律起源的主要特征

【本章导读】

夏朝是中国历史上第一个王朝，共传14世，17王，至夏桀结束，历时约500年。有了国家就有了法律，法律伴随着国家的产生而产生。通常认为，中国的法律产生于夏朝，以后虽然王朝不断更替，但法律却陈陈相因，不断发展，直到今天，法律仍然带有它产生时的印迹。

第一节 中华法制文明的起源

一般认为，法律是国家意志的体现，是掌握国家机器的统治阶级对于被统治阶级进行镇压的暴力工具。法律对于国家来说没有限制的功能，对于受它镇压的人来说则是一种不祥之器。依据这种理论，先有国家，而后有法。

一、夏朝国家

（一）夏朝国家的建立

在中国历史上，什么时候产生了国家？历来众说纷纭，但学界通常认为，夏朝是中国历史上第一个国家，启则是这个国家的缔造者。

据传说，夏族是黄帝后代的一支，其活动中心在今河南西部和山西南部的黄河流域。虞舜作部落联盟首领时，发生水灾，禹手持工具，“沐甚雨”，“栉疾风”，“以为民先”，①甚至“三过家门而不入”，率民治水。禹的品德、功劳、才能赢得了人们的信赖，随后被推举为部落联盟的首领，其地位不断巩固。史载禹，在会稽之山大会部落首领，“防风氏

① 《庄子·天下篇》

后至，禹杀而戮之”。① 这说明禹已拥有凌驾于其他部落首领之上的生杀予夺之权。近代发掘的河南偃师二里头文化遗址，它的前期相当于夏代，出土的文物中有中国历史上最早的青铜器，包括戈、戚、镞等铜质兵器，这与传说中的“禹穴之时，以铜为兵”可相互印证。可见，夏禹时已经有了用当时最先进的武器武装起来的精锐部队，更说明早在中国迈入国家门坎之前，老祖宗们就已经懂得了后世“枪杆子里面出政权”的道理，并将其付诸实践。有了军队就要进行战争，夏禹成功地进行了对三苗的讨伐。由于军事上的胜利。大批战俘被征服，三苗成为被奴役的部落。战争使人口增多了，疆土扩大了，权力更加巩固。这就为启的继位创造了条件。

禹死后，“以天下授益”，但启不服，他凭借父亲的威望和既得权力，联合“友党改益而夺之天下”。②

“益干启位。启杀之”。③ 启通过暴力手段夺取了政权，成为中国历史上第一个国家的第一位国王，并正式确立了王位终身制世袭制，影响后世数千年。

（二）夏朝国家的特征

尽管有关夏朝的史料比较少，但也足以说明它具备了国家的特征。这主要表现在下列几方面：

1. 以王权为核心的国家机器已经形成

夏王是国家的最高统治者，集所有大权于一身，不但实行终身制，又奉行世袭制，使国家权力在一姓一家内部世代相传。史载，夏朝已经有了明确的世系，并铸有“九鼎”作为国家政权的象征。建官设职，对上效忠国王，对下进行统治。《礼记·明堂位》载：“夏后氏百官”。这些官吏中有掌管畜牧的“牧正”，有掌管车辆的“车正”，还有掌管王族膳食的“庖正”。在地方设有“州牧”，把人民当牲畜对待；在基层设有“啬夫”，强制人们劳动。拥有一支绝对服从国王的强大军队。夏启在讨伐有扈氏的反叛时，召开誓师大会，发布军令，对于服从命令者予以奖赏，对于违抗命令者予以杀戮。夏朝还设有司法官和监狱。这些事实表明，夏朝的国家机器已比较健全。

2. 贡赋制度确立

夏朝国家机器的运转靠的是贡赋制度。《左传·哀公七年》载，“禹会诸侯于涂山，执玉帛者万国”，足见当时的朝贡情形。另据《史记·夏本纪》载，禹死前，还曾经依贡赋的多少来评功论罪。此外，夏朝还把统治区内的土地分成三等，依等征收贡赋，即“成则三壤，成赋中邦”。④

3. 按区域划分居民

氏族社会与国家的一个重要区别是：前者按血缘关系划分居民，后者则按区域划分居民。朝廷很难对统辖区内的所有事务进行直接有效的管理，而划分若干行政区，设官立

① 《国语·鲁语》

② 《战国策·燕策》

③ 《晋书·束皙传》引《竹书纪年》

④ 《尚书·禹贡》

职，分而治之，则是势在必行的途径。史载，早在夏初就把“茫茫禹迹，划为九州”。① 后来，往往用“九州”或“神州”来指称中国，就源于此。这“九州”包括：冀州、豫州、雍州、扬州、兖州、徐州、梁州、青州、荆州，足见疆域之广阔。夏启时还曾经“铸九鼎，象九州”。② 从而强化了领土的统一，巩固了对地方的统治。

二、法律的起源

学界通常认为，国家和法不是从来就有的，而是人类社会发展到一定历史阶段的产物。其基本规律是：由于生产力的发展，使社会财富增多，出现了剩余产品；于是产生私有制，社会分化为贫富两大对抗阶级，当这种阶级矛盾不可调和的时候，便产生了国家；法律就是国家意志的体现，是统治阶级对被统治阶级进行暴力镇压的工具。

然而，这种经典式的理论论证却无法回答这样的问题：为什么世界上各个国家法律的产生都遵循着上述共同规律，而各国的法律又各种各样、异彩纷呈？研究中国法律的产生必须从中国的历史实际出发，而不应从本本出发。

认识中国法律的产生不可忽略地理环境。人类是大自然的产物，大自然是人类的母亲。世界上的黄皮肤、白皮肤、黑皮肤无一不是大自然给人类涂上的色彩，并且至今也无法抹掉。人类社会越发达对自然的依附性就越小，但无论如何也不可能完全超越自然；反之，人类社会越远古，对自然的认识、改造能力就越差，对自然的依赖性越强，自然对人类的影响也越大。因此，在认识中国法律产生的时候，尤其要注意先民们所生活的自然环境。

中国是世界四大文明古国之一，中华民族的主体从远古开始便生活在黄河、长江流域。这样的环境最适宜农业生产。大约6000年前，先民就已逐渐摆脱了狩猎和采集经济，开始了以种植为主的原始农业经济。中国的文明是农业文明，它历史悠久，发展缓慢，生命力极强，直到今天，中国有13亿人口，大部分是农民，仍然是个农业大国，正在为市场经济而奋斗，为实现法治而努力。在大河流域从事农业经济，是认识中国法律的产生乃至中国法制史的基点，它使中国法律在开始形成时就独具特色，并像遗传基因一样对后世产生了深远的影响。这主要表现在：

（一）权力与法律同时产生，但二者并不对等，而是权力支配法律，法律却不制约权力

法律服侍于权力，是当权者的婢女；对于权力相对人来说，又是以暴力的形式出现的镇压工具。这种情况说到底是由落后的农业经济所决定的。在落后的自然经济状态下，单独的个体或人数很少的群体是不能抵御自然灾害的，这需要组织起来，共同奋斗，以维持生存。而个体和小群体一旦组织起来，就势必将组织者手中的权力推向极端，极端的权力是没有任何法律所能限制的。

古代传说中的尧、舜、禹是颇受后人称颂的英雄人物，然而从《史记·夏本纪》的记载中，可以发现他们手中的权力在不断加强。如尧以舜为继承人，还经过了“四岳”

---

① 《左传·襄公四年》
② 《汉书·郊祀记》

推荐的程序，并经四岳的同意才作出决定；舜确定接班人，只是走走形式，"荐禹于天"，没有与任何人进行商量；禹做部落联盟的首领，权力更大，不仅拥有一支强大的精锐部队，四处征讨，而且对于不如期参与会盟的部落首领动用死刑。权力越来越大，权力给当权者带来的好处也越来越大，因此，凡具备条件者都不择手段地获取权力。这样，禹死后，启便凭借父亲的威望杀益而继位。建立了中国历史上第一个专制王朝。中国历史上的第一个王朝不是通过和平方式而是通过暴力手段建立的，并开了终身制、世袭制的先例。这种专统一直延续至清朝。通常认为清朝是末代王朝，但它的专制主义统治非但没有呈现出丝毫的衰败迹象却显示出强劲的发展势头，较以前所有王朝都有过之而无不及。在这点上，不应将中国古代史分为奴隶社会和封建社会。甚至在当代史上还曾一度出现权力高度集中的问题，有人认为是传统封建主义的影响。其实它的根源是相当深远的，是中国古代专制专统在当代的恶性复发。

王由于落后的农业经济必然产生不受限制的专制权力，所以，中国的法律从产生时起就是为权力服务的。服从并服务于权力是法律的出发点，也是归宿。可以说，一部中国法制史都是围绕着权力而展开的，都直接或间接地维护国家政治权力。仅从危害政治权力的犯罪看，法律规定越来越严，处刑越来越重，株连越来越广，直至清末，随着西洋法律文明的传入才发生一些积极的变化，但不久便发生逆转。

中国法制史上的所有统治者无不幻想国家权力世代相传。但又无一如愿以偿，最终都不免于覆灭，其最直接的原因是来自被压迫者的反抗，但更深层的原因是权力无限，是权力自身膨胀的必然结果。

(二) 宗法血缘关系与国家法律合一

人类社会有两大生产，即人的自身生产和满足人的基本需要使其得以生存繁衍的物的生产。由前者而产生宗法血缘关系，由后者而产生社会经济关系。因为先民生活在大河流域从事原始农业生产，所以土地就是最重要最基本的生产资料。人有生有死，生生不息，而土地则是不变的。生于斯，长于斯，死于斯，人与土地结下不解之缘。宗法血缘关系最适于原始农业经济，原始农业经济最需要宗法血缘关系，二者具有天然的联系性和稳定性，从开始就显示出强大的生命力。

早在氏族社会，先民们就已经开始了定居生活，从事农业生产，与其相适应，也确立了以男性血统为主轴的父权宗法关系。国家形成以后，由于农业经济的发展，人们的宗法血缘关系不但没有松懈，反倒更加深化，只不过国家的统治权由某一氏族按血缘宗法关系的亲疏尊卑分级掌握，政权与族权、政治与宗法合二为一，国家之"公器"在一家内部世代相传，很少有"公"的性质。这一过程开始于夏朝，经历殷商，至西周更加完备，西周的宗法制是这种历史发展的必然结果。春秋战国虽然官僚制逐渐取代贵族制，并且官僚制一直延续至清朝，即中央到地方的各级官员不是由同姓血亲来充当而是由异姓就任，但整个国家和社会仍笼罩在血缘宗法关系中。广大民间由无数封闭的小宗法系统组成，一家一户就是一个生产生活单位，男耕女织，自给自足，世代循环，很少变化；国家最高权力按血缘转移，父死子继，代代相传；各级官僚，一方面是统治集团中的一员，另一方面又同时属于由其组成的宗法网络中的一分子。不仅处处存在宗法血缘关系，而且将政治统治关系伪造成温情脉脉的血亲关系：君王是黎庶之"父母"，大小官员则是"父母官"，平民百姓只能充当“子民”。在这种社会里，个人隶属于家庭，家庭隶属于国家。独立的人不被发现，公民意识难以养成。

中国自古以来就是农业社会，又自然是宗法社会，中华法系的一个显著特征就是确认维护宗法关系。早在夏朝就把“不孝”作为最严重的犯罪之一，传至清朝，法律进一步儒家化，家法族规异常发达。在中国法制史上，亲属间相犯，同罪异刑；亲属有罪，相为隐匿；一人有罪，亲属受株连；一人得势，亲属享有法律特权。诸如此类，不一而足，都是宗法关系在法律上的体现。如果抽去这些内容，不仅使中华法系变得空洞贫乏，而且特色大减，必将失去在世界几大法系中独占一席的地位。

(三) 道德与法律不分

依靠宗法血缘关系组织起来的人们，生活在固定的土地上，活动在非常熟悉的人际圈里。日出而起，日落而归，终日背朝青天，面对黄土，很少与陌生人交往，老子所说的“鸡犬之声相闻，民至老死不相往来”的“小国寡民”社会，未必是理想，它在很大程度上是事实，即便今天也未绝迹。生活在“低头不见、抬头见”的环境里，单是通过走路或说话的声音也能判断出这个人是谁，因此，人的道德品行就显得异常重要。人们与外界交往越少，关系就越简单；关系越简单就越熟悉；越熟悉越重视道德。很多问题通过道德戒律就自然化解了。后人对中国的国家形成前民风民德之歌颂，也许有溢美的成分，但不能说是无中生有。

另一方面，生活在小圈子里的人们难以抗御大的天灾人祸，这就有必要组织起来，以消灾祛祸。于是组织者自然成了消灾祛祸的恩人。从先秦起，学者一言，尧、舜、禹，大多都表示崇高的敬意，即便法家也不例外，尊重历史、乐于继承传统的儒家尤其如此。究其故，主要由于尧、舜、禹生活俭朴，大公无私，严于律己，有德于民，特别是禹，他率民治水，三过家门而不入，至今仍传为佳话。

中国的法律在开始产生时就与道德结合在一起，并对后世产生深远影响。西周时把“明德慎罚”作为法制的指导思想。汉朝董仲舒主张“大其德小其刑”，“多其德少其刑”，系统地阐述了“德主刑辅”的理论，并为汉武帝接受，成为国家学说。唐王朝视德礼为政教之本，刑罚为政教之用，两手兼具，一硬一软，共同服务于政教。这种情况一直沿至清朝，始终没有突破。

在中国历史上，法律产生后非但没有居主导地位，反倒受道德支配，这将产生下列结果：首先，从夏至清，中间除了春秋战国和秦朝接受法家的学说、强调法律的作用外，大多数时期的统治者都把德教作为治国的基本方略，有轻视法律建设的倾向。近代以来，由于西方的影响，中国力图走出传统的怪圈，法律备受重视，但随后旧病复发，人治盛行，直到今天才如梦初醒，强调依法治国、建设法治国家。其次，对于统治者来说，道德的主要作用是自律。有些统治者严于律己，宽于待人，治出太平盛世，千古留名。但即便是修养极高的人。也随时间的推移，德性不断为权力所侵蚀，每况愈下，可谓有善始而无善终。更有甚者，虽残暴之主在行恶之时亦可打出善的旗号，不仅自己树碑立传，又强迫他人歌功颂德。秦始皇便是个突出的典型。由于只有自律而无他律，权力得不到有效限制，在法制建设上又自然产生重实体轻程序的倾向。中国历史上的实体法不健全，但相对而言，程序法更不发达。再次，对于被统治者来说，首要的选择是德教而不是法律，大量的民间纠纷不是通过有板有眼的法律裁断，而是通过道德教化而了之。这不仅使权利受到蔑视，又严重阻碍了民法的发展。中华法系虽历经数千年，但始终未出现独立的民法典，不能说与悠久的德教传统无关。最后，由于崇尚道德，又把大量纯属道德的问题视为犯罪，用刑法手段加以制裁，使道德法律化，法律道德化，道德与法律合一，从而导致泛刑主义盛行，中国一部法制史，尽管可以用今天的部门法去研究，但基本上属于一部刑法史。

（四）天道与国法互证

先民生活在大河流域，从事落后的农业生产，靠吃粮食为生，粮食就是生命。收成的好坏除了艰苦劳作外，在相当程度上取决于天，天若风调雨顺则丰收。丰收则有饭吃，有饭吃才能活命。反之，天若降灾则欠收，欠收则难以糊口活命。因此，人们对天情有独钟，十分敬畏。于是便形成了"天道观"。这从根本上说是由落后的农业经济决定的，同时也受人们的认识的制约。初民面对天地、日月、四时、风雨、雷电等自然现象，既无力征服，更无法认识，以为有一种力量在左右这一切，并支配人类。因此他们效法天，把天作为人格神来崇拜，以期得到保佑，法律就这样产生了。《易经》有"天垂象"，"圣人则之"的记载，意思是说圣人以天象为法则。《尚书·皋陶谟》，"天秩有礼，天讨有罚，故圣人因天秩而制五礼，因天讨而作五刑"，说明礼刑的制定依据于天。

以天意指导人事，用国法附会天道，对中国法制史产生了长期而深刻的影响。夏朝奉行"天讨"、"天伐"。西周则发展成"敬天保民"。春秋战国，百家争鸣，从各自角度阐述对天的认识，使天道观异彩纷呈，十分可观。汉朝"罢黜百家，独尊儒术"，董仲舒用阴阳五行理论阐述三纲五常，用天人感应说指导司法实践，依春夏秋冬四季的变化确立刑罚执行制度。《唐律疏议》开篇就把皇帝称为"北宸"，并认为德礼与刑罚两手如同一天的昏晓、一年的四季，相辅相成，不可或缺。宋儒则力主"存天理，灭人欲"。清朝还有秋审朝审制。

凡是存在的都有其存在的合理性。以天道论证国法或以国法附会天道是农业经济的反映，在一定意义上也有限制权力的作用。但同时也赋予权力和秩序以神圣性、永恒性。从而使中华法系一开始就带有保守性和超稳定性特征，不利于社会的变革和人的发展，也扼杀了农业经济自身的发展前途。

（五）礼指导法

在靠天吃饭的农业社会。人们日复一日，年复一年，世世代代重复着同样的生活。因此，先民不仅崇尚天道，又特别需要经验的指导，而老人最富有经验。老人给后代以生命，而且言传身带把经验教给后代。然而天道有常，而人寿有限。老人亡故，后辈自然怀念他们的功绩和恩德，对他们表示哀思，并受认识的局限，相信灵魂不死，希望他们赐福祛灾，继续保佑。这既是发自内心的真实感情，也不无功利动机，同时可以教育自己的后代尽孝作示范，以代代相传，这对于团结氏族和维持生存发展意义重大。因此，农业社会是老人社会，老人备受尊敬，祖先奉为神明。族权和父权被凸显出来，传宗接代、对得起祖先是重要的人生意义和价值取向。反映到国家上来，农业社会就是老人政治，奉行的是终身制、世袭制，王权或皇权至高无上，先王观极为盛行。

礼产生于原始社会祭祀天地和祖先的宗教活动。汉朝许慎的《说文解字》解释说："礼，履也，所以事神致福也，从示从丰。"《礼记·礼运》记载，礼之初，始于饮食，其做法是：烧烤谷物和兽肉，掘地以坑作酒具，用手掬而饮，以土作鼓，以木作槌，以木槌击土鼓，用来教敬鬼神，祈祷幸福。这在今天看来如同山村土孩子所做的游戏，然而在初民那里却是非常庄重而虔诚的重大活动。王国维对甲骨文中礼的解释尤具权威，早已获得学界的普遍认同。他说，所谓礼，最初是“盛玉以奉神人之器谓之若丰，推之而奉神人之酒亦谓礼，又推之而奉神人之事通谓之礼。”① 可见，礼源于饮食，亦即源于生活，准确地说是源于原始农业经济生活。它最初是指供祭祀所用的放有两串美玉的精致器具，随后供祭的酒也称为礼，再后凡是进行祭祀的一切活动统统称作礼。礼的内涵越来越丰富，功能越来越齐全。由于礼源于祭祀，而祭祀要举行仪式，仪式便演化成礼仪，是礼的重要内容之一。只有具有同一氏族资格或身份的人才能参加本氏族的祭祖仪式，因此，这种仪式不仅将氏族与氏族区别开来，具有团结本氏族的功能，而且将本氏族内部的尊卑亲疏关系确定下来，维护了族权和父权。氏族晚期，由尊者长者组成的氏族贵族垄断了主祭权，同时萌发出政治权力。国家形成后，原始状态的礼就由习惯演化成法的性质，原来用以区别血缘尊卑亲疏关系的礼，也用以确定人们在国家组织中的等级地位。这样便形成了政权、族权、神权三位一体的超稳定结构，礼与法高度地统一在一起。

礼指导法，礼法合一，这种情形对后世的中国法制史产生了深远的影响。可以说，不了解礼就不了解一部中国史，以至于有人认为中国文化就是礼文化，中华法系就是礼法。

夏、商、周三代有礼，是毋庸置疑的。孔子说过，殷因于夏礼，有所损益；周因于殷礼，有所损益。他还坚信，如果有继周者，虽百世亦可知也。②《礼记·礼器》云：“三代之礼一也，民共由之。”又云：“凡治人之道，莫急于礼；礼有五径，莫重于祭。”③ 这说明三代各有其礼，而祭祀则是最重要的礼。《左传·成公十三年》载：“国之大事，在祀与戎。”在古代国家，一是祭祀。一是战争，唯此为大。从地下发掘出的三代青铜器来看，当时的制造业已达到了令人吃惊的水平，而这些庞大而精致的青铜器都是祭器或兵器，用来祭祀天地鬼神和战争杀人的，而农业生产仍使用落后的石器、骨器和木器。《左传·宣公三年》：“桀有昏德，鼎迁于殷，载祀六百。商纣暴虐，鼎迁于周。”《墨子·耕秘》：“九鼎既成，迁于三国。夏后氏失之，殷人受之；殷人失之，周人受之。”鼎作为青铜礼器已不是简单的器物，而是神权政治的象征，成了人们互相争夺的国宝。

春秋战国，说是礼崩乐坏，其实礼未崩乐也未坏。特别是经过儒家的继承改造，使礼由自发的变为自觉的，更带有理性色彩。虽然礼所维护的社会秩序发生了深刻变革，而礼在观念层次上则进一步升华。即使对礼持批判态度的法家也从来不否定礼所维护的君权、父权。不仅不否定反倒极力推行绝对君主专制主义统治，最终推出了短命灭亡的秦朝。自汉起，儒家成为官方学说，名正言顺地开始了礼法结合的过程；三国两晋南北朝，礼法进一步结合；唐律则是礼法结合的典范，因而也就成了中华法系的代表性法典；以后各朝的立法又无不以唐律为样板，直到中国最后一个王朝——清朝。清末修律，大量移植西法，

① 王国维：《观堂集林·卷六·释礼》
② 《论语·为政》
③ 《礼记·祭统》

由此而引发了“礼法之争”。然而，维护传统的礼教派姑且不说，即使以取法西洋为职志的法理派也从来没有声称完全不要礼。北京和南京国民政府一方面继承清末立法，另一方面又进一步吸收借鉴西洋法律，但同时它们又以“隆礼”而著称。甚至直到今天，还时常从媒体里面听到引以为自豪的宣传，“中国是文明古国，礼仪之邦”，依然没有进入发达国家的行列，法律制度也未能与国际社会接轨。

（六）刑起于兵

落后的农业经济靠的是土地和劳动力的简单结合，离开土地和劳动力，这种经济就无法维持。土地和劳动力是农业社会两个永恒的重要因素，前者相对稳定，而后者在通常情况下则呈现出不断增多的发展势头。由于土地有限，人们征服自然改造自然的能力有限，而人口又不断增多，因此在有限的土地上以有限的生产能力创造出来的有限财富不能满足生活的需要，这是一个难以克服的矛盾。早在战国时期韩非就发现了这一问题，他说：“今人有五子不为多，子又有五子，大父未死而有二十五孙。是以人民众而财货寡，事力劳而供养薄，故民争。”① 农业经济是重体力劳动，需要劳动力，需要传宗接代，子孙满堂，人丁兴旺，一方面是人口过分发达，另一方面是土地和财富相对不足。因此，农业经济具有天然的扩张性。同时，农业经济是非常脆弱的，需要组织起来共同抗御天灾人祸。它一旦组织起来就势必产生强权。弱小的农业经济非但不能制约强权，反倒将强权推向极端。因此，农业社会必然是专制社会。无限的专制权力本身就具有无限的扩张性、侵略性。它产生于农业经济，反过来又进行压迫，将众多个体农业劳动力征集起来。编制庞大的军队，以从事侵略扩张活动，满足权力欲。

中国在国家形成前，战争就相当频繁且激烈。史传，早在四五千年前，生活在黄河中下游地区的黄帝和炎帝就为了争夺土地和人口而进行过一场规模空前的战争。由于双方势均力敌，谁也消灭不了谁，最后为了避免同归于尽而握手言和，被后世称为中华民族的祖先。尧作部落联盟首领时曾率领各氏族部落发动对三苗的战争。舜在征讨共工和鲧的时候也同时征服三苗，史书说他“分北三苗”，“更易其俗”，即采用移民的办法，进行分化瓦解，强制融合。禹继位后继续讨伐三苗，并最终战胜三苗，占其地，虏其民。中国史前史战争之多、战况之烈，足以让古希腊的战神愧感不如。自国家形成后至清朝，中间除元朝等特殊情况外，各王朝的疆域不断扩大，其扩大的每一寸领土都无不通过战争。中国历史上，各专制政权建而复倾，倾而复建，然而不论是建立还是垮台同样通过战争。可以说，农业经济以及建立在这种经济基础之上反过来又扼杀其发展前途的无限权力是战争的策源地。

中国的刑产生于战争，并且始终与战争相伴随，是赤裸裸的暴力工具。

首先，频繁的战争使军纪得到发展，并成为重要的法律渊源，部落间有战争，有战争就有军队，军队要打胜仗必须有严格的军纪，做到令行禁止，步伐一致，否则全军覆没。国家形成后，这些军纪就转变成法律，军法是中国历史上最早的法律形式。如夏启征讨有扈氏时发布《甘誓》，商汤征讨夏桀时发布《汤誓》，武王伐讨商纣时发布《牧誓》。这些“誓”就带有军法的性质。

① 《韩非子·五蠹》

其次，战争本身就是刑罚。先民在进行战争前总要找个理由，宣布对方有罪，然后兴师动众，开始征伐。征伐就是罚罪，就是刑罚。《国语·鲁语》云，“大刑用甲兵”，说的是兵刑不分，战争与刑罚合一。

再次，战争使土地扩大，人口增多。大量的战俘类似于后世人们眼中的阶级敌人。对于这些人不能靠原始社会的礼使其就范，必须使用暴力的刑罚使其服从，随后也用来对付自己内部不守规矩的成员。刑从适用军队到异族，再到战俘，最后到内部成员，其适用范围不断扩大，方式也发生变化，但本质仍是暴力。

最后，战争使军事长官兼领审判权，肩负着对外战争对内用刑的双重任务，具有两种角色。《尚书·舜典》记载虞舜任命皋陶作法官时的指示：“皋陶！蛮夷滑夏，寇贼奸宄，汝作士，五刑有月良。”（其中的“蛮夷”是指南方少数民族，“滑”是侵扰，“夏”指中原地区，“寇”是强取，“奸”是内乱，“宄”是外患）。这说明皋陶既是军事首领又是法官，既有军权又有司法权。外患解除，战争结束，那些军队干部就转业到中央或地方专掌司法。夏商周三代的士、士师、司寇都是司法官职，但都跟军职有关，或者说先是军职，后来转化成了司法官职。

现将钱锺书的一段精辟论述录之于下，这对于认识中国刑的产生及其特质是极有帮助的。他考辨说：

“故教笞不可废于家，刑罚不可捐于国，诛伐不可偃于天下”，《考证》谓语本《吕氏春秋·荡兵》篇。按兵与刑乃一事之内外异用，其为暴力则同。故《商君书·修权》简曰，“刑者武也”，又《策画》篇曰：“内行刀锯，外用甲兵。”《荀子·正论》篇以“武王伐有商诛纣”为“刑罚”之例。“刑罚”之施于天下者，即“诛伐”也；“诛伐”之施于家、国者，即“刑罚”也。《国语·鲁语》臧文仲曰：“大刑用甲兵，其次用斧钺；中刑用刀锯，其次用钻笮；薄刑用鞭扑。故大者陈之原野，小者致之市朝。”《晋语》六范文子曰：“君人者，刑其民成，而后振武于外。今吾司寇之刀锯日弊而斧钺不行，内犹有不刑，而况外乎？夫战，刑也；细无怨而大不过，而后可以武刑外之不服者。”《尉缭子·天官》篇曰：“刑以伐之。”兵之于刑，二而一也。杜佑《通典》以兵制附刑后，盖本此意。杜牧《樊川文集》卷十《孙子注序》亦云：“兵者，刑也。刑者，政事也。为夫子之徒，实仲由、冉有之事也。不知自何代何人，分为二途。曰：文、武。”

刑起于兵，这种情形同样对后世中国法制史产生了极为深刻的影响。“法律”之为物并非中国所固有，它是舶来品，在中国历史上找不到任何一个范畴可与近代意义上的“法律”相对应，如果有，也只有刑或法或律可勉强比照。刑、法、律是中国历史上依次出现的三种基本法律形式。夏商周时期往往称作刑，如《禹刑》、《汤刑》、《九刑》、《吕刑》；春秋战国时期主要称作法，其中《法经》最为著名；商鞅改法为律后直至清朝主要称作律。然而三者名异而实同。《尔雅·释诂》，“律，法也”；《说文》：“法，刑也。”也就是说三者可以互训，刑等于法，法等于刑，大体相当于近现代意义上的刑法。但就其精神实质上看，又与后世的刑法大异其趣。近现代意义的刑法旨在保护公民的权利，绝不是当权者手中的暴力工具，只对人不对己，而刑、法、律正相反，它们的共同特点是暴力，基本职能是治官治民，唯独不治国家的最高权力。正因如此，中国历史上的刑法特别发达，而民商法、诉讼法则特别萎缩，呈现出一种畸形状态，并且长期止步不前。甚至在当代，也只有一百余条的《民法通则》，而刑法典早已成型，并第二次大幅度修改，已是洋洋可观。一个时期，我们把法律作为单纯的国家意志的体现，是一个阶级对另一个阶级进行镇压的工具，是专政的刀把子，这其实是自觉或不自觉地把西方的某种偏激理论与中国悠久的落后传统结合在一起了。

以上把农业经济作为思考的基本出发点，以史实作为依据，从六个方面阐述了中国法律制度的产生和形成。这六个方面可以单个进行认识，而实际上是相互联系、交织在一起的，并对后世的中国法制史产生了深远的影响。它是中国法制史的源头，历史的长河，可谓源远流长。因此，认识思考这一问题对于学习中国法制史具有重要的指导意义。

第二节 夏朝法律制度

顾名思义，“夏王朝”是以王权为核心的专制国家，也是中国历史上第一个专制国家。迄今为止尚未发现夏代的文字，但依据先秦时期的古籍文献和地下考古发掘，可以确信朝代的存在。自公元前21世纪夏启建立夏朝始至夏桀亡国止，夏王朝存续约500年。经过五个世纪的积累，夏朝的政治、经济、文化都有发展，法律制度也粗具规模，并为后世中国法律制度的发展奠定了重要基础。

夏朝是中国历史上第一个国家政权，尚处在国家文明发展的早期，其法律制度也处在初创阶段，与后世相比自然显得简陋和粗略。由于夏朝是专制政权，所以掌握专制权力的夏王所说的话就是最重要的法律形式，而且也是效力最高的法律形式，并有特定称谓，往往称为“誓”、“诰”、“命”。在以后漫长的岁月里，有“令”，有“制”，有“诏”，有“格”，有“敕”。到了当代，则把领袖的话编成“语录”，直接呼为“最高指示”，所有这些，名目繁多，但万变不离其宗，都是权力高度集中的表现形式，因而都是最有效力的法律渊源。除上述外，夏朝还有不成文的习惯法。由于当时还没有系统成熟的文字，文化的发展相当落后，这些习惯法是靠世代相承的方式流传和遵循的。中国疆域辽阔，人口众多，发展很不平衡，特别是占人口绝大多数的农民知识尤为贫乏，因此，直到今天，人们在历史岁月中约定俗成一代一代传下来的习惯仍然发挥着重要的调解作用，规范或约束着人们的言行。从现存各种资料的综合分析看，夏朝的法律制度大致有如下内容：

一、奉天罚罪的法制观

人的行为及其所创造的一切，无不打上人的主观烙印。这是人与其他动物的重要区别之一。只此之故，人才成了万物之灵长。但人又永远是有限的，人能创造出无所不能的神，却永远也不能使其自身成神。在这点上，人又作茧自缚，自欺欺人，显得很愚蠢。

在夏朝，进行诛伐即适用刑罚时，往往不依据对方的罪行本身，而是在宣布罪行之前先制造一个与此罪毫无客观联系的依据来，这个依据便是“天”，然后再为诛伐制造理由，这个理由也是“天”。这样，对方有罪是因为触犯了“天”。而诛伐犯罪则是护“天”，是替天行道，不仅权力来自于天，权力本身又是一项责无旁贷的义务，双方的利害关系为“天”所掩盖。这就是夏朝奉天罚罪的法制观。

比如，夏启继位后，有扈氏武装反抗，双方“大战于甘”。战前。启在誓师大会上发表《甘誓》（见《尚书》），宣布有扈氏犯了“威侮五行”之罪。“五行”指金、木、水、火、土五星，泛指天象，“威侮五行”就是触犯了上天，是最严重的犯罪。既然触犯了天，所以“天用剿绝其命”，而启的征讨非但不是好战，而是不得已而为之，是“恭行天之罚”。战后，启依功罪对作战人员进行奖赏和杀戮，在“祖”前赏，在“社”前杀。祖是供奉祖先神位之处，社是祭祀土地神的场所。中国历史上第一个王朝第一位国王第一次发表这样的讲话，充分说明了政权和神权的紧密结合，也说明了“大刑用甲兵”是中国法形成的一个重要特点。

天与罪和对罪的惩罚没有必然联系，奉天罚罪有愚弄人的一方面，也有人被愚弄的一方面，愚弄与被愚弄有其统一性，但并非完全虚假毫无真实。大体说来，一种观念的形成总是与一定的历史阶段相适应，与人的整体素质密切相关。农业经济越落后，人的认识水平越低下，就越敬畏天，天对人事的影响就越大。

二、“禹刑”

《左传·昭公六年》记载：“夏有乱政，而作禹刑。”所谓“禹刑”，是夏朝法律的总称。但因为夏朝时代还没有成熟的文字，所以不可能是成文法典，大抵是启及其后继者们根据氏族晚期习俗陆续积累起来的习惯法，其具体内容已无可详考。后人曾说：“夏后氏正刑有五，科条三千。”① 又说夏有“大辟二百，膑辟三百，宫辟五百，劓、墨各千。”② 这些记载不可全信，也不可不信。它可以说明两点：一是从刑种和法条上看，夏朝法律已粗具规模；二是从立法技术上看，刑在前，法条在后，大概当时的人们更强调刑罚而不是罪行，这可以看作是以刑统罪，与后世的以罪统刑正相反。

称夏朝的法律为“禹刑”，这名称本身至今仍显示出当时人们法律观念的信息。“刑”前冠以“禹”，表现了对祖先的尊崇，是神权政治和宗法血缘关系在国家法律上的体现，它同时也孕育着后来儒家所倡导的有关先王的思想。夏朝没有今天意义上的法律，人们直呼法律为“刑”，是刑杀的暴力工具，显示了法律的镇压功能和工具实用主义的价值取向。“禹”与“刑”组合在一起，这一排列顺序还说明了人比法大，准确地说是掌握国家最高权力的人比法大，法律不过是当权者手中操持的刀把子，旨在维护权力，专职对付别人。“禹刑”所传达的这些观念信息对后世有深远的影响。

三、夏朝的刑罚原则和罪名

“与其杀不辜，宁失不经”，③ 是夏朝在长期司法实践中总结出来的一条刑罚原则。意思是与其杀死无罪之人，倒不如不按常法办事，或者说宁可不按常法办事，也不冤杀无罪之人。审慎用刑，尊重生命，是成功的经验，虽然在司法实践中很难落到实处；同时，它也是中国传统法律文化中“慎刑”、“恤刑”思想的滥觞，对后世产生了深远影响。

夏朝的罪名主要有：

---

① 《隋书·王文志》
② 《周礼·秋官·司刑》郑注
③ 《尚书·大禹谟》

不孝。《孝经·五刑》载："五刑之属三千，罪莫大于不孝。"不孝是夏朝最严重的犯罪。据近人章太炎考证夏朝确实已有不孝罪。夏朝是农业社会，尊老敬老是从氏族社会传下来的习惯。为了加强亲族的凝聚力，维护社会秩序的稳定，进而效忠王朝，巩固贵族政权的统治，从而把不孝作为重罪予以严惩是完全可以理解的。不孝罪由来已久，并影响深远，至隋唐终于成为"十恶"之一。

昏、墨、贼。《左传》引用《夏书》说，夏朝有"昏、墨、贼、杀"的规定。这是现在能见到的夏朝一条比较完整的法律规范。

【参考资料 1-1】

昏、墨、贼杀醒千古

晋国有邢侯、雍子这两家贵族为了一块田产打了多年官司，一直没有得到解决。公元前528年，晋国原来的"理"（最高司法官）士景伯被国君派往楚国担任使节，临时委派叔鱼代理理官职务。晋国的执政韩宣子要求叔鱼抓紧处理积案。叔鱼重新审理这桩争田案件，起初倾向于邢侯，打算判决雍子败诉。雍子察觉到叔鱼的倾向，赶紧把女儿嫁给叔鱼，乘机送了大批嫁妆。叔鱼于是就判决邢侯败诉。邢侯为此怒不可遏，杀死了雍子和叔鱼。执政韩宣子找不到判决此案的依据，只得去请教有名望的大夫叔向。叔向说："这三个人都犯了大罪，活着的要处死，死了的仍然要戮尸。雍子明知道自己理亏而公然行贿，叔鱼接受贿赂而'卖狱'，邢侯肆无忌惮擅自杀人，这三种罪名同样严重：自己犯了罪而以行贿来掩盖是'昏'罪，接受贿赂破坏法律是'墨'罪，擅自杀人是'贼'罪。早在夏朝的法典《夏书》上就说：昏、墨、贼这三种罪都要处死，这是皋陶传下来的古老法律，请按此办理。"于是韩宣子下令将邢侯押到市场上当众处决，并将雍子、叔鱼的尸体也拖到市场上一起示众。

按春秋时晋国贵族叔向的解释，"己恶而掠美为昏，贪以败官为墨，杀人不忌为贼"，① 犯此三罪均处死刑。这里值得注意的是"墨"。从字义上说，墨是黑色，指的是官员贪赃。官员一贪即染上墨迹，非但可耻且要丧命，罪名恰当，用刑严厉。这说明中国有关惩贪的历史非常悠久，而官员行贪的历史更悠久，并且十分猖獗，因为只有官贪才有惩贪的法律，只有贪赃猖獗才可能用重刑。贪是人的本性与权力相结合的产物，而在权力不受限制的专制政体下贪赃则是它滋生出来的不治之症。中国各专制王朝的灭亡无不与贪有关，贪与中国专制政治共始终。因此，夏朝有关惩贪的法律规定仅仅是开始，以后则不断发展完善，有必要作为一项专门课题予以关注。

不用命（或曰不恭命）。夏启在讨伐有扈氏的反抗前告诫从军征战的将士："左不攻于左，汝不恭命；右不攻于右，汝不恭命；御非其马之正，汝不恭命。用命赏于祖，不用命戮于社，予则孥戮汝。"② 就是说，在战场上，无论左边还是右边，所有士兵都要严格

① 《左传·昭公十四年》

② 《尚书·甘誓》

执行命令，奋勇杀敌，驾驭战车者也要驾好战马，否则，均以“不恭命”定罪。恭从命令者在祖前赐赏，不执行命令者在社前受刑，并且株连妻和子（孥，有两种解释：一说一人有罪连妻和子一并处死，一说一人有罪连其妻和子也罚做奴隶。不论哪一种解释，都说明孥是株连刑）。这是一条地道的军法，也是中国历史上最早的法律形式，或者说，中国历史上最早的法律形式是军法。它有两个功能，一是赏，二是罚。然而，不论是赏还是罚都旨在要求人们尽忠效死，维护王权。如前所述，夏朝还有“威侮五行”罪。这里免于解说。夏朝的罪名，反映了中国法制文明初创时期的一些特点，但其意义绝不局限于夏朝，因为它对后世也有重大影响。

四、“五刑”体系

夏朝有五种常用刑，即墨、劓、剕、宫、大辟。通常称为奴隶制五刑。然而这种规定过于牵强，不能自圆其说，是西方五种社会形态（原始社会、奴隶社会、封建社会、共产主义社会）理论在法制史研究上的机械应用。因为大辟刑直到今天也未废除；宫刑直到南北朝时才告一段落，然而到了清代还将犯人阉割发配新疆边远地区，阉割即宫刑；前三种刑罚一直沿用到文景帝的刑制改，到五代又有刺字刑，并一直延至清朝，此刑实即黥刑；夏朝的五刑在战国以后所谓的封建社会里一直在用。影响非常深远，没有必要贴上“奴隶制”的标签。这些姑且称为“中国古代早期五刑制”，以区别于隋唐中期五刑制和清末近代五刑制。

夏朝五刑的大致情况是：墨刑，后来又称黥刑，是刺破犯人的面部或额头，再涂以墨，留下终生难以去掉的黑疤，以区别于常人，是五刑中最轻的一种；劓刑，即割鼻，是较墨刑为重的刑罚；剕刑，后来也称刖刑，即断足，与剕刑类似的是“膑刑”（去膝盖骨）；宫刑，即毁坏男女犯人的生殖器官，使其断子绝孙，不能繁衍后代，是仅次于死刑的一种重刑；大辟，是剥夺生命的死刑，也是五刑中最重的一种刑罚。

夏“五刑”，由轻至重排列，差等分明，形成了比较系统和完整的刑罚体系。五种刑罚可以分为两类：前四种即墨、劓、剕、宫属于残害犯人肢体的肉刑，特别需要强调的是，各种肉刑的作用不仅在于使人受苦，更在于使人受辱，不仅在于受苦受辱一时而是使其终生难以做人，以期警戒常人，消灭犯罪，体现了独特的法律价值观和以刑治人的超常智慧；大辟则属于剥夺生命的死刑。五刑在夏朝形成，说明中国古代法律制度在发展初期就已有很高的水平。

史载，夏朝的五刑源于苗民。“苗民弗用灵（命，即天命），制以刑，惟作五虐之刑曰法。”① 夏以此为由率兵攻苗，“杀其人而用其法”，在“五虐之刑”的基础上加以损益修改，形成了夏朝的刑罚制度。这进一步表明，中国的刑起源于战争，少数民族在中国法律一开始产生时就发挥了重要作用。

除五刑作为主要刑罚外，夏朝还有鞭、扑、流、赎等刑罚。其中赎刑，一直沿用至清末；流刑虽然具体规定和名称不同，也长期被使用；扑刑演化为笞刑，至汉朝就已经上升为常刑，并沿用至清。足见其影响之深远。

---

① 《尚书·吕刑》

五、夏朝的司法制度及监狱

夏朝是专制国家，夏王是国家的全权代表，自然也垄断最高司法权。此外，夏在中央设有司法官，称“大理”；地方有“士”，或“理”、“正”、“史”等官职，处理司法事务。

夏朝的监狱称“圜土”，用圆形土墙或以圆形土坑作成，用来囚禁罪犯。夏朝最后一位国王夏桀曾将商族首领商汤囚禁于“夏台”。“夏台”或“钧台”是夏朝的中央监狱。监狱是国家暴力机器的重要组成部分，夏朝监狱的正式形成，从一个侧面说明夏朝的国家体制正在走向成熟。由于“圜土”是中国历史上最早的监狱，故后世常以它作为监狱的代称。

【本章小结】

上古蛮荒，神人共存，因神道设教，天道国法互证，道德法律不分，宗法血缘与国家法律合一，礼起于祀，刑始于兵。莽莽神州，华夏大地，天下为公，直至夏启，传说启乘龙上天偷歌自吟，说明以人为本位的权力开始伸张，天下终究为私，斯时奉行罚罪，制度构建粗疏，但已粗具规模。

第二章 神秘野蛮

——商朝的法律制度

（公元前16世纪—前11世纪）

◎ 知识目标：

- 掌握商朝的指导思想、商朝的主要法律形式、商朝的主要罪名和刑罚
- 掌握商朝关于官吏管理方面的法律内容
- 了解商朝的司法内容

◎ 能力目标：

- 理解商朝神权法制思想对商朝法律制度的影响

【本章导读】

夏朝统治数百年，一个不受限制的专制政权统治时间越长所滋生的问题就越多越严重，统治集团内部日趋腐败，社会反抗情绪与日俱增。夏朝最后一位国王夏桀面对危机四伏的形势，更加暴虐，滥用权力。夏朝已成强弩之末，呈现出分崩离析之兆。当此之时，曾臣服于夏的商族乘机发展壮大自己，并于公元前16世纪联合其他受压迫的部族，一举推翻夏朝，建立商朝，定都于亳（今河南偃师及山东曹县一带）。此后又多次迁都。公元前13世纪，商王盘庚迁都至殷（今河南安阳小屯），故商朝又称“殷”或“殷商”。从一定意义上说，夏朝之亡，并非亡于商，而是自取灭亡，是专制权力自身发展的必然结果；商之兴也并非由于自身的强大，而是由于夏政权残暴、空虚与脆弱。

夏朝兵败如山倒，商朝充分利用人们的强烈反抗势头，通过战争的方式，开疆辟地，至武丁时已是泱泱大国，“邦畿千里”了。其版图和势力所及：东至大海，西抵秦岭，东北跨辽河，南到长江流域。在这个庞大的国度里，商王是最高的统治者，下设百官，治驭万民，辅佐朝廷，国家机构更加完备。商朝又是中国历史上第一个有文字可考的国家，文化相当发达，地下考古发掘出的甲骨文，单字约3500个，其中能识认者约2000个。然而这些文字的用途是占卜，为统治者所垄断。商朝的手工业特别是青铜制造业的发展水平令人难以置信，著名的司母戊大方鼎近900公斤，足见当时的生产规模和铸造工艺。但这些产品多是青铜礼器，用以祭祀天地和祖先，维护国家政权。商兴起于黄河中下游的农耕地区。传说商的始祖契曾经跟随大禹治水，五世孙冥也勤于治水并死于治水。自王亥起，商的先公均以天干命名，说明已掌握了相当的农业知识。商朝建立后，强制众人进行农业集体劳动，出现了水利灌溉，推动了农业的发展，又促进了酿酒业。

荀子说，“刑名从商”,① 表明以刑为主的中国古代法制到商朝已粗具规模。周武王封康叔于卫时，周公告诫康叔：“罚蔽殷彝，用其义刑义杀。”② 意即审判案件可继续援引商朝的旧法。“殷彝”很可能是商朝的成文法。这说明两点，一是商周法制的继承性，二是说明商朝法制较前已有发展。

第一节　商朝的法律

一、神权法制观

有关商朝神权法制观的史料较夏朝更详细，也更有发展。这主要表现在下列几个方面。

（一）祖先崇拜与上天崇拜相结合，假借天命、祖命发布王命

夏朝崇奉上天和祖先，商朝有过之。《诗经·商颂·玄鸟》中说：天命玄鸟，降而生商，宅殷土芒芒。又如，《尚书·汤誓》载：“有夏多罪，天命殛之。”意即夏王罪恶多端，上天命令商人前去征讨。既然是上天的命令就必须坚持执行，“予畏上帝，不敢不正”。众民则有义务服从商汤的统帅，诛伐犯罪，以应天命，“尔尚辅予一人，致天之罚”。《盘庚中》：“故有爽德，自上其罚汝，汝罔能迪”。如果有悖道德，言行不轨，上天要惩罚你，上天无所不知无所不能，一旦犯罪你就无法逃脱。《盘庚上》：“先王有服，恪谨天命。”先王即商的祖先，服即服从制度或法制规章。意即要遵守祖先制定的规矩，严格谨慎地顺从天命。可见，商朝统治者把上天和祖先作为取得权力和行使权力的合法依据。不但如此，商朝还将二者结合起来，用以指导法制建设，服务于专制政权。商王是上天在人间的唯一全权代表，故称“下帝”、“王帝”或“天之元子”。可“步于上帝”,③ 独自与皇天上帝交往。死后入祖庙，成为“克配上帝”的“先王先公”，让生人继续敬仰。这样，上天与商王这种神人关系就伪造成了尊父与长子的血缘关系，而且商王又自然是祖先的继承人。于是商王头上有两个神圣光环，一是上天，一是祖先。祖先与上天合一，用以维护王权，意味着：违背王命，不但获罪于天，也为列祖列宗所不容。它对后世法制建设有重要意义。

（二）事神形成风气，王权与神权间有了中介

史载殷商统治者极端迷信鬼神，不仅自己尊神，而且率领庶民事神。这就是所谓的“殷人尊神，率民以事神”。④ 后人的记述真实可信，甲骨文卜辞就是最有力的证明。从甲骨文看。殷商统治者每遇大事即先行占卜，以求神灵消灾降福。占卜是项脑力劳动，需要专门的知识技术，于是一批巫、史等神职人员应运而生。他们拥有知识，代表鬼神。是中国历史上最早的意识形态领域的权威。其基本职责是通过占卜来指导国家政治和国王的

---

① 《荀子·正名》
② 《尚书·康诰》
③ 《尚书·大传》
④ 《礼记·表记》

行动，是沟通神权与王权的中介，并非独立的知识阶层。

（三）利用神意做臣民的思想政治工作

在专制社会，思想与政治从来都难以分割。要维护专制统治就必须统一人的思想，也只有统一了思想才可能维护专制统治。在中国历史上做人的思想政治工作由来已久，早在商朝就已经做得有声有色，只不过在他们从事这一工作的时候总是打出神的旗号，这里举两个例子足以说明。

首先，假托天意动员臣民。汤伐桀是建立商朝的头件大事。据《尚书·汤誓》载，当时一些臣民对此并不感兴趣，甚至有反对的情绪。于是，商汤召开誓师大会，作了一场煽动性极强的政治动员报告：并不是我敢于行乱，而是夏罪行累累，上天命我去诛伐，我敬畏上帝，不敢不执行。你们要支持服从我，以完成上天交给的神圣任务。如果这样，我将赐大赏给你们。你们不能不信，我绝对不会说了不算。这里不仅表示了取信于臣民的承诺，而且有大赏诱使人们参战；同时，不仅为战争开脱了罪责，而且把它说成是秉承天意，是圣战，为战争找到了最有说服力的依据。还不乏迫不得已、威胁恫吓的意味。思想政治工作做到如此地步，显示了古人超凡的政治智慧。

其次，假托祖先的名义动员臣民。盘庚迁都是商朝中期的又一件大事。当时阻力很大，首先是世家大臣贪图安逸，不愿迁移。并影响民心，黎庶百姓也不情愿。为此，盘庚先后发布三篇文告（见《尚书·盘庚》上、中、下）。文告对群臣说，先王与你们的祖先同心协力，现在他们与先王一起受祭，你们要继承祖先的优良传统，不要只图安乐，轻视王命，煽动庶民反对迁都，以免受到神罚。对庶民说，先王关心爱护你们的祖先，你们的祖先体贴先王的苦心。感恩戴德，所以能顺天时，少灾祸。接着指出，迁都是安邦定国的长久之策，如果不迁都势必受到先王的惩罚，先王一定“断弃”你们，“不救乃死”，不把你们从死亡中拯救出来。因此不要轻信反对迁都的言论。若这样，“予延续乃命于天”，我通过天延续你们的生命。这些话既有因反对迁都而产生的生死攸关的严重后果，又有因恭顺王命而带来的实实在在的好处；既有前事之师。又有摆在眼前的厉害；既有可以感受得到的血缘温情，又有高深莫测的祖先神明。选择却只有一个，服从王命，迁都。

总之，商朝思想政治工作的核心是要求臣民唯王命是从，但他们在完成这一工作任务的时候又不直截了当，而是打出祖先和上天两张牌，强调：听王命就是听祖先之命，听王命就是听上天之命，从而神化了王命。

二、商朝的法律形式

商朝的法律形式与夏朝大体相同，主要有：

（一）“汤刑”

《左传·昭公六年》载：“商有乱政而作汤刑。”与“禹刑”一样，“汤刑”是以商朝的先王命名的商朝法律的总称，既非纯商汤所作，又非系统的成文法典，大概是汤及其后继者们在长期的统治实践中陆续积累起来的习惯法。

（二）夏法

在中国历史上，两个王朝不共戴天，非你死即我亡，王朝更替频繁，然而法律制度不因旧王朝的灭亡而灭亡，显示出强大的生命力，几千年代代相因，一如既往。《晋书·刑法志》载：夏后氏“五刑三千，殷因于夏，有所损益”。这说明商朝对夏朝的法律既有删减又有增加，同时又有继承，一方面宣布夏朝的某些法律继续有效，另一方面又有所发展。法律制度在旧王朝与新王朝之间，既变又不变，通过不变实现对接，保持一致性，通过变获得充实与发展。

（三）礼

《论语·为政》：“殷因于夏礼，有所损益可知也。”礼是商朝的重要法律形式，它同刑一样，既继承了夏朝的礼，又有所损益。中国的礼就是这样通过因袭、损益一代一代地传下去，发展起来的。

（四）“誓”、“诰”、“命”

这是夏商两个王朝效力最高的法律渊源，均为国王下发的指示，是王权在立法上的体现，核心是维护至高无上的专制权力。其中的“誓”往往是出征前对将士所发，带有军法的性质，旨在维护国王对国家暴力机器——军队的统帅指挥权；“诰”是国王对臣下和诸侯的训令或训诫，属于治官的内容，旨在维护国王的行政权；“命”多是针对具体人事而发，形式灵活，涉及的内容广泛，主要体现了国王对司法权的控制。

三、商朝法律内容

（一）罪名与刑罚

1. 罪名

商朝的罪名明显多于夏朝，涉及国家和社会生活的各个方面，既有治军的，又有治官的。更不乏治民的，唯独没有治王的。现介绍几个主要罪名：

违抗王命罪。要臣民投入重大政治活动，没有动员是不行的，但徒靠动员也不行，必须以暴力为后盾才不致落空。商汤在讨伐夏桀的誓师大会上发布的军令中还有这样的话：“尔不从誓言，予则孥戮汝，罔有攸赦（绝无所宽恕）。”军人的天职就是服从命令，命令威严无比，违者后果不堪设想。盘庚警告反对迁都的群臣，“予制乃短长之命”，即我决定你们寿命的长短，握有生杀之权。所以你们“自今至于后日，各恭尔事（谨慎办事），齐乃位（忠于岗位职责），度乃口（不可乱说），（否则）罚及尔身，弗可悔（到时就悔之晚矣）”。这里虽然没有道出对于违抗王命者的具体处罚，但朦胧中潜伏着严酷的威慑力。对于胆敢不恭王命的庶民，盘庚宣布：“我乃劓殄灭之（连家族都斩尽杀绝），无遗育，无俾易种于兹新邑（不让你们在新的国都里养育后代）。”

“乱政”和“疑众”罪。据《礼记·王制》载，早在商朝就作出了下面的规定：“析言破律，乱名改作，执左道以乱政，杀；作淫声异服，奇技奇器以疑众，杀；行伪而坚，言伪而辨，学非而博，顺非而泽以疑众，杀；假于鬼神、时日、卜筮以疑众，杀。”上述四种罪行被分成两类，排在首位的是“乱政”，剩余三者是“疑众”。一是对上，一是对下；一是直接危害国家政权，一是蛊惑人心，影响庶民。两两相对，却合二为一，都是为了确保专制权力。细细观察两类罪名四种罪行，基本属思想政治方面的范畴。它对后世产生了不可估量的影响，甚至决定了中国历史发展的前景。所谓“析言破律，乱名改作”，就是擅自解释法律，破坏礼所确立的等级名分。视这种意识形态方面的问题为重大的政治犯罪，是因为礼和法不外是专制权力的护身符，所以不得不杀。结果扼杀了中国法学的发展，扼杀了独立法学家的出现。因此，中国的法制史虽然悠久而法学却萎缩不前，所谓“法学”不外是“王法”的注释学，所谓“法学家”不外是御用文人。法学既然萎缩，法律制度不管怎样发达也只能是陈陈相因，不会有突破性进展。“淫声”是市民世俗社会的征兆，“异服”是人的个性化表现，而“奇技奇器”则是科技发明的代名词，将这些作为“疑众”大罪加以杀戮，杀去不仅仅是孤立的罪行而是将可能诞生的新社会扼杀于母体之中，而这种新社会一定是愉悦人生、崇尚个体、尊重科学的社会。“行伪而坚，言伪而辨，学非而博，顺非而泽”，说白了就是学识渊博、能言善辩，信仰坚定，与官方不能保持一致，实乃学问家、演说家、思想家、志士仁人。对于专制政权来说，这些民族的精英自然成了害群之马，非杀不可。杀了精英，剩下的就是芸芸众生，这样的民族不管人口多么众多、历史多么悠久都很难有新的希望。商朝崇信鬼神，甚至率民以事神，目的是用鬼神维护其统治，欺愚庶民，却决不允许利用鬼神煽动庶民，背离君主，因此也绝不可能确立宗教信仰自由的原则。早在数千年前，商朝就作出如此规定，足见其以法治人的非凡智慧。

“三风十愆。”一个专制王朝不但要有国王掌握国家的最高权力，同时要设职任官，建立庞大的官僚系统，由各级官员分掌各种大小不同的权力，以实现对全社会的有效统治。因此，从一定意义上说，治吏比治民更重要，吏治的好坏决定着专制王朝寿命的长短。但是，权力本身就具有天然的扩张性和腐蚀性，当这种扩张性和腐蚀性超过一定限度。专制王朝就自然垮台。为了避免悲剧的发生，专制政权十分重视吏治，吏治是贯穿整个中国法制史的重大课题。然而不论怎样加强完善吏治，在专制政体下都非但不能从根本上解决问题，反倒越治越糟，最终导致灭亡的命运。

商朝“三风十愆”的犯罪主体均属国家官员，按《尚书·伊训》的记载，它包括下列三个方面：一是“凡敢于有恒舞于宫，酣歌于室，时谓巫风”。巫风里有二愆，即舞与歌，实为狂歌乱舞的腐败之风。二是“凡敢有殉于货色，恒于游畋，时谓淫风”。淫风里有四愆，即货、色、游、畋，用白话说是贪污受贿、荒淫好色、游山玩水、猎兽捕禽，也属于腐败之风。三是“敢有侮圣言，逆忠直，远耆德，比顽童，时谓乱风”。乱风里也有四愆，即侮、逆、远、比，或者说是侮慢君主，残害贤良，疏远君子，朋比小人，均属于统治集团成员间直接威胁到王权的犯罪行为。商朝不仅一一列举了官场中五花八门的犯罪行为，并作了分类，而且强调了它们的危害性，同时规定了监督匡正的责任：“惟兹三风十愆，卿士有一于身，家必丧；邦君有一于身，国必亡。臣下不匡，其刑墨。”商朝有关官员犯罪的规定是相当全面的，对该罪严重后果的认识是相当清楚的，其救治措施也相当有力，足见当时有关吏治的立法已达到的水平。

2. 刑罚

商朝的刑罚以残酷而著称，除了继续沿用夏朝的“五刑”外，又创造许多新的刑种和刑罚方法。主要有：

断手。《韩非子·内储说》：“殷之法，弃灰于公道者断其手。”

殄灭。此刑见《尚书·盘庚中》，即一人有罪连同亲属一同处死，是后世族刑的前身。

炮烙。此刑见《史记·殷本纪》，方法是，火烧青铜，令犯人站其上，掉入烈火，活活烧死。

醢、脯、剖。“醢”即将犯人捣成肉酱；“脯”即将犯人剁成片，晒成肉干；“剖”即开膛破腹取其心。此外，还有剕，即锯断犯人的腿。这几种刑均见《史记·殷本纪》。司马迁记述说：“九侯有好女，人之纣。九侯女不喜淫，纣怒，杀之，而醢九傣”；“鄂侯争之强，辨之疾，并脯鄂侯”；比干“强谏纣，纣怒曰：‘吾观圣人心有七窍，剖比干，观其心’”；纣王“冬月见涉水者谓其胫耐寒，剖而视之”。大多数教科书都认为这几种杀人的方法是商朝的正式刑罚，表明了奴隶主阶级刑罚的残酷性。但事实上，明明是因为商纣王好色或好奇而滥杀忠直大臣和无辜百姓，他在杀人时既没有想到代表什么阶级，客观上也根本代表不了任何阶级，怎么能以阶级为由称它们是正式刑罚呢？正因如此，叶孝信认为这“纯属暴君恣意虐杀无辜的手段”，“不属于刑罚的范畴”。① 这极有见地，发人深思。双方的结论适相其反。而依据的前提却是一个，即阶级。问题正出在这里。其实，用阶级的理论不能说明中国法制史上的一切问题。在商王朝专制政体下，国王既造法又用法，他口含天宪，言出法随，法是他意志的最直接的体现，其基本功能是维护王权。因此，专制者滥杀无辜是特定时代特定政体下的正常刑罚，只不过不代表某一阶级。

人祭和人殉。商朝贵族为祭祀天地和祖先，要举行大典，杀死生人以供鬼神，是为人祭。贵族死了，同样举行隆重仪式，用生人作为陪葬品，称为人殉。这种做法在商朝是习以为常的，可谓不成文的习惯法，是神权观念在刑罚上的体现。从殷墟和其他地方发掘的商王宗庙、陵墓和贵族坟墓的遗址中，可以看到被作为祭品、陪葬品的人祭和人殉，数量的多少是有等级划分的，少则几人，几百人，多则几千人，这很可能是依据死者在生前的权力地位的不同而作的制度性安排，意图把人世间的统治与被统治关系搬到阴间去继续奉行。究其故，这是统治者极其残忍的表现，也有通过这种尊天尊祖和讲排场的仪式而发挥威慑的作用，从而强化甚至神化现实统治秩序，从观念上看，是人的认识水平低下、鬼神迷信盛行的结果；但更根本的是生产力不发达，人的价值和尊严没有被发现。

（二）民事婚姻继承制度

商朝没有近代意义上的法律，更没有部门法，作为近代意义上的部门法中的大法——民法自然无从谈起，但并不是说商朝没有民法所调整的社会关系，只不过这种关系与国家政权高度地结合在一起，颇类近世的经济法。我们把它作为商朝的民事法律规范来认识，目的是为了更好地学习民法提供历史性的参考。

土地是商朝最基本的生产资料，但不存在土地私有权，所有一切土地都只是国家或国王的领土，采取土地国有制或王有制。如果国家或国王自称是公的代表，这种所有制也可以称作公有制。国家或国王虽然握有土地所有权，但又无法实际使用，因此，不得不把所有权与使用经营权分开。通常情况下，国王将土地赏赐或划拨给各级贵族官僚，他们有占有、使用权，但不得处置，并必须把收益的一部分上交朝廷。商朝是依靠暴力建立的，土地也靠暴力获得。国家可以赏赐土地，也可以暴力剥夺；臣僚、诸侯间发生土地纠纷，有时也用暴力加以解决。由此可见，商朝的土地所有权与国家政权是不分的，前者是后者赖以存在的基础，但后者占有主导支配地位。这种情况对后世产生深远影响，中国古代史所

① 叶孝信主编：《中国法制史》，北京大学出版社1989年版，第18页。

以发展迟缓而漫长，与此有关。它既阻碍了新经济关系的产生，也使政治失去了发展前途。

在商朝，除土地外，奴隶也是重要的所有权客体。他们在各级贵族的眼里是牲畜，是财产，不仅强迫进行大规模集体农业劳动和其他繁重劳动，而且可以转让或赏赐，甚至随意杀死，作为随葬品。

商朝的青铜器，体形之大，样式之精，足可证明当时制造业的生产规模和工艺水平。但这些器具主要是用于祭祀、神化王权的礼器，还有兵器，是满足国家统治需要的，并非用于民间生产和生活。由此可见，商朝的手工制造业也由国家垄断，实行的是国有制。正因如此，它的发展前景不可能令人乐观。有劳力，有技艺，有智慧，却不用于正道，专门服务于专制政权，很值得后人深思。

商朝的权力不仅包括政治权力、经济权力，还包括满足统治者性欲需要的婚姻权力。当时普遍实行一夫一妻多妾制，各级贵族依其身份地位不同占有数量不等的女子。商朝还有“媵嫁”制，某贵族娶妻，其他同级贵族和下级贵族要在辖区内挑选美女作为馈赠的礼品随嫁。一个贵族占有多个女子，多个女子只能有一个丈夫，并且其中只能有一个才称得上妻。这种权力婚姻在后世几千年的王朝统治阶级中香火不断，流传甚久。也对中国古代政治法律的走向产生了多方面深刻的影响。

在商朝没有财产私有制，权力地位也为以国王为核心的各级贵族所得而私有。继承制度与私有制密不可分，商朝的继承制适用于统治阶层内部，继承的内容主要是权力地位，继承的原则是依据血统。

商朝的权力继承制先后经历三个发展阶段。第一阶段是中前期。这一时期是兄终弟及与父死子继并行，兄终弟及不断减少，父死子继不断增多。据考证，自成汤至帝辛共31王，兄弟相传者有11王，叔侄相传者有4王，父传子者有12王。依上述制度安排，王位继承人虽然是同一血统，但范围过大，既可能是弟，也可能是子，还可能是侄。而这些人虽然是血肉之亲，但面对独一无二至高无上的权力，势必骨肉相残。争权夺势，不利于权力的顺利转移。《史记·殷本纪》载：“自中丁以来，废嫡而更立诸弟子，弟子相争代位，比九世乱，于是诸侯莫朝。”可见，子弟们争夺王位的斗争给国家的安定带来了致命威胁。到了第二阶段即中晚期，父死子继取代了兄终弟及，国家权力只在父子间相传，继承人的范围被缩小。但问题并没有得到根本解决，因为国王妻妾成群，儿孙满堂，如武丁有妾64，生子52，如此多的儿子，谁都想登王位宝座，而宝座只有一个，为抢占宝座势必还要相残。这样，到了第三阶段即商末纣王时期，终于出现了嫡长子继承制。按这种制度安排，王位继承人只有一个，即正妻所生的第一个儿子，从而减少了权力交接的血亲争斗。这样一来，能继王位者在他出生前就已经命中注定了，只要他是国王正妻所生并且是头胎他就是不可争议的人选，不管他愿不愿意或适不适合做王。史载，商纣这位性格暴虐、贪酒好色、独断专行的人就是依此而继位的。《吕氏春秋·当务》记述了太史为商纣力争王位的情况：“纣之同母三人，其长曰微子启，其次曰仲衍，其次曰受德，受德乃纣也，其少矣。纣母之生微子启与仲衍也，尚为妾，已而为妻而生纣。纣之父、纣之母欲置微子启以为太子，太史据法而争之曰：‘有妻之子，而不可置妾之子。’纣故为后。”《史记·殷本纪》亦有记载：“帝乙长子曰微子启，启母贱，不得嗣。少子辛，辛母正后，辛为嗣。帝已崩，子辛立，是为帝辛，天下谓之纣。”嫡长子继承制自商朝末期出现，一直沿用到清朝。

第二节　商朝的司法制度

殷因于夏礼，商朝很多制度都是承袭夏朝，立国之初刑罚宽松，后逐渐加重，至祖甲时社会矛盾激化，刑罚加重，司法制度日益严酷。

一、司法机关

商朝是一个以国王为核心的专制政权，在这个政权中没有立法、司法、行政等权力之分，一切权力都合而为一，最终归于国王。因此，国王握有最高司法权，有权裁决一切他认为有必要裁决的事务，并具有绝对的法律效力；而对他本人又没有任何约束的法律，所以他无论做什么都不会违法，也自然无需对他适用法律。

为了确保国王行使司法权，商朝在中央设司寇一职，作为国王之下的中央司法官，辅佐国王处理法律事务。司寇之下，设有“正”、“史”等属官。在地方，设有“士”和“蒙士”等官吏，负责处理辖区内的狱诉案件。商王对基层司法基本不加干预。

二、诉讼审判制度

商朝无独立的起诉机关，没有专司侦查、检查职能的官吏，凡一般案件都是由原告向官府告发而起诉。

商明神权政治非常发达，率民事神，几乎无事不卜，它不仅影响立法、法律内容，也影响了司法。神明裁判是商朝司法中的一个突出特点。从甲骨文资料看，商朝在审理案件、定罪判刑时常常通过占卜来作出决定。甲骨卜辞也就成了定罪量刑的依据。因此，卜者即“贞人”在司法实践中起着重要作用。

三、监狱制度

从甲骨文等史料看，商朝的监狱比夏朝更多，这与商朝刑罚严酷不无直接关系。商朝的监狱也称“圜土”，又称“囹圄”。

为防止犯人逃跑，商朝统治者在地上筑起圆墙以关禁犯人，更有甚者在地下挖成圆形土牢，上面盖棚以成天窗，在殷墟遗址的考古发掘中已发现这种面积狭小深而且暗的土牢，犯人平时可能要从事繁重的体力劳动而后佩戴刑具关于其中，实在苦不堪言，反映出商朝监狱管理的残酷。

【本章小结】

殷人尊神，率民以事神，神权法制思想浓厚，主要法律形式有夏礼、汤刑、“誓”、“诰”、“命”。主要罪名有“违抗王命罪”、“乱政”和“疑众”罪，针对官员的“三风十愆”。刑罚残酷。九世之乱为后世确立嫡长子继承制奠定了基础，司法审判制度较前代更趋完善。

第三章 礼韵悠长

——西周法律制度

（公元前11世纪—前770年）

◎ **知识目标：**

- 掌握西周的法制指导思想、宗法制，礼与刑的关系。
- 掌握商朝关于官吏管理方面的法律内容。
- 掌握西周刑事法律的主要原则和内容。
- 掌握西周民事法律方面的内容制度。
- 掌握西周司法制度的主要内容。

◎ **能力目标：**

- 通过内在精神原则和外在仪式的结合深刻理解周礼的内涵。
- 掌握西周法律制度对后世的影响。

【本章导读】

商朝后期，长期积累的各种矛盾日趋尖锐复杂，灭亡的命运即将来临。在这种形势下，作为末世之主的商纣王，一方面沉迷酒色，荒芜政事，尽情享受临终前的人生快乐，另一方面又残酷暴虐，滥用权力，对外连年用兵，企图扭转时局。其结果适得其反，使各种矛盾进一步激化，加速了灭亡的进程。与此同时，周族乘机发展壮大。早在周文王时期就开始作“翦商”的准备，公元前1027年，周武王联合反商的诸侯和部族东进伐纣，双方大战于牧野（今河南汲县），17万殷兵“前线倒戈”，统治几百年的商朝顷刻瓦解，纣王自焚身亡。周朝至此建立，定都镐京（今陕西长安附近），史称西周。旧政权垮台，新王朝重建，历史开始了又一轮回。次年，武王死，成王继位，因其年幼，由武王的弟弟周公旦摄政。周公乘商的衰败之势，利用庶民的强烈反抗情绪，继续率兵东征，开拓疆土，平定叛乱，周朝的统治由此而稳定。西周自武王灭商至幽王为犬戎族所杀，平王东迁，共传11世12王，历257年。

在夏商两朝千余年的历史发展的基础上，西周的政治、经济、文化等各个方面都较前朝更为发达，法律制度也空前完备。西周法制对以后漫长的历史岁月产生了深远而重大的影响。

第一节　西周的法律

一、法制指导思想

西周的法制代表了中国古代早期法制的最高成就，这与周初统治者的法制指导思想是分不开的。

西周的法制指导思想取决于国家的缔造者，因为他们既打江山又坐江山，独掌国家最高权力，同时又直接来源于他们的雄才大略、远见卓识和非凡的政治智慧。也与他们的特殊经历密切相关。坐享其成者势必滋生腐败堕落，不图进取，鼠目寸光，终将坐吃山空，束手待毙。而一个在刀光剑影、九死一生中夺取政权的人，对于战利品自然格外珍惜、竭力保护，正所谓“其得之愈难，爱之愈切”。为周初确立法制指导思想的人就是这样的统治者。他们亲手打碎了商朝的国家机器，又亲手建立西周政权。然而，任何一种思想的产生都不是凭空杜撰的，都无不依据于特定的历史条件。商朝的亡败教训正是西周总结经验的好教材，没有前者就没有后者。西周的法制指导思想就是建立在商朝亡败教训的基础上。纵观一部中国王朝史，可以发现这样一个共同现象：前朝积累教训，后朝总结经验，而随着统治时间的延长，经验不断为子孙遗忘，教训与日俱增，直到灭亡。这取决于专制制度，是权力自身发展的必然结果，不以人的意志为转移，无论什么经验也无法避免悲剧的发生。周初的法制指导思想主要有下列两方面：

（一）“以德配天”、“敬天保民”和“明德慎罚”

周初统治者继承了夏商的天命观，并未冲出神权的藩篱，仍认为王权受命于天，把天命作为取得政权巩固政权的精神支柱。他们宣称：“丕显父王，受命于天。”① 权力既来自于天，故“不敢不敬天”，② 用敬天的方式来巩固政权。在这一点上，西周与商朝没有什么两样，体现了历史发展的连贯性。然而仅此不能自圆其说，历史实践向人们提出了必须回答的问题：商朝赖天命取得权力行使权力，现在，西周推翻商朝，夺取了权力，这岂不意味着违反天命？

于是西周的统治者创造了“天命转移论”，即“天命靡常”，③ “天唯时求民主”。④ 也就是说天命不是永恒的，它也要变，那么，它依据什么而变？这里，周的统治者将目光从遥远的天转到自身，提出了“德”这一具有永久生命力的范畴，用以说明商朝灭亡的原因和西周政权的合法性。周公说：“皇天无亲。惟德是辅。”⑤ 昊昊苍天，不分薄厚，无亲无疏，只是授权于那些有德的人。一旦无德，权力就随之而被剥夺，国家由此而亡。夏商之所以灭亡，皆因荒淫无度，滥施刑罚，简言之，即无德，因此而招致天怒，“上帝

① 《大盂鼎铭》
② 《尚书·洛诰》
③ 《诗经·大雅·文王》
④ 《尚书·多方》
⑤ 《左传·僖公五年》引《周易》

不保”,① 或曰：“不敬厥德，乃早坠厥命。”② 而代商而起的周，是因为文武有德，符合天意，故得到天的保佑，才因此而有天下。这就是“以德配天”。

“以德配天”是中国法律思想史上的重大进步，它完成了由唯天命是从到德与天的对接，从而不仅论证了权力的神圣性。又为神圣性的权力找到了世俗性的依据，是统治者道德觉醒的重要表现，使自律成为可能，中国历史上几千年的德治理论及实践自此开始。

如果“以德配天”靠一个“德”字沟通了上天与周王的关系，那么，“敬天保民”就使“德”不仅是消极空洞的，而是积极具体的，它进一步沟通了上天、周王、庶民三者的关系。周初统治的视线由天上到自身再到庶民，从上至下转移，沿着一条务实的路线进行思考。“以德配天”不可空谈，它必须落到实处；也不可无所作为或胡作非为，而是要积极有为，表现在具体行动上。所谓实处，就是为庶民办实事，所谓积极的具体行动，即为民谋福，而非损公害民。这样，善待庶民就是有德，有德才能配天，统治者的德是关键的中间环节，它将上天与庶民统一起来。此之谓“敬天保民”。在这方面，周人有不少精彩的表述，“民之所欲，天必从之”;③ “人无于水监，当于民监”。④ 庶民的欲望必须满足，这是天意。否则，天怒人怨，统治不安。所以，统治者不可道貌岸然，只用水来观照自己的尊容，一定要以民心向背为镜来观照政权的安危。这是西周政治家从商朝亡败教训中发现的一条铁律。

敬天也好，保民也好，都不是问题的实质，实质在于维护西周政权的长治久安。其中已经孕育出后世经久不衰的“民本”思想。所谓民本，即国家以民为本，民是国家赖以建立和存续的基础，统治者要爱民、惠民、利民、保民，但这一切都是手段，根本目的是确保专制政权。因此，“民本”思想是专制思想，它虽与“民主”只一字之差，但性质根本不同。虽然如此，早在西周就萌发出这种思想，足见先人卓越的政治智慧，它的意义和影响不可低估。

“以德配天”，“敬天保民”，落实到法制建设上就是“明德慎罚”,⑤ 其主体依然是统治者，它要求治人者必须以德自律，把德的精神贯穿于立法、司法实践中去，以德教为主，谨慎用刑。后世“德主刑辅”、“明刑弼教”的思想就渊源于此。它不仅作用于中国法制史的基本走向，也产生了持久的和多方面的影响。

（二）“刑兹无赦”

“刑兹无赦”见于《尚书·康诰》，意即对重大犯罪要坚决镇压，绝不手软。既体现了严格的法制精神，又表现出后世予以集中重点打击的“十恶”大罪的原则立场，同时也是“明德慎罚”思想结出的必然之果。因为以德指导立法、司法意味着把道德上升为法律，严重的不道德行为就是重大的犯罪，对这种不道德犯罪予以严厉惩治又是进行德化的好形式。可见，西周统治者一方面是尚德，一方面是重刑；一方面是泛道德主义，一方

① 《尚书·多士》
② 《诗经·大雅·文王》
③ 《左传·襄公·三十一年》引《泰誓》
④ 《周礼·秋官·大司寇》
⑤ 《尚书·康诰》

面是泛刑罚主义。二者看似矛盾，实则相辅相成，互为对方存在的前提，犹如一人有两手，一个硬币有正反两面，共同服务于王朝统治。

（三）亲亲、尊尊的礼治原则

【参考资料3-1】

文王世子孝千秋

文王之为世子，朝于王季日三。鸡初鸣而衣服，至于寝门外，问内竖之御者曰："今日安否？何如？"内竖曰："安。"文王乃喜。及日中又至，亦如之，及莫又至，亦如之。其有不安节，则内竖以告文王，文王色忧，行不能正履。王季复膳，然后亦复初。食上，必在视寒暖之节，食下，问所膳，命膳宰曰："末有原。"应曰："诺。"然后退。武王帅而行之，不敢有加焉。文王有疾，武王不说冠带而养。文王一饭，亦一饭，文王再饭，亦再饭，旬有二日乃间。文王谓武王曰："女何梦矣？"武王对曰："梦帝与我九龄。"文王曰："女以为何也？"武王曰："西方有九国焉，君王其终抚诸。"文王曰："非也。古者谓年龄，齿亦龄也，我百，尔九十，吾与尔三焉。"文王九十七乃终，武王九十三而终。成王幼，不能莅阼，周公相，践阼而治，抗世子法于伯禽，欲令成王之知父子君臣长幼之道也。成王有过，则挞伯禽，所以示成王世子之道也，文王之为世子也。①

亲亲、尊尊的原则同样是在总结商朝教训的基础上确立的。由于商纣王独断专行、滥施淫威、荒淫无度，不仅激起各部族的强烈反抗，破坏了社会秩序，又使统治集团内部众叛亲离、孤立无援。在武王伐纣前，商朝贵族大臣箕子、比干就多次规谏纣王，但或被囚禁，或被刑杀，纣的庶兄微子也因谏而被驱逐。因此，周朝的缔造者发现统治集团内部是否团结是决定国家命运的重要条件，于是在全社会特别是贵族内部贯彻亲亲、尊尊的原则。

亲亲，即亲其所亲，它维护全社会和整个国家的家族血缘关系，任何人都不能游离其外。每一个人都被编织在亲疏有别、长幼有序的等级网络中，要求父慈、子孝、兄友、弟恭。在这一系统中，至亲莫如父，子对父必须尽孝，孝旨在维护父权。父权是血缘宗法体系的核心。

尊尊，即尊其所尊，它维护统治集团内部各级贵族间的等级关系，严格区分尊卑贵贱，使卑奉尊、贱从贵，下级侍奉上级，一级又一级，级级对上负责，所有贵族最终都听命于周王。在这一系统中，周王至尊，臣对周王必须尽忠，忠旨在维护王权。王权是政治等级系统中的核心。

由于西周推行宗法制、分封制，所以在统治阶层内部亲亲和尊尊是合而为一的。各级贵族间的关系既是上下级政治关系，又是亲疏远近的血缘关系。各级贵族一般都具有双重身份，对于庶民来说就是国家官员，对于国家来说又是周族中的一个成员，从而实现了家

① 《礼记·文王世子》

族与国家的高度统一。就国家与社会来看，亲亲与尊尊也互为表里。维护了家族秩序也就维护了政治稳定；在家做孝子，在外就可做顺民；父权得以确认，王权就难以动摇。正所谓："其为人也孝悌，而好犯上者鲜矣；不好犯上而好作乱者，未之有也。"① 可见，家族是国家赖以存在的基础，服务并服从于国家；父权是王权的缩影，孝于父是为了忠于君。故而统治者必须推行家族制度，维护父权。由此可知，亲亲、尊尊的最终目的是巩固西周的专制政权。

亲亲、尊尊是礼的根本原则，也是西周法律的灵魂，它贯穿于全部立法、司法活动中，并对后世产生了难以估量的影响，成为中华法系的最重要特征。可以说，没有这一原则就没有中华法系，即使有也一定是另一种模样。

二、立法活动

西周的法律主要由礼和刑两部分组成，制礼、作刑是西周最基本的立法活动。

（一）周公制礼

礼始终是中国法制史的重要组成部分，并在一般情况下总是居于主导地位。孔子说："殷因于夏礼，所损益可知也；周因于殷礼，所损益可知也；其或有继周者，虽百世可知也。"② 这说明夏、商、周三代均有礼；而且后代的礼对前代的礼既有增又有损，同时也有继承，礼就是这样代代相传，不断淘汰、充实、发展起来的；孔子对后世的预测在今天看来已成历史，并被历史证明是不争之实。礼源远流长，夏商之礼，年代已久，史料不足，难以查考，而"周公制周礼"则出于信史（《左传·文公十八年》），《尚书大传》亦有周公"制礼作乐"的记载。周公制定的周礼以完备而著称，它不仅是夏商礼的总结，又受后世的儒生、统治者乃至庶民的广泛认同，其影响之深远超过了中国历史上的任何一次立法活动。

所谓周礼是在周公的主持下，以周族原有的习惯法为基础，结合开朝后的实践经验和统治需要，并对商礼进行全面调整、删减、充实而成的规制宏大而详尽的规范体系，调整的范围既广泛又细微，是西周最重要的法律渊源。

（二）周初"九刑"

《左传·昭公六年》："周有乱政而作九刑。"《左传·文公十八年》还记载了周公所作的誓命，其中不仅规范了几种重大罪名，又特别强调，"在九刑不忘"；再证之以周初德刑并用的法制指导思想，九刑很可能也是在周公主持下制定的。九刑已失传，后人对它有两种解释：一是认为九刑是周初的刑书，共有九篇，故名九刑；二是九刑就是九种刑罚，它包括夏商时期的墨、劓、剕、宫、大辟五刑，再加之鞭、扑、流、赎四刑，合为九刑。作九刑是周初的另一项重要立法活动。

（三）吕侯作《吕刑》

穆王时期，为复兴文武成康之盛世，励精图治，进行改革，于是命司寇吕侯制定《吕刑》。《吕刑》是中国历史上一部古老的法律文献，载于《尚书》之中，并流传至今。

---

① 《论语·学而》
② 《论语·为政》

其主要内容：第一，刑罚原则。以德教为本，反复强调“中”，努力做到不轻不重，“轻重诸罚有权”，对于具体案件综合权衡，妥善处理。体现了周初明德慎罚的思想。第二，规定了司法官责任制度，要求司法遵循“天德”，不得偏私，是周初以德配天思想在司法上的反映。第三，规定了赎刑。赎刑产生于夏朝，适用的范围限于疑罪，并按五刑的等差确定了赎金（当时称罚锾，锾即铜）的具体数额，赎刑开始制度化。按今天的法律，凡法无明文、事实不清者，既非犯罪，更不可处刑。因此，按今人的标准，西周的赎刑无疑是残酷了，但在当时条件下却是慎刑的表现。此外，还提到了刑的起源，认为各种肉刑来自于苗民。

三、法律形式

西周的法律形式与夏商基本相同。

（一）礼和刑

礼和刑通常是国家最高当权者主持制定的，具有稳定性、普遍性和系统性的特征，是最基本的法律形式。

（二）誓、诰、命

誓、诰、命是国王（或掌握国王权力的摄政者）针对具体人事而随时发布的军令、告示、命令，具有最高的法律效力，既可弥补礼、刑之不足，又可取而代之。

（三）习惯

西周的疆域辽阔，各地区各家族都有其特定的历史传统和相对独立的生活方式，而西周的立法技术又不可能至善至美。因此，国家制定法不可能囊括无余，自然也不是万能的。这样，人们在长期生活实践中约定俗成的习惯依然起着规范人们行为的作用，是西周法律的重要组成部分。

（四）殷彝

西周对商朝政权和它所创建的法律制度采取了两种不同的态度，对于前者则势不两立，不共戴天，而对于后者并非简单从事，一方面进行批判、改造、创新，一方面有选择地加以沿用。历史的发展进步需要不断地积累，只有继承前人的文明成果才能避免重新摸索、走回头路的可能，才能谈得上创造。因此西周的做法是理性明智的。周公曾告诫康叔，要他上任后“蔽殷彝，用其义刑义杀”。① 蔽即选择判断，彝即法，义即宜，也就是说选择商朝法律中适宜的规定，用以判罪量刑。另据《尚书大传·大战》和汉人刘向《说苑·贵德》的记载，周初，武王面对广大“殷顽民”和原来臣服于殷的方国不知怎样统治为好，甚至寝食不安，深感“皇皇若天之未定”。据说当时提出三种处理方案。姜太公主张“咸刘厥敌，使靡有余”，即把这些敌人全部杀绝，一个不剩，以免后患。召公奭则主张区别对待，顺我者昌，逆我者亡，“有罪者杀之，无罪者活之”。最后武王采纳了周公旦的意见，“各安其宅，各田其田，毋故毋私，惟仁之亲”，即保持其原来的生产方式和生活方式不变，自然维护这种生产和生活方式的殷朝法律也同样有效。它意味着周朝实行的是一个国家两种制度，西周的新法与殷商的旧法并立。毫无疑问，这比前两种方法

① 《尚书·康诰》

更有利于缓和矛盾，维护政权，也更为仁道。足见周公非凡的政治手段，也足见武王出色的鉴别力和果断的气魄，不愧一代圣主明臣。

四、礼与刑

礼与刑是西周法律的两个重要组成部分，二者不同，又高度统一。在西周，贵族政治与宗法等级合为一体，是周礼的基本内容，而刑又是礼的辅助手段。因此，要认识礼与刑就须首先认识西周的宗法制度。

（一）宗法制

宗法制由来已久，在原始社会后期便形成了由同一血统维系的父系氏族。氏族中，辈分最高的人最受尊敬，是当然的族长，以族长为核心，按血缘关系的亲疏远近来确定人们不同的身份地位。国家形成后，取得胜利的氏族既是征服者，又是统治者，氏族血缘关系非但没有解体，反倒与国家政权合而为一。族权演化为王权，血缘组织演化为政治组织。后世政治生活中的裙带关系可以在国家形成前后的历史中找到踪影。

夏商王朝的王位继承基本是父死子继，但父死后诸子中由谁来继承，并未得到根本解决，以致出现诸子争位、骨肉相残的严重问题，不利政局的稳定。所以，到商末开始出现嫡长子继承，西周为了使国家最高权力在秩序中和平转移，吸取夏商的教训，总结其经验，最终确立了宗法制。也就是说，西周的宗法制是中国历史发展的必然结果。同时也凝结了周初政治家们的智慧，其根本目的是维护中央高层内部的统一，使国王权力传承有序，世代不乱。

另一方面，西周疆域辽阔。部族众多，而周族人又相对很少。少数人如何对众多部族、辽阔疆土进行有效统治？为解决这一难题，周初统治者把天下划分若干数目若干级别的行政区域，然后依照血缘关系的亲疏把土地和庶民逐级地分封给同姓宗亲异姓姻亲及开国功臣，即“封建亲戚，以藩屏周”，从而实现由上至下，一级一级的统治，一个一个分而治之。可见，宗法制是西周建立从中央到地方的权力体系和实行分封的重要依据，从而将政治权力、经济权力和宗法血缘关系紧紧地拧成一根绳，其重要功能是保证中央对地方的严格控制。

按照西周的宗法制，周王是天下共主，自称天子，主掌天下，同时又是周族的族长，奉祀周族的祖先，辈分最高，称“大宗”，地位只能由嫡长子继承，其余庶子兄弟分封到地方做封国的诸侯。诸侯的政治称谓叫“国君”，对周王来说又称“小宗”，在封国内则是“大宗”，地位也由嫡长子继承，其余庶子兄弟分封做卿大夫。卿大夫对诸侯来说是“小宗”，在其采邑内则为“大宗”，地位也由嫡长子继承，其余庶子兄弟分封到最基层做士。士有“禄田”，地位也由嫡长子继承，其余庶子兄弟不再分封。从上述可发现两个系列，一是禄田、采邑、封国、天下，区域由小到大，臣民由少到多，与其相应的是士、卿大夫、封君、周王。政治经济地位由低而高，血缘关系由疏而亲，从而建立起一个等级森严的三面（政治、经济、血缘）一体的金字塔形国家制度，周王则处于决定一切的核心地位。在这个制度里，奉行的基本原则是“大宗率小宗，小宗率群弟”，以实现周王对天下的分级统治。

此外，西周禁止同姓相婚，同姓贵族必须与异姓贵族联姻。通过联姻将异姓贵族纳入宗法体系。这样，西周各级贵族非宗亲即姻亲，组成了大而有序、等级分明的宗法系统。在这个系统中，各级贵族都各有其职，享有与其等级地位相应的权利和应尽的义务，超越权利或不履行义务，上级贵族有权收回其封地和爵禄。各等级贵族间界限严格，不可僭越。同时，各级贵族都具有两种身份，充当两个角色。既是宗法体系中的一员，又是国家机器的一分子，亲贵合一，家国不分，是典型的宗法制国家。亲亲、尊尊在这里得到充分体现，成了宗法制的灵魂，也是周礼的根本原则。宗法制与礼同时产生，同时发展，相依为命，前者是后者的重要内容，后者则是前者的表现形式。

（二）周礼

西周的礼非常完备，后人曾从不同的角度对它进行分类。如《汉书·艺文志》载，“礼经三百，威仪三千”，这是从礼的具体规定和礼节上说的，表明礼的规模之大、条目之细。又有“五礼”、“六礼”、“九礼”之说。“五礼”包括：吉礼、嘉礼、宾礼、军礼、凶礼；“六礼”指冠礼、婚礼、丧礼、祭礼、乡礼、相见礼；“九礼”即冠礼、婚礼、朝礼、聘礼、丧礼、祭礼、宾主礼、乡饮酒礼、军旅礼。这主要是指为重大事情而举行的仪式。此外，礼“有本有文”,① 这是从礼的内在精神和外在形式所作的分类，“本”指礼的精神，“文”指礼的形式。总之，历来人们都没有停止对礼的认识，人们的认识各种各样。礼充满中国史籍，如果去掉礼或跟礼相关的内容，中国历史将空空如也，必重新改写。

礼的内容十分丰富，几乎应有尽有无所不包，一切都在礼的调整之中。现摘录几节古人的记述以管窥一斑：

《礼记·昏义》：“夫礼始于冠，本于婚，重于丧祭，尊于朝聘，和于乡射，此礼之大体也。”

《礼记·曲礼上》：“夫礼者，所以定亲疏，决嫌疑，别异同，明是非也……道德仁义，非礼不成；教训风俗，非礼不备；分争辨讼，非礼不决；君臣上下父子兄弟，非礼不定，宦学事师，非礼不亲；班朝治军，莅官行法，非礼威严不行；祷祠祭祀，供给鬼神，非礼不诚不庄。”

《韩非子·解老》：“礼者……君臣父子之交也，贵贱贤不肖所以别也。”

《管子·五辅》：“上下有义，贵贱有分，长幼有等，贫富有度。凡在八者，礼之经也。”

《荀子·大略》：“礼也者，贵者敬焉，老者孝焉，长者弟焉，幼者慈焉，贱者惠焉。”

可见，礼既有后世宪法所规定的有关国家基本制度的内容，又有行政法所调整的内容，更不乏民法所调整的社会关系，有关诉讼的程序法亦包括其中，几乎涵盖了后世所有的部门法。不但如此，即使与后世法律不相干的内容，诸如见人接物、言谈举止、态度表情等细枝末节，礼同样进行约束。从以上内容可以看出，礼具有法的性质，但又不限于法，比法还大。

因此，礼的重要性毋庸置疑。《左传·隐公十一年》：“礼，经国家，定社稷，序民

① 《礼记·礼器》

人，利后嗣者也。”礼对于国家来说，就犹如“衡之于轻重，绳墨之于曲直，规矩之于方圆。”① 反之，“事无礼则不成，国无礼则不宁”。② 礼在维护西周宗法制国家方面发挥着巨大作用。

礼的作用主要表现在两个方面：

首先，礼维护西周宗法制国家政治制度。西周以礼作标准，按照宗法血缘关系进行层层分封，形成多层等级制度。在这种制度里，每人都不只有一种身份，每人又都依其各自的身份就位，遵循固定的行为方式，享有固定的权利，承担固定的义务，而且终生不变，世代相传。从宗法血缘上说，有大宗、小宗、群弟之亲疏；从政治方面说，有国王、诸侯、卿大夫、士之等级；经济上的权力也大小相应。这样，宗法上的尊、政治上的贵、经济上的富，三位一体，只要具备其一，同时拥有其二。西周时期，尊卑贵贱、亲疏长幼都由礼作出规定。而且又各行其礼，上下有别，名分各异，任何人都须在礼的范围内活动。如果礼的首要作用是对上，用以维护国家政治秩序，那么，礼的另一作用就是对下，用以“防民”、“整民”。《左传·哀公十五年》：“以礼防民。”防民即预防庶民犯上作乱、违法犯罪。《礼记》则说得更具体形象，认为礼是“以为民坊”。坊即堤坊，堤坊可以防止水患，礼则可以防止庶民造反。这是从消极方面说，从积极方面看，礼还发挥着“治民”、“整民”的作用。如，《孝经》载，“安上治民，莫过于礼”；《礼记·祭统》：“治人之道，莫急于礼。”中国人的智慧非凡，尤其是政治智慧，然而这些非凡的智慧却用在了“治人”、“整民”上面，结果聪明反被聪明误，使中国社会发展缓慢，迟迟不能实现现代化。

礼有上述两方面的作用，然而不论对上还是对下，不论是治官还是整民，最终目的是为了维护至高无上的王权，这才是礼的实质。

礼在西周乃至整个中国法制史上发挥着巨大作用，主要依靠下列途径：一是国家权力强有力的支持。通过权力作出硬性规定，强制推行。统治者身体力行，自觉守礼，当楷模，作示范，必不可少。创造多种形式，实行教化，使礼的精神和要求灌输并融于人的思想观念中，落实到行动上。也饱含了政治家们的良苦用心。当然，礼的遵守必须以刑罚为后盾。二是文人士大夫的注释、阐发、论证。使礼既具有功利性又具有理论性，因而在整个意识形态里占主导地位。因此，文人士大夫上可通国王，下可通庶民，是沟通国王和庶民的桥梁。对整个国家和社会产生了重大影响。三是宗法组织是礼得以发挥作用的最重要基础。礼产生于宗法组织，维护宗法组织，礼的许多规定来自于现实生活，是人们在宗法社会长期生活中积累起来的习惯，因此礼的推行既有被迫的一面，又有自然而然、自觉自愿的一面。

礼的根本原则是亲亲、尊尊。这一点已如前述。

礼在西周及后世的中国历史上经久不衰，有其存续的理由。其积极意义不可完全否定。但用今天的价值观去评判又不可估计过高。认识礼，要注意这样几个重要范畴：政治、宗法、等级、名分。按照礼的设计，政权与族权合一，家与国不分，用治家的办法来治国，用治国的办法来治家。社会没有独立的空间。公法私法不会出现。个人被淹没，无

---

① 《礼记·经解》

② 《荀子·修身》

不以固定名分置身于家国一体的等级结构中，平等无从谈起，自由更为遥远，权利自不待言。而这些正是现代法律的精髓，所以尽管礼包罗万象，规制宏远而精致，甚至涉及现代各个部门法所调整的社会关系，但由于它与现代法的价值取向适得其反，很难走出传统的困境。

（三）礼与刑的关系

礼与刑是两个不同的范畴，各有内涵，各司其职，不能划等号；但又分工合作，相辅相成，相兼并用，缺一不可，绝非互不相干，而是高度统一。这主要表现在：

1. 礼先于刑

从发生学上看，礼是刑的前提，先有礼而后有刑。礼最早源于氏族社会祭祀活动，是维系各氏族内部的团结和统一的需要，经过夏商千余年的发展，至周才空前完备。而刑则来自于氏族外部，是为了征服异族、对外进行战争才产生的。只有先有满足氏族内部所需、使氏族得以维系的礼，而后才可能有用于氏族对外战争的刑。氏族的存在是前提，战争是其结果；由于前者而产生的礼在先，由于后者而产生的刑在后。这就是所谓的"律出于礼"。①

2. 礼刑并用，相互补充，有主有从

礼和刑是国家实现统治的两手，两手缺一不可。没有礼就没有刑，必须因礼而制刑，因礼而用刑：反之，没有刑就难以保障礼的贯彻实施。可见二者相依为命，双方各以对方的存在为自己存在的前提。相互补充。但又非半斤八两，两手出拳头，平均用力，而是重点突出，主次分明。礼刑相比，礼是主要的，起决定作用，它指导刑的制定和实施；刑不得违背礼，刑的作用只是维护礼。《礼记·王制》这样记载："山川神祇，有不举祭者为不敬，不敬者，君削以地；宗庙有不顺者为不孝，不孝者，君绌以爵；变礼易乐者为不从，不从者，君流之；革制度衣服者为畔，畔者，君讨。"几个分句的前半部分分别是"不敬"、"不孝"、"不从"、"畔"，均属于违礼行为，后半部分分别为削地、贬爵、流放、征讨，又都属于刑。可见，违礼的行为是犯罪，犯罪才处刑。凡合礼的就不必用刑，凡非礼的就非刑不可。礼是定罪用刑的依据，刑不过是护礼的工具。《荀子·劝学》说："礼者，法之大分，类之纲纪也。"即礼是纲，刑是目，刑必须符合礼的精神原则，受礼的约束，礼指导刑，是刑的统帅。礼和刑的这关系颇类当代宪法和法律的关系。还有更精彩的论述："出于礼，入于刑，礼之所去，刑之所取。"② 充分体现了礼主刑辅、礼刑并用、相互补充的原则。

3. 礼和刑的功能各异，效果一致

礼主要通过示范、宣传、教化等方式发挥作用，其基本功能是预防犯罪，使"人日徙善远恶而不自知"，③ 在潜移默化不知不觉中"绝恶于未萌"，或曰："礼者，禁于将然之前。"④ 这种积极的防患比被动的惩治重要得多。如果不积极预防必将天下大乱，罚不

① 《唐律疏议·附录·重刻故·〈唐律疏议〉序》

② 《论衡·谢短》，《后汉书·陈宠传》亦有此记载

③ 《礼记·经解》

④ 《后汉书·贾谊传》

胜罚，正所谓："婚姻之礼废，则夫妇之道苦，而淫辟之罪多矣；乡饮酒之礼废，则长幼之序失，而争斗之讼繁矣；丧祭之礼废，则臣子之恩薄，而倍死忘生者众矣；朝觐之礼废，则君臣之位失，诸侯之行恶，而倍畔侵陵之败起矣。"① 然而不论采用什么方法，单靠礼是不可能消灭犯罪的，礼的预防作用是有限的而不是万能的。在这种情况下就必须使用刑这样一个不可或缺的暴力手段。刑的功能不同于礼，它虽然也有通过对犯罪的惩罚用以警戒众人预防犯罪的作用，但它与礼的最大差别是："礼者禁于将然之前，而刑者禁于已然之后。"② 一在前，一在后；一是预防，一是惩治；一个软，一个硬。软硬兼施，前后搭配，预防与惩治结合，功能各异。但都是针对犯罪，其效果是完全一致的。

4. 礼与刑适用对象各有侧重，而实质却是一个

"礼不下庶人"和"刑不上大夫"出自《礼记·曲记上》。在《曲礼》中，前句处在一段的末尾，而后句则处于下一段的开头，本来没有太密切的关系。但在一个时期，人们将两句抽出，当成一个对子，视为自西周以来中国法制史上的一条重要的阶级原则，并望文生义地认为："礼不下庶人"即礼专门维护奴隶主阶级的利益，庶民百姓不得染指；"刑不上大夫"即奴隶主阶级不受刑罚制裁，刑专门用来镇压被压迫的奴隶阶级。这种认识和结论都是违反科学的。

如果抛开具体的语言环境不论，结合西周特定的历史背景去考察上述两个句子，那么它们确实揭示了礼与刑在适用对象上各有侧重的实际情况，应该作出全面准确的解释。

所谓"礼不下庶人"，首先是说礼主要适用于以周王为代表的各级贵族，用以维护其特权，庶人没有条件（包括物质的和知识教育的）和资格按照各级贵族的礼仪行事，也不得滥用这些礼，如嘉礼、军礼、宾礼、朝礼等。其次，特别应该指出的是专门用于贵族的礼，不仅在于维护其特权，同时还有限制其特权的作用，使其特权不得超出礼的规范，各级贵族都必须在礼的范围内活动。这是最起码的常识，西周统治者不会不知道。比如，按礼的要求，诸侯的宫室有严格标准，超过标准，周王要派专人去查处。再如，从天子到卿大夫各级贵族所拥有的乐队规模。礼以不同的数字作出了明确的规定：天子八佾，诸侯六佾，卿大夫四佾。所以当大夫季氏"八佾舞于庭"时，孔子怒斥："是可忍也，孰不可忍也?"③ 再次，贵族的礼不下庶人，但庶人自有庶人的礼。亲亲、尊尊的礼治原则，庶人也必须遵守。祭祀祖先、孝敬父母、嫁娶丧葬之礼，对任何人都有约束力。庶人照样分为三六九等。因此，礼不仅维护限制贵族特权，同样也维护限制庶人的权利。

对"礼不下庶人"不可作绝对理解，对"刑不上大夫"也不可作绝对理解。所谓"刑不上大夫"，表明了法律的主要适用对象是庶民，而不是各级贵族。但西周的统治者并没有把法律作为纯粹的暴力镇压工具，只对人不对己。"刑不上大夫"并不意味着贵族可以违礼，违礼不是犯罪，免受刑罚。任何统治者，不要说是聪明的统治者，只要智力正常，都不会怂恿、鼓励、放纵统治阶层内部成员的犯罪。历史上，"犯法为逆以成大奸者"，往往是权重位尊的贵族大臣，他们对国家政权的危害丝毫也不逊于来自外部的庶民

① 《礼记·经解》
② 《尚书·大传》
③ 《论语·八佾》

反抗。因此，法律不仅规定了贵族犯罪的名目，而且对犯罪的贵族施以常刑和常刑以外酷刑的记载也史不绝书。如周公诛杀兴兵作乱的武庚和管叔，放逐蔡叔；周宣王诛杀触犯王命的鲁国国君伯御等。

虽说贵族犯罪也要处刑，甚至处重刑，但这主要由犯罪的性质所决定，通常情况下，他们还是享有许多法定的特权，这是“刑不上大夫”的基本含义。其主要表现如下：(1)依《礼记·曲礼》郑玄注，贵族犯罪可以灵活掌握，“轻重不在刑书。”(2)据《周礼·秋官·大司寇》载，大夫以上贵族及其妻犯罪不亲自出庭受审，即“命夫命妇不躬坐狱讼”，而是由其属吏代理参加诉讼活动，以免“治狱吏亵尊者”。(3)《礼记·文王世子》载，“公族无宫刑”，以保证宗族后继有人。(4)《尚书·吕刑》载，贵族犯罪可用赎刑，以免受骨肉之痛，体现身份的尊贵。(5)死刑执行方式和地点有特殊规定。庶人死罪在闹市执行，称“弃市”，贵族死罪则“放逐”、“赐死”或“磬”（绞死），不论何种死刑或肉刑，均由专人秘密执行，以免受公开刑戮的耻辱。

西周对于统治阶层内部的重大犯罪予以迅速严厉的制裁，目的是维护周天子的至尊至亲地位，体现了礼的亲亲、尊尊精神；同时，又对各级贵族的一般犯罪网开一面，以示关怀、维护其尊贵的身份，同样是亲亲、尊尊原则的体现。对于贵族的两类不同犯罪区别对待，是统治经验成熟的表现。

由上述可见，礼适用对象的侧重点是贵族，刑适用对象的侧重点是庶人，前者是治官，后者是治民，虽侧重点不同，但根本目的只有一个，即维护王权。礼也好，刑也好，最终都是周王统治天下的工具。

五、法律的主要内容

（一）刑事法律规范

1. 刑法主要原则

西周所确立的刑法原则是对夏商法制建设的总结，可谓中国法制文明史发展的结果，它体现了“明德慎罚”、“亲亲”和“尊尊”的法制指导思想，又不乏在新的历史条件下所进行的创造，对后世产生了深远影响。

(1)权变原则。《尚书·吕刑》：“轻重诸罚有权，刑罚世轻世重。”就是说刑罚的轻与重有一定的准则，这些准则不是僵死的教条，立法和司法者要学会权变，灵活掌握，不可拘泥。从历史发展的纵向考虑，刑罚的轻重取决于时代的变化，受客观形势的制约。具体地说就是“刑新国，用轻典；刑平国，用中典；刑乱国，用重典”,① 通称“三国三典”。这一原则在西周时期有特定所指，即对新征服的地区要以安抚、德教为主，轻典治理，以争取人心，稳定秩序；对一般诸侯国，适周朝常刑，不轻不重，不偏不倚；对反叛的乱国、或尚未臣服的地区则“大刑用甲兵”，重典惩治。也就是说根据不同地区的不同情况，区别对待，使用不同的刑罚。这一原则为后世大多数统治者所继承，只有三个例外：秦始皇打天下用严刑峻法，治天下相沿不改，且变本加厉，打天下与治天下形势迥异，而统治手段不变；农民出身的朱元璋在建国之初就“刑用重典”。三国三典的原则揭

①《周礼·秋官·大司寇》

示出中国各专制王朝法制建设演变的一般规律。通常情况下，王朝初建，饱受战乱之苦的黎民百姓迫切需要休养生息，而这时的统治者也最为清醒，故常用轻典；而随着时间的推移，专制权力所滋生的一切问题日渐增多，故刑罚由轻而中；至后期，百病成熟，死亡临近，故作垂死挣扎，刑罚由中而重。可见，三国三典不仅展示了中国各专制王朝法制建设的一般进程，同时也是检验王朝兴衰的重要标准，即轻典时期是政治最清明的时期，中典时期则开始灰暗，走向衰落，重典则是王朝灭亡的前兆。早在数千年前，西周的统治者就能预见其后几千年的历史发展，以致于众多王朝都无法跳出周期率，其远见卓识不能不令人敬服。但西周的统治者也有局限，他们发现的原则只适用于专制王朝，在民主法治国家行不通。

(2) 依犯罪的主观性质判刑的原则。康叔受封殷地时，周公代表成王作《康诰》(见《尚书》)，告诫他定罪判刑要充分考虑犯人的主观性质，“人有小罪，非眚，仍唯终……有厥罪小，乃不可不杀；乃有大罪，非终，乃唯眚灾，时乃不可杀，乃眚”，类似于后世的过失；“终”，即始终，有死不改悔、一惯犯罪的意思；“非眚”，属于故意；“非终”，系偶犯。就是说，虽犯小罪，但不是过失（即故意），又一惯犯罪，也不可不杀；反之，虽犯大罪，但由于不是惯犯，又属于过失，也不可处死。可见，对于惯犯和故意犯罪，尽管造成的客观侵害后果很小，也加重处刑；对于偶犯和过失犯，即使客观危害后果很大，也从轻处刑。这是将犯罪的主观性质作为适用刑罚的主要依据，而不是犯罪行为及其所造成的侵害后果。定罪量刑时，开始注意到人的主观状态，是人类法制文明进步的标志，任何文明社会都不能不予理会。但西周则过分强调了这一点，究其原因是由当时的专制政治、宗法制度所决定的，也是亲亲、尊尊的法制指导思想和强化德礼教化的结果。它对后世产生了多方面深远的影响，有些影响的负面作用是明显的，如将道德上升为法律，严惩思想言论罪，等等。

(3) 老幼弱愚不加刑的原则。《礼记·曲礼》：“八十、九十曰耄，七年曰悼。悼与耄，虽有罪，不加刑焉。”就是说，八十岁以上、七岁以下的老幼犯罪，不施加刑罚。这说明，西周虽然没有后世“刑事责任年龄”的概念，但毫无疑问是有关这一问题的规定。此外，《周礼·秋官·司刺》有“三赦”的记载：“一赦曰幼弱，二赦曰老耄，三赦曰蠢愚。”三种人犯罪可以赦免，其中一、二两种可与前引文相互印证，“幼弱”相当于七岁以下，“老耄”相当于八十岁以上，第三种“蠢愚”是从人的智力上说的。早在西周就对免除刑事责任的年龄上限和下限作出了明确规定，并以智力状况作为是否承担刑事责任的标准，这是法制文明进步的标志，也符合古今中外通行的人道主义精神，因此对后世产生了深远影响。今天“刑事责任年龄”或“能力”的说法，西周时期是不存在的，但西周有这方面的具体规定，只是没有抽象化、概念化。今天的概念内含也未必与西周的规定完全吻合，但也绝非凭空而生，是历史一步步发展的结果。还应指出，西周老幼弱愚不加刑的原则是特定时代的产物，体现的是“明德慎罚”思想，打上了宗法社会尊老怜幼的烙印，自然有统治者的政治用心。老幼弱愚很少犯罪，即使犯罪也没有大的危害，免除其刑罚既于国家大局无妨，又可得到良好的政治声誉。

(4) 轻重取中，罪疑从赦。《尚书》屡次强调“中”，有“执中”、“中正”、“中道”、“中罚”等。西周时出现的“中”是一个对后世产生深远影响的重要范畴，儒家的

"中庸之道"或许渊源于此，它在某种意义上塑造了人们的思维观念、行为方式。作为一种刑法原则，其基本含义是指，用刑必须谨慎，宽严要适中。它的适用前提是确认有罪，但罪之大小又不能认定。在这种情况下，既不按轻罪处刑，以免放纵罪犯，也不按重罪量刑，以免犯人冤屈，努力在两者之间找个平衡点，以最大限度地减少失轻失重的可能。此外，《尚书·吕刑》还记载："五刑之疑有赦，五罚之疑有赦，其克审之。"这是西周有关疑罪从赦的原则。它的适用前提不是罪之大小难以确认，而是罪之有无不能明确，只是有犯罪的嫌疑，在这个前提下行赦。上述原则关涉的是司法技术问题，问题的发现和处理原则的确立，表明了西周认识的深化，是总结夏商后期滥施淫威导致灭亡的教训后得出的结论，也与"明德慎罚"的法制指导思想相一致。

（5）罪不相及原则。《尚书·康诰》中有"不孝不友"罪，规定对此罪的处罚不殃及其父子兄弟，一人有罪一人当。这既不同于夏商的"孥戮"、"殄灭"刑，也与后世的族刑不同。《尚书·梓材》还规定："肆往奸宄杀人，历人宥"，即歹徒杀人，路过的行人不负刑事责任，法律不处罚与犯罪行为无直接关系的人。又《易·讼九二》："不克讼，归而逋，其邑人三百户无眚。"就是说，败诉后，回乡里又逃亡，乡里人没有过失，不负责任。罪责自负，不株连无辜，是西周慎刑思想的又一体现，即便在今天看来仍有积极意义。

（6）"八辟"特权原则。西周贵族享有很多法定特权（已如前述），其中"八辟"原则尤为典型，对后世影响颇巨。《周礼·秋官·小司寇》："以八辟丽邦法，附刑罚。一曰议亲之辟，二曰议故之辟，三曰议贤之辟，四曰议能之辟，五曰议功之辟，六曰议贵之辟，七曰议勤之辟，八曰议宾之辟。"这里的八种人即亲、故、贤、能、功、贵、勤、宾，都与周王或西周国家有极密切的关系，他们犯罪后组织专人"议"处刑罚，法律不规定或规定也不按法律定罪处刑，以维护其尊贵身份。"八辟"特权原则至曹魏时演变成"八议"，并一直沿用至清朝。

2. 罪名

西周的罪名明显多于商朝，且已初具体系。如《周礼·秋官》载，士师职掌"八成"，这"八成"即八种罪名，每个罪名又都以"邦"字为首，均属于危害国家的犯罪。包括：邦汋（盗窃国家机密）、邦贼（暴力颠覆国家）、邦谍（间谍）、犯邦令（违反国家法令）、矫邦令（更改国家法令）、为邦盗（盗取国有财物）、为邦朋（朋党为奸）、为邦诬（制造谣言。离间朝廷，蛊惑庶众）。下面结合其他史籍的记载，对西周的罪名作分类介绍：

（1）侵犯王权和国家制度的犯罪：犯王命罪。《国语·周语》，"乃有不用我降尔命，我乃其大罚殛之"，又云"犯王命必诛"。放弑其君罪。依《周礼·秋官》所载，"放弑其君则残之"，即驱逐或杀害封国的国君，处以裂肤断肢之刑。乱暴力正罪。据《礼记·王制》载，此罪指庶民暴力反抗国家。革制度衣服罪。《王制》称此罪为"叛"，"叛者，君讨"。变礼易乐罪。依《王制》载，"礼乐征伐，自天子出"，有敢变易者，虽封君亦处流刑。

（2）侵害人身安全的犯罪有：杀人罪、寇攘奸宄罪（聚众暴力抢劫）、杀人越货罪。

（3）侵犯财产的犯罪有：窃牛马罪、诱臣妾罪、侵占山林湖泽罪。

(4) 破坏婚姻家庭的犯罪有：不孝不友罪、不顺宗庙罪、不睦罪、不以义交罪（指男女非法成婚，犯者处宫刑）、内乱罪（家族内部不正当性行为，视为“禽兽行”，犯者“灭之”）。上述几罪中，有三种（不孝、不睦、内乱）被后世列入“十恶”罪条中。

(5) 妨害社会秩序的酗酒罪。设此罪的目的是防止庶民聚众闹事，也是鉴于商朝因酗酒成风导致灭亡的教训而作出的特别规定。

除上述外，西周还有其他若干罪名。由此可知，西周的刑事法规相当全面，并有很多罪名为后世所沿用。

3. 刑名

西周继续沿用夏商时期的五刑，即墨、劓、剕、宫、大辟。其中大辟刑又新创下列刑杀方法：磬，即缢死，专用于有身份的贵族，是后世绞刑的前身；斩杀，相当于后世的腰斩；膊，脱去犯人的衣服，然后肢解，并曝尸以示众人，后世在此基础上发展为俱五刑和凌迟刑；焚，将犯人活活烧死，主要用于杀尊亲、奸淫等有犯伦常道德的重大犯罪；踣，于闹市处死犯人，再陈尸三日，类似后来的弃市刑。

除上述五种常用刑外，西周还有赎刑、劳役刑。

赎刑，夏朝时出现，西周时制度化。主要用于疑罪，赎金用“锾”（即铜），可能判处的五种刑罚均可以赎，并规定了每种刑罚所缴纳的赎金。由于赎金数额巨大，庶民无力承担，只能身受其刑，而贵族则可用赎金代替刑罚。实际上是一种维护特权的刑罚。

劳役刑，是将犯人拘禁于特定场所强制其服劳役的刑罚制度，有一定限期，适用于犯罪情节轻微的人。类似于后世的有期徒刑。劳役刑在西周有两种形式，即圜土之制和嘉石之制。二者重在教化，从思想上改造犯人，可谓刑罚制度及其功能的新创，对后世影响颇大。

圜土之制，是将罪行轻微的犯人拘禁于圜土之中强制劳役使其改过自新的刑罚制度。关于这一制度《周礼·秋官》有两处记载。《大司寇》的表述是：“以圜土聚教罢民。凡害人者，寘之圜土而施职事焉，以明刑耻之。其能改者，返于中国，不齿三年，其不能改而出圜土者，杀。”另一处是《司圜》的记述：“掌教罢民。凡害人者，弗使冠饰而加明刑焉，任之以事而收教之。能改者，上罪三年而舍，中罪二年而舍，下罪一年而舍。其不能改而出圜土者杀。虽出，三年不齿。凡圜土之刑人也不亏体，其罚人也不亏财。”从这两条资料中可以理出圆土之制的下列内涵：第一，关于受刑人。这些人是“害人者”，又称“罢民”，既危害社会，又不够判处常刑。从所处刑罚之轻和“罢民”中可知，“害人”，并非杀伤人。而是品性不良，行为不端，不务正业，好吃懒做，酗酒滋事，打架斗殴之类。第二，关于刑罚的方式。既非伤肢体。又非损钱财，关键在于“教”。教的办法，不仅是强制劳动，更重要的是在人格尊严上作文章，使其不得冠饰，“书其罪行于版，著其背”。以示与常人有别，甚至即使从拘禁场所出来，还有三年不齿于做人。经过这样一番改造教化还不能改，就用上最后一手，杀。可谓先礼后兵，先教后诛。第三，关于刑罚的功能。不仅使犯人失去行动自由，更造成精神上的阴影；不仅使犯人肉体吃苦，更使心灵受辱；不仅惩罚犯罪，更是杜绝犯罪。早在几千年前，周人就有如此发明创造，真让后人的“感化院”、“劳教所”相形见绌。

所谓“嘉石之制”，是强令那些危害乡里、扰乱治安的犯有轻罪的人，戴上刑具坐在有花纹的石头上静心思过，坐满期限后，去掉刑具，由司空监督服劳役的刑罚制度。据《大司寇》载，坐嘉石者比入圜土者罪过轻，受辱的程度也小，服役的期限也短，而且没有释放后"不齿"年限的规定。但二者的性质完全相同，都是思想改造与劳动改造相结合的刑罚制度。圜土之制、嘉石之制不仅开创了中国法制史上有期限的劳役刑制度，而且开创了改造犯人的新途径。后人从中得到许多启发。它既是西周德礼教化产生的结果，也是用刑罚制度推行德礼教化的重要举措。

（二）民事法律规范

1. 所有权

所有权是民法中的核心问题。但近现代民法中的所有权指的是私有权，而西周的所有权恰恰相反，是国有权。它与当前的经济法关系非常密切。在这一点上，古今差别极大，不可混为一谈。为了更好地认识所有权的发展演变，也为了今日民法的学习提供参照，这里姑且把西周的所有权作为民事法律关系来阐述。颇有用今人的概念去套古代的事实之嫌，不可不说明。

在一个落后的农业国家，最重要的两个因素是土地和劳力。《诗经·小雅·北山》这样说，"溥天之下，莫非王土；率土之滨，莫非王臣"，它如实地反映了西周的土地所有制和周王与臣民的关系。

西周的土地无论在法律上还是在事实上全属于周王所有。周初依据宗法血缘关系的亲疏。实行大封建，"授民授疆土"。① 将土地和臣民一级一级地分封给各级贵族。首先，周天子留出由王室直接掌管的土地"王畿"，剩余的疆土连同疆土上的臣民分赐给诸侯；诸侯也有直接掌管的土地，其余大部分封给卿大夫；最后，卿大夫也如此效仿，分封给士。自周王至士，其直接掌管的土地。界限分明，条块分割，有大批劳力从事集体农业生产，通常称为井田制。土地和臣民的分封者有权向受封者征收贡赋和租税，受封者必须向分封者履行义务。诸侯以下各级贵族对分得的土地由嫡长子世袭占有、使用、收益。但不得买卖或转让，没有处置权，此之谓"田里不鬻"。② 从今天的"民事权利"角度进行观察，除了周天子外，任何臣民都不拥有土地所有权。都不是权利的主体。由上述可知，西周实行的是土地所有权与土地经营管理权相分离的制度。正因为周王拥有全国土地所有权，但又无论如何也不可能实现对它的直接经营管理，因而必须进行分封；也只有受封者经营管理却不得处置才能实现周王对土地的所有权。

上述土地关系整齐划一，非常僵化，多少带有理想主义色彩，不可能经久不衰。从金鼎铭文的记载看，西周中期以后已经出现了土地租赁、交换和充当赔偿的事例，而且事实上得到国家和法律的默认，说明贵族已经取得土地的处理权。除土地外，隶人与牛马相当，作为重要的劳动工具，也是贵族的财产。隶人可用来赠予、买卖、抵债、继承、赔偿、殉葬等，有多种用途。关于这方面，西周金文有许多记载。如，康王一次赏赐给大贵族盂1700个隶人，有的贵族还用"匹马束丝"换取五个隶人；有的贵族败诉后用"五夫"作赔偿。在西周，隶人只是一种特殊的物，不是人，只能充当民事权利的客体，法

① 《大盂鼎》
② 《礼记·王制》

律严格保护贵族对隶人的所有权。

2. 契约

任何一种文明社会都难以彻底消灭商品经济，商品经济的发展水平决定并标志着人类文明程度的高低。契约则是商品经济的反映，西周已经出现了契约，表现了当时商品经济的状况。

质剂。西周的买卖契约称质剂。依《周礼·地官·质人》的记载，买卖隶人、牛马使用较长的契券，称为“质”；买卖兵器、珍异之物使用较短的契券，称为“剂”；不论质还是剂，都一分为二，买卖双方各执一半，并都由市场管理人员“质人”制作。这说明官方已经对市场交易进行管理和控制，同时从进入市场的物品和隶人来看，交易的双方是各级贵族，而不是民间社会交易。由此可见当时市场发育的情况，而官方管控市场、对流通物的品种限制以及贵族直接进入市场参与经济活动，又对后世产生尤为深远的影响。

傅别。西周的借贷契约称“傅别”。“傅”即债券，债券一分为二为“别”。债权人和债务人各执其一。傅别有两个作用，既表示借贷关系成立，保证债的履行，同时，一旦发生诉讼则可作为凭证而成为裁判的依据。

租赁契约。西周中后期，名誉上仍实行周王土地所有制，但各级贵族本能地将受封土地据为已有，于是通过出租土地从中渔利的情况日益增多，租赁契约也相应产生。从西周的金文记载看，当时有些承租人违反租赁契约，拒绝缴纳税金，因而引起诉讼。官府则裁定：缴纳全部税金，否则出租人收回土地。这表明土地租赁契约得到了政府的认可，具有明显的法律效力，法律保护出租人的利益。

（三）婚姻家庭法律

西周的婚姻家庭法规非常健全，为后世几千年中国古代婚姻家庭制度奠定了基础，影响极为深远，意义不限于西周，更不可冠之以“奴隶制”的前提。

1. 夫妻制

西周的庶民实行一夫一妻制，一个丈夫只能有一个妻子。但这种制度并不能保证每个男子都有一个妻子，实际上，有许多庶民终生无妻。也就是说，国家法律制度并不规定每个庶民都有妻，却限制庶民至多有一个妻。

与庶民相反，以周王为核心的各级贵族则依其权力的大小、地位的高低分别占有数目不等的女子，实行的是一夫多女制。《礼记·昏义》载：“古者天子后立六宫、三夫人、九嫔、二十七世妇、八十一御妾，以听天子之内治，以明章妇顺。”《礼记·曲礼》又载：“公侯有夫人，有世妇，有妻，有妾。”（秦始皇统一天下后。干的第一件事就是“选美”，把山东六国的美女集中咸阳，并用几十万隐宫囚徒为其建造阿房宫；晋代有个皇帝不知他有多少妻妾，有的宫女一辈子都没有见到天子一次尊容；唐代更有“后宫粉黛三千人”的名句传之千古。）对《礼记》中的两条史料可作如下总结：第一，统治者占有女子的多少与权力的大小成正比，权力越大，女子越多，反之亦然。但是，第二，不论占有多少女子，其中只能有一个地位最高，通常称为嫡妻。所以这样安排有两个用途：一是用嫡妻统驭众女，以维护女性群体的统一，更为重要的是确定嫡长子继承，保证权力在秩序中转移，关系到国家的治乱兴衰。第三，众多女子中不仅有嫡妻，除嫡妻外，其他女子绝非平等，而是各有名分，上级制下级，一级制一级，严防越轨。这样，一个地位卑贱的女子要受双重管束，既受制于丈夫，又受制于比她身份高贵的女子管束，既受制于异性，又受制于同性。统治者奉行一夫多女制，从根本上说是由专制等级政权所决定，是权力欲与性欲相结合的表现，它将产生灾难性后果，主要有：其一，沉迷女色，荒芜政事；其二，外戚受宠，王朝易姓；其三，宦官专权，残害忠良；其四，统治阶层人口扩大，寄生者剧增，官满为患，加重庶民负担："只许州官放火，不许百姓点灯"，这在上述夫妻制度上有充分体现。在民主法治国家奉行的是"对官严，对民宽"，而在中国古代专制国家正相反。

2. 禁止成婚的规定

西周有"同姓不婚"的规定，即由同一血缘关系繁衍下来的同宗同姓男女不得成婚。同姓意味着是同一祖先，同一血统，是氏族与氏族相区别的标志。因此，同姓不婚是氏族宗法制度在婚姻上的体现，它促进了姓氏学的发展，以致成为后世启蒙教科书，同时也大大强化了中国人的血缘亲情观念，所产生的影响是多方面的，也是非常深远的。

西周禁止同姓相婚。主要基于下列考虑：

第一，同姓不婚或曰异姓相婚，是为了强化本宗内部的伦常关系，密切与异姓贵族沟通。以增大亲和力，具有鲜明的政治用心，可谓政治婚姻。《礼记·郊特牲》："娶于异姓，所以附远以厚别也。"所谓"附远"，即通过联姻使疏远的异族归附，密切往来，加深感情；所谓"厚别"，即同宗同姓的人不可乱伦。同姓不婚一直为后世各王朝所沿用，甚至汉唐时期还将公主嫁给匈奴、藏族首领，用以处理对外关系，使政治婚姻国际化。

第二，出于子孙后代身心健康的考虑，并表达了周人的人口观念。《左传·僖公二十三年》："男女同姓，其生不蕃。"周人在长期的生活实践中发现，同姓或近亲结婚不但影响后代的质量，尤其影响后代的数量。这是对不断重复的经验所作的总结。认识未臻于科学，但结论则是科学的。它表明结婚的重大使命就是传宗接代，后继有人，儿孙满堂，人丁兴旺。在家族社会，家大，族大，人多势众，无人欺辱，因此上述认识自有其合理性，也对中华民族的繁衍起到了积极作用。然而其负面影响也是不可低估的，它使人口增长过快，特别是统治阶层的人口，而经济的增长却相对落后，从而滋生严重的社会问题、政治问题，以至于成为一个个王朝垮台的原因之一。

3. 婚姻成立的前提与程序

"父母之命，媒妁之言"是西周婚姻关系成立的前提条件，实即今人言之成习的"封建包办婚姻"。而它在今人所公认的所谓"封建社会"之前的西周王朝早就有了非常明确的记载。作为一种既成事实一定比明文记载的还要早得多。因此，它既古老又具有强大持久的生命力，伴随农业宗法社会之始终。《诗经·齐风·南山》："娶妻如之何，必告父母。"《诗经·豳风·伐柯》又云："娶妻如之何，匪媒不得。"也就是说，婚姻大事必须由父母包办，再加上媒人的说合，这样才算合礼合法，绝对不可男女擅作主张。这并不意味着古人与今人不同，中国人与西方人人性迥异，男女双方不会爱、不想爱、不希望自己决定自己的婚事，而是取决于宗法父权社会和强大的社会舆论压力。《诗经·郑风·蒋仲子》说得非常明白，"岂敢爱之，畏我父母"；"岂敢爱之，畏我诸兄"；"岂敢爱之，畏人多言"。来自于上帝的造化，本之于人生自然的成长规律。每个正常青年男女都有自己的爱情，但由于有严格的家族制度和天罗地网般的社会舆论谴责，只能把爱情压在心底里。不是没有爱而是不敢爱，不是没有追求实现爱情的能力而是没有起码的外在条件。这种压抑人性的非人道作法在今人看来是难以接受的，但在当时条件下却是十分正常的。因为，落后的农业经济与宗法家族制度是相互适应的，子女是家族组织中的一个不可或缺的螺丝钉，而不是独立的个人，子女只有听命于父母才能维护家族组织，才能养老送终、传宗接代，才能世代维持农业经济生活。但出于人之常情和其他诸种不便，做父母的总不能自卖自夸，向他人直销自己的女儿，也不能直接向他方为儿子说对象，于是媒人应运而生，成为穿针引线、沟通男女双方父母的桥梁。凡事都有其存在的合理性，同时又有其局限性，既不可全面肯定，也不可全面否定。

应该指出，上述规定只是代表国家，属于社会的主流，并非铁板一块。西周时期疆域辽阔，家族众多，各地区各家族发展不尽平衡。因此，有的地区或部族自有其在长期生活中积累形成的特殊习惯，如《周礼·地官·媒氏》载："中春之月，令会男女，于是时也，奔者不禁。"春暖花开，草木复苏，也是男女恋爱的最佳时节。天道与人道很好地结合在一起了。这很可能是局部地区的做法，但也不排除国家对父母主婚的补充变通规定，体现了原则性和灵活性的统一。

西周婚姻关系的确立通常要通过六道程序，称之为"六礼"。其一，"纳采"，即男方父母托媒人向女方说亲，是"媒妁之言"在程序上的应用，体现了男方的主动性。其二，"问名"，即问女方的姓名及生日时辰等，这是"同姓不婚"的必然要求，也为下一道程序所必需。其三，"纳吉"，即依据生日时辰等找人占卜，确定吉凶。这虽非科学，却是当时人们的普遍观念，对婚姻的成立乃至未来的生活产生实际的影响。其四，"纳币"，又称"纳征"。即卜得吉兆后，男方送婚礼给女方，今人常说的"封建买卖"婚姻即始于此，它是婚姻成立的重要环节。其五，"请期"，男女双方父母择定吉日，作为结婚的日期。其六，"亲迎"，举行结婚仪式，迎女入门，婚姻关系正式成立。上述六道程序是一环扣一环、环环相连的统一体，同时，每道程序又有特定的功能，不可缺少，不可替代。"六礼"既是程序又体现周人的婚姻观念，是形式技术要件与内在精神要件的结合，表明了对婚姻大事的格外重视。婚姻虽与男女当事人相关，但不是个人的私事，而是家族、社会、国家的事，男女不可随意结合，必须通过严格的程序，程序越严格，婚姻的解除也就越困难。

4. 婚姻关系的解除

"七出"，即后世所称的休妻，是丈夫单方面抛弃妻子，解除婚姻关系的七种条件："不顺父母，去；无子，去；淫，去；妒，去；有恶疾，去；多言，去；盗窃，去。"①只要妻子符合其中一种条件，丈夫就有权休妻。而且上述大多数条件都是要求妻子做自我牺牲，有的条件跟妻子毫无关系。西周也有限制休妻的规定，称为"三不去"，妻子若具备下列三个条件之一者，丈夫不得休妻：娶妻时妻家带有财产，而休弃后妻子无家可归；妻子为公婆服丧三年，有大孝之行；娶妻时贫贱而休妻时富贵。②可见，限制休妻的"三不去"是以妻子所付出牺牲为前提的，是鼓励妻方尽义务。因此，是对"七去"的补充，解除婚姻关系的主动权始终掌握在丈夫手中，丈夫可以任意找到借口休妻。

---

① 《大戴礼记·本命》
② 《史记·梁孝王世家》

5. 父权与夫权

在西周家族社会中，男性家长地位至尊，父母不仅有权决定子女的婚姻，子女的其他权利也无从谈起。子女不是国家的公民，不受法律的平等保护，相反，国家和法律将他们置于家族之中不具有独立的人格，甚至连人身权也交给了父母，“父母不悦，挞之流血，不敢疾怨，起敬起孝”。① 对于父母来说，子女也没有诉讼权利，“父子相狱，是无上下也”。② 子女若告尊长，将被视为不孝重罪而处以刑罚。

从尊卑纵向关系考察，西周法律维护尊长的权利，无视卑幼的权利，再从男女性别或夫妻关系的方面进行考察，又奉行男尊女卑、维护夫权的原则。《说文》：“妇：服也，从女，持帚洒扫也。”就是说，妇就是服从，专职家务。男子则不同，他的职业分工是出大力于农田，生产粮食，养活家口。因此，《礼记·郊特性》说，“妇人，从人者也，幼从父兄，嫁从夫，夫死从子”，妇女从小到老都服从于男子。丈夫可以妻妾成群，而妻妾只能有一个丈夫；丈夫死了，妻子必须守节，而妻子死了。丈夫可以再娶。这种男女关系和夫妻关系是极不平等的，它记录了社会生产力发展的一般状况，归根到底是由生产力决定的。人类社会总在发展变化，但男女性别不变，由于性别的差异也使得男女的体力有所不同。大致说来，社会生产力越不发达就越需要体力，越需体力，男子的地位就越高，女子的地位就越低。在落后的农业社会，生女是嫁给男人的，其基本工作是打水扫地、烧火做饭、生儿育女，是服务于从事重体力农业劳动的男人的。因此，男女平等最终取决于生产力。不可强为，但观念的改变也决不能忽视，而观念的改变也决不能操之过急，它最终又取决于生产力。

第二节　西周的司法制度

一、司法机关

周天子是上天之子，周族之宗主，同时又是周朝最高统治者，集立法、司法、行政大权于一身，自然也拥有最高司法权。周王下设三公，即太傅、太保、太师，是辅佐周王处理重大军政事务的最高长官，多由有威望有经验的大贵族担任，位居百官之首，也奉周王之命参与重大案件的审判。三公之下，设大司寇一人，为中央最高司法长官，负责全国范围的司法事务，同时拥有立法权，主持制定法律，周穆王时司寇吕侯就受命制《吕刑》。大司寇的辅助长官是小司寇，其下设有司民、司刑、司刺、司约、司圜、掌囚、掌戮、司隶等官职，各领其事，分工负责。这些说明西周的中央司法机关比商朝更系统，更有发展。

在地方，诸侯国的司法机构与中央大体相同，但规模较小。诸侯、卿大夫要服从中央，但在封地内享有最高司法权，行政与司法合一，没有独立的审判机关，封君之下设有掌管司法的属官，称司寇、士。基层由行政长官乡大夫或邑宰兼理司法事务。其掌管司法

① 《礼记·内则》
② 《国语·周语》

的属吏称乡士、遂士。

二、诉讼审判制度

(一) 诉讼的区分与受理

《周礼·秋官·司寇》有这样的记载，“以两造禁民讼，入矢于朝，然后受之”；“以两剂禁民狱，入钧金三日，然后致于朝，然后听之。”上述引文说明两个问题：

(1) 诉讼区分为“讼”与“狱”。依郑玄为其所作的注和《吕氏春秋·决狱讼》的说法，讼与狱是两种不同的诉讼。“讼，以财货相告者”，“争财日讼”。可见，讼类似于后世的民事诉讼。“狱，谓相告以罪名者”，“争罪日狱”。狱与当今的刑事诉讼相近。

(2) 案件的受理。不论讼还是狱，当事人双方（两造）均须到庭，并均须交纳诉讼费用，但因两种诉讼不同，所以要求也有区别。前者，要交“束矢”。即一百支箭，作为诉讼费；后者，要交“钧金”，即三十斤铜，作为诉讼费，同时双方都要上呈诉状，即“两剂”。也就是说，对于“争财”之类的“民讼”受理，要求相对较宽。而对于“争罪”之类的“民狱”受理，要求相对较严。

对诉讼加以区分并在受理上提出不同的要求，应该说是诉讼制度史上的进步。

(二) 诉讼特权原则

西周是宗法等级制国家，这在诉讼中也有充分体现。如前所述，有贵族身份的“命夫命妇不躬坐狱讼”。当庭对质，接受卑官贱吏的讯问是不体面、掉身价的可耻之事，高贵者不能受此之辱。又如，依“八辟”之法，有八种人在司法上享有特权。除上述外，子不得告父，卑不得告尊，下级不得告上级，处于法律之上的天子更无人敢告，其目的是“原父子之亲，立君臣之义”。① 即维护父权、君权和宗法政治上的种种等级特权。

(三) 审讯方法

西周的审讯强调“听狱之两辞”，② 不偏听偏信，注重兼听原被告双方的供词，以此作为判决的重要依据。这样，审讯中就要求当事人双方说话，以获取口供。为此必然采用刑讯。但西周又提倡“以五声听狱讼，求民情”。③ 首创“五听”审讯方法，并为后世各王朝所沿用。它包括：辞听、色听、气听、耳听、目听。法官在审讯中要通过对当事人的供词、脸色、呼吸、听觉、眼神五个方面的观察，求得实情。这是西周司法实践经验的总结，也是将心理学应用于司法实践的一种有益尝试。虽然这种方法未臻科学，但较商朝的神明审判相比，无疑是一种进步。

(四) 证据原则

《尚书·吕刑》载，“有旨无简不听”，即只有犯罪意图（旨），而没有犯罪事实，（简），则不予受理（听）。《礼记·王制》亦载，“五辞简孚，正于五刑”，意即五种讼词事实（简）可信（孚），然后适用五刑。可见，口供与事实相统一是西周一项有重要意义的证据原则。西周的证据很多，如土地边界的争讼以“图”为证，买卖借贷方面的诉讼

① 《礼记·王制》
② 《礼记·王制》
③ 《周礼·秋官·小司寇》

以质剂、傅别为证，此外，“盟誓”也是常见的重要证据。“盟誓”即当众对天发誓，西周金鼎铭文中多有记载。如果违背盟誓要处以刑罚。也就是说“盟誓”具有人证、物证、书证、神证的多重属性，是司法判决的可靠依据，表现了周人“言必信，行必果”的严正态度。盟誓的使用是一种创造，信守盟誓的精神是可取的。

（五）判决

在西周，一般案件审理后并不立即判决，依《尚书·康诰》的记载，往往还要有五六天到十天的审查期，然后才能作出判决，以示慎重，减少冤狱。甚至，有些大案审理后还要经过“三刺”的程序。“刺”即讯问或征求意见的意思。依《周礼·秋官·小司寇》所载，“三刺”包括：“一曰讯群臣，二曰讯群吏，三曰讯万民。”也就是说案件判决前要征求朝廷百官、地方官吏和平民百姓的意见，参考他们的意见做判决。这是周初“明德慎罚”思想在审判制度上的反映。判决作出后，要求作成判决书，西周金文中称为“成劾”，它是今日所见中国历史上最早的判决书。法官宣读判决书，称“读鞫”；读鞫后，当事人认为有冤屈不服判决，可以在一定期限内要求重新审判，称为“乞鞫”。这些审判程序是历史上的进步。

（六）法官责任制度

西周中期制定的《吕刑》中有“五过之疵”的规定，这是西周的一项法官责任制度，包括：“惟官、惟反、惟内、惟货、惟来”。司法官畏惧权势、打击报复、裙带包庇、贪财受贿、接受来请（办人情案），凡此种种，法官有犯者，“其罪惟均”，与罪犯同罚。西周不仅对法官五花八门的职务犯罪作了总结分类，而且处刑极严，既反映了立法水平的提高，也表明了对司法队伍建设的格外重视。后世所出现的诸般司法腐败现象早在西周都已暂露端倪，它是宗法制等级专制国家所必然滋生的问题，无法从根本上解决。因此，西周法官责任制度的确立既是进步，同时也说明了当时的司法状况已相当黑暗。任何制度的确立都首先基于一定的客观事实，没有西周司法队伍的腐败就没有上述法官责任制度的出现。

三、西周监狱制度

西周的监狱也称“圜土”，又称“囹圄”。从其字形上看，就是将犯人圈起来使其失去自由的意思。但西周监狱的最重要功能不在于约束犯人的行为，而是改造其思想，“令人幽闭思愆”，① 是实施教化的场所。即使强制犯人劳动，目的也不在使其身体受苦，而是使其灵魂人格受辱。表达了古人幻想从灵魂深入消灭犯罪的企图。另外还应指出，西周的监狱所关押的大多是轻微犯罪，凡已经判处肉刑的人不再关押。

在西周，已经执行了肉刑的人犯，不仅受苦一时，而且留下终生受辱的疤痕或终生残疾，即便如此也不恢复其行动自由，还要强制服不同的劳役。《周礼·秋官·掌戮》载：“墨者使守门，劓者使守关，宫者使守内（内即天子内宫，守内的宫者很可能是后世太监的前身，宫刑之名或许也由此而来），刖者使守囿（禁苑，天子游猎场所），髡者使守积（国有财产）。”因此，受肉刑后服劳役的地方也是拘禁的场所，具有监狱的属性。

① 《风俗通》

西周设职任官，实施对监狱的管理。“掌囚”负责未决犯的监管；“司圜”负责已决犯的管制。对狱中罪犯依其罪行和身份的不同分别使用不同的刑具。这些刑具主要有“三木”，后世的“三木”之俗称即源于此。具体包括：梏，即手械，今日的手铐，只不过西周用木制而成，今人则用金属铸成；桎，即足械，后世的脚镣；两手合在一起用一个刑具，即称拲。重罪三木俱用，次者用其二，轻罪用其一。三木也可用于未决犯，以逼取口供。

【本章小结】

以殷为鉴，西周初年的统治者创造性开创性地发展了天命观，强调以德配天，敬天保民，在向现实层面的法律制度落实时法律思想势必体现为明德慎罚，清泉如许的礼法涓流在周公制礼的推动下终于发展成浩瀚江河，“亲亲”、“尊尊”的原则也深嵌于礼法之中成为了中华法系之魂。同时礼刑相表互用，刑兹无赦。在刑事法律制度方面，“轻重诸罚有权，刑罚世轻世重”依犯罪的主观性质判刑的原则，老幼弱愚不加刑的原则轻重取中，罪疑从赦罪不相及原则八辟”特权原则。罪名西周的罪名明显多于商朝，且已粗具体系。西周继续沿用夏商时期的五刑，又开创新的刑罚方法，尤其是圜土之制和嘉石之制，二者重在教化，从思想上改造犯人，可谓刑罚制度及其功能的新创，对后世影响颇大。

在民事法律规范方面，西周已经出现了契约，买卖契约称为“质剂”，借贷契约称为“傅别”，西周的婚姻家庭法规非常健全，为后世几千年中国古代婚姻家庭制度奠定了基础，坚持一夫一妻制，同姓不婚和“父母之命，媒妁之言”的原则。婚姻关系的确立通常要通过“六礼”的程序，在休妻解除婚姻关系时有七出之条。限制休妻的规定，称为“三不去”。西周的司法制度有长足的发展，已有民事诉讼和刑事诉讼的区分。西周的审讯强调“听狱之两辞”，注重证据。“五过之疵”是关于法官责任的制度。

第四章 急剧变革
——春秋战国法律制度

（公元前770—前221年）

◎ 知识目标：

- 了解春秋战国时期社会大变革引起的法制大变革，掌握成文法的公布，李悝的《法经》
- 了解战国法制变革，掌握商鞅变法

◎ 能力目标：

- 培养学生多角度思维的能力
- 培养学生的创新能力

【本章导读】

自公元前770年周平王迁都洛邑（今河南洛阳）至公元前221年秦朝建立，史称"东周"。东周分两个时期：自公元前770年至公元前476年，史称"春秋"；自公元前475年至公元前221年，史称"战国"。春秋战国是中国历史上长期分裂、战乱、变革的时期。从总的发展趋势看，春秋时期，周王（朝）名存实亡、诸侯林立，各自为政，强者争霸，弱者图存，因此，既是四分五裂的时期，又是重新酝酿统一的过程；经过弱肉强食的兼并战争，至战国，只剩七国并存，然而七国非但不能和平共处，反倒战争愈演愈烈，统一的进程越来越快，不可阻挡。与此同时，西周时期家国合一的宗法制国家体制受到冲击，周礼和周礼所维护的宗法制、贵族制被破坏，新的官僚政治集团正在产生和形成。西周的土地国有制、分封制、井田制逐渐瓦解，土地所有权下移，个体小农经济开始出现，生产方式发生变化。在思想文化领域，百家蜂起，著书立说，各领风骚，互不相容，对当时和后世产生了重大而深远的影响。或为了生存或为了称霸，各国纷纷进行法制改革，法律制度发生深刻变化。

第一节 春秋的法律制度

一、西周的灭亡

西周中期以后，贵族统治日趋腐败，政治危机日益加深。周厉王时，为了挽救危机，任用佞臣荣夷公垄断山泽，实行“专利”① 的经济政策，结果非但未能挽救危机，反倒使危机进一步加深，激起了广大庶民甚至地方贵族的更加强烈的不满情绪。人们越是不满，政权越是不安，就越严加控制，从而使矛盾进一步加剧。周厉王为平息不满情绪，使用特务进行监控，他指使卫巫（掌管意识形态的官员）“监谤”，使“国人莫敢言，道路以目”。② 表面的稳定潜伏着动乱的来临，终于引发了大规模国人暴动。至周幽王继位，局势已无法控制，内部矛盾已经成熟，外患又接踵而至。犬戎族趁机而入，周幽王被杀，周平王东迁，西周灭亡，东周建立，即春秋战国时期开始。

二、社会大变革的成因及表现

（一）生产力的提高和经济关系的变化

春秋战国时期，铁制工具的使用和牛耕的普遍推广使生产力显著提高，最终导致社会发生一系列变化。主要表现在：分封制、井田制瓦解，“私田”出现；集体生产方式转化为个体生产方式，小农经济逐渐取代集体经济；剥削方式发生变化，部分贵族把土地出租给庶人耕种；人们的身份地位变了，社会矛盾转化为田主与依附农的矛盾；贡赋制改为赋税制，即承认土地私有，一律按田亩收税。

上述诸种变化是生产力发展的必然结果，它必然给人的思想观念带来深刻影响，从根本上动摇整个国家上层建筑。

（二）王权失落，宗法制国家崩溃

随着春秋战国之际生产力的提高，本来与西周社会相适应的一整套严格的国家政治制度同时呈现出诸多无法克服的弊端。也就是说，春秋战国时期的大变革不仅仅取决于生产力的发展，同时也是西周政治制度发展的必然结果。周王权力日渐衰落，西周依宗法关系的亲疏远近层层分封导致那些做不上官的和做上官的子孙们又势必争权夺位，自相残杀。西周亲贵合一的等级制在它确立之初就埋下两粒种子，一是对周王的向心力，二是离心力。前者在开始时占主导地位，而随时间的推移，后者逐步占据上风，并最终取而代之。如果在西周，“溥天之下莫非王土，率土之滨莫非王臣”③，那么，到了春秋战国则变成了“封略之内，何非君土？食土之毛，谁非君臣”？④ 各封国不再是封国，而是名副其实的独立王国。

正是由于上述原因，西周建立的一整套政治制度受到严峻挑战，王朝大厦倒台，长期的重建工程开始。这主要表现在：

1. 国王有名无实，地方势力崛起

春秋战国时期，周王名义上仍是天下共主，但已名存实亡，周王大权独揽的局面一去不复返，“礼乐征伐自天子出”，逐步转变为自诸侯出、自大夫出，甚至“陪臣执国命”（封君的家臣当政）。诸侯财利自专、终止贡赋。王朝财源枯竭，入不敷出，甚至，周平

---

① 《史记·周本纪》
② 《史记·周本纪》
③ 《诗经·小雅·北山》
④ 《左传·昭公七年》

王死时，因丧葬费短缺不得不向诸侯伸手求援，更不要说养活庞大的军队和百官群妾。诸侯非但不定期朝拜天子，反之，天子倒不时地拜会诸侯。公元前632年，晋楚争霸，晋文公获胜大会诸侯于践土（今河南原阳），竟召周襄王光顾，天子威严扫地以尽。天子不能命诸侯，诸侯反挟天子发号施令。上述情况到战国时期更是有增无减，当年的赫赫天子居然成了被遗忘的角落，各国在各自为政时，往往连天子的旗号也不打。周天子从王朝大厦的顶端跌落下来，这意味着周朝国家制度的核心已不复存在，围绕这一核心而创建的一切国家制度随之土崩瓦解。

2，群龙无首，诸侯争霸

王权衰落与诸侯崛起并行，二者互为条件。周王失去权威，无力控制时局，诸侯群龙无首，各自为政。而各独立的诸侯国又不能相安以处、平等共存，强者争霸，弱者自保。因此，失去王权就是分裂，分裂的过程又是恢复秩序重新实现统一的过程，实现统一最直接最有效的办法莫过于战争。春秋战国就是这样一个天下无主的分裂时期，也是重新走向统一的时期，更是战争空前的漫长岁月。据《史记·太史公自序》载，春秋时期有国170多个，其中弑君者36，亡国者52，诸侯奔走不得保其社稷者不可胜数。这一切大多是通过战争或其他非正当手段实现的。战争使所剩诸侯国越来越少，大批封国为强者吞并，而统一的趋势也越来越明显，进程越来越快，与此同时，战争也越来越酷烈。至战国，七雄并立，角逐天下，“争城以战，杀人盈城；争地以战，杀人盈野”，最终由落后的秦国依靠偏激的法家理论杀出个秦朝天下。

3. 贵族制解体，官僚制形成

在西周，从中央到地方组成整个统治网络的是各级贵族，这些贵族主要是周天子的血亲，再辅之以姻亲。他们终身任职，并按嫡长子继承的原则，世代相传，实行的是终身制、世袭制。到了春秋战国，地方诸侯或被篡位，或被放逐，或被杀害，或被强者吞并，很多国君同周王既无血亲关系，又无姻亲关系，即使与周王有血亲姻亲关系者也不隶属于周王。特别是由于你死我活、不共戴天的残酷战争，各国的国君为了不为人所灭而自存或者为了灭人而一统天下，都不得不放弃血亲用人的标准，代之以因才任职、因功授爵，把那些建功立业、才能出众者安排到各级岗位，从而出现了大批异姓官僚。官僚与贵族不同，他们与国君既无裙带关系，也不奉行终身制、世袭制，而是因其才能和功业由国君随时任命，随时撤换，吃的也是国家俸禄（皇粮）。这样，官僚制终于取代贵族制，分封制也随之瓦解，郡县制应运而成。官僚制较贵族制、郡县制较分封制，更有效率，也更加集权，因而也最适于酷烈战争的需要。秦国在这方面做得最坚决最彻底，故秦军攻无不克，战无不胜，所向无敌，迅速兼并六国，并将这种高度集权的政体推向全国，同时也为秦埋下了短命夭折的种子。

4. 内容与形式的冲突，现实对周礼的破坏

礼是西周的根本大法，维系整个国家秩序，所有政治制度都是礼的内容，而礼则是这些制度的表现形式。礼的基本原则是亲亲、尊尊，强调名分，重在等级，核心是维护父权、王权。然而在春秋战国时期，这一切都发生了重大变化。天子有名无实，威严荡然无存，封国成了王国，诸侯做了君主，臣弑君者有之，子弑父者有之，下犯上者层出不穷。君不君，臣不臣，父不父，子不子，名分已乱，天下无序，礼受到严重破坏，国家社会失

去可遵循的规则，信仰发生深刻的危机，必须寻找新的规范来代替无能为力、千疮百孔的礼，以规范现实，恢复秩序，重塑信仰的体系。

(三) 思想家们献计献策，法制建设备受重视

面对上述经济、政治的重大课题，政治家们急于寻找答案。思想家们更加关怀时局，也甘愿为政治家们提供思想理论的精神食粮。于是百家兴起。著书立说，互不相容，试图以一己之说正天下之视听，思想界异常活跃，一如政治领域的诸侯争霸。法家为那个剧变的时代开出一副猛烈的药方，颇受时君世主的宠爱。法家献计献策，政治家付诸实践，一场矫治时代剧痛的法制改革便开始了。

三、法律思想

春秋战国是中国古代历史上思想文化界最辉煌的时期，对后世的中国律乃至周边国家都曾经产生过巨大影响；即使西方异质文明传入东方，仍具有生命力，直到今天，它在世界思想史上也皆有一席之地，与古代欧洲的希腊、罗马相似。

当时，所以大师辈出，百家争鸣，各领风骚，异彩纷呈，归根到底是由特定时代决定的。周王失势，天下无主，诸侯并起，统一的意识形态失控，人们不必附和官方的一种学说，更不愿吊死在一棵树上，从而使独立的思想家得以出现。长期剧烈的经济、政治变革，不仅影响到每一个生人，而且提出了一系列亟待解决无法回避的时代课题，从而唤起了思想家们的自觉意识，也为他们提供了大量现实素材。时代造就思想家，但时代不可能将所有人都造就成思想家，从这一点看，思想家自身的品格极为重要。可以说，没有品格的思想家不是思想家，没有品格的思想家的思想算不上思想，有品格的思想家创造有品格的思想。春秋战国之际，思想家品格各异，但都一样伟大；思想不同，但都同样是宝贵的精神财富。儒家以仁义为己任，周游天下，劝谏君王，蔑视权贵，明知不可而强为；道家无为而治，视重金为负担，弃相位如敝屣；法家经世致用，与时君世主密切合作，力图将理论化为实践，使精神变物质，为此而不惜以身家性命为代价。他们不仅有自身的品格，也创造了品格各异的思想。从思想界内部氛围看，品格各异的思想家及其思想既是思想繁荣的重要体现，更是繁荣思想的重要条件。只有百家争鸣，学派林立，才可能互相对峙，互相促进，互相吸收，才可能推陈出新，生生不息。春秋战国时期的情况正是如此。但应该指出，当时思想家争鸣一同诸侯国争霸，不仅与政治为一体，思想界本身也缺少相容的共识。这意味着，争霸一经结束，争鸣随即告终，结果是一花独放，万花凋落。

春秋战国时期，思想流派很多，这里主要介绍儒、道、法三家。

(一) 儒家的法律思想

在春秋战国，儒家是在野学派，不为时君世主所欣赏，于政治的作用有限。但儒家师传徒受，后继有人，对社会影响极大，对后世影响尤为深远。自汉至清，儒学一直是官方正统学说，是统治者齐家治国的圣经，是文人墨客个人修养的教材，甚至连黎民庶众也不陌生。其间，又传入周边国家，今日的亚洲部分国家还不同程度地保留着儒学传统。

春秋战国时期有三个儒家代表人物。孔子是儒学创始人，有“圣人”之称；孟子，后人称为“亚圣”；荀子，虽无“圣人”称号，却是礼法结合的先行者。从思想渊源上看，儒家继承并发展了西周的德与礼——孔子不仅重德、礼，同时又创立“仁学”，以仁

作为其思想体系的核心；孟子将仁学发展为“仁政”，荀子又在礼的方面有重大发展。总的来说，仁、德、礼是儒学中三个最基本的范畴。

1. 仁

仁是孔子思想体系的核心，基本精神是“爱人”，就是说，仁即人与人间的关系，这种关系在于“亲”。孔子特别强调以仁作为处理官民关系的准则，即当政者必须具备仁的品质，也只有具备仁的品质才配为官从政。仁普遍地存在于各种社会关系中，但又“爱有等差”，仁不仅不否定亲疏远近、上下尊卑等级，而是这些等级的内在精神，等级是礼的要求，仁与礼并不矛盾。

孟子抓住孔子学说中的“仁”，进而发展为“仁政”，孟子首先为仁找到了人性论依据，认为仁即人的恻隐之心、怜悯之心、爱人之心。此心即善，人皆有之，作为统治众人的国君和百官就是人上人，就更应该“仁”，“惟仁者宜在高位”（《孟子·离娄上》）；在君臣关系上，二者虽不平等，但君主更应该首先做到仁，“君之视臣如手足，则臣视君如腹心；君之视臣如犬马，则臣视君如国人；君之视臣如草芥，则臣视君如寇仇”（《离娄下》）；在君主、国家和庶民的关系上，“民为贵，社稷次之，君为轻”（《尽心下》）。民是最可爱最值得爱的，所以最贵，而掌握国家权力高高在上的君主则唯一的天职是施民以仁，所以最轻。

2. 礼

孔子学说中最具生命力的是仁。但他并不忽视礼，“克己复礼为仁。一日克己复礼，天下归仁焉”。① 所谓“克己”即克制自己，或者换成另一种说法就是：“己所不欲，勿施于人。”克制自己，不加害于人，一切以礼为标准，就是仁。并且只要做到了仁；就会天下归顺。这实际上是把礼也作为仁的一部分了，或者把礼作为仁的一个外在标准。礼包括礼节仪式、典章制度等，大体含盖宗法家族中的父子关系、统治集团内部的君臣关系、统治者与被统治者间官民关系。但孔子的礼不仅在于维护特权还在于限制特权。从上述可知，仁先于礼，礼后于仁；仁是礼的精髓，礼是仁的形式；仁是礼的目的，礼是仁的手段，礼与仁密不可分，高度统一，但又不对等。仁高于礼，非但没有降低礼，反倒大大充实了礼的内容。提高了地位。这是孔子对礼的重大贡献，其影响极为深远。

如果孟子继承发展了孔子的仁，那么，荀子则继承发展了孔子的礼。荀子对礼的发展主要表现在：第一，性恶论。荀子以性恶论来阐述礼的合理性、重要性与永恒性。第二，以“分”释礼，“名分使群”。荀子使礼更具有制度层面上的意义，同时增加了礼的可操作性。礼的最大功能是“分”，“分”可以使人各就其位、各安其职，分工合作，维护社会群体秩序。总之，“分”是婚姻家庭制度、行政官僚制度、国家政治制度、社会经济制度的基本依据。第三，赋予礼以根本法的性质，依礼制法，隆礼重法。先秦儒家中旬子谈“礼”最多，也最重视礼，“礼宪”就是荀子的心目中的国家根本大法。荀子既隆礼又重法，十分强调法，时常“礼法”并提，认为“治之经，礼与刑”（《成相》）。旬子采用的是礼与法两手，并且两手都硬，但并非两手对等，而是以礼统法，以法护礼，礼法统一，礼主法辅，主次分明。

---

① 《论语·颜渊》

3. 德

在孔子那里，“德”是另外一个重要范畴，但与仁相比，德的使用频率较低，其大致内容有：第一，强调德的重要性。认为德是取得，行使权力的依据。孔子坚决反对“以力服人”，主张“以德服人”不论取得权力还是行使权力均须以德为前提。第二，在德与刑的关系上，孔子认为，政刑可用来惩罚犯罪，使人畏惧，却无法使人对犯罪产生羞耻心，而德礼正弥补其不足，它教人知耻，从而从灵魂深处杜绝犯罪，显然德礼比政刑更重要，但孔子并不是不要政刑。第三，统治者既要严于律己，言传身带，垂范天下，也要注重德礼教化。统治者不仅要有德，也要积极地从事德教，除了自己要管好自己外，还有义务教化他人。第四，无讼。无讼是孔子最高尚的理想追求，其基本手段是迈过统治者的道德自律，施德于民，实行教化，最终建立；高尚的道德社会，没有纠纷，消灭诉讼，实际上是主张“以德去刑”。

（二）法家法律思想

法家是春秋战国之际另一重要学派，他们最重视法律，对法律最有研究，非但是思想家，同时也是政治实践家。他们的学说偏激进取，急功近利，经世致用，是为帝王在长期剧烈的变革年代取得政权、统一天下的救世学说，而非太平盛世治世之学，但也对后世产生了重大影响。

法家阵容庞大，春秋时期的管仲、子产是法家的先驱，李悝、吴起、慎到、申不害、商鞅是战国前期的法家代表人物，韩非则是战国末期法家集大成者。各个法家人物的思想有其相同的一面，但也有区别。大致说来，慎到重势，申不害重术，商鞅重法，韩非则熔势、术、法于一炉。

1. 势

法家最强调“势”的是慎到和韩非，势在法家所制定的治国方案中都处于核心的位置。“势”即君主的专制权势，它独一无二，至高无上，势不可挡。因为君主拥有权势，所以才是国家的最高决策者和执行者。势的重要性是无以复加的，慎到把君主和权势比作飞龙和云雾。飞龙有了云雾才能腾空，一旦云消雾散，则坠地成蚯蚓；君主若失去权势就与平民没什么两样。有了权势，即使像夏桀那样的昏庸，也能“令则行、禁则止”①；如果无权势，即使伟大如尧，百姓照样不听，“尧为匹夫不能治三人，而桀为天子，能乱天下。吾以此知势位之足恃而贤智之不足慕也”。因此，他们认为，德无足轻重，势才是最根本的。不但如此，德对势还具有威胁作用，人们崇尚德，势就会受到亵渎，“君立则贤者不尊”，“立君而尊贤，是贤与君争，其乱甚于无君”。②

韩非更加强调势的唯一性、排他性和不可分割性。势对君主来说至为重要，只能由君主独专，君主必须“擅势”，绝对不可与臣下“共权”。此外，韩非还强调用权势推行法术，用法术维护权势，认为“抱法处势则治，背法去势则乱”③。韩非还勾画出一幅以权

① 《韩非子·难势》引《慎子·威德》

② 《艺文类聚》卷54

③ 《难势》

势为核心的治国蓝图:"事在四方，要在中央，圣人执要，四方来效。"①

儒家崇德而抑势，法家则尚势而贬德，双方互不相容，势不两立。然而，德可使君主增辉，而势可给君主壮威，双方又殊途而归，并没有根本分歧，完全可以走到一起。通常情况下的成熟统治者既需要“德”，也需要“势”，二者缺一不可。徒势则必将导致君主专制主支极端发展，从而使臣民处于高度紧张状态，潜伏着极大危险；但又从来没有无势之主，势始终是专制制度的核心。徒德则是政治空想，永远不能实现，但一个缺少自律、没有道义支持的君主也是不可想象的，德需要势，势也需要德。

2. 术

有势必有术，术是势的派生物，是势的一种使用方法或艺术。势的主体是独一无二的君主，术也不例外；势的对象是群臣百官和黎民庶众，而术则只治官不治民；势是术的前提，而术的使用也必须服务服从于势。

从学派渊源上看，法家的术深受道家影响，而在法家中，申不害以重术而著称，韩非又尤有建树。其大致内容有二：第一，公开考核之术。"术者，因任而授官，循名而责实，操生杀之柄，课群臣之能者也。此人主之所执也。"② 在韩非看来，君主不能要求臣下尽忠，也不能以清正廉洁作为用人的标准，因为所有做官的都是为了名利，都不可能忠于他人，忠于他人不外是幌子，最终还是为了自己。最为重要的是掌握一套察奸的方法，使其不得不尽职尽责。第二，暗中控制之术。"术者，藏于胸中。以偶众端，而潜御群臣者也。"③ 这种术，不可以示人，属于君主个人的绝密，它用来在角落里观察群臣各种各样的表现，在暗处加以控制，实为阴谋权术。

儒家主张君臣间以礼相待，互敬互爱，诚而有信，而法家则要求君主以法术统驭群臣。维护统治集团的统一。从春秋战国之际的特定历史条件看，儒家更带有理想色彩，而法家则更切合实际。但从一般意义上考察，双方各有长短，可以相互补充，没有法术，君主的权势就会受到威胁；纯用法术又势必产生危机，非长久之计。没有诚信礼让，就不能营造和谐的气氛，使统治集团内部缺少凝聚力；而在利害之争的权力场中，又不可能纯靠这些来维持。

3. 法

法家以重法而得名，但他们的法实即刑法，是君主用来治官治民维护其专制权力以实现争霸天下的暴力工具。法家对法的论述非常系统，有许多精辟的见解，现分而述之。

(1) 变法的理论依据。法家既不像道家那样逃避现实，也不像儒家那样为未来的社会描绘理想的图案，而是紧扣时代脉搏，非常切于实用，因此备受时君世主的赏识。他们直接参与了那个时代的变法，也为变法提供了理论依据。其中比较有代表性的是商鞅和韩非，他们的依据有如下三个方面：第一，历史发展观。法家认为历史是发展和进步的，那么变法也就是必然的。第二，人性好恶论。法家认为人性好利恶害，它无所谓善，也无所谓恶，不必作价值评判；同时也不可改，更不必改，人性就是人性，但对于君主来说正是

---

① 《扬权》

② 《韩非子·定法》

③ 《韩非子·难三》

可供利用的无限资源，是变法的依据，是赏罚的基础。正因为人有所好，所以人君才有所赏；正因为人有所恶，所以刑才有了用场。第三，人多物寡的人口论。人口自身的增长过快而物质生产的增长过慢，这样一个难以克服的矛盾是韩非的一大发现，也是他变法理论最具特色的地方。

(2) 法制原则。第一，公布法律，以法为教。法家把法律作为群臣百官黎民庶众共同遵循的准则，这就必须制定法律，公布法律，使人懂得法律。韩非说："法者，编善之图籍，设之于官府，而布之于百姓者也。"① 法家极为重视法律教育，甚至推行国家教育、强制教育，以官吏为教师，以法律为教育的唯一内容，全民都必须接受教育，实行对教育的全面垄断。商鞅还明确主张"壹教"，所谓"壹教"就是国家的唯一教育，并且以法令为唯一内容，凡是不合法的行为尤其是思想言论都统统取消，法家的法律教育也禁止人们对法律进行思考和议论，以免削弱法律的权威。第二，秉公执法，依法办事。法家的法具有客观性和公正性的特点，他们常常把依法治国比作规矩之于方圆、尺寸之于长短、绳墨之于曲直、权衡之于轻重，不论何时何地都是统一适用的标准，对谁都一样。法既然具有"公"的性质，所以必须秉公执法，严格依法办事，最高当权者尤其如此。正因如此，国君只能为国为公，大臣就自然应该"以死守法"。第三，违法必究，刑无等级。法家一贯坚持违法必究的原则，商鞅还明确提出"壹刑"，即"刑无等级"，也就是说功不能代刑，善不能从轻，任何关系也不能减免，卿相与庶民等同，只要违法，一概依法而断。第四，赏刑兼用、刑主赏辅。法律的主要功能是"禁邪"，是刑罚，而赏则是刑罚的辅助性手段，是必要的补充。正因为双方地位不同，所以在数量对比上也不同，商鞅反复强调"刑多而赏少"，甚至主张"刑九而赏一"。第五，重刑轻罪，以刑去刑。在罪与刑的关系上，法家坚决主张轻罪重刑。商鞅明确提出，"禁奸止过，莫若重刑"②，国家唯一的选择是轻罪重刑，"行刑重其轻者，轻者不至，则重者无从至矣"，这正可谓"以刑去刑，刑去事成"。韩非则继承丰富了商鞅的重刑思想，强调刑罚的一般预防作用，批驳"轻刑止奸"说，力主"轻刑助奸"；批驳重刑伤民"说，力主"重刑爱民"。在韩非看来，重刑非但不伤民反倒爱民，轻刑非但不爱民反倒伤民。

(三) 道家法律思想

儒家的基本范畴是德、仁、礼，法家则大谈势、术、法，而道家则用一个"道"字贯通整个学说，其博大精深、言简意赅、文字优美，实为千古绝唱。道家对当时社会的影响不大，但对后世的影响不容低估。道家思想是失意的文人士大夫最好的避风港，统治者在运用权术时也可从中找到法哲学依据，有的统治者还用道家思想节制情欲，清静少为，从而出现了千古盛世。

道家代表人物是老子和庄子，通常称为"老庄"。道家以"道"统法，将人为的现实法律纳入自然无为的"道"中从本源宏观上进行认识。如果把儒家的法称作"礼法"或"仁法"，以突出法的宗法道德色彩，把法家的法称作"刑法"，以突出法的暴力镇压色彩，那么，可以把道家的法称作"道法"，更具有法哲学色彩。

① 《难三》
② 《赏刑》

1. 道法

何谓“道”？在《老子》那里，“人法地，地法天，天法道，道法自然”①，道是天地万物之祖，宇宙的本源，它无意志，无意识，不声不响，无言无语；它独立存在，永恒不变，无始又无终；它空间无限，自行不息，世界复杂，气象万千，都各有其存在运行的规则，道所遵循的是天地万物人类的自然规则。所谓“自然”就是自然而然的，是任何力量都无法改变的，是所有事物的最初状态，最终状态、最佳状态。一句话，道就是“无为而无不为”（第37章），什么也不做，一切均任其自然，这样就自然一切都做好了。

庄子以诗一般的语言，进一步丰富了老子的道，他赋予道以精神的特性，同时又将道化入自己的主观世界，从而实现了“天地与我并生，万物与我为一”②，我与天地同寿，与万物一体，万物即我，我即万物，人世间的一切都是多余了。

道家是基于对人事的困惑而探寻宇宙万物终极秘密的，而他们对宇宙万物的终极认识则为了给人事确立根本准则，于是，道就成了人们必须遵循的法，姑且称为“道法”。

2. 道法与文明

在道家看来，道法与文明不相统一，有道法则无文明，有文明则失道法。人类有欲才有为，有为才有文明；人欲无穷，所为无尽，文明无止；而所为越多，文明越发展，人欲就越大；相互作用刺激的结果只能使人类社会越来越复杂，永远找不到出路。最根本的办法是无欲、无为，回归道法。以道法为准，一切文明均在取消之列。道家尚道，推崇自然，力主无为，不仅否定道德文明又极力否定法政制度文明，还否定智慧技艺文明、物质创造文明。总之，道家认为，人类创造的一切文明都不能从根本上解救人类，人类的唯一出路是回归于道，放弃一切努力。

在教民问题上，道家也独具一格。道家认为，多智不如少智，少智不如无智，只有愚才是人的自然状态，才符合道，任何智都是对道的破坏。所谓的“教育”就是教民脑袋里空空的，而肚子里却饱饱的；骨头强壮，又没有任何志向；既一无所知，又一无所求。这便是“道”，便是“无为”，便是“无不治”。

在社会理想上，儒家构建的未来社会平和、温馨，有浓厚的人情味，法家构建的未来社会则整齐、划一，令人感到紧张，但儒法两家都主张实现大一统。道家则不然，老子的理想是“小国寡民”，在这个国家里，“使有什伯之器而不用，使民重死而不远徙，虽有舟舆，无所乘之；虽有甲兵，无所陈之；使人复结绳而用之。甘其食，美其服，安其居，乐其俗，邻国相望，鸡犬之声相闻，民至老死，不相往来”。这是一个田园诗般美好的社会，处处都散发出“道”的气息，它素朴又简单，相安又祥和，无为又自然。《庄子·马蹄》描绘的“至德之世”：“同与禽兽居，族与万物并，恶乎知君子小人哉？同乎无知，其德不离；同乎无欲，是谓素朴。素朴而得民性矣。”这里人与兽无别，与万物合一，毫无人类社会的装饰与强制，使“道”得到了最充分的体现。

道家是超世学派，既否定仁义，又否定刑赏；既以道为始，又以道为终。道家学说远离现实，消极无为，很难成为显学；但它充满了哲学色彩，洞察到了人类文明无论怎样发

① 《老子·第二十三章》
② 《齐物论》

展都同时伴随着无以克服的弊端，因此又生命力极强，代有传人，不同时期、不同的人们总可以从道家的思想宝库中找到可供利用的资源。

3. 立身待人的智慧

道家，特别是老子对智慧予以彻底否定，但他在否定智慧的同时却显示了非凡的智慧，其中有关立身待人的智慧对后世影响极大。只要生活在人群之中，只要立身待人，就都可以从中受到启示。政治家可用以治人，军事家可用以治军，一般的人也可用以立身。用得好，于人于己都有利，用得不好，它就成了非常阴险的诡计。

老子的立身待人智慧与“道”浑然一体，高深莫测，变幻无常。但大体说来，他特别注意矛盾双方，尤其强调双方中最容易为人忽视的一方。双方互相依存，吃掉一方，另一方也随之而亡。双方的地位可以转化，但转化需要智慧。比如，老子提出两对矛盾，即“贵”与“贱”、“高”与“下”，“贵”与“高”占主导地位，但老子的重心却是“贱”和“下”，一个为“本”，一个为“基”。这就提醒人们，贵者和高者不可趾高气扬，目中无人，为所欲为，要长期保持其优势，不仅不能消灭对方，而且必须适当地保护对方。只有这样才能长久维持双方的存在，使贵者永贵，贱者永贱。再如，人难以无欲，满足了欲求又无人不喜，甚至滋生更多更大的欲求，却不注意满足欲求的另一种严重后果。老子说：“祸莫大于不知足”①，所以，要适可而止，知足常乐。

老子发现，任何事物都有其发生发展和衰亡的过程。“月亏则盈，月盈则亏”，“强壮者先死”，如日中天之时也就是日落西山的开始，最好与最坏为邻，所以急于求成只能加速衰亡的步伐。因此，要延年益寿就须缓慢发展，要“知其雄，守其雌”。即使已经成功，已经圆满，已经到了最佳状态，也不可锋芒毕露，要做到：“大成若缺”，“大盈若冲”，“大直若屈”，“大巧若拙”，“大智若愚”。达到正面目的采取相反的方法，“将欲翕之，必固张之；将欲弱之，必固强之；将欲废之，必固兴之；将欲夺之，必固与之”②。这一做法十分绝妙，出于常人的想象，它可以用于各个方面，服务于各种不同的目的。

从学说的总体倾向上看，法家急功近利，积极进取，注重实用，显得过“左”；道家与法家正相反，他们看破红尘，消极无为，试图从根本上解决现实问题，显得过“右”；而儒家介于法道之间，既不激进，又不逃避，明知不可而强为，显得“中”。左、中、右，法、儒、道，三大流派，三足鼎立，各领风骚，既互相排斥，又互相影响，均是中国传统法律文化中的瑰宝。

四、公布成文法

（一）主要立法

春秋时期，社会发生深刻变革。西周以来的礼已不适应形势发展的需要，于是便出现了以“法”代“礼”的新现象。这时期的“法”主要用来调整各诸侯国统治集团内部关系，反映了贵族势力与官僚势力斗争的基本情况。这些立法主要有：

1. 楚国的《仆区法》

---

① 《老子·第二十章》

② 《老子·第三十六章》

该法制定于楚成王在位期间，规定凡窝藏逃亡犯及赃物与其同罪。这表明生产关系已发生变化，有大量庶人逃亡，所有权也受到侵犯，同时也反映了旧贵族与新田主之间的斗争，法律倾向于对旧势力、旧的生产关系的维护。此外，楚庄王时还制定《茆门之法》，茆门，即宫门。此法类似于后世宫廷警卫方面的法律，反映了中央集权统治的加强。

2. 晋国的《被庐之法》

此法是在晋文公称霸后在被庐检阅军队时制定的，故此得名。其主要内容是有关官职及等级名位的规定，旨在维护统治集团内部秩序。此后，晋襄公时期执政正卿赵宣子制定《常法》。这是一部综合性法典，内容涉及罪名、诉讼、逃亡、清除政治腐败、重建官职等各个方面。法律调整范围在扩大，反映了新官僚势力的壮大。晋平公时期，正卿范宣子在击败公族势力的反抗后，又制定《刑书》，说明官僚集团注重用法律手段巩固既得利益，以防贵族势力崛起。

3. 盟约

春秋时期诸侯争霸，各国间战争不已。弱国为了共同抵御强国，或强国称霸后为了维护不平等关系，往往签订盟约。如齐桓公称霸后就曾经与几个弱小诸侯国签订了“揆丘盟约。”盟约既涉及各国内部事务，更涉及国与国之间的关系，带有明显的国际条约或国际法的性质，反映了当时各国间的复杂关系。

4. 土地法

春秋时期生产关系发生深刻变革，各国纷纷进行土地立法。土地立法的根本目的是增强国家在经济军事方面的实力，以期富国强兵，保证在战争中立于不败之地。此期的土地立法有三个特点：一是确认土地私有，按田亩收税，增加政府财政收入；二是土地立法与军队建设紧密相连，以保证兵役和军赋的需要；三是实行严格的户籍管理，将居民组织起来，以保证前两项任务的完成。比如，齐桓公任管仲为相对，颁行“相地而衰征”的法令，即承认土地私有，依据土地肥瘦征收赋税；并“作内政而寄军令”，即划分行政区域，五家为轨，十轨为里，每家出一人，每轨共五人，作为后备民兵。又如，鲁国于公元前594年颁布“初税亩”法令，规定公私田一律计亩征税，承认了私田的合法性；随后在公元前590年又“作丘甲”，即以“丘”为行政单位，编制户口，征收军赋。再如，郑国执政子产于公元前543年“作封洫”，即确定田界，防止侵夺，承认土地私有的事实。在此基础上，将居民按五家为伍的形式进行编制，随后又“作丘赋”，以丘为行政单位分派兵役和军赋。可见，春秋时期的土地改革、军队建设和对居民的严格行政管理是三位一体，同时进行的，它反映出当时社会的总体风貌，也预示着集权运动不断强化的发展趋向。

（二）公布成文法

1. 公布成文法的背景

春秋以前虽然也有成文法，但并不公布。统治者往往奉行“议事以制，不为刑辟”或“临事制刑，不预设法”① 的原则，带有很大随意性，同时也可收到“刑不可知，威不可测”的神秘而威慑的效果。特别是贵族统治集团在处理内部关系时更多依据礼，以

① 《左传·昭公六年》

维护其“尊尊”的特殊身份。这种情况到春秋时发生了重大变化，开始了中国历史上公布成文法的新时代。其原因主要有：

（1）周天子式微，诸侯各自为政，礼受到破坏，更有一批以非礼的方式走马上任的官僚。在这种情况下，为了确认权力的合法性及其有效行使就不能不改弦更张，西周的礼和秘密的刑已无济于事，公布成文法势在必行。

（2）新的官僚势力日占上风，而旧的贵族势力并未消失，新旧双方斗争激烈。而制定并公布成文法，使双方一体遵守，既可以维护新势力的统治地位，又可减少旧势力的反抗。因此，成文法的公布是权力之争的结果。

（3）各国社会生产关系发生深刻变革，而各国间的战争日趋激烈，为了保证统一战争的胜利。确认维护新的社会生产关系，就必须有一个共同遵守的准则。因此，公布成文法是各国间战争的需要，也是社会生产发展的需要。

2. 公布成文法

（1）铸刑书

公元前536年，郑国执政子产将郑国的法律条文铸在象征诸侯权位的金属鼎上，向全社会公布，史称“铸刑书”，这是中国历史上首次公布成文法。刑书是国家权力的象征，同时也有利于法律在全社会范围内得到贯彻执行。郑国开中国历史上公布成文法之先河，最直接的原因在于子产。子产是位既开明又有远见和魄力并勇于为改革而献身不虑及子孙后代的政治家。另外，郑国立国晚，受旧传统影响比较小；商品经济很发达，商人势力较大。郑国四邻强敌，东有齐，西有秦，南有楚，北有晋。为了图存，必须进行改革。公布成文法是改革的重要组成部分，在中国法制史上占有重要地位。

（2）造竹刑

邓析私造竹刑。邓析是子产同时代的郑国人。他能言善辩，思想活跃，既不法先王又否定礼义；私办教育，传授法律；与官为难，助民诉讼，是中国历史上最早的律师式人物。邓析还私造刑书，刻予竹简，史称“竹刑”。邓被杀害后，“竹刑”却为郑国所沿用，说明它顺应了时代潮流。

（3）铸刑鼎

晋铸刑鼎。公元前513年，晋国大臣赵鞅、荀寅把前任执政范宣子所作刑书正式铸于鼎，公之于众，这是中国历史上第二次公布成文法。

姬侨（？—前522），字子产，又字子美，人们又称他为公孙侨、郑子产，春秋后期郑国（今河南新郑）人

图4-1 子产

3. 公布成文法的争议

公布成文法是法制史上的大事件，关系到对传统的否定或创新，刑书不是空头文件，而是铸在鼎上的具有极大权威的法律，要对现实中的利害关系进行调整，要求人们一体遵守。这就势必引起争议。

郑国铸刑书后，晋国贵族叔向便表示反对。据《左传·昭公六年》载，叔向反对的理由主要有三个：一是以先王为准，先王做的就要坚持，先王不做的就不可乱做。而“先王议事以制，不为刑辟”，所以公布成文法不合先王遗训。二是一旦公布了成文法，民必以法律为准产生“争心”，不仅“不忌于上”，又“将弃礼而征于书”，甚至“锥刀之末。将尽争之”，从而非但不会减少犯罪，反必“乱狱滋事，贿赂并行”，导致亡国。三是治理国家的制度必须统一，不能有多种不同的制度并存，“国将亡，必多制”。这些论据总体来说是保守的，如法先王，惧民争，不忌上，将弃礼，等等，但也指出了当时变法中存在的实际问题，如“多制”，意味着旧法未废除，新法又生。叔向的态度还算是比较和缓的，还有人比叔向更坚决，恨不得杀死子产。《左传·襄公三十年》载：“舆人诵之曰：取我衣冠而褚之，取我田畴而伍之，孰杀子产，吾其与之。”

对于上述不同的声音，子产既宽宏大度，又立场坚定。他这样答复叔向：“若吾子之言。侨不才，不能及子孙，吾以救世也。既不承命，敢忘大惠。”① 称他人的劝告为是，为“大惠”，自称“不才”。但为了“救世”，还是勇往直前，义无反顾，不怕殃及子孙。实践证明，子产的做法合乎时代潮流，给人们带来了实实在在的好处。那些当初想杀子产的“舆人”一改从前的态度，同声称颂：“我有子弟，子产诲之；我有田畴，子产殖之。子产而死，谁其嗣之。”② 晋铸刑鼎时遭到孔子的反对，他的理由主要有二：一是公布成文法违背先王法度，二是破坏贵贱等级。《左传·昭公二十九年》是这样记载的：“晋其亡乎，失其度矣。夫晋国将守康叔之所受法度（《尚书·康诰》），以经纬其民，卿大夫以序守之，民是以能尊其贵，贵是以能守其业。贵贱不愆，所谓度也。”“今弃是度也，而为刑鼎，民在鼎矣，何以尊贵？贵何业之守？贵贱无序，何以为国？”

（4）公布成文法的意义

成文法的公布，具有重要的历史意义。主要表现在：第一，它结束了“临事制刑，不预设法”的传统，打破了“刑不可知，刑不可测的法律秘密状态，标志着法律制度新时代的到来，是法律文明的一大进步。第二，它否定了贵族势力对法律的垄断，限制了他们的特权，确立了官僚势力的统治地位。第三，法律的公开，不仅使平民知法、守法、维护自身权益，减少不法侵害成为可能，也加大了官员严格执法、带头守法的可能性，在一定程度上起到了限制权力的作用，从而提高了法律的普遍权威，使国家政治生活、社会生活更具理性，也必然引起思想观念的变化，有益于加强法律意识。第四，公布成文法对后世法制建设有积极影响。

第二节　战国的法制改革

一、李悝的《法经》

春秋时期，法律受到重视，立法频繁，并开始公布成文法。这种势头在战国时期有增无减，各国新兴统治者从维护其统治需要出发，在法家思想的指导下，纷纷进行法制改革，陆续制定颁行了一系列成文法，如齐国有《七法》，楚国有《宪令》，韩国有《韩符》，赵国有《国律》，魏国有《魏宪》，而魏国李悝总结各国立法经验而制定的《法经》则成就最高，最有代表性。

① 《左传·昭公六年》
② 《左传·襄公三十年》

（一）李悝变法

战国时期，各国新兴的官僚统治集团都先后开展了变法。其中，较早进行也较为成功的是李悝在魏国的变法。李悝是战国初期著名的政治家和前期法家的主要代表人物之一，魏文侯在位时，欲求富国强兵，励精图治，招贤纳士，任李悝为相。李悝主持变法，其主要内容有：

1. 政治上废除世卿世禄制，剥夺贵族特权

李悝将“食有劳而禄有功”，“使有能而赏必行”① 作为原则，依能而任职，依功而论赏，依劳而付酬，把那些无能无功又不劳的人所占据的位置腾出来，以安排那些有能有功有劳的人，也就是取消贵族制，确立官僚制。从而改换了统治集团的队伍成员，整体素质大为改观，提高了工作效率，加强了君主集权。

2. 经济上，“尽地力”，“善平余”②

“尽地力”即尽量开垦荒地，提高单位粮食产量，以增加国家财政收入。“善平余”即国家利用行政手段，控制粮食市场的供求关系，以保持粮价的稳定，维护农业生产积极性，打击豪商巨贾。具体做法是：在丰年，供大于求，粮价降低，国家平价收购粮食，以保护农民的生产热情；在歉年，粮价上涨，国家平价出售粮食，以满足人们对粮食的需求，使平民免于流离失所，使商贾无利可图。

3. 以法治国，制定《法经》

《法经》既是变法的重要内容，又是变法的政治、经济成果的必要保障。它不仅对当时魏国的发展产生了巨大作用，而且在整个中国法制史上也占有重要地位，后世所有专制王朝的法典都是在《法经》的基础上一代一代地丰富发展起来的，它可谓中国历史上法典之鼻祖。

（二）李悝的《法经》

1.《法经》的内容

《法经》久已失传。《晋书·刑法志》、《唐律疏议》、明朝董说的《七国考》等文献记载了其篇目和部分内容。依据这些文献可知，《法经》共六篇，依次为：《盗法》、《贼法》、《囚法》、《捕法》、《杂法》、《具法》。它全面总结了各国立法经验，“撰次诸国法”③ 而成，其内容已粗具规模。

第一篇《盗法》。《荀子·修身》：“窃货曰盗。”《盗法》即有关惩治侵犯公私财产犯罪行为的规定，对盗罪的处刑十分严厉，并且开始依罪行大小分别处刑。据《七国考·魏刑法》载，大盗戍为守卒，严重的处死刑；窥探宫室者处膑刑；即便拾遗者也要受刖刑。

第二篇《贼法》。依《荀子·修身》的解释：“害良曰贼。”《贼法》即有关惩治杀、伤人方面犯罪行为的规定。《七国考》：“杀人者诛，籍其家及其妻氏；杀二人，及其母氏。”杀人者不仅本人处死，还要籍没全家及妻氏，甚至母氏。可谓一人有罪株连三族。

---

① 《说苑·政理》
② 《汉书·食货志》
③ 《晋书·刑法志》

第三篇《囚法》又称《网法》。有了盗贼就要囚禁、审判，所以《囚法》大概是有关囚禁、审判盗贼犯罪的法律规定，属于程序法方面的内容。但该篇法律条文没有保留下来，详情不得而知。

图4-2 李悝《法经》

第四篇《捕法》。有盗贼就须囚禁、审判，要囚禁、审判就须追捕，所以该篇大概是有关追捕盗贼及其他犯罪的法律规定。

第五篇《杂法》。古往今来，“盗”和“贼”是形形色色犯罪中两个最基本的罪名，而“囚”和“捕”则是有关审判、逮捕盗贼罪的规定。所以前四篇已自成体系，是《法经》的主体部分。但上述规定并非囊括无遗，故《杂法》补前四篇之不足，是拾遗补缺、力图使法典更完备更严密的一篇，其内容最为庞杂，据《七国考》载，它是有关“六禁”和“逾制”的规定。六禁包括：一是“淫禁”，禁止不正当性行为：“夫有一妻二妾，其刑或（割耳），夫有二妻则诛，妻有外夫则宫”；二是“狡禁”，严禁政治犯罪：“盗符者诛，籍其家；盗玺者诛；议国法令者诛，籍其家及妻氏”；三是“城禁”禁止越城：“越城一人则诛，自十人以上夷其乡及族”；四是“嬉禁”，即禁赌：“博戏罚金三币；太子博戏则笞，笞不止则特笞，不止则更立”；五是“徒禁”，“即禁止群聚”，“群相居民一日则问，三日、四日、五日则诛”；六是“金禁”即禁止受贿：“亟相受金，左右伏诛，犀首（将军）以下受金则诛；金自镒以下罚，不诛也”。“逾制”，即惩治官员使用器物僭越等级的规定：“大夫之家有侯物，有一以上者族。”

第六篇《具法》。该法是后世《名例律》的前身，类似于近现代刑法的“总则”部分，是关于定罪量刑从轻从重法律原则的规定，起着“具其加减”的作用。据《七国考》载：“罪人年15以下，罪高三减。罪卑一减；年60以上，小罪情减，大罪理减。”

从上述可见，《法经》所调整的社会关系相当广泛，罪名非常齐全，刑罚方法各种各样，六篇体系已具规模，而服务于“王者之政”的主题又贯穿始终。因此，它是一部比较完备的法典。

2.《法经》的特点

（1）《法经》是推行“王者之政”的暴力工具。李悝“著《法经》，以为王者之政莫急于盗贼，故其律始于《盗》、《贼》”①。所谓“王者之政莫急于盗贼”，说白了就是君王进行政治统治最迫切、最重要的莫过于重惩盗贼，《法经》就是为了君王完成这一首要任务而制定的暴力工具。全部《法经》都是为“王者之政”服务的，它不仅以非凡的智慧从五花八门的犯罪中提炼出盗、贼两种最基本的犯罪以示重点打击，对于其他有害“王者之攻”的一般犯罪也绝不放过，而且独具慧眼，处刑极为严厉。比如，《盗法》排在第一位，盗罪是重罪中的重罪，然而盗符、盗玺，虽然也是盗，但因为盗的对象是国家权力的象征，就不属于盗罪，而是严重的政治犯罪。一旦有犯，非但必诛，还要籍家，比盗罪处刑还要重，大盗不过处以“戍为守卒”，最重也只诛杀本人。再如，几个人群居几

① 《晋书·刑法志》

天也要诛，目的是要人们孤立起来，以便各个击破，用国家整体的力量对付个别，谨防人们成群结伙，组织起来，形成气候，危害国家安全。足见其用心之良苦，智慧之高超。凡此种种，不一而足。总体来说，《法经》的最大特点就是维护王权，这也符合战国时期的实际情况。

(2)《法经》贯彻了重刑主义的法制原则。《法经》是在法家重刑主义思想指导下制定的，它将这种思想条文化，充分体现了重刑思想。《法经》是君王专制的暴力工具，工具的“暴力”性本身必然导致重刑。重刑的法制原则可以从下列三个方面得到充分证明：首先，《法经》展现的是大肆诛杀的恐怖情景。初步统计，《法经》中使用刑罚的地方有25次，其中“诛”用了10次，作为诛的附带刑籍全家、籍妻氏、籍母氏3次，斩草除根的族刑2次，万人集体诛杀的夷乡刑1次总计16次，而其他四种肉刑，一种劳役刑，还有罚金刑和笞刑共7种刑罚手段仅用了9次。其次，《法经》实行轻罪重刑，这方面的事例比比皆是。最后，《法经》坚持了以刑去刑的做法。如，拾得遗失物，根本没有“盗”的动机，但同样依盗论罪，适用断足的酷刑，何以如此？“日为盗心焉”。这不是惩处犯罪而是诛心，目的是彻底消灭犯罪。《法经》中的所有重刑几乎都有以刑去刑的企图。

(3)《法经》是用单纯高压的手段维护等级特权的工具。一个专制政权不论采用什么办法都难以实现君王一个人对整个国家的有效统治，必须划分等级由上至下一级一级地逐级实现。因此，专制政权同时又是等级特权，二者相辅相成，合而为一。只不过，战国时期贵族等级制刚刚败下阵去，官僚等级制刚刚占据上风，仍然笼罩着双方决斗的恐怖气氛。因此，这时的等级以单纯的高压为手段，既不像西周也不像汉朝以后那样带有浓厚的亲情。如《法经》规定，大夫之家保有诸侯的专用器物，哪怕仅仅是一件，也要遭受灭族之灾。这旨在维护绝对君主专制主义，也是绝对君主专制主义的表现，君主处于等级的顶端，绝对不可丝毫冒犯。

(4)《法经》具有极大的权威性，注重适用上的平等。《法经》是贯彻“王者之政”的暴力工具，它只能掌握在君王手中，只对他人施暴，他人只能受暴，绝对不能染指。由于王权绝对，所以维护王权的《法经》就自然带有极大的权威性，即便“议国法令者”也要诛杀。《法经》除了对君王没有约束力外，其他所有人都必须遵守。这就是法律适用上的平等性。太子是君王的接班人，即便是太子，即使仅仅是赌博，也要遭受笞刑。丞相，一人之下，万人之上，但也特别加以强调，不得受贿，就更不要说欺君枉上了。当然在处刑上官僚贵族还与庶民不同。法律适用的平等非但不否定法律所确立的等级制度，反倒是维护它的必要手段。如果没有前者，各级官僚就会越职僭位，无法无天，破坏等级。法律适用平等也是法律权威的重要体现。

(5)《法经》的立法技术已达到极高水平，不要说在当时，即便在今天看来仍令人赞叹。从具体法条来看，一般是先罪后刑，依罪用刑，以罪统刑，以刑制罪，罪刑统一，法条结构完整而严谨。从法条数目来看，虽由于资料的限制已无法了解《法经》的全貌，但仅存的资料已经表明其数目之多。这些法条所涉及的领域包括政治、经济、思想文化等方方面面，虽不能说应有尽有，完美无缺，却已相当健全。从法条的编排上看，众多法条绝非杂乱无章的堆砌，而是经过严格分类后而作的有意安排，因而法条虽多，却井然有序，这就关系到法典的篇章结构。在这方面《法经》的成就最为突出。它从大千世界、千变万化、无所不有的现实中总结归纳出两种最基本的犯罪，即侵犯财产和人身的犯罪，并置于法典的首位，以示重点打击；并有囚、捕程序法紧附其后，以使对盗贼罪的打击落到实处；但又唯恐网疏鱼漏，又特创《杂法》一篇，将五花八门的犯罪尽可能纳入其中，以补前四篇之不足，考虑极为周全；最后又开创《具法》一篇，对加减刑罚的原则作出规定，以作为整个法典的终结。这种篇章体例虽未尽科学、臻于至善至美，但又浑然一体，自有其内部的逻辑关系。特别值得一提的是，《法经》中的罪与刑，法条与篇章，从头至尾，到处都体现着“王者之政”的精神，“王者之政”是《法经》的精髓，是整个法典的统帅。因此，《法经》是以法护权、以法治人的卓越政治智慧与高超的立法技术相统一的典范。

3.《法经》的历史地位

《法经》具有重要的历史地位。

(1)《法经》是战国时期政治变革的重要成果，是战国时期封建立法的典型代表和全面总结。《法经》作为李悝变法的重要内容之一，也是对这一时期社会的一种肯定。

(2)《法经》的体例和内容为后世封建成文法典进一步完善奠定了重要的基础。从体例上看，《法经》六篇为秦汉直接继承，成为秦汉律的主要篇目，魏晋后在此基础上进一步发展，最终形成了以《名例》为统帅，以各篇为分则的完善的法典体例。在内容上，《法经》中的《盗法》、《贼法》、《囚法》、《捕法》、《杂法》、《具法》各篇的主要内容大多为后世传统法典继承和发展。总之，中国有系统的成文法典始自《法经》，《法经》为后世成文法典的编辑定下基调，是中国成文法典之母，在中国法制史上占有极为重要的地位。

二、商鞅变法

商鞅是战国中期法家最著名的代表人物。他“少好刑名之学”,① 早年做魏相公孙痤的家臣，深得赏识。公孙痤临死前，向魏惠王推荐商鞅为继承人，但未被接受。此时，秦孝公下求贤令，商鞅携带李悝《法经》，离魏入秦。经人介绍，三次向秦孝公进治国之策，备受器重，并委以重任，主持变法。

(一) 商鞅变法的内容

商鞅在秦国的变法是战国时期最彻底最成功的一次，其基本内容有如下几个方面：

1. 改法为律，扩充法律内容

商鞅的“改法为律”强调法律规范的普遍性，具有“范天下不一而归于一”的功能，是在法律概念上的又一进步。

在中国古代法制史上，刑、法、律是三个基本的法律形式，其含义大体相同，如果不考虑价值取向，就类似于近现代意义上的刑法，但也有微妙差别。在各个历史时期，三者的地位不同，先是刑，次是法，最后到律。反映了法制文明发展的进程。

夏、商、西周、春秋一般称法律为“刑”。如夏有《禹刑》，商有《汤刑》，西周有《九刑》、《吕刑》，春秋时期郑国有《刑书》、《竹刑》，晋国有《刑鼎》，等等。依《说

① 《史记·商鞅列传》

图4-3　商鞅

文》的解释，刑即刑杀，相当于刑法当中的刑罚。称“刑罚”为法律，说明古人的重心既不在于罪，也不在于对罪与刑的法律规定，同时也不在于使用刑罚的程序，而是简单直接的暴力制裁。这种情况符合法制文明早期的实际，说明法律还相当落后。有关这一点还可以从其他史料记载中得到证明。如“大刑用甲兵”，讲的就是大规模的军事杀戮。又如，《周礼·秋官·司刑》郑注：夏朝有“大辟二百，膑辟三百，宫辟五百，劓墨各千”。这里的数字不一定可信，但可以相信当时人们强调的是刑，或者说是以刑统罪。

春秋战国之际，“法”的地位提升。如晋有《被庐之法》，楚有《仆区之法》、《茆门之法》，魏国的《法经》更有名。依据许慎《说文》对古“法”字的解释是：法字由三部分组成，其中的“水”即“平之如水”，系指法律适用上的公平；其中的“廌”指神兽，有明断曲直，用以裁判审讯；其中的“去”，即除去，杀掉，系指刑罚。由此可见，法比刑的含义要丰富得多：先是公平执法，次是审讯，最后才是用刑。毫无疑问，这比“刑”要文明得多，进步得多，说明人类历史在发展。

依据《唐律疏议·名例》所载，商鞅在秦国主持变法，首先是在《法经》的基础上，“改法为律”。这一改革影响极为深远，自此以后直到清朝，绝大多数王朝的律典均以“律”相称，只有个别是例外，如宋朝的律典称“刑统”，元朝称“通制”或“条格”。依《说文》的解释，律最初是“均布”，即调节音律的乐器，具有协调一致，范不一而归于一的功能。称法律为律，其重心既非刑罚，又非对个案的审讯判决，而是从宏观整体上强调法律的统一性、普遍性和必行性。

由上述可见，刑、法、律的演变交替并非仅仅名称或文字上的改换，其中还有更为深刻的内涵。它是法律概念和法律制度不同发展阶段的标志，反映了法律文明的进化历程，也说明人类对法律的认识并非一成不变，而是由低级到高级、由具体到一般、由片面到全面不断地发展变化的。

2. 全面贯彻法家“以法治国”和“明法重刑”的主张

在变法过程中，法家的一些基本主张皆清晰地表现出来：

（1）以法治国。要求全体臣民，特别是国家官吏学法、“明法”，百姓学习法律者，“以吏为师”。

（2）明法。商鞅的“明法”主要包括三个方面：一是要制定法律，公布法律，所制定的法律必须通俗易懂，简要明了。二是宣传法律，普及法律，强制推行法律教育，但禁止非议法律，也禁止称颂法律。三是把法律作为治国的唯一手段，取消各家各派的学说，尤其是儒学。

（3）轻罪重刑。在变法过程中，商鞅尽力贯彻重刑原则，加大量刑幅度，对轻罪也施以重刑。

（4）不赦不宥。为贯彻重刑原则，强调国家法律的严肃性，商鞅在变法中反对赦宥，主张凡有罪者皆应受罚。

（5）鼓励告奸。为了更有效地禁奸止过，保证统治秩序的稳定，在变法过程中多次颁布法令，鼓励臣民相互告发奸谋，规定“告奸者与斩敌首同赏”。

（5）实行连坐。在变法期间广泛实行连坐制度。如邻伍连坐，以十家为什，五家为伍，什伍之间有相互告奸、举盗的责任，若什伍之中有作奸犯法者，相互负连带责任。此外还实行军事连坐、全家连坐、职务连坐等。这些对于维护社会秩序、保障政权的稳定有重要作用。

3. 运用法律手段剥夺旧贵族特权

在中央废除世卿世禄制。商鞅重新明确“尊卑爵秩等级”以及各等级相应占有的“田宅臣妾衣服”,① 然后按军功大小赐爵授禄，凡无军功者取消其特权，虽“宗室非军功，论不得为属籍。”从而使一批能征善战立下军功的将军进入高层，形成中央军事统治集团，秦国因此更具有侵略扩张性。

在地方，废除分封制，建立县制，剥夺旧贵族对地方政权的垄断。全国划分31县，县下设乡，居民按什伍组织编定社区，地方官吏由中央依据军功和才能选派撤换。这样便形成了有能力有效率的地方军事官僚阶层，也同时加强了中央对地方的严格控制。

在经济上，“废井田，开阡陌”，废除旧贵族对土地的垄断权。土地由国家统一向耕者分配，并由国家统一收税。这既提高了农民的生产积极性，也壮大了国家的经济实力，同时保证了军队的粮食供给，为统一战争的胜利奠定了物质基础。

4. 运用法律手段推行富国强兵的措施

富国强兵是商鞅变法的核心内容，在他的眼里，富国强兵要依赖农战，农战就是国家这辆马车上的两个轮子，缺一而不可，“国之所以兴者，农战也”；“国待农战而安，主待农战而尊”②。在战争愈演愈烈的年代，任何说教都无济于事，只有通过战争才能消灭战争；而要战争就必须有一支强大的军队。军队的重要性如此，但军队并不是孤立的。因此，商鞅对农业和农民的重视丝毫不逊于军队和战争。农民不仅为军队生产粮食，又为军队提供源源不断的后备兵，同时农民又最适合君主专制统治，其他所有行业的人都不如农民，商鞅对农民有许多独到的认识。农民穷，穷才可以赏；农民苦，苦才不怕出力；家民愚，愚才容易欺；农民安土重迁，安土重迁才能有秩序，国家才能抓人服役、征收赋税；农家子弟又是当军人的最好材料，因为农民没见过世面，怯，怯才可以用刑，从而使怯者勇，勇者死。

商鞅极为重视农战，但他也认识到，要民务农作战并不容易，因为“民之外事莫难于战”，“民之内事莫苦于农”③。如何使民不怕苦不怕难呢？他的基本手段有两个：一是刑，二是赏。既然务农苦、作战难，那么就用赏的办法使民不怕苦、不怕难；既然务农苦、作战难，那么就用刑的办法使不务农、不作战比务农、作战更苦、更难，从而使务农、作战成了快乐和容易的事了。

关于农业的刑赏之法主要有下列几方面：凡全力务农、生产粮食布帛多，为国家贡献

① 《史记·商君列传》
② 《商君书·农战》
③ 《外内》

大者，免除劳役；民有余粮可以用来买官爵；隶民努力务农可以改变身份，成为自由民，外来民到秦垦荒可享受优惠，国家赐田宅，免除三世徭役（以上是赏）；凡因懒惰而导致贫穷者罚为官奴，强制劳动；贪图商贾末利也罚为官奴，强制务农：发展小家个体经济，民有两个成年男子而不分家，加倍赋税；对于不利农战的“诗书辩慧者”予以严厉打击。这样，整个国家就成了清一色的汪洋大海般的小家农业经济，家家户户都不能不全力务农。

关于军事方面的刑赏之法。商鞅将秦国的爵位定为20级，每一级都享有具体相应的田宅、臣妾、衣服等待遇；占有什么爵位、享受何种待遇均依军功大小而定，军功大小亦有明确规定，一般以杀敌首级为据，杀敌越多爵位越高，待遇越好，反之亦然。如果不从令，降敌叛逃，就是另一种完全不同的结果，不仅本人要处死，同伍同卒之人也要连坐，家人亦在所难逃。由于上述举措，秦国出现了这种景观：“父送子参军，兄送弟参军，妻送夫参军，并在临别前皆曰：“无返”，否则，“失法离令，若死，我死”。① 秦国的士兵在战场上更是个个如猛虎，甚至遇敌如饿狼之见小羊，还有争抢敌人首级的记载。

（二）商鞅变法的历史意义

商鞅变法是一次极为深刻的社会变革，秦国的法制也在变法过程中得以迅速发展与完善。秦原来非常落后，山东各国不与会盟，竟“夷翟遇之”，② 被视为野蛮未开的国家，但商鞅变法后则迅速崛起，成为力压群雄、不可一世的强大国家，最终吞并六国，统一天下，建立了历史上第一个中央集权的帝制王朝，但商鞅却为此献出了生命。

由于商鞅靠秦孝公撑腰进行改革，而改革势必触犯权贵们的既得利益。所以，秦孝公一死，惠文君继位，商鞅被捏造罪名，车裂而亡。

【本章小结】

周平王东迁，东周建立，春秋战国时期开始。春秋战国社会大变革表现在：生产力的提高和经济关系的变化；王权失落，宗法制国家崩溃；思想家们献计献策，法制建设备受重视。这一时期是中国古代历史上思想文化界最辉煌的时期，大师辈出，百家争鸣，在中国历史上影响最大的是儒家、法家和道家。儒家以仁义为己任，周游天下，劝谏君王，蔑视权贵，明知不可而强为，其影响极为深远，孔子、孟子、荀子是儒家代表人，仁、德、礼是儒家最重要的范畴；法家是春秋战国之际另一重要学派，他们大谈势、术、法，其学说偏激进取，急功近利，经世致用，是为帝王在长期剧烈的变革年代取得政权、统一天下的救世学说。法家阵容庞大，各个人物的思想有其相同的一面，但也有区别，大致说来，慎到重势，申不害重术，商鞅重法，韩非则熔势、术、法于一炉。道家则用一个“道”字贯通整个学说，无为而治，视重金为负担，弃相位如敝屣，其理论博大精深，言简意赅，文字优美，实为千古绝唱。道家对当时社会的影响不大，但对后世的影响不容低估。春秋时期的主要立法有：楚国的《仆区法》、晋国的《被庐之法》、盟约和土地法。公布成文法是春秋时期的大事，对中国法制史的影响深远：公元前536年，郑国执政子产铸刑

① 《商君书·境内》
② 《史记·秦本纪》

书，是中国历史上首次公布成文法；郑国邓析私造竹刑；公元前513年，晋国大臣赵鞅铸刑鼎。公布成文法遭到了激烈的反对，但是历史大势不可扭转。

战国时期李悝在魏国变法，内容主要有：政治上废除世卿世禄制，剥夺贵族特权；经济上，“尽地力”，“善平余”；以法治国，制定《法经》。《法经》共六篇，依次为《盗法》、《贼法》、《囚法》、《捕法》、《杂法》、《具法》，所调整的社会关系相当广泛，罪名非常齐全，刑罚方法各种各样，六篇体系已具规模，而服务于“王者之政”的主题又贯穿始终。《法经》的特点有：是推行“王者之政”的暴力工具；贯彻了重刑主义的法制原则；是用单纯高压的手段维护等级特权的工具；具有极大的权威性，注重适用上的平等；立法技术已达到极高水平。其历史地位体现在两个方面：《法经》是战国时期政治变革的重要成果，是战国时期封建立法的典型代表和全面总结；《法经》的体例和内容为后世封建成文法典进一步完善奠定了重要的基础。商鞅在秦国的变法是战国时期最彻底最成功的一次，其基本内容有如下几个方面：改法为律，扩充法律的内容；全面贯彻法家“以法治国”和“明法重刑”的主张；运用法律手段剥夺旧贵族特权；运用法律手段推行富国强兵的措施。商鞅变法的历史意义重大：这是一次极为深刻的社会变革，秦国的法制也在变法过程中得以迅速发展与完善使秦国最终建立了历史上第一个中央集权的帝制王朝，但商鞅却为此献出了生命。

第五章　繁细苛严
——秦朝法律制度

（公元前221—前206年）

◎ 知识目标：

- 了解秦朝法制的指导思想，了解秦朝的法律内容和特色；掌握秦朝法家思想全面实施，云梦秦简，法律答问，廷行事，秦朝的劳役刑
- 了解秦朝诉讼形式，掌握公室告、非公室告、审讯的分类、乞鞫

◎ 能力目标：

- 运用历史的辩证思维分析秦国迅速灭亡的法制教训

【本章导读】

战国时期各国间的矛盾日益尖锐，战争不断。且越演越烈。秦国相对来说是个落后国家，山东各国不与结盟，甚至夷狄遇之。然而，正由于落后才可能接受偏激的法家思想，正是法家思想使秦国迅速崛起。公元前221年，秦始皇实现了统一，建立起中国历史上第一个统一的多民族的中央集权的专制王朝。秦用法家打天下，又用法家治天下。用法家打天下取得巨大成功，而用法家治天下则留下惨痛教训。公元前207年，秦短命夭折，仅传二世，不足二十载。

秦统一了全国，也建立了全国统一的法律制度。这种法律制度深受法家思想的影响，法网严密，刑罚残酷。同时，它既否定奴隶制法律制度，又保留大量奴隶制残余，表现了封建专制王朝初期的时代特征。

第一节　秦朝的法律

一、法家法制思想的全面实施

秦自商鞅变法始就一直奉行法家思想。商鞅所建立的各项法律制度使落后的秦国迅速走上富国强兵的道路，为实现统一奠定了坚实的基础。秦王嬴政则特别推崇韩非以势为中心，以术、法为用，势术法相结合的思想，并很快结束兼并战争，建立高度集权的专制国家。在夺取政权的过程中，秦依靠法家，不断走向胜利。然而，天下一定，统一完成，在巩固政权、建设国家新的条件下，秦未能适应情况的变化，及时作出调整，而是仍然推行法家的学说，最终走向灭亡。

（一）法令一统，君主独断

法家，特别是韩非竭力主张绝对专制主义。按照这种理论，秦始皇吞并六国后，建立

了极端专制的独裁统治，将中央立法、司法、行政大权集于一人之身，使“天下之事无大小，皆决于上”。① 他幻想这种家天下独裁统治能世代相传，乃至无穷。法令一统为君主独断服务，也是由它产生的结果，大体包含两个内容：第一，君主牢牢掌握立法权，将制定或认可的法律推行至全国，即“天下已定，法令出一”；“海内为郡县，法令由一统”。② 正如《史记·李斯列传》载：“明法度，定律令，皆以始皇起。”第二，不仅立法权要统一，全国必须服从统一的法律，而且用法律统一人们的思想言论。秦始皇接受李斯的建议，颁发挟书、焚书令，明确规定：史官所收藏的史书，非秦国史籍，一律焚毁；除博士官职责所需外，民间所藏儒家诗书及百家著述，均送地方官府焚毁；谈论诗书者弃市；攻击时弊者诛；官吏知情而不举者与同罪；令下30日不烧者罚作苦役；如欲学法令，则以吏为师。③ 这种有关言论著述的禁令，既是秦朝统一法制的重要举措，也是秦朝法制统一的重要内容，具有明显的专制主义特征。

（二）治道运行，皆有法式

法家强调法在国家政治生活中的作用，而秦朝正是依据法家理论建成的，因此，秦始皇特别重视法制建设。法律在他那里，主要有两个用途，一是治官，一是治民。君主“作制明法”，使“职臣遵分，各知所行，事无嫌疑”，可谓治官；而“黔首改化”，“咸知所避”，④ 可谓治民。由于法律的重要职能和在实践中所发挥的巨大作用，所以秦朝通过立法，使法网越织越密，调整的范围越来越广，简直无所不包，无所不能。就如《泰山刻石》所说：“治道运行，诸产得宜，皆有法式。”⑤ 既体现了秦统治者的立法指导思想，也反映了秦法律制度的实际情况。然而，这已经不是法律完备健全的标志，而是繁密畸形的表现。完备健全的法律既应使人感到有法可依，又要留下充分的自由空间。秦朝的法律则无孔而不入，深入到人们生活的各个方面，让人手足无所措，时时感到紧张与恐惧。

（三）以法为本，严刑峻法

法家把法作为治国的根本方法，并视法为君主手中的暴力工具，片面强调法律的暴力工具性，秦始皇就是利用这种工具统一了天下。巨大的成功使他坚信法律暴力工具性认识，继续奉行重刑主义的法制政策。不仅“秦法繁于秋荼，而网密于凝脂”，⑥ 使人动辄犯法，而且制定了一套十分严酷的刑罚制度。在司法实践上，“专任狱吏”，“乐以刑杀为威”，⑦ 只要严刑酷罚硬的一手，不要德礼教化软的一手，试图用以实现“以刑去刑”、“以杀止杀”，最终消灭犯罪不要刑罚的目的，结果完全相反，正由秦滥施刑罚，大肆杀戮，使得“奸邪并生，赭衣塞路，囹圄成市，天下愁怨”。⑧ 秦二世篡位后，变本加厉，

① 《史记·秦始皇本纪》
② 《史记·秦始皇本纪》
③ 《史记·秦始皇本纪》
④ 《史记·秦始皇本纪》
⑤ 《史记·秦始皇本纪》
⑥ 《盐铁论·刑德》
⑦ 《史记·秦始皇本纪》
⑧ 《汉书·刑法志》

"用法益深刻"，致使"蒙罪者众，刑戮相望于道路，而天下苦之"，① 从而敲响了迅速灭亡的丧钟。秦用法律这个暴力工具为自己打出一个天下，又用这个工具为自己掘好了坟墓。

二、云梦秦简

秦有重视法制建设的传统，统一前后，制定颁行了大量法律法令。然而这些法律法令早已佚失，认识秦法只能通过古籍中的一些零星记载。云梦秦简的出土则改变了这种状况，它使人们可以了解秦律的大略，是今人研究秦律的最重要史料，在中国法制史上具有非常重要的意义。

1975年12月，在湖北云梦县睡虎地的秦墓的发掘中，出土了大量记载秦律令的竹简。这些律令是墓主生前抄录的，死后作为随葬品埋入墓中。据考证，墓主叫"喜"。生于秦昭王四十五年（公元前262年），死于秦始皇三十年（公元前217年）。因此，他所抄录的律令都是秦始皇三十年前的律令，既有秦朝统一以前的，也有统一以后的，但不是秦律的全部。这些律令文书经过整理，编成《睡虎地秦墓竹简》一书，简称"秦简"。秦简共1155枚，内容极为丰富，有关法律的内容大体分下列五个部分：

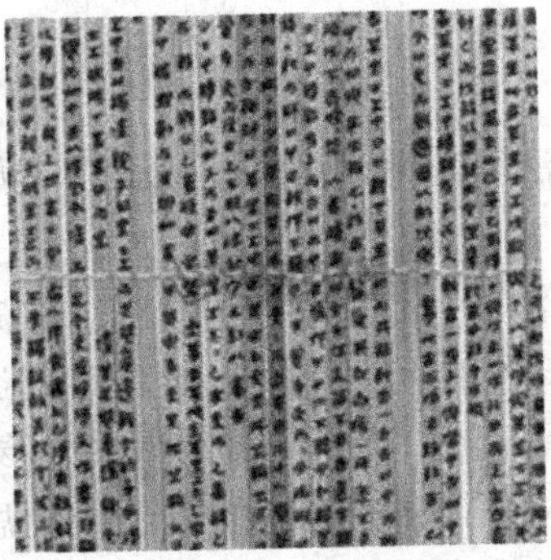

图5-1 睡虎地秦简

（一）《秦律十八种》

《田律》、《厩苑律》、《仓律》、《金布律》、《关市》、《工律》、《工人程》、《均工》、《徭律》、《司空》、《军爵律》、《置吏律》、《效》、《传食律》、《行书》、《内史杂》、《尉杂》、《属邦》。其中绝大部分相当于今天的经济法规和行政法规。

（二）《效律》

《效律》是关于核验县和都官物资账目的一系列制度规定，对于军事上有重要意义的物品，规定尤为详尽，对于度量衡器具，明文规定了误差的限度。该部分律文，有的已收入《秦律十八种》中。

（三）《秦律杂抄》

包括《除吏律》、《游士律》、《除弟子律》、《中劳律》、《藏律》、《公车司马猎律》、《牛羊课》、《傅律》、《屯表律》、《捕盗律》、《戍律》，共十一种律文的摘录。这部分内容比较广泛，有刑事、行政、经济方面的法规，更有军事方面的法规，是研究秦兵制的重要史料。

（四）《法律答问》

《法律答问》是关于法律条文、法律术语、法律适用、诉讼程序等问题所作的问答，它可以作为下级官吏办理法律事务的依据，是一种有效的法律解释。

① 《史记·秦始皇本纪》

（五）《封诊式》

《封诊式》是有关办案程序的要求，涉及案件的调查、勘验、审讯、查封等方面，并提供了诉讼文书的格式。

三、法律形式

秦的法律形式具有多样化特征。各种法律形式既各有其职能，又协调统一，共同服务于统一天下，巩固政权的目的。这些法律形式是：

（一）律

自商鞅“改法为律”始至清朝，除个别王朝外，绝大多数时期律是最基本的法律形式。秦统一后，将商鞅时所制定的秦律加以修订，使之推广到全国，上升为在整个秦王朝统治区内行之有效的法律，秦律便是秦的主要法律形式。从出土的秦简看，有正式律名的近30种。律通常是经过一定程序由专门机关制定的，因此，相对而论，它具有普遍性和稳定性特征。

（二）令（制诏）

令就是皇帝针对具体人和事而随时发布的命令。秦始皇二十六年，改命为制，改令为诏，从而出现了制诏这种法律形式。在当时，命、制、令、诏，并没有严格的区别。从史书和秦简看，皇帝对某事的特别批示常称“制”，如“制曰：可”；而令则带有单行法规的性质，如《焚书令》。在中国古代，称最高当权者或为王，或为君，或为天子，或为皇帝，称他们所说的话或为命，或为令，或为制，或为诏，不管如何称谓都无关紧要，问题在于：谁掌握最高权力，谁的话就是法律，而且具有最高的法律效力，可以修改律、废除律、补充律。此外，它还有无须立法程序、随时而发、灵活多变、针对性强等特点，用以弥补律的不足。

（三）法律答问

如前所述，“法律答问”是秦简中的一部分，它采用问答的形式，对秦律的条文、术语、法律意图以及诉讼程序等作出了解释。这种解释由官府代表国家作出，与律文具有同等的效力。在很多方面，它补充了法律的内容，同时有利于法律的统一适用。

（四）廷行事

廷泛指官廷，如县廷、郡廷、朝廷；行事即已决之事。廷行事就是秦朝官廷判案成例，类似于后世的判例法，可以作为审理判决案件的法律依据。廷行事由官廷不断作出其特点是灵活，随时用以弥补律之不足，是秦朝重要的法律形式。

（五）式

这是关于官员审理案件程序的规定以及诉讼文书形式，要求官员在司法中参照执行。云梦秦简中有“封诊式”，即属此类法律形式，其中既有“治狱”、“讯狱”等审讯规则，也有对案件进行调查、勘验等程序的规定以及公文程式。

（六）程

程即章程、程式、规章，在秦朝，它是关于官营手工业生产定额制度的法律规定，如“工人程”。

（七）课

课就是按一定标准进行检验、考核，作为一种法律形式是关于工作人员考核标准的法规。秦简中的“牛羊课”就是关于牛羊饲养人员工作情况考核标准的法律规定。

四、法律内容

秦依靠法家得天下。特别注重法制建设，各项事业“皆有法式”，不仅刑事立法发达，又有大量民事、经济、行政、军事、诉讼等方面的法律规范。因此秦律的内容是丰富的。由于秦是中国历史上第一个统一的中央集权的封建专制国家，统治经验不够成熟，未来的道路需要进一步探索，法律制度自然带有封建社会初期的特点。

（一）刑事法律规范

秦统治者把法律作为暴力镇压的工具，用以实现并巩固专制政权，这就决定了刑事法规在秦律中的主导地位，而且自成体系，包括刑法原则，刑罚、罪名等内容，并以严密而残酷著称。

1. 定罪量刑的主要原则

（1）刑事责任能力的标准。

通常情况下，把一定的年龄作为是否承担刑事责任的标准，秦朝则不同。据云梦秦简所载，秦律以身高作为是否承担刑事责任的标准，而不是以年龄为标准。具体情况是：男高6尺5寸以上，女高6尺2寸以上要负刑事责任。在正常条件下，这个身高相当于十六七岁。以身高作为是否承担刑事责任的标准，是秦律的独创，为历代法律所无。

（2）刑事责任时效。

秦律对刑事责任时效的规定有两条原则：一是一般刑事罪犯，人死不予追究，即失去追诉时效；二是赦令使刑法失去对赦前有关犯罪的追诉权。

（3）区分故意（端）与过失（不端）。

按秦律的规定，犯罪人主观上是故意还是过失，所处刑罚是不同的，故意诬告者反坐，主观上没有故意的按告不审从轻审理。倘若司法官量刑不当，过失者为“失刑”罪，从轻处罚；故意者为“不直”罪，加重处罚。如《法律答问》载：甲告乙盗牛、伤人，而乙并未盗牛、伤人，若甲是出于故意则为诬告罪，非故意则为控告不实。倘若司法官量刑不当，过失者为“失刑”罪，从轻处罚；故意者为“不直”罪，加重处罚。

（4）盗窃按赃值定罪。

秦律把赃值划分为三等，即110钱、220钱与660钱。对于侵犯财产的盗窃罪，依据以上不同等级的赃值分别定罪。一般赃值少的定罪轻，赃值多的定罪重。

（5）共同犯罪与集团犯罪加重处罚。

秦律在处罚侵犯财产罪上共同犯罪较个体犯罪处罚从重，集团犯罪（5人以上）较一般犯罪处罚从重。按《法律答问》的规定：5人以上盗窃，赃物价值1钱以上，即斩左趾并黥为城旦；不足5人盗窃，赃物价值即使超过660钱，仅处黥劓为城旦。非常明显：前者人多，赃物少，处刑重；后者人少，赃物多，处刑却很轻。

（6）累犯加重处罚。

累次犯罪，难以改造，后果严重。因此，秦律区别初犯与累犯，对累犯加重处罚。本身已犯罪，再犯诬告他人罪，加重处罚。除去耐为隶臣外，还要判处城旦苦役6年。如《法律答问》载：已犯判处耐为隶臣之罪，又诬陷他人犯有应判司寇刑之罪，根据诬告反坐的原则，应在耐为隶臣刑之外再判司寇刑，但由于属于累犯，故不仅执行前一刑罚，又将后一刑罚改为城旦六年刑，远远重于司寇刑。

（7）教唆犯罪加重处罚

秦律依据受教唆犯罪人的年龄情况，区别对待。教唆成人犯罪，与受教唆犯同等处罚；教唆未成年人犯罪，则加重处罚。前者如《法律答问》载：甲唆使乙盗窃，乙去行盗，中途被抓，甲乙二人均处赎黥之刑。后者如《法律答问》载，甲唆使身高不满6尺的未成年人盗劫杀人，分赃物10钱，甲则加重处罚，判为车裂刑，而如果受教唆者系成年人，教唆犯处一般死刑即可。

（8）诬告反坐。

秦既奖励告奸，也禁止诬告。对于故意捏造事实诬告陷害他人者，以所诬陷之罪对诬陷者进行处罚，实行诬告反坐。如《法律答问》载：有一罪犯，以应判处耐为隶臣之刑的罪诬告他人，结果该诬告者本人反判为耐为隶臣之刑。

（9）自首减轻处罚。

秦律中的"自出"大体相当于今天所说的"自首"。按秦律的规定，对于主动自首所犯罪行者，可酌情减轻处罚。如《法律答问》载：携带借用的官物逃亡，如本人主动自首，就仅以逃亡罪处理，而不以盗窃罪论处；若系被追捕擒获，则以赃数多少以盗窃罪重惩；倘以盗窃罪处刑轻于逃亡罪，则依逃亡罪从重论处。如隶臣妾在服刑期间逃亡后又自首，只笞50，补足期限。若犯罪后能主动消除犯罪后果，可以减轻处罚。

2. 主要罪名

秦朝法网繁密，规定了各种各样的罪名，对它所确认的社会关系进行全面而严格的保护，使人动辄罹罪，无所措手足。但是其罪名没有系统的分类，更未形成较为科学的罪名体系。大致而言，秦朝罪名大致有以下几类：

（1）危害皇权方面的犯罪。

谋反，意图推翻皇帝专制政权的犯罪，主体一般为大臣。商鞅、李斯都因为谋反罪而灭族。泄密，为确保皇帝的安全和权威，即使无意中把皇帝所到之处，所说之话泄露出去，也统统处死。不忠、不孝，常是君上欲置臣下于死地的借口，赵高、李斯帮胡亥篡位时就以不忠、不孝罪处死大将蒙恬和公子扶苏。

（2）侵犯财产和人身方面的犯罪。

秦朝侵犯财产方面的罪名主要是"盗"。盗窃列为重罪，按盗窃数额量刑。除了一般意义上的盗，秦朝还有共盗、群盗之分：共盗指5人以上共同盗窃；群盗指聚众反抗统治秩序，属于严重危害皇权的重大政治犯罪。如秦始皇三十一年，在咸阳夜出遇盗贼，不仅使武士追杀，且"关中大索二十日"。①

（3）渎职方面的犯罪

秦为了加强中央集权，提高国家机器的运转效率，依照法家"明主治吏不治民"的

① 《史记·秦始皇本纪》

主张，把对官吏的管理提到重要地位，法律中有大量关于官吏渎职犯罪的规定。其大体内容有：一是官吏失职造成经济损失的犯罪；二是军职罪，如“逃亡”罪，士兵逃亡实行连坐，“其战也，五人束簿为伍，一人逃而到其四人。”①“誉敌”罪，颂赞敌军，瓦解士气，为誉敌。誉敌者不仅在众人面前受刑受辱，还要斩之以示众。“不得”罪，秦军作战，以得敌人首级为请功受赏的依据，若得不到首级，是为“不得”，要处死刑。“不能死”罪，在战场上，既未降敌，又未逃亡，只是没能与大家一同牺牲，称为“不能死”。对于不能死者要当众刺面割鼻，“千人环窥，黥劓于城下”。② 这方面的犯罪主要有：“降敌”罪，据《史记·商君列传》载，“匿奸者与降敌同罚”，说明秦有降敌罪名。另据《史记·索隐》：“按律，降敌者诛其身，没其家。”三是有关司法官吏渎职的犯罪。主要有：“见知不举”罪，如秦朝禁书令规定，“有敢偶语《诗》《书》者，弃市。以古非今者，族。吏见知不举者，与同罪”③。“不直”罪和“纵囚”罪，前者指罪应重而故意轻判，应轻判而故意重判；后者指应当论罪而故意不论罪，以及设法减轻案情，故意使案犯达不到定罪标准，从而判其无罪。“失刑”罪，指因过失致使定罪量刑失轻失重（若系故意，则构成“不直”罪）。四是严惩用人上的犯罪行为。任官以能，无能而任用为官者有罪；所任之官须30岁以上，年富力强，身健体壮，任用年老体弱者为罪；任用已被革职处罚的“废官”为罪；应置任官吏而不置任，或虽置任而不当，为置任不审罪；保举人与被保举人负连带法律责任，“任人而所任不善者，各以其罪罪之”；④ 为防止结党营私，官员升迁或转职时，不得任用旧僚作下属，否则治罪。五是官吏在职期间的违法犯罪。设立“以小犯令”罪，下级必须无条件地服从上级，否则，受到惩罚；官吏必须服从法令，法令要求做而不做，为“废令”罪，法令禁止做而做，称“犯令”罪；设立“以奸为事”罪，要求官吏忠于职守，“以官为事”，否则治罪。

（4）所有权方面的犯罪。

秦简中有“盗徙封”罪，徙是移动，封是田界，所谓“盗徙封”即用偷盗的方式变更田界，侵犯国家或他人土地所有权的犯罪行为。这是有关不动产的保护。此外，秦律严格保护一般动产，为此而规定的盗窃罪既严密又严厉。比如：盗桑叶价值不足一文钱也要“赀徭三旬”；因盗伤人与杀人罪同等对待，以重惩盗窃罪；甲盗赃值若干钱，乙知情而受赃不足一钱，也与甲同论；知人偷盗而不捕捉，要负刑事责任；盗窃未得财也要处刑；群盗加重处罚；将赃物折钱分等作为刑罚轻重的标准。

（5）思想言论方面的犯罪。

在今天看来，法律只能约束人的行为，不应限制人的思想。秦朝的法律则完全不同，它不仅管制人的行为，更管制人的思想。秦律有关思想言论方面的犯罪有显著特征：罪名繁多；概念模糊不清，可作任意解释；都带有极强的政治性色彩；因此处刑极为残酷。这说明秦所奉行的是绝对专制主义思想路线。有关秦在这方面的罪名有：妄言罪，即反对或

---

① 《商君书·境内》
② 《商君书·境内》
③ 《史记·秦始皇本纪》
④ 《史记·范雎列传》

推翻秦朝君主专制统治的言论，犯此罪者要灭门九族。如，秦始皇南巡，项梁和项籍同观。项籍说："彼可取而代之也！"项梁立即捂住他的嘴说："毋妄言，族矣。"诽谤罪，议论皇帝，私下发表皇帝专制独裁的言论。如始皇三十五年，侯生、卢生等说秦始皇"乐以刑杀为威"，始皇便以侯生等"诽谤我，以重我不德也"为由，下令逮捕460余人，全部坑埋在咸阳。① 这便是"坑儒"案。妖言罪。秦始皇坑儒时还有两条理由，就是卢生他们"妖言以乱黔首"。② 从这句话可以看出，妖言即向百姓发表政治言论，以使民智大开，人心思变。以古非今罪。秦推崇法家，法家与儒家势不两立。儒家主张法先王，试图通过美化先王为现世君主树立样板。法家认为这是对现实不满，他们主张法后王，竭力维护君主的专制权力。因此，以古非今罪主要是针对儒家的，目的是禁止用歌颂古代的办法来否定现实，否则，"以古非今者，族"。③ 偶语诗书罪，即禁止谈论儒家的经典，"有敢偶语诗书者，弃市"。④ 非所宜言罪。臣下说了不应该说的话，或说了皇帝忌讳厌恶的话，都可称为"非所宜言"。它没有明确标准，完全由皇帝任意解释。投书罪，即投递匿名书信，传播或散布有关政治方面的言论，类似于后世的张贴反动标语或散布反动传单之类的做法。《秦简·法律答问》说，见有投书，不要打开，当即焚毁；能抓捕投书者臣妾二人，并立即审讯。

（6）妨害社会管理秩序罪。

如《田律》中规定的违令卖酒罪；《法律答问》中的"不会"，即不能依照法令如期报到服役的；"逋事"即接到征发服役的法令而又逃避的；"乏徭"即到了服役地点又逃亡的。《秦律杂抄》中的逃避赋税罪等。按秦律规定，男年满17岁到政府登记，开始承担服役的义务，到60岁方可"免老"，不再服役。如果到了17岁却不去登记，或者未到60岁而告"免老"，就构成"弗傅"罪。为了愚民，稳定社会秩序，把农民束缚在土地上，以满足秦国家对赋税和徭役的需要，法律还规定了"擅徙"罪，严禁农民出入他乡。如果全家隐瞒户籍，不向政府申报，以逃避徭役和赋税的就构成"匿户"罪。农民不如实向政府申报登记所拥有的田地亩数，以逃避田赋的，构成"匿田"罪。

（7）破坏婚姻家庭秩序罪。

一类是关于婚姻关系的，包括夫殴妻、夫通奸、妻私逃等。另一类是关于家庭秩序的，包括擅杀子、子不孝、子女控告父母、卑幼殴尊长、乱伦等。

3. 刑罚种类

秦朝的刑罚，一方面沿袭奴隶制五刑，一方面改造增加一些新刑罚。刑罚名目繁多，刑罚体系庞杂，在刑罚制度走向文明的过程中，既有进步，又伴随着野蛮。其大致情况如下：

（1）生命刑。

这是剥夺受刑者生命的极刑，通常称作死刑。秦朝死刑的执行方式很多，手段极其残酷。

① 《史记·秦始皇本纪》
② 《史记·秦始皇本纪》
③ 《史记·秦始皇本纪》
④ 《史记·秦始皇本纪》

具五刑。按《汉书·刑法志》载，具五刑即对受刑者施以黥、劓、斩趾等肉刑，再对其进行笞打，然后枭首并将尸骨剁碎用以示众，如有诽谤谩骂者还要先断其舌。这是十分残忍的死刑执行方法。

车裂。俗称五马分尸，即用绳索将受刑者的头和四肢分别拴在五匹马的身上，驱使马向五个方向牵拉，以撕裂其肢体，毙其性命。商鞅即受此刑。

腰斩。这是将犯人拦腰斩断以毙其命的刑罚方法。李斯被处此刑而死。

图5-2 车裂

枭首。即割下犯人的头再悬之于木上的刑罚方法。

绞。即用绳索将犯人勒死而保持肢体完整的生命刑。

弃市。即所谓杀之于市，与众弃之。既有教育众人的意义，也意味着受刑者已不配与众人为伍。

戮，即先对犯人使用痛苦难堪的羞辱刑，然后杀之。

磔，即裂其肢体而杀之。

族诛。即一人有罪而杀其亲族，也称夷三族。对三族的范围主要有两种解释。《史记·秦本纪》张晏注云，三族指“父母、兄弟、妻子也”；如淳曰：“父族、母族、妻族也。”

秦朝的死刑还有凿颠、抽肋、镬烹、坑等方法。

(2) 肉刑。

此即残害人的身体器官、破坏其机体功能的刑罚，主要是从过去沿袭来的各种肉刑或者变相肉刑，如黥、劓、刖、宫等。值得注意的是。秦的肉刑多与劳役刑结合使用，如黥劓以为城旦。同时又广泛使用笞刑，通过笞打犯人，使其皮肉受苦，是一种变相的肉刑。

(3) 劳役刑。

限制犯人自由并强迫其服劳役的刑罚是劳役刑。秦大兴土木，劳役繁重，筑长城、建宫殿、造陵墓等，都使用大批劳役刑徒。因此，秦劳役刑的使用相当广泛。名目种类也很多，主要有：

城旦舂。秦区别对待男女犯人，男女体力不同，所服的劳役刑也不同。所谓城旦即强制男性犯人服筑城一类的重体力劳役，舂即强制女性犯人服舂米之类的杂役。但实际从事的劳役不限于筑城舂米。

鬼薪白粲。它同样是为男女犯人所规定的两种不同的刑罚。

图5-3 白粲

男犯为鬼薪，主要强制其为宗庙砍柴伐薪供祭祀之用；女犯为白粲，即强制女性犯人从事为宗庙择米之类体力较轻的劳役。实际上，男女犯人不只限于砍柴、择米，有的也从事其他劳役。

隶臣妾。这是将犯人或者其家属罚作官奴，强迫其为国家服各种劳役的刑罚。男性犯人称隶臣，女性犯人称隶妾。隶臣妾为终身刑徒，且其子女亦为刑徒。其刑轻于鬼薪白粲。

司寇。即强制犯人到边地服劳役，兼以伺察寇盗，防御外敌。其刑轻于隶臣妾。

候。即强制犯人到边地侦察敌情，是秦朝徒刑的最轻等级。

秦朝的劳役刑基本形成体系，但很难说有明确固定的刑期标准。这说明，秦的劳役刑制度尚处于早期形成阶段，还不够完善、规范。

（4）流放刑。

包括迁、谪等，即将犯人遣送到指定地区服劳役，不准擅自迁回原籍的刑罚，其中谪刑适用于犯罪的官吏，但两者都比后世的流刑要轻。秦的流刑可分为三种情况。一是有罪流放。即对罪犯直接判处流刑。二是赦罪流放，即对重罪犯人赦宥后的减刑处罚。三是无罪流放，即对那些统治者认为有犯罪危险的人采取的预防性措施。

（5）财产刑。

该刑是剥夺犯人一定财产的刑罚，主要有赀、赎、没等刑名。

赀刑。秦律中对轻微犯罪适用的强制缴纳一定财物的刑罚主要的“赀”，这是以经济制裁为手段，类似于当今的罚金刑，但所罚的范围较广。“赀”是独立的刑种，包括三种，一种是纯属罚金性质的“赀甲、赀盾”；二是“赀戍”，即发往边地做戍卒；三是“赀徭”，即罚服劳役。

赎刑。赎刑不是独立的刑种，可以归入赀刑，但它与赀刑不同，是用交纳一定财物或服劳役的方法来赎免所判之刑的刑罚。赎刑在西周就已制度化，秦有所发展，可以用铜、甲、盾、役等赎刑，耐、迁、黥、宫、死等刑都能赎。

没。即没收罪犯财产充入官府。

（6）身份刑。

该刑是指剥夺犯人某些政治权利或降低其社会地位的刑罚。受这种刑罚的人大多是国家官员或者与这些官员有密切关系的人。大抵包括：夺爵，即剥夺有爵位者爵位的刑罚；废，即终身剥夺做官权利的刑罚；籍门，是剥夺罪犯全家及子孙后代政治权利的刑罚；收孥，即将犯人的妻和子收为官奴，剥夺其自由身份的刑罚。

（7）耻辱刑。

秦的刑罚不仅具有使犯人身体受苦的功能，而且有使其精神受辱的作用，出现了专门耻辱性的刑罚，主要包括髡、耐（或称完），髡即剃去犯人头发和胡须的一种刑罚，常与劳役刑结合起来，作为附加刑使用，如髡钳城旦舂；耐是剃去犯人胡须而保持其头发完好的刑罚，既可独立使用，也作为附加刑与劳役刑结合并用，如耐为鬼薪、耐为隶臣等。古人认为，人的鬓发胡须都来自于父母，必须保持完好，不得有损，否则即不孝。《孝给开宗明义》：“身体发肤，受之父母，不敢损伤，孝之始也。”因此，髡、耐刑明显受到了古代孝的观念的影响，是耻辱刑。

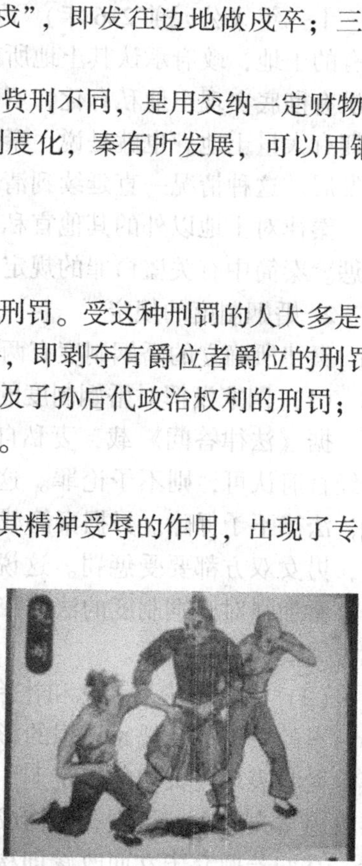

图 5-4 髡刑

（8）株连刑。

主要指族刑和收。“收”亦称收孥、籍家，就是在对犯人判处某种刑罚时，还同时将其妻子、儿女等家属没收为官府奴婢。

（二）民事法律规范

严格意义上的民法是世界自进入近代后才开始出现的，秦作为中国历史上第一个统一的封建专制王朝自然没有民法典或独立的民事法规，民事立法极不发达。但这并不意味着秦朝没有民事关系，或者民事关系不需要法律调整。秦很重视以法律形式规范民事关系，只不过这种法律围绕罪和刑展开，以刑事立法的面目出现。用刑法手段调整民间人身及财产关系是秦朝乃至整个中国古代法制史的实际情况，记录了法制史发展的一个阶段，表现出法律制度的专制主义特征。

1. 所有权

所有权是民事法律关系的基本内容，作为一个农业国家，土地则是所有权问题的核心。秦代注重以法律手段确保官私土地所有权以及其他财产的官私所有。

自商鞅变法以来，秦国废井田，开阡陌，对过去的土地国有制进行重大改革。不过，就土地所有权而言，当时主要是土地国有制，国家控制大量土地。随着授田制和军功爵制的推行，土地所有权不断由国有向私有转移，土地私有制迅速建立起来。秦统一后，于始皇三十一年（公元前216年）下令“使黔首自实田”，① 就是要百姓向政府如实报告登记所有的土地，政府承认其土地所有权，从此土地私有制正式法定化。但是应该指出，秦一直没有彻底实现土地私有化，不仅个体土地私有权受到强大的专制国家的制约，而且国家仍拥有大量土地。也就是说，秦朝的土地所有权是国有与私有并存，土地私有没有得到充分发展。这种情况一直延续到清朝。

秦律对土地以外的其他官私财产的所有权也严加保护，不准有侵害行为，否则，重刑严惩。秦简中有关盗窃罪的规定就是很好的例证。

2. 婚姻制度的规定

秦律所确立的婚姻制度有两个基本特征：

（1）国家发挥对婚姻制度的控制与调节作用

据《法律答问》载，妻私自逃亡，若其婚姻是经官府认可的，则该妻依法论罪；倘未经官府认可，则不予论罪。这说明，男女结婚必须经官府登记认可才受法律保护，否则，法律不予保障。另据秦简载，私自解除婚姻关系而不向政府登记，即为“弃妻不书”罪，男女双方都要受惩罚。这说明，解除婚姻关系，也要经官方登记认可，否则即属犯罪。秦加强对婚姻制度的法律控制是其严格的户籍制度的题中应有之义，并为实现国家的赋税需要提供了保障。

（2）儒家的伦理观念和礼治思想对婚姻制度的影响相对较小

秦的婚姻也受儒家思想的影响，但影响不大，在相当程度上受到了法家思想的影响，其中尤其表现在夫权的规定上。一方面，秦律中也有维护夫权的罪名，如，女方在婚后不得脱离丈夫逃亡，否则，即构成“去夫亡”罪；倘若娶人逃亡之妻，则构成“娶人亡妻”罪；寡妇若抛弃子女而改嫁即构成“弃子而嫁”罪。上述三罪明显地偏袒了男方，不利

---

① 《史记·秦始皇本纪》裴骃《集解》引徐广语

于女方。但另一方面，秦律对夫权也做了某些限制，这主要表现在下列三点：首先，依《法律答问》的记载，丈夫不得任意伤害妻子，即使妻子凶悍，丈夫将其殴打致伤，也属犯罪，也要受刑。其次，又依《法律答问》所载，丈夫有罪，妻子告发，可以不被罚为官奴婢，不没收其陪嫁的物品，即允许妻子揭发控告丈夫。这与后来严禁妻告夫的规定相比具有一定的合理性，但又与秦奖励告奸的做法相关。再次，秦有"夫为寄强"的罪名，禁止丈夫到外面与其他女人乱搞两性关系。秦始皇三十七年（公元前210年）会稽刻石中规定："夫为寄豭，杀之无罪。"① 这对于抑制夫权、实现夫妻关系的平等有着进步意义。

3. 家庭关系的规定

秦确认并维护家庭关系的法律也具有双重特征。一方面，受儒家影响，保障尊长特权，惩处卑幼不孝行为。依秦简所载，法律赋予尊长对卑幼的送惩权，即尊长有权将"不孝"子孙送至管府，要求官府惩处。对此，官府不得拒绝受理，一般情况下，还要依照尊长的请求对卑幼施以刑罚。另一方面，秦律又对尊长特权作出了限制性规定。首先，秦律规定，如无充足理由，又未经政府许可，父母不得随意杀害子女。否则，构成"擅杀子"罪，要依法处刑。其次，对子女卑幼殴打尊长行为的处罚，秦律比后世为轻。依秦简的规定，殴打祖父母处以黥为城旦舂刑，而在唐律中则为"恶逆"罪，是"十恶"重罪之一，一律处斩，即使大赦也不得免。

（三）经济法律规范

自商鞅变法开始，秦就非常注重用法律的强制性手段推行中央的经济政策，并取得巨大成功。统一后，秦朝在原来的基础上，进一步巩固经济成果，更加注重经济领域的立法，制定了大量经济法规，仅秦简中有关调整经济关系的法规就有十余种，如《田律》、《仓律》、《厩苑律》、《牛羊律》、《藏律》、《工律》、《工人律》、《均工律》、《赍律》、《金布律》、《关市律》等。

1. 自然资源的保护利用

秦不仅利用自然资源，而且注重法律保护。《田律》有关这方面的规定极为详细，其大致内容有：早春二月，万物生长，又雨水较少，故不准砍伐林木，不准堵塞水道；夏季草木繁盛，故不到此季不准取草烧灰作肥料，不准采摘刚发芽的植物，以免影响其生长；不准捕捉幼兽幼鸟或掏取鸟蛋，不准毒杀鱼鳖或设置陷阱网罟捕捉鸟兽，也就是说，要保证鸟兽鱼鳖的繁殖，不可竭泽而渔、一网打尽；在幼畜幼兽繁殖期，不准带猎狗到苑囿、禁苑去狩猎。早在两千多年前，秦统治者就已经在一定程度上认识到自然生态规律，并采取周密的法律措施予以保护，以便更好更持久地利用自然资源，是非常可贵的，无疑有益于中华民族的发展。

2. 农业生产的严格管理

在秦朝，自给自足的农业自然经济是占主导地位的经济，秦统治者最重视的经济事业就是农业，故对农业的管理也最为严格。主要表现在：

（1）种子的保管使用。

① 《史记·秦始皇本纪》司马贞《索引》："豭，牡猪也。言夫淫他室。若寄豭之猪也。"

《仓律》明确规定了各县种子入仓收藏时如何堆放、由哪些官员封存，即便生虫后的处理也作了规定，甚至各种庄稼每亩地所用的种子量也有精确的数字标准。

（2）农田的耕作管理。

对此，《田律》有下列规定：降雨或庄稼抽穗后，地方官要迅速书面报告受雨或抽穗情况；每逢降雨，都要及时上报雨量大小和庄稼受益面积多少；凡遇到旱灾、涝灾、风灾、虫灾等灾害损坏了庄稼，要报告灾情；上述报告文书，距离近的县由专人快速送达，距离远的由驿站传递。不论采用何种方式，都不得超过八月底。这些规定便于朝廷及时了解全国农作物的耕作生长情况，以便采取相应的措施。

（3）劳力与农时的保障。

秦律规定，地方官不得同时向一家农户征调两个以上的劳动力去服役，否则，受到法律的制裁；以劳役抵偿赀赎债务者，在播种与锄草季节，各放还回家20天，以从事农业生产；另外，在官府从事农作的奴婢，于二至九月农忙季节，每月可增加半石粮，以保障体力，从事农业生产。

3. 畜牧业的管理考核

畜牧业是农业生产的辅助部门，特别是大牲畜，既用于战场，又用于运输，更用于农耕，可大大提高劳动生产率。所以，秦特别重视畜牧业，并用法律手段强化管理、严格考核。首先，关于饲草的供应管理。《田律》规定，每户受田农民，不管土地耕作与否、收成好坏，一律依受田多少，缴纳饲草。《仓律》则规定，凡饲草入仓，要登簿记账，上报主管官员，并就饲草如何堆垛存贮也作了规定。其次，关于牛羊的饲料考核。依照秦律，对耕牛的考核评比实现了定期化，在每年农历四月、七月、十月和正月进行；考核评比的内容、结果、奖惩办法都十分具体、明确、严格，基本实现了数字化，具有极强的可操作性；考核评比中，优者有奖，劣者受罚，奖罚分明，特别是对于劣者不仅惩罚直接责任人，而且罚及上级，这对于加强上级官吏的责任感有积极作用。《厩苑律》规定，考核牛的肥瘦以腰围为准，腰围每减一寸，责任人受笞10下；乡里考核成绩为劣，里正受笞30下。同时还对牲畜的死亡率及责任作出规定，有官牛10头以上，一年内死亡1/3，那么，饲养员、管牛官、县令、县丞都有罪。《牛羊课》还对牲畜的繁殖率及其责任作出了规定，如，10头成年母牛中，有6头不生小牛，那么，管理饲养部门的官吏啬夫与佐要受罚。

4. 官营手工业的严密控制

秦朝的手工业，如采矿、冶炼、煮盐、兵器与农具制造等部门，基本实行国营，其生产品主要满足国家的需要。为了有效地管理控制这些手工业，秦制定了《工律》、《均工律》、《工人程》等法律，其主要内容：

（1）关于产品规格。

《工律》规定，产品规格要一致，凡同类产品，其大小、长短、宽窄必须相同，禁止生产虽属同类而规格不同的产品。

（2）关于产品质量的检查评比。

秦律规定，产品按不同规格登记入账，不得混杂，以便检查核对。对于产品每年定期评比一次，质量不合格者，罚工师一甲，并罚及其上级主管官吏。如果连续三年被评为下等，主管官要受到赀二甲的处罚，并撤职永不叙用。为追查产品生产责任，在产品上须刻有制作官署名或工匠名。

(3) 关于劳动定额的计算。

《工人程》依据年龄、性别、体力、工种、技术熟练程度的不同，规定了不同的劳动定额及其折算方法。如冬季三天的劳动定额与夏季两天相同；两个做杂活的隶妾等同于一个正式工匠的定额；五个未成年的小隶臣妾与一个正式工匠的定额相同；新工匠第一年的劳动定额是老工匠的一半；隶妾与从事刺绣劳动的妇女，每人相当于一个男子。《均工律》还对学徒工的培训提出了要求：工师对学徒工要认真指导，学徒工要在两年内学成，能提前学成的，要上报上级部门，给予奖励；到期学不成的，由内史官登记，作出相应处理。

5. 市场贸易的监督管理

秦推行重农抑商政策，但也制定一些法规用以维护正常贸易。《金布律》规定，凡市场上进行买卖交易的商品，价值在一钱以上的，都一律要用木签明码标价。这有利于物价检查监督，稳定市场，增强商业信誉。为了防止国营商贸人员贪污货款，《关市律》规定，凡是国营产品的出售者，收取货款之后，必须当即把钱放入便于进而不便于出的特制的器具中，并使买主亲眼看见，违者，罚一甲。除上述有关市场价格的规定外，秦还严加管理市场贸易中必须统一使用的度量衡。《工律》规定了度量衡检查校正制度，要求各县及官营手工管理机构，每年至少要对度量衡器具检查校正一次。《效律》还严格规定了度量衡误差标准，如衡石误差不得超过 8 两（超过 16 两者，罚该管官一甲；超过 8 两小于 16 两者，罚一盾），钧的误差不得超过 4 两，斤的误差不得超过 3 铢，桶的误差不得超过 1 升，斗的误差不得超过 1/3 升，称黄金用的天平砝码误差不得超过半铢。可见，秦的度量衡误差标准是相当精确而严格的，并且上升为国家法律，在全国普遍推行。这是我国历史上第一次大规模度量衡标准化举措，具有重要意义。

6. 货币的管理使用

秦有关货币管理方面的法律主要是《金布律》，内容有：政府控制货币的铸造权，严禁民间私自铸造，违者治罪；市场上通行的法定货币有三种，即铜钱、黄金、布帛，规定了三种货币的规格和相互间的比价；对于市场流通的货币，任何人不得随意挑选或拒收；官府货币装入特制的容器，由主管官员加盖印章密封，取出时，须查验印封，确认无误后，方可启封使用。

(四) 行政法律规范

自商鞅变法以来，秦逐步建立起从中央到地方高度集权的专制政体，相应地制定了一系列行政法规。秦统一后，专制政体得到完善、加强，并在全国确立，行政立法亦有发展，并普遍实施。可以说，秦的专制政体需要行政法，秦的行政法为秦的专制政治服务，二者有密切关系。

1. 皇帝制度的确立

秦统一六国前，没有“皇帝”称谓，国家最高当权者或称“王”，或称“帝”，或称“君”。秦朝建立后，才有了“皇帝”。据《史记·秦本纪》载，天下已定，秦王政召集群臣，议改称呼。群臣建议改称“秦皇”，认为“古有天皇，有地皇，有泰皇，泰皇最贵”。但秦王政不满，以为自己的功德胜过所有的统治者，包括传说中的三皇五帝，故称“皇帝”。他便是中国历史上第一个皇帝，叫“秦始皇”，并幻想皇帝之位依照他的血统世代相传，虽然只传了二世，但直到清朝，皇帝一直是最高统治者的专称。

皇帝之名始于秦始皇，皇帝制度也始于秦始皇。所谓皇帝制度就是从秦开始的中国古代各王朝的专制制度。在这种制度里，国家权力高度集中在皇帝一人之手，皇帝是最高统治者，独揽全国政治、经济、军事、行政、立法、司法、监察等一切大权，并奉行终身制、世袭制，权力绝对，不受限制。这种制度不仅延续至清朝，历经二千余年，而且对以后的历史也产生了影响。

2. 三公九卿制的形成

皇帝虽然专制，但不可能也不必要事必躬亲，必须设置一些办事机构，以实现对天下的统治。三公九卿就是秦朝皇帝的中央御用机关。

三公中的丞相是皇帝下的行政长官，辅佐皇帝，总理政事。丞，同承；相，助也；合而言之，即秉承皇帝之命掌管全国行政。太尉由战国时期的“国尉”发展而来，是掌管中央军事的长官。御史大夫由战国时期的御史发展而来，其主要职权是管理图籍、奏章，监察文武官吏，也参与商讨军国大事。九卿有：奉常，掌管宗庙祭祀，负责礼仪；郎中令，宫廷警卫之官；卫尉，统率卫士，警卫皇城；太仆，掌管皇帝车马，负责皇帝出行；廷尉，负责司法审判；典客，掌管少数民族事务；宗正，负责皇帝亲属事务；治粟内史，掌管全国农田谷物和财政经济等事务；少府，掌管山海湖泽的税收。

从上述可见，三公是帮助皇帝行使行政、军事、监察等权力的，使皇帝的统治落到实处；九卿的基本职能则是直接为皇帝提供各种服务。二者都是皇帝的专制工具。

3. 郡县制的推广

秦在商鞅变法时就建立了县制，统一后，针对建立什么样的地方制度，曾展开过一场激烈争论。李斯反对分封制，力主郡县制，秦始皇表示同意，于是郡县制在全国推广。

郡是秦朝地方最高行政机关，全国分为36郡，后增至40郡。郡设郡守，是郡的行政长官；郡尉协助郡守工作，为一郡之武官，主要负责郡内武装。郡下设县，县的长官或称令，或称长，其属官主要有丞、尉。县丞为文官，负责县内的钱粮司法；县尉是武官，掌军事，维持全县治安。道与县并列，是秦在少数民族聚居地区设立的行政机关，长官叫“啬夫”。郡、县、道长官均由中央任免，对中央负责。这样可使皇帝的专制统治推向地方。从一定意义上说，郡县制比分封制更为专制。

县以下的基层组织有乡、亭、里。乡设三老，掌教化；设有秩，掌诉讼，处理民间纠纷；设啬夫，掌赋税；设游徼，掌治安。沿道路每十里设一亭，亭设亭长，主要负责接待过路官员，传递公文，捕捉盗贼。里是地方最小行政单位，里内实行什伍制，五家为伍，十家为什，使其互相监视，有罪连坐。里的长官里典，负责里内工作。秦通过这些基层组织使中央专制统治伸展到家家户户，无人逃脱。

4. 监察制度的开端

秦拥有一支庞大的官僚队伍，形成了由这些官僚组成的严密的行政机关体系。为了充分发挥其工作效能，严防其违法犯纪，有损于中央专制统治，有必要建立一种监督制约机制。秦的监察制度适应这种需要而建立。

秦的中央监察机关是御史大夫，其主要职责是纠察中央百官违法，《史记·秦始皇本纪》中有“丞相绾、御史大夫劫、廷尉斯”的记载。依此名次排列，御史大夫地位低于丞相而高于廷尉，就是说监察机关地位高于审判机关。秦在诸郡派驻监御史，监察地方官违法之事。监御史不属于地方官职，不受制于地方，而是由中央委派。受御史大夫统领。由上述可见，秦的监察机关实行垂直制，不隶属于同级行政机关。这有利于对行政机关的监控，更好地服务于中央集权专制统治。

秦的监察机关权能较多，不仅仅掌监察，带有监察制度初创时期的特点。秦的监察官是从西周时的史官发展而来，史官是在周王左右掌管文书档案记录等事的文官。至秦时，随着中央集权制的建立，原来的文官就逐渐握有实权，成为执掌监察事务的官员，但仍然兼管文秘之类的事务。同时，御史大夫还协助丞相与皇帝商讨国家大事，拥有决策权。此外，监察官还行使审判权，秦始皇在制造“焚书坑儒”案时就曾派御史审讯诸生；赵高以“谋反”罪审讯李斯时也有御史参加。

五、秦律的时代特色

秦是落后国家，经过商鞅变法才迅速崛起，并用非常极端的方法并吞六国，完成统一。秦又是中国历史上第一个统一的中央集权的封建专制国家，经验不足。道路还在探索中。这就决定了秦律具有强烈的时代特征。

（一）既限制奴隶制，又维护奴隶制残余

秦律对奴隶制加以限制，主要表现在两个方面：首先，限制债务奴隶的扩大。《法律答问》规定：百姓间有债务，不得强行索取人质，即便双方同意以人质作抵押的，也要处罚，但被迫交出人质者不论罪。这就避免了因债务而沦为奴隶的后果。其次，奴隶的身份可以赎免。《军爵律》规定，奴隶可以参军；奴隶立有军功不仅可以免除自己的奴隶身份，而且可以依军功大小取得相应的爵位；还可以用爵位赎免其一定亲属的奴隶身份，使其成为庶民。《司空律》规定，百姓若自愿戍边五年，可以赎免一名亲属的奴隶身份。

秦律又维护奴隶制残余，共有下列两种表现：首先，补充扩大奴隶的来源。第一，使敌方俘虏沦为奴隶。秦简《秦律杂抄》载：“寇降，以为隶臣。”第二，对于某些犯人，不仅本人罚作奴隶，还将相关人员籍没为奴隶。《史记·商君列传》载，凡商贾及不努力务农而导致贫穷者，本人及其妻子儿女皆罚为官奴。第三，奴隶的地位一般不准改变，其所生的子女仍为奴隶。其次，维护主人与奴隶的不平等的法律地位。第一，主人有将奴隶送到官府请求处罚的权利。如《封诊式》载，某主人将自己的婢女捆送官府，告其强悍不顺，要求处以黥劓刑，官府遂下令行刑。第二，主人对奴隶擅自用刑，奴隶不得控告；即使控告，也不受理；若仍坚持控告，反倒治罪。第三，保护主人对奴隶的所有权。奴隶是物品，可在市场上按价进行买卖，也可以赏赐给人。

（二）既用法家打天下，又用法家治天下

自秦至清，公开打出法家旗号，并较彻底地将法家学说应用到实践中去的，唯有秦朝。秦依靠法家统一天下，进而以为用法家治天下仍可以取得成功。因此，秦朝的法律在很大程度上受法家学说影响，受儒家影响很少。法家鼓吹绝对君主专制主义，而秦皇父子则独断专行，事无大小皆决于上；法家刻薄寡恩，而秦则徭役频繁，赋税数十倍于古；法

家主张“以法为本”，而秦则“皆有法式”；法家奉行愚民政策，而秦则“焚书坑儒”，严惩思想犯。相反，儒家的自律、仁政、礼治、德教等，却不被重视。正因如此，秦迅速灭亡。这是经验不足的表现，更是那个时代所决定的。

（三）重刑轻罪，刑罚严酷

从秦朝的劳役刑、财产刑等刑罚制度看，有发展进步的趋势，说明人类文明的步伐不可阻挡，但文明中伴随着野蛮。秦继承了法家重刑主义原则，不仅继续延用奴隶社会种种刑罚，还新创许多酷刑。在罪与刑的关系上，又坚持轻罪重罚的原则。如五人以上盗，赃值一钱以上，就斩左趾，黥以为城旦；盗人桑叶，价值不足一钱，也要服苦役30天。其他如“偶语诗书者弃市”、“诽谤者族”、“妄言者无类”，更比比皆是。不但如此，秦朝法网又极为繁密，人们动辄犯法，犯法就判刑，判刑即重刑。结果是：“劓鼻盈累，断足盈车，举河以西，不足以受天下之徒。”① 整个天下陷入高度的恐怖状态中，灭顶之灾即将来临。

（四）内容琐碎，体系庞杂

秦律是围绕罪和刑加以规定的，故从整体风貌上看属于刑事立法，但它包含着大量民事、经济、行政、诉讼等法规所调整的内容。可以说，除了君主的专制权力外，秦律把方方面面的社会关系都纳入了法制的轨道。这说明了秦律内容之丰富，但这些丰富的内容又显得过于琐碎。比如，法律不仅仅约束行为，还约束言论，并规定了名目繁多的言论罪。甚至连每亩地所用的种子数量也作出了规定。此外，秦律体系庞杂。条目繁多，又缺少条理；有些概念界限不清，难以操作；许多内容重复，甚至矛盾。秦律这些立法技术上的问题，很大程度上受到人类认识发展阶段的制约，同样带有时代的特征，是不可避免的。

第二节 秦朝的司法制度

一、司法机关体系

秦朝建立后，随即形成一套从中央到地方统一集权的司法机关体系。

（一）皇帝控制最高司法审判权

在秦朝，皇权至高无上，皇帝独揽国家一切大权，包括最高司法审判权。皇帝控制审判权通过三条途径：第一，建立一套由皇帝直接控制的司法机构，在审理判决重大案件时，皇帝拥有最高裁决权或最后决定权，而且他的裁决永远正确，除非他自己认错，或死后由他人翻案。第二，秦皇“专任刑罚，躬操文墨，昼断狱，夜理书”②，即亲自审判案件，直接行使司法审判权。第三，皇帝责成某些官员审理案件。

（二）中央常设司法机构

廷尉是秦朝中央常设的最高司法机关，其长官也称廷尉，是九卿之一，地位低于三公。廷尉的职责：一是审理皇帝交办的案件，二是审理地方移送的案件。皇帝对廷尉的审

---

① 《盐铁论·诏圣》

② 《汉书·刑法志》

判有最后裁决权。

（三）地方行政机关兼理司法

在秦朝，地方行政长官兼理司法，不另设专门的司法机构。秦地方行政机构，分为郡、县两级，郡守、县令或县长兼理司法，行使地方审判权。在郡守、县令之下，分别设郡丞、县丞，协助处理司法事务。另外，中央派往各郡的监御史，不仅监察地方官，也监督检察地方的审判。各地一般案件，由郡县官府自行解决；死刑或重大疑难案件，则上报或移交廷尉审理。

县以下基层社会组织是乡。乡有啬夫，审理民间诉讼；有游徼，巡察犯罪，缉捕贼盗。乡不能决者，上报县。

二、诉讼审判制度

（一）诉讼形式

秦的诉讼形式有两种：一是各级官吏代表国家对罪犯提起诉讼，类似于后世的公诉；二是当事人直接向官府控诉，类似于后世的自诉。秦又对民间自诉区分为公室告和非公室告两种。按《法律答问》的记载，所谓公室告，系指因非家庭亲属间的侵害行为而提起的诉讼，如杀或伤他人，或者盗他人，他人提起诉讼。因为提起诉讼的案件不是家庭内部的矛盾，而是一般社会成员间的问题，所以诉诸官府，官府必须以公家的身份出现，予以受理，故称公室告。所谓非公室告，系指家庭内部成员间的告诉，如子女盗窃父母，父母告；或者家长对子女臣妾擅自用刑，子女臣妾告。由于这类因诉讼而提起的案件只涉及家庭内部关系，故称非公室告。此种告诉官府不受理，若当事人仍坚持告诉，则告者有罪。这一规定的主要立法意图是禁卑告尊、奴告主，以维护尊长特权，与儒家的主张不谋而合。

（二）调查与勘验

秦朝不仅要求官吏通晓法律，依法办事，而且要求官吏必须弄清案情，根据事实适用法律。为此，秦在司法实践中特别注重案件调查和现场勘验。在秦朝，司法机关受理案件后，一般要进行调查和勘验，并作出详细的笔录。有关这种调查和勘验的笔录，当时称作“爰书”。调查的主要内容包括被调查者的姓名、身份、籍贯、有无前科、是否判刑等。秦简《封诊式》保存有《贼死》、《凶杀》、《经死》（缢死）、《穴盗》（挖洞窃盗）、《出子》（流产）等多件现场勘察或尸体检验的“爰书”，所记录的内容极为丰富，反映出来的法医检验技术和司法鉴定水平已相当高超。如在《贼死》案的勘验“爰书”中，记录了发案地点、方位，受害人的位置、衣着、鞋履、性别、年龄、肤色、身长、发式等，尸体上的刀伤部位、深度、长度、流血状况，还有关于尸体的临时处理、讯问证人的内容。《经死》案的现场勘验“爰书”中，记录了死者尸体悬挂的位质地、粗细、长短、绳套相交处，绳套在颈上留下痕迹及颜色，舌头外伸情况，遗屎遗尿情况，最后还总结了区分自缢与缢杀应注意勘察的几个关键性问题。这些勘验经验直到今天仍有借鉴意义。

（三）查封

秦称查封为“封守”，也要进行详细登记，然后再交由专人会同当地相关人员轮流看守，听候处理。查封的对象有房屋、树木等不动产，还有衣物、牲畜等动产，妻子、奴婢也在查封之列。

（四）审讯

从《封诊式》看，秦对审讯也作了分类，分为“上”、“下”、“败”三类。官员审案，能依口供进行追查，不用拷打即得实情，是为“上”；使用刑讯而得口供者，属于“下”；使用威胁恐吓的方法审案为“败”。可见，在审讯方法上，秦并不提倡刑讯，但也不禁止刑讯。而在司法实践中，刑讯不仅很正常，手段也极残酷，韩非和李斯都因不胜拷打之苦而“诬服”。《封诊式》还对审讯案件应遵循的程序原则作了规定：首先要听完口供并详细记录、让受审者把话说完，即使撒谎也不要打断供述。直到供述完毕，才能就所发现的矛盾和问题进行讯问，并把辩解辞记录下来，然后再讯问。在如此审讯过程中，受审人若反复改变口供，前后矛盾，拒不坦白认罪，则施加刑讯。可见，在法律规定上，秦是限制刑讯的。

（五）判决和复审

案件审讯完毕，便进行判决。秦朝判决案件，要以秦律为主要依据，禁止官吏徇私枉法，轻重入罪。如因过失而造成量刑不当，属“失刑”罪；故意轻罪重判或重罪轻判，属“不直”罪；故意将有罪判为无罪为“纵囚”。此外，秦在司法实践中，犯人的身份常常成为定罪量刑的一个标准，同样的犯罪行为，有官爵地位的人可以获得不同程度的减刑或免刑，以维护官僚特权。在这点上，又与儒家大同小异，殊途同归。

为防止或纠正错判，秦律规定，案件判决后，若对判决不服，允许犯人及其相关人提出复审，当时称为“乞鞫”。依《法律答问》的解释，犯人可以要求复审，其他人也可以代为提出，但均在判决之后。

三、监狱管理制度

史称：“秦法繁于秋荼，而网密于凝脂。”① 不仅法网繁密，使人动辄罹罪，而且轻罪重罚，刑罚残酷。在实践上，秦统治者又专以刑杀为威。结果“奸邪并生，赭衣塞路，囹圄成市”②。囚徒多，监狱多，这就需要建立一套严格周密的监狱管理制度。

（一）监狱的设置

以关押的案犯为准，秦的监狱分为两类：一类关押未决案犯，另一类关押已决徒刑罪犯。以所在地为，准秦的监狱可分为两类：中央设有廷尉狱，主要关押廷尉等负责管辖的重大案犯；地方有郡、县监狱，关押地方官府管辖的一般案犯。

（二）监押管理制度

秦监狱设有狱吏、狱卒，专门负责对徒刑囚犯的监押管理。秦还常常让轻刑囚徒监管重刑囚徒，使用以囚徒治囚徒的办法。如《司空律》规定，一名被判城旦司寇刑的囚犯可监领20名城旦舂囚犯。在监狱出入口，设有门岗，由专人轮班看守，严防囚徒逃亡。囚徒穿统一赭红色衣服，外出服役统一行动。

① 《盐铁论·刑德》
② 《汉书·刑法志》

（三）生活管理制度

关于囚徒口粮，《仓律》作出了十分具体的规定：囚徒劳役大体分为三种：为官府服役，从事农业生产，从事筑城之类的重体力劳动。前二者按月发放，后者按早晚饭增加；发放或增加多少，都用具体数字规定。此外，还依囚犯的性别和身高大小规定了不同的口粮标准。关于囚服，《金布律》作出了规定：囚服由囚犯本人出钱领取；男女囚服、夏冬季囚服、身高大小的囚服，出钱数额不同；囚服发放时间有明确规定；囚服的用料规格以及不同规格的囚服用料数量都是十分具体的。

（四）劳动管理制度

秦律规定，囚徒身高满 5 尺 2 寸，就要从事劳动，并且必须保证一定的质量和定额。否则，便受到处罚。如《秦律杂抄》载，城旦徒刑做工被评为下等，每人笞 100；所造之车被评为下等，每人笞 50。《司空律》又载，囚徒毁坏生产工具或生产产品，要依据毁坏物的价值处以不同的刑罚。

（五）监狱处遇上的等级特权制度

《司空律》规定，公士以下的普通人；以城旦舂劳役抵偿赎刑时，可不穿囚服，不戴刑具；官吏的任子以上身份的人，服同样的刑罚，待遇更优，他们只在官府服些杂役，不加任何看管，而且对他们要及时审讯，不得长期关押，否则有关官员要治罪。相反，若是下吏或私家奴婢也处上述刑罚就必须穿囚服，戴刑具，且严加监管。监狱管理上的等级特权制度是中国古代史上的共同现象，秦也不例外。

【本章小结】

秦朝是法家思想全面实施的时代，体现在三个方面：法令一统，君主独断；治道运行，皆有法式；以法为本，严刑峻法。云梦秦简是今人研究秦律的最重要史料，是 1975 年 12 月在湖北云梦县睡虎地的秦墓的发掘中发现的，有关法律的内容大体分为：《秦律十八种》、《效律》、《秦律杂抄》、《法律答问》、《封诊式》。秦的法律形式有律、令、法律答问、廷行事、式、程、课。秦朝法律内容包括：刑事法律规范有三个方面内容：定罪量刑的主要原则有：刑事责任能力的标准是年龄，刑事责任时效，区分故意（端）与过失（不端），盗窃按赃值定罪，共同犯罪与集团犯罪加重处罚，累犯加重处罚，教唆犯罪加重处罚，诬告反坐，自首减轻处罚；罪名杂乱：危害皇权方面的犯罪，侵犯财产和人身方面的犯罪，渎职方面的犯罪，所有权方面的犯罪，思想言论方面的犯罪；刑罚名目繁多，体系庞杂：生命刑、肉刑、劳役刑、流放刑、财产刑、身份刑、耻辱刑、株连刑。民事法律规范有：秦代注重以法律手段确保官私土地所有权以及其他财产的官私所有；婚姻制度的规定有两个基本特征，国家发挥对婚姻制度的控制与调节作用，儒家的伦理观念和礼治思想对婚姻制度的影响相对较小；秦确认并维护家庭关系的法律也具有双重特征，即保障尊长特权、惩处卑幼不孝行为，对尊长特权作出了限制性规定。经济法律规范有：自然资源的保护利用；农业生产的严格管理；畜牧业的管理考核；官营手工业的严密控制；市场贸易的监督管理；货币的管理使用。行政法律规范有：皇帝制度的确立；三公九卿制的形成；郡县制的推广；监察制度的开端。秦律的时代特色有：既限制奴隶制又维护奴隶制残余；既用法家打天下又用法家治天下；重刑轻罪刑罚严酷；内容琐碎体系庞杂。

秦朝司法机关的体系包括：皇帝控制最高司法审判权；中央常设司法机构，廷尉是秦朝中央常设的最高司法机关；地方行政机关兼理司法。秦朝诉讼审判制度的内容包括：诉讼形式有公诉和自诉，自诉区分为公室告和非公室告两种；在司法实践中特别注重案件调查和现场勘验；查封；秦对审讯也作了分类，分为"上"、"下"、"败"三类；案件审讯完毕便进行判决，为防止或纠正错判规定了"乞鞫"制度。监狱管理制度包括监狱的设置，监押管理制度，生活管理制度，劳动管理制度，监狱处遇上的等级特权制度。

【综合练习】

一、选择题

1.《法律答问》是：

A. 法律条款　B. 私家法律　C. 官方法律解释　D. 判例

2. 秦朝的耻辱刑有：

A. 髡　B. 鬼薪白粲　C. 耐　D. 赀

3. 秦朝的法制指导思想是：

A. 儒家思想　B. 道家思想　C. 兵家思想　D. 法家思想

4. 秦朝确定刑事责任能力的标准是：

A. 身高　B. 年龄　C. 精神状况　D. 智力水平

5. 秦朝中央常设的最高司法机关是：

A. 廷尉　B. 大理　C. 司寇　D. 大司寇

二、简答题

1. 秦朝法律定罪量刑的主要原则有哪些？

2. 秦律规定的劳役刑有哪些？

3. 简述云梦秦简。

4. 简述秦朝自诉的两种形式。

5. 简述秦朝对审讯的分类。

三、分析题

结合秦律的内容分析秦朝迅速灭亡的原因以及对当今社会的借鉴意义。

第六章 儒法初融

——汉朝法律制度

（公元前206—公元220年）

◎ 知识目标：

● 了解汉朝法律思想、立法活动、法律形式、法律内容及特色。掌握汉初“约法省刑”的思想及德主刑辅思想的确立；掌握《九章律》及汉律60篇；掌握令、比；掌握汉初文景帝形制改革，上请原则、亲亲得相首匿原则，汉初削弱地方诸侯势力的法律及重惩贼盗的法律；掌握汉朝婚姻关系的解除“七出三不去”的规定；掌握汉朝限制私营商业的立法，掌握尚书台制度，官吏管理制度中的“三互法”及监察制度中的“三独坐”。

● 了解汉朝的司法制度，掌握廷尉、录囚、春秋决狱和秋冬行刑制度。

◎ 能力目标：

● 培养因时因地因环境不同灵活处理问题的能力。

● 感悟古人天人合一的智慧。

【本章导读】

秦王朝严法酷刑，横征暴敛，于公元前206年短命覆灭。经四年的楚汉战争，刘邦击败项羽，于公元前202年登基称帝，国号为汉，定都长安，是为西汉。公元9年，王莽篡夺帝位，改国号为“新”，很快为绿林、赤眉起义推翻。公元25年，刘秀重新建立起汉朝统治，建都洛阳，史称东汉。东汉末年，政治统治日趋腐败，社会矛盾不断激化，公元184年爆发黄巾起义，不久便灭亡。

两汉统治长达400余年，统一的封建专制主义集权制度得到巩固与发展，经济文化也很繁荣，特别是汉初，出现了历史上少有的好局面——“文景之治”。与此相应，法律制度也发生了重大变化。一方面，汉承秦制，秦朝虽亡，法制未亡，秦汉法制一脉相承。另一方面，汉朝法制并未在秦的基础上原地踏步，而是有重大改造和创新，开始了礼法结合的历史性转折，这是汉朝法制走向成熟的标志，并对后世产生了深远的影响。

第一节 汉朝的法律

一、德主刑辅法律思想的确立

秦朝重用法家，而法家的思想进取有余，守成不足，显得过于偏激。至汉初，历史从一个极端走到了另一个极端，统治者选择了黄老思想。黄老思想进取不足，退让有余，显得过于消极。到汉武帝时，最终确立了儒家学说的正统地位，并且相延两千余年不动摇。儒学处于法道中间，既不像法家那样偏激，也不像道家那样消极。儒学地位的确立，既是人们在长期的历史实践中所做出的主观抉择，特别体现了统治者们的政治智慧，同时也是历史发展的必然，有其深刻的社会背景。

（一）汉初“约法省刑”思想

秦统一后，形势虽然发生了变化，但继续用法家的理论治天下。结果是事与愿违，天下非但没有治，反倒二世而亡。兴秦者是法家，亡秦者亦法家。秦因法家而王，又因法家而亡。汉代秦，为了避免速亡的覆辙，不可能再用秦朝的方法进行统治，法家必然失落。另一方面，由于秦朝的苛政和连年战争，社会生产遭到严重破坏，人们渴望休养生息，统治者也需要一个稳定的局面，以巩固刚刚建立的政权。因此，条件不允许汉初的统治者像秦朝那样奉行高剥削高压迫的方针。更何况，汉初的统治者大多参加过农民起义和楚汉战争，深知秦朝灭亡的根本原因是农民反抗，而农民所以反抗就在于秦的暴政；同时，他们也深知大好江山来之不易，因此就格外爱护它。为此，不能不认真总结过去的亡败教训，引以为戒。这一切都要求汉初统治者必须改弦更张，确立新的指导思想。

这样，自汉高祖至文景帝70年间，统治者奉行的主要是黄老思想。刘邦曾要陆贾总结秦的败亡教训，陆贾说，“事逾烦，天下逾乱；法逾滋，而奸逾炽，”所以“道莫大于无为”。① 当时，从皇帝到大臣都尊崇黄老，文景帝时又尤为显著，史载，文帝、窦太后“好黄帝、老子言，景帝及诸窦不得不读《老子》。尊其术”。②

黄老思想的特点是“无为而治”。但汉初的“无为”并不是什么也不做。而是说统治者要将自己的剥削压迫欲望限制在人民可能接受的程度内，不要扰民、害民。无限增加人民负担，目的是为了缓和矛盾，巩固政权，通过“无为”实现“无不为”。但客观上，不仅对统治者有利，对于发展经济、改善人民生活也有利。

用无为而治的思想指导法制建设，就要求做到：轻徭薄赋、约法省刑。前者如：高祖时规定田租十五而税一，景帝时又减为三十而税一。文帝曾下诏郡县务省徭役以取信于民。后者如：刘邦进咸阳时曾宣布废除秦朝苛法，惠帝时废除“挟书律”，高后时废除三族罪、妖言令，文帝时废除收孥相坐律、盗铸钱令、肉刑法。

秦重用法家，横征暴敛、严法重刑，结果是，“劓鼻盈累，断足盈车”；“赭衣塞路，囹圄成市”，二世而亡。汉初推崇道家，轻徭薄赋，约法省刑，结果是，“国家亡事，非遇水旱，则民人给家足，都鄙廪庾尽满，而府库余财”，③ 汉帝国出现了全盛局面。用不同的思想作指导，产生了不同的结果。

（二）武帝时“德主刑辅”法律思想的确立

自汉武帝始，法制指导思想发生重大变化，儒学被官方第一次指定为正统，并历久不衰，统治中国两千余年。

儒学成为官方的显学经历了一个渐进的历史过程。孔子创立的儒家学派在很大程度上

① 陆贾：《新语·无为》
② 《汉书·外戚传》
③ 《汉书·食货志》

继承了西周的文化遗产，比较适应小农经济、宗法制度、专制政治的需要。秦虽然崇尚法家，但在一定程度上也受到儒家的影响。至汉初，黄老思想上升为统治地位，同时儒学也开始受到重视。陆贾不仅向汉高祖推崇黄老思想，也进言“文武并用”的“长久之术”。力主“行仁义，法先圣”。① 贾谊在汉文帝面前反复强调“积礼义”，行德教的重要性。② 这样，至汉武帝时确立儒学的一统地位也就不是特别突然。

【参考资料6-1】

陈防年杀继母案

汉景帝年间，陈防年的继母杀死了陈防年的父亲，陈防年又杀其继母。依照汉律，杀母以大逆论。廷尉上奏汉景帝，太子刘彻（汉武帝）当时年仅十二岁，刚好在旁。汉景帝遂问如何处理。太子回答：“虽然‘继母如母’，可陈防年的继母明明不如母亲，因为与防年父亲结婚才‘比之于母’。现在这个继母亲手杀了防年的父亲，在动手杀陈父的时候，防年与其‘母恩绝矣’。所以，防年杀继母与杀其他人是一样的，是一般的杀人罪，不应该以‘大逆’论罪。”汉景帝赞同太子的意见。这反映了汉武帝对儒家经义的熟悉和把握，也成为汉武帝当权以后“独尊儒术”的滥觞。

另一方面，自高祖至文景帝70年间，经济发展，社会稳定，政权巩固，中央集权制度进一步加强。这种大一统的局面为强化思想控制准备了条件。再者，由于汉初的分封，地方诸侯国势力坐大，威胁朝廷。为了巩固和发展政治经济成果，有力地维护中央政权，加强对地方的统治，也需要进一步统一人们的思想。就思想界来看，黄老虽受推崇，但其他学说仍很活跃，“师异道，人异论，百家殊方”。③ 这种情况不利于专制主义的大一统。特别是汉武帝，他好大喜功，不满足于黄老的“无为而治”，而是要大有作为了。黄老思想已经过时了，而法家思想又使秦朝暴亡。在这种情况下，董仲舒提出了“《春秋》大一统”的政治主张，建议“罢黜百家，独尊儒术”，并深得汉武帝的赏识，从而确立了儒学的一统地位。董仲舒儒学的核心是德主刑辅，其理论基础是阴阳五行说。他认为，天地宇宙是由阴阳二者变化而成的，双方缺一不可，但彼此地位并不对等，而是阳主阴辅，阳多阴少，阴对于阳来说处于辅助地位，“阴者，阳之助也”。④ 董仲舒进而用天道附会人事，将天道人事合为一体，极力阐发他的天人感应说。认为德刑关系一同阴阳关系，主张统治者要遵循天道，以德礼教化为主，刑罚惩治为辅，大其德小其刑，多其德少其刑，德刑并用，礼法结合。两手都要有，但德礼软的一手居主，刑罚硬的一手居次。

董仲舒德主刑辅法律思想的实质在于维护三纲，即君为臣纲，父为子纲，夫为妻纲，用儒家所强调的伦理道德和纲常礼教来调整各种社会关系，要求人们主动去遵守，最终服

① 《汉书·陆贾传》
② 《汉书·陆贾传》
③ 《汉书·董仲舒传》
④ 《春秋繁露·天辨》

图6-1　董仲舒

务于君主专制主义统治。同时，他用天道阴阳来论证德礼刑罚，从而使后者具有普遍性、永恒性和神圣性特征。需要指出的是，用德主刑辅的思想指导法制建设，势必强化法制的教化功能，甚至把大量本属于道德范畴的内容上升为法律，用刑法手段加以调整，从而导致泛刑主义盛行，在某种程度上，与法家结合在一起。其实，董仲舒的儒学已经不是春秋末期"孔子之术"的翻版，而是吸收了各家学说，形成了一种新的思想体系，它标志着封建法制指导思想日趋成熟。

二、立法活动

（一）约法三章

公元前206年，刘邦率部进入关中，与秦父老约法三章，宣布杀人偿命，伤人与盗窃抵罪，其余秦法全部废除。① 这是西汉政权立法的开端。在当时情况下，它收到了笼络人心、争取民众的作用，是一时权宜之计，其政治意义远大于立法意义。随着形势的发展和统治的需要，三章之法自然不适应变化的新情况，必须制定新的法律。

（二）汉律60篇的制定

中国各王朝的开国帝王大多是乱世造就的英雄，他们不仅为后代子孙打江山，也为后代子孙立规定矩，往往要进行大规模的立法活动，汉朝也不例外。汉朝最重要的立法是在汉高祖时期，其次是汉武帝时期。

汉朝建立后，作为权宜之计的三章之法不能满足统治的需要。于是，刘邦命萧何制定《九章律》。《九章律》以《法经》6篇为基础，参照秦律，增加《户》、《兴》、《厩》三篇而成。《九章律》是一部以刑为主的综合性法典，是汉律的核心和骨干，通常所说的汉律，主要是指《九章律》。史载："历代之律，皆以汉九章为宗，至唐始集其成。"② 可见，《九章律》在中国法制史上占有重要地位。

《九章律》制定后，叔孙通作补充，又制定《傍章律》18篇。《汉书·礼乐志》载："叔孙通所撰礼仪，与律令同录藏于理官。"这说明两点：《傍章律》与"律令同录"，并由司法官收藏保管，说明它是法律；其内容是有关"礼仪"的规定，立法意图在于维护皇帝的尊严和权威。但具体规定已不可考。汉高祖以后，相继在位的惠帝、高后、文帝、景帝大多崇尚黄老，清静无为，谨守祖宗成法，没有进行大的立法活动。至汉武帝，情况发生重大变化，他对外屡次用兵，对内不断增加人民负担，立法相当频繁。其中最重要的立法有两次，即张汤主持制定的《越宫律》27篇，赵禹主持制定《朝律》6篇。前者是有关宫廷警卫方面的法律，后者是有关朝见皇帝的礼仪法规。至汉武帝，汉律60篇形成。它们是《九章律》、《傍章律》18篇、《越宫律》27篇、《朝律》6篇。汉律60篇都是由皇帝任命的朝臣主持制定的，具有相对的稳定性和连续性，是两汉时期沿用的基本法律规

① 《史记·高祖本纪》
② 《明史·刑法志》

范。尽管在此期间也曾有过一些其他立法活动，但大多是对汉律60篇的补充。

（三）汉武帝后汉律的扩充

汉武帝时期，立法活动频繁，规模浩大，不仅形成汉律60篇的基本体系，而且大大扩充了法律的内容。当时共有律令359章，大辟409条1882事，死罪决事比13472例。史称“文书盈于几阁，典者不能遍睹”。① 汉成帝在位间，律令增至百余万言，大辟千余条。这种情况一直持续到西汉末年。

王莽篡权后，托古改制，使各种矛盾进一步激化。于是便加紧镇压，使得本来就非常烦苛的法律更加严酷。

东汉建立后，光武帝刘秀为了恢复和发展生产，缓和社会矛盾，维护国家政权，颁发了许多释奴法令和弛刑诏书，减轻了压迫。同时，对法律进行改革，“解王莽之繁密，还汉世之轻法”。② 即废除王莽时的新律，重新恢复西汉旧律。但应该指出，王莽新律“繁密”是事实，而认为西汉法律是“轻法”则不合实际。事实上，光武帝所实行的法律仍然非常严苛。章帝即位后，尚书陈宠建议对汉律进行删修。通过这次修订，废除了部分繁苛的律条，但并未改变汉律的残酷性质。和帝时，陈宠上任廷尉，再次删修律令。然而，删修的律令尚未实施，陈宠便被罢免职务。汉末献帝时期，由于董卓之乱，汉律遭到空前浩劫。于是应劭于建安元年再次删修汉律。这次修律是东汉最大的一次立法活动。不过，此时的东汉政权已名存实亡，不久便为曹魏政权所取代。故这次修律也是东汉最后一次立法活动。

总之，自汉武帝始，汉律迅速扩充；自东汉光武帝始，几任皇帝试图删减，但最终不见成效。

三、法律形式

汉代的法律形式，与秦相比，有继承，有发展，主要有律、令、科、比四种。

（一）律

汉代的律受秦律的直接影响，它是由专门人员按照皇帝的旨意制定的，因此，相对而论具有普遍性、稳定性和系统性特点，是汉朝最基本最主要的法律形式。

从文献记载和近年来在湖北江陵张家山发掘出土的汉律竹简看，汉代的律不仅包括汉律60篇，此外还有：规定诸侯贡金助祭的《酎金律》，考核地方官吏政绩的《上计律》，管理税租赋役的《田租税律》，禁止擅自入仕诸侯的《左官律》，严禁窃用逾制物品的《尚方律》，关于货币管理的《钱律》、《金布律》以及《徭律》、《效律》、《传食律》、《行书律》、《均输律》、《尉律》，等等。其中有很多律名与秦律相同。汉朝还有与律具有相同性质却以“法”相称的法律形式，如《沈命法》、《见知故纵法》、《监临部主之法》等。总之，汉代的律名目繁多，内容极为丰富，涉及的领域相当广泛，大体以刑法为主，兼及民事、经济、行政、诉讼等各个方面。汉代的律虽然相当齐备，但由于它是经过长期的增损修订逐步形成发展起来的，故以单行法规为多。而且在体

① 《汉书·刑法志》
② 《后汉书·循吏传》

例和内容方面，缺少系统性，多有重复矛盾之处，存有立法技术上的问题，这一点与秦律相似。

（二）令

令是皇帝因人因事而随时发布的政令。它的最大特征是具有最高的法律效力。在君主专制时代，皇帝拥有至高无上的绝对权力，他出言即法，金科玉律，因此令是法律的重要组成部分。它可以补充律，更改律，也可以取消律，代替律。这是中国专制法律制度的共同性。西汉时，廷尉杜周不依三尺法办案，而是专门秉承皇帝的旨意行事，有人责问他，他非常有仗恃地回答："三尺（法）安出哉？前主所是著为律，后主所是疏为令。当时为是，何古之法乎！"① 这说明，在专制时代，谁掌握着最高权力谁就是法律。

令的第二特征就是具有极强的针对性和极大的灵活性、随意性。正因如此，汉代的令不断增多。自高租至武帝，汉代的令已达359章，汉成帝时，律令已增至百余万言。所以只得分编，将其编成令甲、令乙、令丙之类。汉令所涉及的范围也相当广泛，包括政治、经济、军事、文化等各个方面。

（三）科

科有两种含义。一是对犯罪的处罚，也叫科罪或科刑。如《释名·释典艺》："科，课也，课其不如法者，罪责之也"。二是有关犯罪与刑罚的法令条文，也称科条或事条。如《后汉书·桓谭传》李贤注："科谓事条。"前者只是一种刑罚，后者则是法律形式。科作为法律形式为汉代首创。汉高祖时，曾制定大臣"宁告之科"；汉武帝时，"重首匿之科"；至东汉章帝时，已是"宪令稍增。科条无限"。② 汉代的律至汉武帝时就已定型，以后无大修改，然而科却有增无减，颁布了大量具有单行法规性质的科条，以适应不断发展变化的情况和统治的需要，这也是汉朝立法的一个特点。

（四）比

汉代的比又叫"决事比"，它是从秦朝的廷行事发展来的。秦的廷行事，顾名思义，即官廷已行之事，也就是把判案成例作为一种法律形式。汉代的决事比，即在律无正文的情况下，比附已决之事用以审判案件，也就是判例法。《汉书·刑法志》颜师古注："比，以例相比况也。"《周礼·秋官·大司寇》贾公彦注："若今律其有断事，皆依旧事断之；其无条，取比类以决之，故云决事比。"

和令一样，比具有极大的灵活性，统治者可随时将司法实践中的判案成例上升为法，以适应不断发展变化的情况。因此，汉代的比无论数量或种类都极为繁多。汉武帝时，仅死罪决事比就多达13472事，东汉时期又不断增加。据《晋书·刑法志》载，东汉司徒鲍公将婚姻词讼方面的决事比编制成书，定名《法比都目》，内容多达906卷；汉末献帝时，应劭在修律的过程中编著《决事比》和《春秋析狱》。

四、法律内容

和秦律一样，维护政治权力是汉律的总目的和总任务，汉律的全部内容都直接或间

① 《汉书·杜周传》
② 《后汉书·陈宠传》

接、这样或那样地为它服务，这是由专制国家的性质所决定的。但与秦律相比，汉律又明显地受儒学的影响，带有礼法结合的特征。

（一）刑事法律规范

1. 汉初文景帝的刑制改革

（1）刑制改革的发生。

人类历史总是要发展要进步，不断地由野蛮走向文明，并且永无止境。汉初文景帝的刑制改革就是中国历史上的刑罚制度由野蛮走向文明的重要阶段，是历史发展的必然。

从大的历史背景看，西汉初期，为了尽快恢复生产，发展经济，以巩固新生政权，统治者吸取亡秦的历史教训，确立了轻徭薄赋，与民休息、约法省刑、务在宽厚的政治法律思想。在这一思想的指导下，经过二三十年的发展，到汉文帝时，政权稳定，经济繁荣，人民生活得到改善，社会矛盾缓和，犯罪现象大为减少，这是文景帝进行刑制改革的必备条件。

从刑罚制度上看，汉初基本沿袭秦代的刑罚制度。秦的刑罚制度虽有进步的一面，但从总体上观察却相当残酷野蛮，而且体系杂乱，有的刑罚规定笼统，难以统一操作。这种情况已不适应社会发展的要求，有必要进行改革。而且，在汉文帝进行大规模刑制改革前，已经陆续地废除一些酷刑。如高后执政时，正式废除了夷三族刑①；文帝元年（公元前179年），“尽除收孥相坐律令”；② 不久，又废除宫刑。③ 这就为后来的刑制改革铺平了道路。

可见，文景帝的刑制改革是必然的，但必然要通过偶然表现出来，缇萦上书是汉文帝刑制改革最直接的原因。

【参考资料 6-2】

缇萦上书

图6-2　缇萦上书

据《汉书·刑法志》载，汉文帝十三年（公元前167年），齐太仓令淳于公有罪当刑，诏令押解长安。淳于公无男，只有五女，临行时骂其女曰：“生子不生男，缓急非有益。”其少女缇萦大伤悲痛，便随父到长安，上书汉文帝：“妾父为吏，齐中皆称其廉平，今坐法当刑。妾伤夫死者不可复生，刑者不可复属，虽后欲改过自新，其道无繇也。妾愿没入为官婢，以赎父刑罪，使得自新。”汉文帝深受感动，自责不已，说：“今人有过，教未施而刑已加焉，或欲改行为善，而道亡繇至，朕甚怜之。夫刑至断肢体，刻肌肤，终身不息，何其刑之痛而不德也！岂称为民父母之意哉？”于是才开始了这次有重大意义的刑制改革。

① 《汉书·高后纪》
② 《汉书·文帝纪》
③ 《汉书·景帝纪》

(2) 刑制改革的内容

第一，汉文帝改革

汉文帝的刑制改革包括两方面内容：一是废除肉刑，二是规定劳役刑的刑期。

汉文帝下令废除肉刑，丞相张苍、御史大夫冯敬负责制定取代肉刑的具体办法；改髡刑为完城旦舂；改黥刑（墨刑）为髡钳城旦舂（去发颈部系铁圈服苦役五年）；改劓刑为笞三百；改斩左趾刑为笞五百，改斩右趾刑为弃市。从此，黥刑、劓刑、斩左右趾刑被废除，取而代之的是劳役刑、笞刑和死刑。

劳役刑改革。汉文帝下令肉刑改革的同时，也进行了劳役刑改革，缩短了刑徒服劳役的时间，使劳役正式成为有期刑。大体内容有：被判处完城旦舂者，服刑三年，降为鬼薪白粲；服鬼薪白粲一年后，降为隶臣妾；服隶臣妾刑一年后，免为平民。被判处隶臣妾刑者，服刑二年后，降为司寇；服司寇刑一年后，免为平民。被判处司寇刑者，服刑二年后，免为平民。

汉文帝刑制改革的意图是废止肉刑，宽缓刑罚，无可厚非；用徒刑、笞刑取代残害人的肢体的肉刑，从刑罚手段上看，也是人类文明的一大进步。但这次改革存在着严重缺陷。一是将斩右趾刑改为死刑，斩右趾的肉刑被废除了，但刑罚不是减轻了而是加重了。二是将劓刑和斩左趾刑改为笞三百、五百，结果刑罚尚未执行完毕，受刑者大多已毙命。所以后世评论汉文帝："外有轻刑之名，内实杀人。"① 正由于存在这些问题，所以汉景帝时又作进一步改革。

第二，汉景帝改革

汉景帝即位后，在文帝基础上对肉刑制度作进一步改革，包括两方面内容：

减少笞数。在汉景帝看来，笞刑与重罪无异，受笞者即使不死，也落得终身残疾，难以为人。于是下诏减少笞数，将斩左趾笞 500 改为笞 300，劓刑笞 300 改为笞 200。尽管如此，仍有被打死的，这样，又再度减少笞数，将笞 300 减为 200，笞 200 减为 100。并指出笞刑旨在教化而非惩罚。

制定《棰令》，明确规定下列内容：关于笞杖的规格，材料用竹，长五尺，根粗一寸，末端厚半寸，且削平竹节；关于笞打部位，一律为臀部；关于行刑程序，行刑过程中不得换人，必须一个行刑人一次性将刑罚执行完毕。

(3) 刑制改革的重大意义

文景帝的刑制改革主要是用徒刑和笞刑取代奴隶社会以来一直盛行的几种肉刑，在中国法制史上，具有重大意义。

第一，刑制改革后，行刑人不必手持刀锯，去刻人肌肤，损人肢体，制造那种鲜血淋漓、不堪目睹的场面，而受刑人也可避免那种巨大的恐惧和不堪忍受的痛苦。这比过去要人道得多，文明得多。尽管这次改革还有缺陷，但同周秦时期广泛使用肉刑相比，无疑是历史性的进步，在法制发展史上具有重要的意义。

第二，从前的肉刑不仅使犯人受苦一时，而且受辱一生。一旦受刑，或留下永远也抹不掉的疤痕，或终生受残，很难再重新做人。而实行徒刑、笞刑后，刑罚执行完毕即转为

① 《汉书·刑法志》

平民，从而给犯人留下了后路，也有利于教育犯人，改造犯人。这毫无疑问是历史的一大进步。

第三，肉刑断绝了犯人的后路，不能改过自新，甚至终生残疾，生活不能自理。这不仅是犯人的痛苦，也增加了家庭、社会、国家的负担。而改制后，犯人肢体健全，可以重新做人，自谋生路，也可以为家庭、为国家做贡献。这对于发展生产、繁荣经济大有好处。

第四，从刑罚制度的历史来看，文景帝的刑制改革顺应了历史发展，为结束传统的肉刑制度、建立新的五刑制奠定了基础。因此，它在中国法制史上占有极为重要的地位。

2. 刑法适用原则

汉朝继续沿用秦朝有关区分故意与过失、自首减刑、诬告反坐等刑法原则，但也有重要变化。这些变化明显地受到儒家思想的影响，主要表现在下列三个方面：

（1）维护官员贵族特权的上请原则。

汉高祖七年（公元前200年）下诏："郎中有罪耐以上，请之。"① 这是汉实行上请原则之始。其后，上请范围不断扩大。宣帝黄龙元年（公元前49年）诏："吏六百石位大夫，有罪先请"。② 平帝元始元年（公元1年），"令公、列侯嗣子有罪耐以上，先请之"。③ 光武帝时下诏300石以上的县长与侯国之相也要"有罪先请"。④ 这样，享特权的官吏就由汉初的郎中（皇帝侍卫官）扩大到东汉时期的所有官吏，甚至还包括他们的亲属。

上请即官僚贵族犯罪以后，一般司法机关不得擅自审理，必须上奏皇帝，请皇帝裁决，皇帝往往依据亲疏关系及其官位的高低，功劳的大小等情况减免刑罚。它是维护官僚贵族特权的原则，也是皇帝控制司法权的重要方式，与法家的"刑无等"、"法不阿贵"、"刑过不避大臣"有很大不同。汉代的上请原则，上承周礼的"八辟"之法，又对后世的专制特权法产生深远影响。

（2）矜老怜幼的恤刑原则。

汉朝对于一般人犯罪予以严惩，另一方面又受儒家影响，对于老弱妇孺病残者犯罪予以优待，这就是所谓的恤刑原则。汉律对于犯罪主体，所犯之罪、所受之刑以及逮捕、审讯、关押等优待都作出了规定：年80岁以上的老人，8岁以下的幼童，以及怀孕未产的妇女、老师、侏儒等，在有罪监禁期间，给予不戴刑具的优待。老人、幼童以及连坐妇女，除犯大逆不道诏书指明追捕的犯罪外，一律不再拘捕监禁。当然，给老幼以优待，也以不危害统治阶级的利益为限。

汉代的恤刑原则与法家的"一断于法"有所不同，一方面，它是儒家"仁政"思想的体现，也是人类文明进步的重要标志；另一方面，老幼妇残的破坏性、危险性不大，犯

① 《汉书·高帝纪》
② 《汉书·宣帝纪》
③ 《汉书·平帝纪》
④ 《后汉书·光武帝纪》

罪的可能性很小，正如汉宣帝所说："耆老之人，发齿堕落，血气既衰，亦无暴逆之心"。因此，对这类人犯予以一定优待，不会威胁专制统治者的实际利益，而且还能收到"慈爱"的美名，更加有利于专制王朝的长治久安。这是汉代恤刑原则的实质。它表明汉代立法经验趋于成熟，对后世产生重要影响。

（3）亲亲得相首匿的相隐原则。

【参考资料6-3】

父匿子不为罪

汉武帝时，百姓某甲无子，拾道旁一弃儿乙，当成自己的儿子抚养。乙长大成人后犯了杀人罪，将情况告诉甲，甲便将乙藏匿起来。汉律规定，隐匿犯罪要受到惩罚，但父子之间可以隐匿而不负责任。名儒董仲舒认为甲乙虽非亲生父子，但抚养多年已经形成实际上的父子关系，根据"父为子隐"的原则，判甲藏匿乙不承担刑事责任。

亲亲得相守匿，即法律允许某些亲属间互相首谋、藏匿、包庇犯罪而不负刑事责任。作为一项刑法原则，正式确立于汉宣帝年间。其内容有："子首匿父母，妻匿夫，孙匿大父母，皆勿坐；其父母匿子，夫匿妻，大父母匿孙，罪殊死，皆上请，廷尉以闻。"①可见，有罪相隐的亲属限于子与父母、妻与夫、孙与大父母之间，在这个范围内，卑幼匿尊长，不管尊长犯有何罪，卑幼一概不负刑事责任，反之，尊长匿卑幼，卑幼罪当处死，对尊长适用上请，其他不负责任。这一原则的重点在于维护尊长的尊严，卑幼匿尊长不受任何限制，而且严禁卑幼告尊长，即使尊长犯谋反罪，卑幼也不得告诉，否则，以"不孝"治罪。

汉朝亲亲相隐原则直接来源于儒家的伦理观念，按儒家的主张，"父为子隐"为"仁"，"子为父隐"为"孝"。孔子就说过："父为子隐，子为父隐，直在其中矣。"②汉宣帝在宣布亲亲相隐的诏书时（公元前66年）也是以亲情为理由的，他说："父子之亲，夫妇之道，天性也。虽有患祸，犹蒙死而存之。诚爱结于心，仁厚之至也，岂能违之哉！"③这样，在国法与亲情发生矛盾时，汉朝采取了曲法而伸情的做法，从而确立了亲亲得相首匿的原则。这一原则符合小农经济、宗法社会的国情，也有利于君主专制统治，因此为以后各朝所沿用，并不断完善发展。

3. 严惩危害君主专制政权的犯罪

（1）神化皇权。

皇帝是汉朝国家的核心，集所有权力于一身，皇权至高无上，所有的法律都直接或间接地为它服务。在这一点上，秦汉两朝一脉相承，但后者比前者更有发展，其突出表现就

---

① 《汉书·宣帝纪》
② 《论语·子路》
③ 《汉书·宣帝纪》

是神化皇权。董仲舒说："受命之君，天意之所予也。故号为天子者，宜视天如父，事天以孝道也。"① 做皇帝是天意，故皇帝是上天之子，虽然皇帝也要如事父一样以孝道事天，将上天与皇帝的关系伪造成父子血缘关系，对君主作出了某种限制，却大大神化了皇权。既然皇帝是上天之子，是上天派往人间的代表，那么，对于臣民来说又自然是父母了，理应握有无限的权力。故"唯天子受命于天，天下受命于天子"。② 作为天子的子民就必须绝对无条件地服从统治，并且毕恭毕敬，忠心不二，感恩戴德。否则，如果不顺君命，就是有背天意，有背天意，天子就要代天行罚，从而使皇权高度神化。秦朝虽然也奉行绝对君主专制主义统治，但手法相对简单，不像汉朝那样神化皇权。正由于汉朝神化皇权，所以有关危害皇权的犯罪比秦朝的规定更全面，处刑更严厉，其最直接的表现主要有如下三个方面：

①威胁皇帝人身安全的犯罪。皇权虽被神化，但皇帝依然肉体凡胎，一旦性命不保，也就谈不上权力。因此，国家不仅组建一支训练有素、身操绝技的皇家卫队，以确保皇帝的人身安全，还制定宫廷警卫方面的专门法规《越宫律》，规定了威胁皇帝人身安全的各种犯罪。

阑入宫殿罪。进入宫殿门须手持符籍为凭，无籍而擅入，构成阑入罪。阑入宫门者处城旦刑，阑入殿门者，弃市。

失阑、不卫宫罪。宫殿警卫人员对阑入者不加制止，为失阑罪；未发现阑入者为不卫宫罪。犯者或免官或减死一等。

犯跸罪。皇帝出行，所经之处要清开道路，禁止行人通过，称为跸。若冲撞皇帝仪仗、车骑，或该回避而不回避者，即构成犯跸罪。

【参考资料6-4】

犯跸案与"法信于民"

皇帝出行到中渭桥，正好有一人从桥下走来，皇帝的马受到惊吓。皇帝手下人逮捕从桥上走下来的人送到廷尉治罪。廷尉（张）释审问，这个人说："我是乡下人，走到中渭桥听说皇帝车马来了，就躲到桥下。过了很长时间了，我以为皇帝车马过去了，出来一看，正好看见大批车马，赶紧躲。"释之如实上奏：这个人冲撞了皇帝车马，按照法律规定应该罚金。皇帝大怒："这个人惊了我的马，幸亏马性情和柔，如果换做其他马，我肯定会受重伤。廷尉哪能罚金了事？"释之解释："法是天子和天下共同遵守的。现在的法就是这么规定的（犯跸罚金），如果肆意加重处罚，会使老百姓不相信法不遵守法了。况且，如果皇帝下令杀了这个人也就杀了，我没有办法。现在皇帝已经把这个事交给廷尉我办理，廷尉掌握天下公平，一旦有失公平，天下执法的人都会（任意）减轻或加重（刑罚），叫天下百姓怎么办呢？望陛下明察。"皇帝沉思好久："廷尉说得对啊！"

---

① 《春秋繁露·深察名号》
② 《春秋繁露·为人者天》

②侵犯皇帝尊严的犯罪。皇帝是专制国家的代名词，对上代表天，对下统驭臣民，尊严神圣。皇帝的尊严表现在各个方面，言谈举止稍有不慎，即罹罪受刑。

不道罪。臣事君必须遵循“节”“理”之道，“逆节绝理，谓之不道”。① 不道罪内容广泛，各种各样。有“误朝不道”，有“距闭使者”之不道，有“诽议诏书，毁先帝”之不道，还有臣下不忠而营私舞弊之不道。若结交贵戚，图谋不轨，就是“不忠不道”；若臣下谋反，则称之为“大逆不道”。

不敬、大不敬罪。该罪所涉及的范围十分广泛，凡是对皇帝及宗室，皇帝使节、器物、用品，皇家园林、宗庙、陵墓等，有不恭敬的行为、言论和态度表情者，都统统包括其中。比如：祭祀宗庙时，“醉歌堂下”；“天子之弓”应戴在头上，却置于地下；骑马进宫，到司马门前不下马，凡此都是大不敬罪。皇帝尊严神圣，皇帝的牲畜也身价倍增，“君畜产且犹敬之”。② 对皇帝的神圣尊严的维护可谓无微而不至。

僭越逾制罪。为维护皇帝的神圣尊严，皇帝所使用的各种器物称为御用品，为其专有独占，具有严格的等级限制，任何人都不得使用，否则即构成僭越、逾制罪，要受到法律的严惩。

怨望诽谤政治罪。怨望即心怀不满，诽谤即恶语攻击。凡对皇帝有怨，攻击朝政者，即构成怨望诽谤政治罪。犯此罪者处重刑。汉宣帝时，河南太守严延年便因此而弃市。

祝诅、巫蛊罪。这是用巫术咒语等方法祈祷鬼神降灾于人的行为。它虽然是迷信活动，未必给人带来实际伤害，但性质极为恶劣。若将此术施于皇帝，则是侵犯皇帝尊严的重罪，按律一律处死。西汉一代，因此罪而处死的王侯就多达数十个。汉武帝时查处此类案件，牵涉到皇后、太子、公主、丞相等。“坐而死者前后数万人。”③ 足见当时高层政治内部的紧张、恐怖、专制情形。

腹非罪。臣下对朝政有异议，虽口未出言，但心怀不满，即为腹非罪。此罪纯属思想罪，始于汉武帝。据《汉书·食货志》载，当时大司农颜异对制作白鹿皮币有不同看法，但他没有公开反对，只是在与客人谈话提到此事时，“微反唇”，结果被御史大夫张汤弹劾，以身为九卿，“见令不便，不入言而腹非”为由处死。“自是后有腹非法之比，而公卿大夫多谄谀取容。”腹非罪的确立，无异于逼人说谎。既然发表反对的意见有罪，不发表意见就认为肚子里不满，也有罪，那么，臣下就只能故做妾妇媚夫之容，嘴的唯一功能是歌颂皇帝的英明正确。这虽然维护了皇帝的无上尊严，却是十分脆弱和危险的。

③侵犯皇帝权威的犯罪。没有专制权威，皇帝就与平民百姓无异；只因拥有专制权威，才是皇帝。因此，侵犯皇权的犯罪必坚决镇压。

矫制、矫诏罪。制诏即皇帝命令的专用词，它具有最高的法律效力，是皇帝行使专制权力的重要方式。凡假托或诈称皇帝的制诏而发号施令，或者传皇帝的指示而有所篡改，即构成矫制或矫诏罪。汉代依此罪所产生的后果分为大害、害、不害三种，分别处以不同

① 《晋书·刑法志》
② 《汉书·薛宣传》
③ 《汉书·景武昭宣元成功臣表》

的刑罚，前者一般处死刑。

废格诏令罪。皇帝的诏令必须绝对无条件地立即执行，如果搁置执行，或执行不力，或执行有偏差，或拒不执行，即构成废格诏令罪。犯此罪，处极刑。

擅发兵罪。汉朝是依靠暴力建立的，也必须依靠暴力维持，而军队则是汉朝国家最重要的暴力机器。要维护皇权就必须确保皇帝对军队的绝对控制权。为此，汉朝设立了擅发兵罪。所谓擅发兵，即没有经过皇帝的批准而发兵。犯此罪者必斩。汉高祖时就曾宣布："其有不义背天子擅起兵者，与天下共伐诛之。"①

（2）削弱地方诸侯势力。

西周实行分封制，受封的国君拥有极大权力，结果形成了诸侯割据、各自为政的局面。秦统一后，用单一的官僚郡县制取代西周的贵族分封制，使地方绝对服从中央，结果，一旦有叛，便分崩离析，孤立无辅，遂迅速瓦解，二世而亡。汉朝总结周秦的教训，采取郡县与分封并立制，二者结合使用。然而，受封者权力极大，封国内的政府组织形式与汉中央政府相当，而且疆域广阔，多是"跨州连郡，连城数十"。② 虽然这些受封的诸侯王多是刘氏弟子，血肉之亲，但权力具有无限的扩张性。各诸侯王不断加强实力，形成了独霸一方的割据势力，试图与中央分庭抗礼。为维护以皇权为核心的中央集权制，汉朝制定了一整套法律，规定了许多罪名与刑罚，以削弱地方诸侯势力。

《左官律》。《左官律》是防范和惩治官吏与诸侯勾结以对抗朝廷的法律，汉武帝时制定。汉朝尚"右"而轻"左"，如果不经中央派驻而擅自到诸侯王手下做官，即构成"左官"罪。犯此罪者，处死刑。左官罪的设立意味着，诸侯国的官员必须由中央委派，这些官员只能对朝廷负责，从而剥夺了地方的人事权。

阿党法。这是惩治诸侯王国的官员与诸侯王结党营私、互相包庇以限制地方政治势力扩张的法律。《汉书·高五王传》注引张晏语："诸侯有罪，傅相不举奏，为阿党。"就是说，诸侯王国的官员不仅要由中央委派，而且这些官员又是中央安插在地方的耳目，负有检举揭发诸侯王不法行为的使命。

附益法。所谓附益，是指官员用某种手段讨好谄媚诸侯，非法增加其财产收入，从而使其获益，壮大其力量的犯罪行为。惩治这种行为的法律是为附益法。

酎金律。这是以天子祭祀祖先的费用为名义，强制诸侯王每年按封国民户数量上缴美酒和黄金，皇帝以此为由而削弱诸侯势力的法律。如果诸侯上贡的酒和金不符合要求，即构成酎金罪，处以重罚。《史记·平准书》注解引《汉仪》的解释说："侯岁以户口酌黄金，献于汉庙，皇帝临受献金，以助祭。大祀日，饮酎受金，献于汉庙。少不如斤两，色恶，王削县，侯免国。"这项法律是皇帝为削弱地方诸侯王势力所制造的借口。酒味美不美，金色足不足，完全由皇帝的好恶和眼力来决定，无客观标准可遵循。据载，仅汉武帝元鼎五年（公元前112年），列侯因"献黄金酎祭宗庙不如法夺爵者"，就多达106人。③

事国人过律。这是有关侯王在封国内如何役使吏民的法律规定。如果侯王役使吏民超

---

① 《汉书·高帝纪》
② 《汉书·诸侯王表》
③ 《汉书·武帝纪》

过了法律所限定的时间及人数，就构成事国人过罪。犯此罪者贬为庶人。

非正、出界罪。法律规定，侯王的爵位须由嫡系正宗继承，非嫡系正宗而继承爵位者为非正罪。这项罪名不仅限制了侯王爵位继承的顺序和范围，而且很有可能因诸侯无嫡子而削国。侯王擅自越出封国国界为出界罪。此罪的立法意图是禁止侯王与其他郡国发展横向关系，以形成势力，威胁中央。

推恩令。为削弱侯王势力，贾谊首先向朝廷提出“众建诸侯少其力”的策略，即多封小诸侯以分散原大诸侯国的实力。汉武帝时接受主父偃的建议，下“推恩令”。其内容是：强制原诸侯王将先君分封的领地、户口等恩泽再推广给他们的子弟，建立众多小侯国。这样，诸侯封地就由大而小，由少而多，由集中而分散，以便中央各个击破。

明升暗降的“不得复治国令”。景帝平定吴楚七国之乱后。令侯王都升迁到京城，但只得享受封国的租税，而不得再去封国行使权力，封国的政事由皇帝派员管理，即“令诸侯王不得复治国，天子为置吏”。① 这样，侯王进了京，却丢了官，除了还有一点经济特权外，什么权力也没有。这种明升暗降的办法，实际上是要侯王提前退休养老。

上述法律的制定和实施，体现了汉朝统治者在维护中央集权、整治地方诸侯方面非凡的政治智慧。它极大地削弱孤立了地方势力，加强了中央政权，达到了预期目的。

(3) 重惩贼盗。

在汉朝，所谓“贼盗”系指因受剥削压迫而走投无路，因而聚众以暴力反抗专制统治的贫苦农民。如果对于大臣或地方诸侯威胁专制政权的行为，统治者还讲究一些方式方法的话，那么对于“贼盗”，更主要的是直接进行暴力镇压，而且还极大地强化了官吏镇压的职能。

对于聚众反抗的贼盗，采取“大刑用甲兵”的方式进行征讨，自不待言，汉朝还设立了一系列罪名，从各个角度来配合镇压。

群饮罪。平民一旦聚众反抗，后果就不堪设想。因此预防贼盗，将其消灭在萌芽之中就显得十分重要。为此，汉律规定：“三人以上无故群饮，罚金四两。”②

首匿罪。从汉武帝起，汉朝社会矛盾不断激化，犯罪与日俱增，为督促官民检举和镇压犯罪，而确立“首匿”罪。所谓“首匿”，系指首匿窝藏贼盗的行为。犯此罪者弃市。

通行饮食罪。这是为孤立平民反抗而设的罪名。凡是为贼盗送情报，当向导，提供饮食者，均构成此罪。犯者，刑至大辟。《汉书·宣威传》：“以法诛通行饮食，坐相连郡，甚者数千人。”除上述外，汉朝还以严刑酷罚强化官吏对贼盗进行镇压的职能。主要表现在如下三个方面：

沈命法。汉武帝时制定该法，规定：“群盗起不发觉，发觉而弗捕满品者，二千石以下至小吏主者皆死。”③ 颜师古注曰：“沈，没也，敢蔽匿盗贼者，没其命也。”可见，《沈命法》就是强制官吏及时发现和缉捕贼盗之法。如果群盗起，有关官吏未发觉，或虽然发觉了而未能全部捕获，郡守以下官全部处死。发现容易而捕获难，然而只有如数捕获

① 《史记·孝景帝本纪》
② 《汉书·文帝纪》
③ 《汉书·咸宣传》

才能免死。大小官员为了保命“虽有盗弗敢发，恐不能得，坐课累府。府亦使不言。故盗贼浸多，上下相为匿，以避文法焉”。① 法律的实施结果与立法者的目的适得其反。

见知故纵、监临部主之法。据《汉书·刑法志》载，汉武帝时，“招进张汤、赵禹之属，条定律令，作见知故纵、监临部主之法。”依见知故纵法的规定，官民看见或知道有人犯法，特别是贼盗，必须举告，否则就是“故纵”，犯者与之同罪。依监临部主之法，上级官员对下属官吏的违法失职行为负有纠举之责，若不及时纠举则有罪连坐，同等处罚。上述法律旨在通过人们的相互监督，形成监督体系，以及时发现并镇压农民的反抗。

迫使官吏镇压贼盗的刑事政策。汉武帝在令张汤、赵禹制定见知故纵、监临部主之法时，也制定了“缓深故之罪，急纵出之诛”的刑事政策，以迫使官吏严刑镇压贼盗。依这项政策，官员若将重罪判成了轻罪、有罪判成了无罪，则加重处刑；反之，若将轻罪判成了重罪、无罪判成了有罪，则从宽处理。这实际上是迫使官员宁可重判不可轻判，宁可错杀不可错放。

4. 刑罚制度

文景帝刑制改革后，汉代刑罚制度发生很大变化。就总体情况看是趋于轻简化。但其间也有一些反复，仍很繁杂。

（1）死刑。

汉代死刑又称“殊死”，意思是身首异处。汉代的死刑主要有三种：枭首为最重，腰斩其次，再次是弃市。

（2）肉刑。

自汉文帝废肉刑以来，又出现一些反复，宫刑和斩右趾刑被保留下来。宫刑又称腐刑或称下蚕室，原是仅次于死刑的一种重刑，也是肉刑中最残酷野蛮的一种。文帝刑制改革前，宫刑一度被废止，但景帝时又恢复。不过，它不作为法定刑等，而是作为死刑的代用刑，带有宽宥的性质。如果犯人不愿受此刑，就处以死刑。斩右趾刑曾被汉文帝废除，代之以弃市刑，后来有人认为由轻改重，故又恢复此刑。东汉明帝、章帝、和帝的赦宥诏书中，多次提到斩右趾刑，说明该刑在东汉时期很盛行。

（3）笞刑。

景帝以后，汉代的笞刑分200、100两种，是独立运用的刑罚。《棰令》对笞杖的规格，行刑部位以及行刑程序都有极为严格而具体的规定。但法律规定与法律实践有很大差距，执法人员不依法办事，而是滥施笞刑，致使受刑者非死即残，成为一种变相的肉刑。

（4）劳役刑。

汉代的劳役刑开始有了明确的刑期。据东汉卫宏的《汉旧仪》所载，汉劳役刑主要有：髡钳城旦舂，五年刑；完成旦舂，四年刑；鬼薪白粲，三年刑；司寇，二年刑；罚作、复作，一年刑；隶臣妾，一年刑。

（5）徙边。

汉代的徙边本于秦制，是对死刑的减等处罚。往往把大批减刑的死囚，连同其家属一起集体迁置边地定居服役，绝大多数不得返回原籍，甚至世代落户边区，具有刑罚与移民

① 《汉书·咸宣传》

的双重性质。它既宽宥了罪犯，保全了性命，体现了“皇恩”，又充实了边区，还可避免这些重要案犯破坏内地统治秩序。

(6) 禁锢。

这是禁止犯人或连同其亲属后代终身不得为官的处罚，类似于秦的废刑。西汉文帝时规定：“贾人、赘婿及吏坐赃者，皆禁锢不得为吏。”① 东汉时期，禁锢的使用更加频繁，涉及范围日趋扩大，不但适用罪犯本人，而且连及子孙亲友，“一人犯罪，禁至三属，莫得垂缨仕宦王朝，如有贤才而没齿无用”②。东汉末年，社会矛盾激化，统治集团内部党争骤起，失势者受禁锢，往往一次就是几百人。

(7) 赎刑。

此刑亦本于秦，两汉沿用，但有发展。在汉代，一般人犯罪，可用钱、谷、绢等赎其本刑。此外还有罚俸赎刑之法。它是对有爵位俸禄的官犯所采用的刑罚手段，主体是官员。汉代还新创女徒顾山刑，亦称雇山。即允许被判处劳役刑的女性犯人回到自己家中，每月出300钱缴纳给官府，官府用此钱雇人服役。这是宽宥女性劳役刑徒的一种赎刑。

(二) 民事法律规范

与秦朝一样，汉朝将暴力作为调整民事关系的手段，把侵犯国家所确认的民事关系的行为视作犯罪，处以刑罚。

1. 所有权的规定

西汉建立后，高祖曾下令，凡避难逃亡者，各归原籍，恢复其原有田宅。③ 这是对土地私有权的正式确认。但是少数有权有势之人掌握大量土地，他们凭借政治经济特权采用各种手段大肆掠夺兼并土地。权势不受限制，土地兼并就难以避免，小土地所有权也无法保障，④ 社会矛盾日益激化，反过来又威胁专制政权。所以，统治者又不得不抑制土地兼并，但收效不大，土地日益集中。

汉律对一般财产所有权也予以保护，汉高祖约法三章中就有“盗抵罪”的规定，对于以皇帝为代表的国有财产的保护就更是无以复加。《汉书·张释之传》载，“人有盗高庙座前玉环”，捕获后，文帝下令廷尉张释之问罪。张释之依汉律判为弃市刑。文帝大怒，要处以族刑。这就把侵犯财产所有权的行为与神权专制政治联系在一起了，把侵犯财产所有权的违法行为视作侵犯神权专制政治的犯罪行为。

2. 债的规定

两汉时期，债的关系有所发展，并用法律手段进行调整，主要表现在下列三个方面：

(1) 买卖契约。两汉时期凡土地买卖及其财物的大宗交易都要订立契约，当时称作“券书”。依据东汉郑玄为《周礼·秋官·士师》所作的注可知，券书一式两份，买卖双方各执其一，日后发生纠纷，作为诉讼证据。从出土的汉简来看，汉代的券书格式大体一致，包括买卖日期、标的、价钱、双方姓名、见证人等。券书便于买卖纠纷的解决和商品

① 《汉书·贡禹传》
② 《后汉书·章帝纪》
③ 《汉书·高帝纪》
④ 《盐铁论·刑德》

经济的发展。

(2) 借贷关系。汉朝借贷关系很活跃，也有人因放债而成为暴发户，从而使债务人不堪重负，导致贫富两极分化。于是国家用法律手段加以调整，既维护债权人利益，同时作出某种限制。汉律规定：凡贷钱于人，要按规定收息，并交纳一定税收；擅自提高利率，取息过律，或逃避纳税，依法论罪；债务人要按时偿还借贷，交付利息，否则也受到法律的制裁。

(3) 租佃契约。汉代土地日益集中在少数人手里，很多农民向大土地所有者和官府租种土地以维持生活。因此，租佃契约已很普遍。汉统治者有时也对租额作出限制，但农民负担仍很沉重，交不起地租。于是便丧失了原来的契约关系，沦为他人的"徒附"。《后汉书·仲长统传》载，有的大户"膏田满野，奴婢千群，徒附万计"。

3. 婚姻家庭制度的规定

婚姻家庭是社会生活的基本单位，特别在落后的农业社会。它又是专制国家赖以存在的基础。董仲舒继续发展了先秦儒家思想，并经过汉武帝的认可使其成为国家学说，从而深深地影响了汉代婚姻家庭方面的立法。儒家创始人孔子强调，"君君、臣臣、父父、子子"；① 孟子则说，"父子有亲，君臣有义，夫妇有别长幼有序，朋友有信"。② 董仲舒则从中发展出"五常"："夫仁、谊（义）、礼、知（智）、信，五常之道，王者所当修饰也。"③ 他建议皇帝用五种常道来调整各种社会关系，进而从中提炼出"三纲"，即君为臣纲、父为子纲、夫为妻纲。"三纲"中后二者属于婚姻家庭，并为前者服务。他的意图是：通过调整婚姻家庭关系，要人在家做顺妇、孝子，在外则做顺民，为官则做忠臣，从而实现齐家、治国、平天下的目的。

(1) 婚姻制度上的"夫为妻纲"。

婚姻的成立。《礼记·昏义》载："婚礼者，将合二姓之好，上以事宗庙，下以继后嗣也。"就是说婚姻的目的不是为了婚姻男女本人，而是为了祭祀祖先和传宗接代。这意味着婚姬的成立无须考虑子女的意愿，完全由父母决定，而且女方父母把女儿作为自己的财物出卖，向男方索取大量聘礼。这种包办买卖婚姻，不仅体现父为子纲的精神，也决定了女到男家后所处的附属地位。

一夫一妻多妾制。在汉代，以皇帝为代表的官僚贵族实行一夫一妻多妾制。一个男子占有众多女子，妻妾成群，粉黛三千。而且这些女子的称谓繁多，身份地位权利义务不同，尊卑界限十分严格。妻的地位高，妾的身份贱，可以用钱买。妾不但受制于夫，且受制于妻，实行双重压迫。妻对于妾来说如同公婆："妾之事女君，与妻之事姑舅等。"④ 妻妾地位不可颠倒，否则构成"乱妻妾位"罪。据《汉书·恩泽侯表》载，孔乡侯傅晏就因此罪而免官。

夫妻不平等的处罚原则。《女诫》说："夫有再娶之义，妇无二适之文，故曰夫者天

① 《论语·颜渊》
② 《孟子·滕文公》
③ 《汉书·董仲舒传》
④ 《仪礼·丧服》

也。天固不可逃，夫固不可离也。行违礼天则罚之；礼仪有愆，天则薄之。”可见，汉代不仅神化了君权，也神化了夫权。因此，汉律规定：丈夫有权打骂、奴役乃至转让妻子，而妻子则有义务服从丈夫的支配；丈夫可以妻妾成群，妻妾对丈夫必须保持片面的贞操；丈夫与人通奸，所处刑罚不过耐为鬼薪，而妻子与人通奸，或私自改嫁，或夫死未葬即嫁人，则处死刑。

婚姻关系的解除。汉律有“七弃”的规定，亦称“七去”或“七出”，即后世所称的休妻，是丈夫单方面抛弃妻子，解除婚姻关系的七种条件：“不顺父母，去；无子，去；淫，去；妒，去；有恶疾，去；多言，去；盗窃，去。”① 只要妻子符合其中一种条件，丈夫就有权休妻。而且上述大多数条件都是要求妻子做自我牺牲，有的条件跟妻子毫无关系。汉代也有限制休妻的规定，称为“三不去”，妻子若具备下列三个条件之一者，丈夫不得休妻：娶妻时妻家带有财产，而休弃后妻子无家可归；妻子为公婆服丧三年，有大孝之行；娶妻时贫贱而休妻时富贵。② 可见，限制休妻的“三不去”是以妻子所付出牺牲为前提的，是鼓励妻方尽义务。因此，是对“七去”的补充，解除婚姻关系的主动权始终掌握在丈夫手中，丈夫可以任意找到借口休妻。

(2) 家庭制度上的“父为子纲”。

严禁卑幼告尊长，特别禁止子女告发父母，即使父母犯谋反罪，子女也不得告，告则为不孝，处死刑。据《汉书·衡山王传》载，刘爽就因为告发其父谋反而以不孝罪弃市。但这丝毫不意味着谋反不为罪，可以逍遥法外。子女不得告，其他人必须告，官府更有纠举镇压之责。汉律的这些规定，既维护了父权，又维护君权，可谓两全其美。父母死，子女在服丧间与人通奸也属不孝，其具体罪名是“居丧奸”。因为犯罪性质不同，所以处刑很重。一般情况下通奸，仅处耐为鬼薪的劳役刑，而“居丧奸”则处死刑。至于子女殴打、杀害父母处刑就更重，或者枭首，或者腰斩。

为维护家庭关系，汉律严惩家庭成员间的相奸行为，尤其卑幼奸家长，一律视为“禽兽行”，“乱人伦”，“逆天理”，处极刑。③

(三) 经济法律规范

1. 保护农业生产的法令

在汉朝，特别是西汉前期，颁行了大量保护农业生产的法令，主要内容有：鼓励农耕，放宽土地限制，减轻田租负担，兴修水利。

上述立法促进了小农经济的恢复和发展，但由于专制权力不受限制，任何法律都难以持久实施，特别自汉武帝以后，权力日益膨胀，民人负担不断加重。大体说来，西汉前期注重法制建设，保护农业生产；中期以后则践踏法制，破坏生产，最终导致王朝的衰亡。这种情形，其他王朝也基本相似，其重要原因在于权力大于法。

2. 赋役制度

(1) 赋税制度。汉代赋税主要有土地税、人口税和资产税三种。土地税又称田租或

① 《大戴礼记·本命》
② 《史记·梁孝王世家》
③ 《史记·荆燕世家》

田税，文帝以前实行十五税一，文帝以后三十税一。人口税依据人的年岁分为两种：7 岁至 14 岁每人每年 20 钱，武帝以后增至 23 钱，称为口赋或口钱;① 15 岁至 56 岁每人每年 1 算，即 120 钱，称为算赋。② 资产税又称赀算，按财产每万钱征 1 算。③

（2）服役制度。汉朝强制民人为国家服兵役和徭役。男 17 岁登记役籍，称为傅籍。傅籍表示成丁，称为正卒，开始服役。景帝时改为 20 岁傅籍，昭帝以后又改为 23 岁傅籍。身强力壮的正卒服兵役，一年在本郡，一年戍边，或戍守京师，余者服徭役，每年一个月，称为更役，服役者称更卒。凡亲自服役叫践更，出钱代役叫过更，代役钱每月 300 钱，称为更赋。

（3）户籍制度。汉朝十分重视户籍管理，其主要用意是把众多农民世世代代束缚在土地上，以便于国家收税、抓人当兵服徭役。一般情况下，每年八月核查户口，俗称八月算民或案比户口，凡隐瞒不实者，依法严惩。

3. 商业立法

汉初，轻徭薄赋，约法省刑，与民休息，采取了相对宽松的政治法律措施，从而为商业的发展和商人资本的积累创造了良好的条件，致使富商大贾周流天下，交易之物莫不通，有的“富埒天子”，有的“财过王者”。④ 然而强大的商人势力直接威胁到中央集权统治，他们还将商业资本投诸政治，收买权要，为其积累财富找靠山，开绿灯，形成官商一体。同时，商业对于饥寒交迫的小农具有极大的诱惑力，瓦解专制政治赖以存在的经济基础。因此，汉朝加强了商业立法，或者将重要的商品变为国家专营的产品，或者增设专门的机构，对市场进行垄断，或者对私人商业作出种种限制，使其受困受辱，无利可图。

（1）盐铁酒专卖法。

盐铁是人们生活生产的重要物质，有的富商巨贾因为“冶铁鬻盐，财或累万金”，⑤ 他们虽无官爵封邑却与封君一样富有，在政治经济上形成了与中央的对抗势力。加之汉武帝时频繁用兵，耗资巨大，收不支出，于是下令将盐铁私营强行收归国家专营，在全国各地设置盐官和铁官，专司盐铁的产销。并规定：“敢私铸铁器煮盐者，钛左趾，没入其器物。”⑥ 桑弘羊说：“今意总一盐铁，非独为利入也；将以建本抑末，离朋党，禁淫侈，绝并兼之路也。”⑦ 足见盐铁私营已经对财政收入、农业之本、政权统一、社会风气等广阔领域产生了深刻影响，而将其收归国营也就收到了一举多得之效。

酒的榷酤。酿酒需要粮食，农业为酿酒业提供原料，而中国自古就是农业国家。因此酿酒业历史悠久，饮酒形成风气。相传商纣王造酒池，饮酒成性，由此而葬送天下。汉初由于农业生产的恢复发展，酒便成了重要的商品，许多商人因此而富。于是自汉武帝始就由国家垄断酒的产销，当时称为“榷酤”。《说文解字》云：“榷，水上横木，所以渡者

① 《汉书·昭帝传》注引《汉仪注》
② 《汉书·高帝纪》注引《汉仪注》
③ 《汉书·景帝传》
④ 《汉书·食货志》
⑤ 《汉书·食货志》
⑥ 《史记·平准书》
⑦ 《盐铁论·复古》

也”。榷即独木桥，只能一人独往独来。酤即卖酒。榷酤，指酒只有国家才能制造和销售，实即国营。榷酤不仅增加了国家财政收入，也是抑商的举措。

(2) 均输、平准法。

如果盐铁酒专卖是国家对某些影响到国计民生的重要商品实行垄断的话，那么，均输与平准则是汉武帝时期国家用以控制市场、调整物价的两项法律措施。按均输法的规定，地方各郡设立均输官，归大司农领导。凡地方上缴中央的贡物，折价交给当地均输官，均输官以此为本钱，利用地区间的物价差，贱买贵卖。依平准法，京师设平准官，负责收购各地货物。根据行情，贵则卖，贱则买，以调剂市场有无，平衡物价，故曰“平准”。均输、平准法的实施，使“官商大贾亡所牟大利”，而“大利”归诸政府，成为“安边足用之本”。① 也就是说，这两项法律使私人商业备受打击，大大地增加了政府的财政收入，为汉武帝维护专制政权、备战用兵拓疆土提供了资本。

(3) 限制私营商业的立法。

上述商业立法虽然也极大地打击了私营商业的发展，但它的特点在于确立政府在经济活动中的主体地位，政府或者对某些商品进行垄断经营，或者直接参与市场。下面将要谈到的不是政府如何参与经济活动，而是政府如何利用法律手段限制私营商业的发展。这主要有以下几个方面：

第一，贱商，辱商，使商人虽富而不贵。依汉律，商人另立户籍，名为市籍，其地位低于普通人，属贱民。汉高祖时曾明令：商人不得穿丝绸衣服，不得操持兵器，不得骑马乘车，更不得入仕做官。② 第二，谪发，迁徙商人到边远地区戍守。汉武帝在征讨匈奴和大宛的战争中于天汉四年（公元前97年）“发天下七科谪”，将七种人发遣到边区戍守，这七种人除了有罪的官吏、逃亡的罪犯、赘婿外，剩余的四种人是：被编入市籍的贾人，曾经有过市籍的人，父母被编入市籍的人，祖父母被编入市籍的人。这就把商人当做罪犯处罚了，而且虽然现在不经商，但曾经经过商，或者本人一直未曾经商，但父母、祖父母曾经经过商，也统统视为商人，当做罪犯发遣。第三，困商，设法使经商无利可图。首先，商人虽有钱，但不可“名田”，即不得购买土地，“犯者以律论”。③ 商人的土地和奴婢有具体数额限制，超过法定数额则没入官府充公。其次，商人的人口税加倍，纳算赋两算。再次，向商人征收财产税，称“算缗”。汉武帝时下令，商人须将自己的财产据实向官府申报，官府按申报的财产，每二千钱征收一算的缗钱。结果，商人为逃避算缗，往往隐瞒不报或报而不实。于是又颁“告缗令。该令是汉武帝时奖励人们告发商人隐报财产以逃避纳税的法令，规定，凡告发者可获被告发人财产的一半。史载，此令一出，“中家以上大抵皆遇告”，④ 从而使大批商家纷纷破产。

汉代的商业立法给商品经济以致命打击，解除了商人势力对中央政权的威胁，净化了受商业资本腐蚀的官场，增加了中央财政收入，短时间内巩固了集权统治。然而，这些立

① 《汉书·食货志》
② 《汉书·高帝纪》
③ 《汉书·哀帝纪》
④ 《汉书·食货志》

法不仅限制了商品经济，也没有给农民带来希望，甚至为国家搜刮民财提供了法律依据，从根本上说，上述立法既不利于商业，又有害于农业，也没有给专制政权找到一条免于灭亡的道路。中国的商品经济所以迟迟发展不起来，仅从汉朝的情况看，并不是由于中国人安土重迁、不乐于经商营利，也不是中国人不善于经商营利，其最直接的原因在于专制政权所奉行的政策法令。这些政策法令非但不保护商人的正当经营，反倒连其最起码的权利也被剥夺净尽。

（四）行政法律规范

1. 行政管理体制

（1）皇帝。

自秦朝起，中国历史上开始有皇帝，并建立了皇帝集权的专制制度。汉承秦制，并有发展。一方面，神化皇帝和皇权，为皇帝和皇权创造理论根据；另一方面，为了确保皇帝的无上尊严和权威，又规定了一系列与皇帝相关的专用称谓。蔡邕《独断》载："汉天子正号曰'皇帝'，自称曰'朕'，臣民称之曰'陛下'，其言曰'制诏'，史官记事曰'上'，车马衣服器械百物曰'乘舆'，所在曰'行在'，所居曰'禁中'，印曰'玺'，所至曰'幸'，所进曰'御'，其命令一曰'策书'，二曰'制书'，三曰'诏书'，四曰'戒书'。"皇帝的言谈举止用物等都有特定用语，特定用语专门使用，一旦使用不当即属犯忌，触犯了皇帝的尊严与权威。

（2）尚书台。

秦朝的三公九卿制度为汉朝所继承，变化不大，只是九卿中的个别名称有所不同。其变化最大者是尚书台制度。

尚书台制度由中朝官制度发展而成。在汉朝，凡办事机构在宫内，经常在皇帝身边侍卫皇帝的官员叫中朝官；办事机构在宫外，如三公九卿等负责处理全国政务的官员称外朝官。汉武帝加强皇权，削弱相权，专伺皇帝旨意办事的侍臣便日受宠信，并担任高级官职，开始参与朝政。至西汉成帝时，在中朝官的基础上，开始设置四曹尚书，出现了尚书台组织：常侍曹掌公卿事，二千石曹掌郡国事，民曹掌吏民上书事，客曹掌邦交事。①东汉光武帝扩大尚书台组织，置六曹尚书，其上设尚书令、仆射各一人，合称"八座"。②至此，正式形成尚书台制度。可见，尚书台是汉朝中央掌管全国政务的决策机构，它是皇权强化的必然结果，反过来又进一步强化了皇权。尚书台制度的形成，使以丞相为首的三公政府首脑制形同虚设。故东汉仲长统说："虽置三公，事归台阁。自此以来，三公之职，备员而已。"③

（3）地方行政机构。

汉代地方行政机构与秦不同，且前后变化很大。西汉前期，郡县与王国、侯国并存，相对而论王侯国势力大，具有相当的独立性。但至汉景帝平定七国之乱后，王侯国被大大削弱，实际上与郡县无别。

① 《后汉书·百官志》
② 《晋书·职官志》
③ 《后汉书·仲长统传》

东汉时期地方制度发生重大变化，由秦朝以来的郡、县两级制发展为州、郡、县三级制。州原是汉武帝时设置的监察区。州设刺史，秩六百石，成帝时改为州牧，地位提高，秩三千石。至东汉，州演变成地方最高行政机关。

2. 官吏管理制度

（1）官吏选任制度。

汉代选任官吏的方式主要有以下几种：①诏举。皇帝下令各郡县推举"贤良方正能直言极谏者"，经过皇帝面试（"对策"）认可后，任用为官，叫诏举。有时皇帝也用特诏的形式征用有特殊才能或德高望重之人做官。②辟举。这是各级政府自行选用其下属人员的制度。中央官府选用下属人员叫州郡辟除。③察举。地方郡国根据朝廷的要求，访察举荐人才，经考核合格后任用为官，是为察举。被察举的人才各有所长，主要有"孝廉"、"秀才"、"贤良方正"、"孝悌力田"、"明经"、"明法"、"文学"等。武帝前，不定期察举；自武帝始，各郡国每年举荐一人；东汉时，按各郡国人口数确定察举名额。依法律规定，凡应察举而未察举者，或以不敬罪论处，或因不胜任而免职。④学校培养。汉中央设立"太学"，招生徒入学学习，考试成绩优良者，补官。值得一提的是，汉代确立了任官回避制度，制定了《三互法》。规定："婚姻之家及两州人士，不得对相监临。"① 即两州不得派人交互做官，也不得互派有婚姻关系的人做官。其目的是防止结党营私，形成裙带关系。

（2）官吏考课制度。

汉代的官吏考课实行两种制度。一是通过上计的形式，每年年终由各郡派人前往中央，汇报一年的工作情况。中央由丞相等官负责考核，并依考核结果，决定奖惩。二是各部门自行考核，即各部门主管官员考核其属吏的政绩。

（3）官吏致仕制度。

致仕即退休。汉代致仕年龄为 70 岁，致仕后的待遇，多是给予一次性的高额赏赐，以示养老尊贤。有些德高望重、从政经验丰富的老臣致仕后，仍可按时朝见皇帝，向皇帝进言，皇帝有重大问题，也不时地向他们请教。汉代的致仕制度有利于官吏的新陈代谢，提高统治效能，同时还可使其充当政治顾问，继续发挥余光余热。

3. 监察制度

汉朝的监察制度在秦朝的基础上又有发展，既健全了监察机构，又强化了监察职能，更能满足汉代神化皇权的需要。

（1）中央监察机关及职能。

西汉初期，中央设御史大夫，掌全国监察。其下设有两丞，一是御史丞，一是御史中丞，分别监察中央和地方官吏。西汉成帝绥和元年（公元前 8 年），改御史大夫为大司空，不再主掌监察，监察职务由其属官御史中丞承担。

汉代的中央监察机关职权广泛，并不专一，除负责纠举百官非法之事外，还参与司法审判，掌有审判权，有时又率兵征讨，握有军事指挥权。汉武帝征和三年（公元前 90

① 《后汉书·蔡邕传》

年），御使大夫商丘成率兵两万出河西击匈奴。①

（2）地方监察机关及职能。

司隶校尉。汉武帝征和四年设司隶校尉，其下有属官若干，并分工负责，各主其事。司隶校尉主要负责京师地区的监察，职权很大，可直接弹劾三公。《汉书·匡衡传》载，元帝时，司隶校尉王尊上奏匡衡位在三公，却“专地盗土，衡竞坐免”。东汉时期，司隶校尉在皇帝面前与尚书令，御史中丞均专席独坐，号称“三独坐”，地位进一步提升。司隶校尉职权之大，地位之高，说明皇权在不断强化。

州刺史。汉武帝时，为加强对地方的控制，维护中央集权，将全国分为十三个监察区，称“州部”。州部设刺史一人，专职地方监察，秩六百石，爵位并不高。所谓“刺”，是指刺举，侦察揭发的意思；“史”即天子所遣之使者，是皇帝派往地方的耳目。刺史直接秉承皇帝的旨意，“掌奉诏条察州”，汉武帝曾“以六条问事”作为刺史行使职权的范围。② 其中第一条是关于监察地方强宗大户的规定，剩余五条是关于监察郡国长官的规定，其立法意图是防止郡国官员与地方豪强勾结。形成割据势力，威胁中央统治。起初，刺史的官位并不大，职权也有限，不得于“六条”之外过问他事。但由于他们是皇帝的使者，故随着皇权的膨胀，其权力也跟着膨胀，至西汉末年，已经到了“选第大吏，所荐位高于九卿，所恶立退，任职重大”③ 的程度。到东汉后期，由于社会矛盾不断激化。贫民起义不断发生，刺史便在镇压起义的过程中，不但有权监督地方军队，甚至直接统率军队。到汉灵帝时终于改称州牧，成为地方最高行政长官。可见，刺史的使命不是纠举地方官员如何虐待百姓，而是监察他们是否忠于皇帝，强迫其镇压贫民的反抗。

绣衣直指御史。这是汉朝皇帝直接任命的地方监察官。他们身穿绣衣，手持斧钺，握有生杀予夺之权。他们不仅监察州郡官员，还与其共同审理重大案件，惩办豪强，甚至负责指挥对贫民反抗的镇压。

五、汉律的儒家化特色

董仲舒继承发展了先秦儒学，并吸收了各家学说，使儒学成为包容百家的新的思想体系。这个思想体系经汉武帝认可，被确立为国家学说，用以指导立法，从而使汉律既保持了与秦律的一致性，又表现出很大的不同，形成了自身的特色，并对后世各专制王朝的法制建设产生深远影响。

（一）汉律的指导思想是德主刑辅

儒家重视德礼在国家政治生活中的作用，反对法家的严刑峻法，有轻视法律的倾向。而法家正相反，他们视德礼为害虫，于世无补，极力主张事断于法，依法而治。但法家法的核心是刑，是刑法，是暴力，是重刑。二者各有长有短，治理国家没有德礼软的一手不

---

① 《汉书·武帝纪》

② 《汉书·百官公卿表》

③ 《汉书·朱博传》

行，没有刑罚硬的一手也不行。然而，单靠德礼不可能维护专制统治，而单靠刑罚又不可能使专制政权长治久安。汉朝统治者扬长避短，将二者统一起来，确立了德主刑辅、礼法并用的法律思想，从而中国法制史进入一个新的发展时代，即德礼教化与刑罚镇压相结合的时代。可见，德主刑辅、礼法并用实是以儒家为主法家为辅，儒法两家不可偏废，或者说阳儒阴法、儒表法里。这标志着统治者立法思想的成熟。

（二）汉律强化了皇权

儒法两家都不否认君权。儒家把君主道德化，强调统治者的人格力量，提倡正人先正己，以此来维护君权。这些毫无疑问是必要的，但不仅做不到，即使做到了也不足以维护君权。法家推行极端的君主专制主义，特别推崇权势、权术、刑罚的作用。这些无疑是专制政治的基本内容，任何专制政治都少不了这些，但不加掩饰地鼓吹君主极权主义，阴谋权术主义、暴力镇压主义，必将产生灾难性后果。汉朝不仅将二者杂糅在一起，而且制造了“天人感应”、“君权神授”的理论，系统地制定了一整套加强和神化皇权的法律内容，对于一切侵犯皇帝的安全、尊严和权威的言行，一律按重罪处酷刑。

（三）汉律维护家庭伦常关系

儒家主张，要治国先齐家，齐家是治国的前提，注重亲情，维护家庭内部的伦常关系，强调父子有爱、夫妇有别。虽然重心是要求妻顺夫、子孝父，但并未将其绝对化。汉朝则明确提出父为子纲、夫为妻纲，并以阴阳五行说来论证它的永恒性和神圣性，从而将父权、夫权推向了极端。父权和夫权是家庭的两大支柱，也是君权的缩影，孝于父、顺乎夫最终目的是为了忠于君。因此，父权、夫权、家庭是君主专制国家赖以存在的基石。正因为这样，汉律严格维护家庭成员间的伦常关系，明确规定不平等的社会地位，把下犯上、卑犯尊的行为作为“逆天理”、“乱人伦”的大罪，甚至视为“禽兽行”，予以重惩。

（四）汉律把儒家思想上升为刑法原则

周礼有“八辟”，维护某些人的特权，而汉律有上请原则，规定官僚贵族犯罪，一般司法机关不得审判，须上请皇帝裁决；儒家讲仁爱，提倡尊老爱幼，而汉律有恤刑原则，规定老幼妇残犯罪享受优待；孔子主张父子有罪相为隐，汉律则确立了亲亲得相首匿的原则。汉律的这些原则无一不来源于儒家，而它们又对汉律具有统帅全局的作用，这说明汉律已经开始了儒家化。

（五）司法制度的儒家化

汉代不仅用儒学指导立法、解释法律，而且把儒家经典直接上升为法律，用以审判案件，这就是所谓的“春秋决狱”（详情参见下节）。董仲舒为先秦儒学注入阴阳家的内容，受其影响，汉朝确立了秋冬行刑的制度（也参见下节）。上述两例，涉及案件的审判和刑罚的执行，是汉朝司法制度开始儒家化的突出表现。

第二节 汉朝的司法制度

一、司法机关体系

（一）中央司法机关

皇帝。与秦一样，汉朝皇帝集所有大权于一身，包括最高司法权。不论案件的大小和种类，只要皇帝想管，任何人都不得阻拦。而且皇帝的判决永远正确，即使错了也是正确，除非皇帝自错自纠，或死后由他人翻案。值得一提的是，由于汉朝确立了上请原则，所以官员贵族犯罪后，都要上奏皇帝，恭候皇帝裁决。

廷尉。廷尉是在皇帝之下设立的中央专门审判机关，长官也称廷尉，位居九卿之一。其职责是：审理皇帝交办的诏狱和地方上报的疑难案件。廷尉不解决，则上奏皇帝。可见，廷尉这把刀把子在皇帝的掌握之中，是皇帝专政的暴力工具。

丞相作为中央行政长官也有生杀之权；东汉尚书台制度形成后，"二千石曹"尚书主辞讼；御史大夫是中央监察机关，主要职务是纠弹百官，但也随时听从皇帝的吩咐，承诏治狱。

汉代还有"杂治"，即遇有重大案件由中央各部门许多高级官员联合审判，开后世会审制度之先河。例如，贺良等人反道惑众，于是组成联合审判庭，由光禄勋（由秦的郎中令改名而来，九卿之一，主掌宫廷警卫）、御史中丞、廷尉等官进行"杂治"。① 从上述情况可知，汉朝中央审判权并不是由专门机关统一行使，而是各个机关都享有审判权，甚至连宫廷警卫官也参审大案。并且这些行使审判权的机关都听命于皇帝，说明司法没有独立性。

（二）地方司法机关

汉朝地方各级行政机关与司法机关合一，是一套班子，各级行政长官同时又是各级法官。西汉初，封国与郡县并存，封国享有相对独立的审判权；景帝削藩后，侯王的审判权被剥夺，由中央委派的王国丞相负责审判。

郡的长官是郡守，主掌审判；辅佐其审判的官员叫"决曹掾"。县的长官是县令，辅佐其审判的是县丞。

二、诉讼审判制度

（一）告劾

汉代称起诉为告劾。一般情况下，当事人直接到官府告诉，称为"告"，相当于今日的"自诉"；而官府代表国家纠举犯罪，称为"劾"，相当于今日的"公诉"。

告劾须逐级进行，不得越级。但有冤狱，可以越级上告皇帝，称为"诣阙"。不过，告御状很难。东汉舜帝时，"宁阳主簿诣阙，诉其县令"，"积六七岁不省"。② 此外，汉律严禁卑幼告尊长，并禁止诬告，实行诬告反坐。

（二）逮捕和羁押

在逮捕和羁押方面，汉律依据犯人身份和犯罪性质的不同，采取不同的措施。普通人犯罪，只要被告就随即逮捕羁押，即使有疑，也先收后审；官员贵族犯罪，一般要先奏请

① 《汉书·李寻传》
② 《后汉书·吴诩传》

皇帝；但对于谋反等侵犯专制政权的犯罪，则不论何人，均须立即逮捕归案。

民间一般争讼，一般不予逮捕，往往采用“德化”的方式处理，以息事宁人，化解纠纷。《后汉书·吴祐传》载，吴祐任胶东侯相时“民有争讼者，辄闭阁自责，然后断其讼，以道譬之。或身列闾里，重相和解”。这类似于后世的调解。

（三）审讯和判决

汉代将审讯和判决区分开来，称审讯为“鞫狱”，称判决为“断狱”。

审讯的主要方法仍是西周时的“五听”。审讯的首要目的是为了获取口供，因此刑讯逼供就成了必要的手段。《汉书·杜周传》载，法官问罪，“不服，以掠笞定之”。东汉章帝曾下诏说：“律云，掠者唯得榜笞。”① 汉景帝制定《棰令》，既是刑罚制度的改革，也用于刑讯。这说明，在汉代，刑讯是合法的。然而在司法实践中，官吏往往非法刑讯，造成大量冤假错案。

经过审讯取得口供后，过三日再审，称为“传复”。如果前后供词无出入，即可判决。判决后，向被告宣读判决书，称作“读鞫”。

（四）复审和上报

案件判决后，向被告宣读判决书。如果被告称冤，允许本人或其家属请求复审，称为“乞鞫”。乞鞫须在判决后三个月内提出，超过期限则不得请求复审。

对于地方司法机关来说，一般案件可自行判决，但有两类案件受到限制，必须上报请示。一是死刑案件的判决，要上报中央，经皇帝或廷尉审核批准后，方可生效，是为“奏报”，实即死刑复核审批制度。二是疑难案件，要逐级上报决疑，县疑而不决者上报郡守，郡守疑而难决者上报廷尉，廷尉不能决则上奏皇帝；是为“奏谳”或“谳疑”。对死刑案件和疑难案件实行上报制度，是汉朝统治者出于“慎刑”的考虑，对下级司法机关的司法活动也能起到检查作用。但助长了官吏的拖拉作风，影响了办案效率，以至于“有罪者久而不论，无罪者久系不决”，“久者数十年”。② 同时，它又是皇帝垄断司法权的表现。

（五）录囚制度

《后汉书·百官志》载：“诸州常以八月巡行所部郡国，录囚徒。”注文引胡广语，说得更明确：“县邑囚徒，皆阅视录参考辞状，实其真伪，有侵冤者，即使平理之。”可见，录囚既不是诉讼程序，也不是审判活动，而是汉代的审判监督制度，即上级司法机关定期对下级司法机关判决后关押的囚犯进行询问，核实罪状，以平雪冤案，是审判制度的补充。虽然这种制度在“缓深故之罪，急纵出之诛”的刑事政策下，事实上起不到什么作用，而且随着社会矛盾的加剧，司法更加黑暗，就往往成为摆设，但作为一种司法制度，毕竟开辟一条平反冤狱、监督审判的有益途径。

---

① 《后汉书·章帝纪》
② 《汉书·刑法志》

三、司法儒家化的表现

"春秋决狱"、秋冬行刑和大赦制度是汉朝司法制度儒家化的突出表现，也是儒学被确立为正统成为国家统治思想的条件下产生的结果。

（一）"春秋决狱"

【参考资料 6-5】

卫太子案

卫太子是汉武帝的第一位太子，后因"巫蛊之祸"而被迫出逃，死于外地。有一个以卜筮为生的人，曾为一个做过卫太子近臣的人算卦，太子近臣说他的相貌很像卫太子，卜筮者遂异想天开，想冒充卫太子骗取富贵。假卫太子的出现，对汉昭帝的皇位是一个很大的威胁，但卫太子是皇帝的哥哥，并曾被立为太子，现在他又回来了，如何处置，昭帝和执政的大将军霍光都深感棘手，这可谓一例重大疑难案件。隽不疑引用了《春秋》中卫灵公太子蒯聩的事例。蒯聩得罪了卫灵公，出逃晋国。卫灵公死后，晋国送蒯聩回国继位，灵公另一儿子蒯辄已即位，拒绝蒯聩回国，《春秋》很赞赏蒯辄的做法。卫太子的情况与蒯聩相似，故隽不疑根据《春秋》的精神，大胆地逮捕了假卫太子，并最后将其腰斩于市。

1. "春秋决狱"的含义

"春秋决狱"是汉魏晋南北朝时期所特有的一种审判制度，它赋予儒家经典特别是《春秋》以法律的意义，用其中所记载的事例和体现的精神来分析案件，并作为定罪量刑的法律依据，也称引经决狱，或经义断狱。

2. "春秋决狱"制度的出现和推行

董仲舒是经学大师，"春秋决狱"制度的创建人。他用儒家经典审理过许多案件，撰写一部由 232 个典型案例组成的专集，是引经决狱的权威，在当时乃至后来都享有盛名。即使他老病退休后，"朝廷每有政议，数遣廷尉张汤亲至陋巷问其得失"，他"动以经对，言之详矣"。① 这既表明了董仲舒的影响力，也表明了引经决狱所受到的重视。以董仲舒为首，公孙弘、吕步舒等人紧随其后，也长于此道。

春秋决狱制度确立于西汉，一直延续到魏晋南北朝，至隋唐由于儒家经典与法律高度统一，宣告终结。它在中国法制史上推行数百年之久。

3. "春秋决狱"制度形成的原因

春秋决狱所以形成并推行数百年，并非偶然。

（1）至汉武帝时，历史终于选择了儒学，确立了儒学的正统地位，这是春秋决狱制度形成的前提。统治者不把儒学作为国家的统治思想就不可能用儒学中的经典审判案件。

（2）儒学特别是经过董仲舒改造充实后的儒学，它更能满足汉武帝大一统的需要。

---

① 《后汉书·应邵传》

这是春秋决狱制度形成的根本原因。

(3) 儒学虽然更能满足国家统治的需要，并且上升为统治思想，但法律不可能在短时间内与这种思想高度紧密地结合在一起，二者间存在差距。就是说法律落后于指导思想的变化，不能满足其需要。儒学与法律的统一与融合，还需要探索，需要经验的积累。需要一个过程。在这种情况下，将儒家经典直接用于司法实践就可在一定程度上克服上述矛盾，弥补法律之不足，甚至取代法律。这是春秋决狱制度形成的关键性原因。

4. “春秋决狱”制度的特点

(1) 最明显特征是不用法律审判案件，而是以儒家经典作根据，或者将儒家经典所记之事作为案例用以比附断案，或者以儒家经典所体现的精神理念为指导，用以分析案件，定罪量刑。用儒家经典审判案件确实带有很大的灵活性和随意性，但并非毫无标准可言。儒家特别推崇礼，作为儒家经典的代表作之一《春秋》就是“礼义之大宗”。① 因此，用儒家经典审判案件也就是以礼作标准，以礼作标准就要特别注重案件当事人的身份，身份不同，虽行为相同，定罪量刑却不同。这是春秋决狱制度的内在特征。

(2) 用儒学中的德作为审判的依据就必然强调犯人主观动机的善恶，用主观动机的善恶来决定犯罪的性质和刑罚的轻重。因此，董仲舒就说：“春秋之听狱也，必本其事而原其志，志邪者不待成，首恶者罪特重，本直者其论轻。”② 这里虽然没有将主观动机绝对化，但已明显地呈现出这种倾向。

5. “春秋决狱”制度的弊端

春秋决狱的出现有其出现的合理性，是历史发展的必然。然而它又是特定历史条件的产物，又必然带有局限性。

(1) 最大弊端就是不利于法律的统一，有损于法律的权威性和普遍性。用儒家经典决狱，意味着置法律于不顾，法律充当了摆设；或者二者兼用，这又意味着定罪量刑有两个标准。从长远看，此种情况对任何统治者来说都没有好处。

(2) 从儒家经典本身看，它具有模糊性、不确定性等特点，难以充当法律作为定罪量刑的准绳，更何况儒家强调“德”，以德作标准不仅更难把握，又必然出现重人的主观动机而轻人的客观行为的问题，从而为惩治思想犯提供了依据，为司法官吏主观擅断、出入人罪、草菅人命开了方便之门，势必造成司法腐败。对此，《盐铁论·刑德》总结说：“《春秋》之治狱，论心定罪，志善而违于法者免，志恶而合于法者诛。故其治狱，时有出于律之外者。”这未必准确地表明了董仲舒的司法实践，却是他的司法实践带来的必然结果。

应该指出，正由于春秋决狱的上述缺陷，才为后世的改造留下了余地，至唐朝终于实现了儒家经典的法律化，形成了以礼法合一为特征的中华法系代表性法典——《唐律疏议》。足见，“春秋决狱”在中国法制史上占有举足轻重的地位。

6. 春秋决狱与引经注律

春秋决狱制度的确立和推行使汉代引经注律极为盛行，不仅董仲舒著有春秋决狱的案

---

① 《史记·太史公自序》
② 《春秋繁露·精华》

例集，又有公孙宣、郭令卿、马融、郑玄等十余家经学大儒用儒家经义来解释法律，每家著述都有数十万言。结果“言数益繁，览者益难”，“天子于是下诏，但用郑氏章句，不得杂用余家”。① 从而赋予郑玄的解释以法律效力，即郑玄用经义对法律所做的解释是有效的法律解释，当时称之为“郑氏章句”。如果说，引经注律是春秋决狱的结果，那么，春秋决狱的结果又为晋代律学的空前发展奠定了基础。

（二）秋冬行刑制度

1. 秋冬行刑的依据

汉代规定死刑犯的判决一般要在立秋之后、冬至之前的秋冬季节执行，立秋前、冬至后的春夏季节一般不处决死囚。故称“秋冬行刑”。

秋冬行刑的主要根据是董仲舒的“阴阳五行”说和“天人感应”理论。董仲舒认为，春夏主阳，秋冬主阴；养生属阳，刑杀属阴。这种天时的阴阳与人事的阴阳有密切关系，人事必须顺从天时。依照天时，春夏是万物复苏生长的季节，故应养生好德，不可违天时而杀生；秋冬则百草凋零，故处决死刑是顺天道合神意。这种理论牵强附会，很少科学性，但在当时条件下，未必没有说服力。

2. 秋冬行刑的意义

（1）秋冬行刑与春夏行刑对立，前者是对后者的限制。因此，它虽然被神化，却也在一定程度上限制了统治者不时地滥施刑罚，是儒家“仁政”、“德治”思想的体现，也是汉朝司法制度儒家化的一个例证。

（2）秋冬行刑并不是绝对的和无原则的，对于某些重大犯罪，尤其是聚众反抗的“贼盗”仍然不待时而杀。把特殊犯罪和一般犯罪区别开来，采取不同的手段，是刑罚执行方式成熟的表现，有利于国家统治。

（3）秋冬行刑有利于农业生产。汉代是小农经济，春夏是农忙季节。处决一个犯人，往往使很多人受到影响，既不利于社会稳定，更有害于经济发展，而在秋冬行刑恰好避开了农忙季节，可以减少上述副作用。因此，自汉朝创立以后，为各王朝所沿用，至清朝终于发展成秋审和朝审制，在历史上产生了深远影响。

（三）大赦制度

大赦制度也是汉朝司法制度儒家化的表现形式。所谓大赦也就是在新帝登位、立太子、娶皇后、庆大寿、遇灾异、有丧事等情况下，由皇帝下令，大批释放囚犯的制度。它既是皇帝控制司法、神化皇权的方式，也是皇帝施加恩泽、进行德化、显示仁政的措施。汉以前虽然也有赦罪的做法，但主要是司法官用来赦免疑罪或过失犯罪，与大赦不同。汉朝由于确立了儒学的正统地位，所以大赦频繁，史不绝书，多不胜举。统治者往往先是严法网捕，显示权威，然后实行大赦。以示“皇恩”。宽猛相济，镇压与宽赦交替使用，是汉朝的常用做法，并对后世产生很大影响。

四、监狱制度

在中国历史上，称监禁或关押犯人的场所为“狱”，始自汉朝《汉书·刑法志》说，

① 《汉书·刑法志》

汉朝“天下狱二千余所”。这些监狱可分为下列几种：

廷尉狱，汉代的中央监狱，往往奉诏令收禁人犯，故又称廷尉召狱。《汉书·王嘉传》就有“召嘉诣廷尉诏狱”的记载。可见，廷尉狱所关押的人犯多是有一定爵位的官员或政治犯。廷尉狱设有狱吏，负责监狱的管理。

中都官狱，是京师各官府监狱的总称，共26所，有名可考者19所。它初设于汉朝初期，至汉武帝，由于屡兴大狱，囚犯众多，遂急剧增加，东汉光武帝时大部被裁撤，随后又恢复。中都官狱由各官府长官管辖，所监禁的人犯并不限于本部门，也奉诏关押人犯。

郡狱，县道狱，是汉代地方监狱。郡狱分设各郡，由郡守管辖，关押各郡审判的人犯。汉朝在少数民族聚居地区设道，与县并列。各县道均设有监狱，称为县道狱。管理县道狱的官吏或曰丞，或曰典，或曰司空，其监禁的对象主要是各县道判决的囚犯。

【本章小结】

汉朝初期的指导思想是黄老的“无为而治”，在法制上体现为约法省刑。汉武帝时确立了“德主刑辅”的法律指导思想，是中国法律儒家化的开端。汉朝立法的开端是“约法三章”，汉律的核心和骨干是《九章律》，除此之外又有《傍章律》18篇、《朝律》6篇、《越宫律》27篇组成，共同构成汉律六十篇。法律形式主要有律、令、科和比。汉朝法律内容有：刑事法律规范：汉文景帝时进行了废肉刑的改革，为结束奴隶制肉刑制度、建立封建刑罚制度奠定了重要基础。汉律的刑法原则有上请原则、矜老怜幼的恤刑原则和亲亲得相首匿原则。这些原则都源于儒家，又对汉律具有统率全局的作用，这说明汉律已经开始了儒家化。汉律严惩危害君主专制政权的犯罪，罪名有以下几类：神化皇权，威胁皇帝人身安全、侵犯皇帝尊严和权威均是犯罪；削弱地方诸侯势力的法律有：《左官律》、阿党法、附益法、酎金律、事国人过律、非正、出界罪、推恩令和不得复治国令等；重惩贼盗的犯罪有：群饮罪、首匿罪、通行饮食罪、沈命法和见知故纵监临部主法等。汉朝的刑罚制度趋于简化，但仍很繁杂，包括死刑、肉刑、笞刑、劳役刑、徙边、禁锢和赎刑等。民事法律规范：保护土地所有权，抑兼并，对一般所有权以保护；用法律手段调整债的关系，对买卖契约、借贷关系和租佃契约做了明确规定；婚姻家庭制度方面提炼出“三纲”，即婚姻制度上的“夫为妻纲”，表现在一夫一妻多妾制、夫妻不平等的处罚原则、婚姻关系的解除（七出：不顺父母、无子、淫、妒、有恶疾、多言、盗窃；三不去：有所娶无所归、与更三年丧、前贫贱后富贵），家庭制度上的“父为子纲”，表现在严禁卑幼告尊长，严惩家庭成员间的相奸行为。经济法律规范：保护农业生产的法令表现为鼓励农耕、放宽土地限制、减轻田租负担和兴修水力，赋役制度包括赋税制度、服役制度和户籍制度，商业立法内容有：盐铁酒专卖法、均输平准法、限制私营商业的立法，比如贱商辱商、谪发和困商等。行政法律规范：行政管理体制包括皇帝制度。形成了尚书台组织或地方行政机构；官吏管理制度包括官吏选任制度、考课制度和致仕制度；监察制度包括中央设御史大夫掌监察，监察机关职权扩大，地方设司隶校尉，与尚书令、御史中丞“三独坐”，地方设刺史、绣衣直指御史等官吏。汉律的儒家化特色鲜明，体现在：指导思想是德主刑辅，强化皇权、维护家庭伦常关系、把儒家思想上升为刑法原则，司法制度儒家化。

汉朝的司法机关体系包括：廷尉是中央专门审判机关，皇帝、丞相也有审判权；地方各级行政机关与司法机关合一。汉朝诉讼审判制度包括：告即自诉、劾即公诉；民间争讼一般不逮捕，而是采用“德化”方式处理；审讯称为“鞠狱”，判决称为“断狱”；汉朝的上诉制度称为“乞鞠”；审判监督制度称为“录囚”制度。汉朝司法制度儒家化的突出表现有：一是“春秋决狱”，即用儒家经典特别是《春秋》的事例和精神作为定罪量刑的法律依据，首创于董仲舒。“春秋决狱”用主观动机的善恶来决定犯罪的性质和刑罚轻重，有很大的灵活性和随意性，不利于法律的统一。引经注律是“春秋决狱”的结果；二是秋冬行刑，即死刑犯的判决一般在秋天和冬天执行，主要依据是董仲舒的“阴阳五行”说和“天人感应”理论；三是大赦制度，即在新帝登位、立太子、娶皇后、庆大寿、遇灾异、有丧事等情况下，由皇帝下令，大批释放囚犯的制度。汉朝监禁或关押犯人的场所为“狱”，有廷尉狱、中都官狱、郡狱。

第七章 震荡整合

——三国两晋南北朝法律制度

◎ 知识目标：

- 了解三国南北朝时期法制指导思想的特色；掌握这一时期法制的形式体例、内容的演变，及其对于后世法制的影响
- 了解三国两晋南北朝时期司法制度的变化；掌握大理寺、律博士、登闻鼓直诉制度、死刑复奏制度及刑讯制度

◎ 能力目标：

- 理解少数民族为中华法系的发展作出的重大贡献
- 能够用历史思维方式分析为什么在南北朝时法律制度会有长足的发展

【本章导读】

中国历史上的各王朝，不论何人采用何种方法进行统治都无法避免必然灭亡的命运，这是由专制制度本身所决定的。而且，一个王朝统治时间越长，所积累的问题就越多，所以它一旦灭亡，所经历的动乱时间也就越长。可谓“分久必合，合久必分，分而必久”。三国两晋南北朝正处于强汉王朝长达400余年统治之后的长期分裂战乱时期。这个时期，政权林立，更替频繁，而且各政权又不能平等互利，竞相发展，而是互相吞并，战争不已。因此很难有在全国统一适用的法典。但从总体上看。法律制度并未中断，而是在秦汉的基础上有长足进步。特别是由于少数民族的内迁，一方面，积极吸收先进的汉文化，加速自身的汉化进程，使汉朝以来的法律制度得以继承；另一方面，又为它的进一步发展注入了活力。这一时期，立法技术有提高，法典编撰日臻科学，法律范畴更加规范，法律形式比较健全，法律内容也不断儒家化，并对隋唐成熟时期的法律制度产生重大影响。可以说，三国两晋南北朝上继秦汉下开隋唐，在中国法制史上处于承前启后的重要发展阶段。

第一节 三国两晋南北朝的法律

一、法律思想

三国两晋南北朝是继春秋战国之后中国历史上思想界的又一个活跃时期。这一时期，玄学兴起，佛学极盛，法家受到重视，但均未取代儒学而形成正统。相反，儒家面对挑战，容纳各家，地位非但未变，且根基更牢，并深深地影响立法，使儒家的许多纲常名教直接上升为法律，礼法交融，法典进一步儒家化，为一切以礼为准的唐朝法制奠定了基础。

（一）三国：崇法而不卑儒

三国虽然鼎立，却极不安宁，各国都以正统自居，视对方为仇敌，不共戴天，为此而展开了旷日持久的激烈战争。在我存你亡的较量中，以长于进取为特征的法家思想便凸现出来，相对而论，以重在守成的儒家思想却不像先前那样独尊。当其时，“师商韩而上法术，竟以儒家为迂阔，不周世用”。① 以致“儒林之群，幽隐而不显”。② 一代枭雄曹操，“运筹演谋，鞭挞宇内，揽申商之法术，该韩白之奇策”。③ 诸葛亮手抄申不害、韩非子、管子等法家著作，给刘禅兄弟作教材。曹操和诸葛亮还从理论上阐述了奉行法家学说的必要性。在曹操看来，“德主刑辅”并不是永恒不变的，社会形势发生了变化，它也要跟着变化。他说：“治定之化，以礼为首；拨乱之政，以刑为先。”④ 这就把法家所强调的刑放在了治乱世的首要地位。诸葛亮则主张：“威之以法，法行则知恩；限之以爵，爵加则知荣。恩荣并济，上下有节。为治之要，于斯而著。”⑤ 这不仅在观点上而且在表达方式上，都与法家相似。

三国时期推崇法家，但并非唯法家独尊，儒家同时受到重视。在曹操那里，儒家思想依然是理想。他拨乱政，以刑为先，并不是目的，目的是实现“治定之化”，确立礼的统治地位。他强调“有事赏功能”，最终还是为了“无事”，以实现“治平尚德行”。曹操为恢复儒家倡导的仁义礼让之风，还采取了切实可行的措施：“令郡国各修文学，县满五百户置校官，选其乡之俊造而教学之。庶几先王之道不废，而有益于天下。”⑥ 诸葛亮一方面“刑法峻急”，另一方面又接受孔子的先教后诛的主张，说：“为君之道，以教令为先，诛罚为后。”⑦

（二）两晋：法制儒家化

晋的统治集团是东汉末年发展起来的世家大族，他们因精通儒学而在社会中占有特殊地位。掌握政权后，自然要特别维护士族门第的利益。而儒家倡导的是：君君、臣臣、父父、子子，强调尊尊、亲亲，确认政治上的尊卑贵贱等级关系和宗法血缘上的亲疏远近关系，这些正符合司马氏统治集团的需要。因此，他们注重用儒家学说指导法制建设，努力实现法制的儒家化。陈寅恪说：“司马氏以东汉末年之儒学大族创建晋室，统治中国，其所制定之刑律尤为儒家化。”⑧ 而所谓“儒家化”，即“于儒家精华——礼，尽量地杂糅在法律条文里，一直至法律全部为儒家思想所支配时为止”。⑨

礼既是儒学的灵魂，也是晋代法制的指导思想。在这种思想的指导下，晋代统治者在立法实践中，不仅依礼制律，又纳礼入律，使礼律结合在一起。《晋律》就是在这种条件

① 《三国志·魏书·杜畿传》
② 《三国志·魏书·高柔传》
③ 《三国志·武帝纪》
④ 《三国志·魏书·高柔传》
⑤ 《三国志·蜀书·诸葛亮传》
⑥ 《太平御览》卷 424
⑦ 《诸葛亮集·便宜十六策·教令》
⑧ 陈寅恪：《隋唐制度渊源略论稿》，中华书局 1963 年版。
⑨ 瞿同祖：《中国法律与中国社会》，中华书局 1981 年版，第 344 页。

下制定的，它比较充分地贯穿了礼的基本原则和精神，成为中国历史上第一部纳礼入律、礼律结合的儒家化法典。既然晋代在很大程度上解决了国家法律与儒家经典间的矛盾，使二者越来越一体化，也就没有太大的必要用法律和经典两个标准定罪量刑了。这必然对司法实践产生重大影响，意味着自汉代以来盛行的引经决狱之风即将结束。所以刘颂说："律法断罪，皆当以法律令正文；若无正文，依附名例断之；其正文、名例所不及，皆勿论。"① 这一主张与近代以来的"罪刑法定"原则十分相似，但当时的"律"却不是近代以来的"法律"，而是"礼律"，它的精神是亲亲、尊尊，实质是维护君主专制政权。

(三) 南北朝：礼律进一步结合

西晋灭亡后，大批官僚、贵族、豪强、平民纷纷南迁，继而建立起来的南朝宋、齐、梁、陈各政权，都偏安江南，秉承魏晋之风，崇尚佛道，清谈玄学，不务实际，法制指导思想没有新意，法制建设亦少建树。

与南朝相对，北朝的立法却显得非常活跃。表现在法律制度上，北朝的各少数民族政权无不把模仿汉族法律作为自己的法制指导思想，全面接受汉族法律文化。比如鲜卑族建立的北魏政权，采取一系列旨在汉化的法令：穿汉服，用汉姓，说汉语，与汉人通婚，按门第等级建立门阀制度。孝文帝还组织汉律学家参与北魏律的制定，并多次诏群臣聚议，从而使礼律进一步结合。近人程树德总结说："唐宋以来相沿之律，皆属北系，而寻流溯源，又当以元魏之律为北系诸律之嚆矢。"② 足见北魏律在中国法律儒家化的历史过程中所占的重要地位。

北朝虽然是少数民族所建立的政权，但中国的法律文明非但未因此而中断或倒退，而是一如既往，为它的进一步发展注入了活力。

二、立法活动

三国两晋南北朝时期，各政权都有立法活动，其中主要的立法成就分别是：三国时期魏国制定的《新律》（通称魏律），西晋的《泰始律》（通称晋律），北魏的《后魏律》（通称北魏律），北齐的《北齐律》。

(一) 曹魏的《新律》

三国中魏国的立法成就尤为显著。魏武帝曹操时，制定《甲子科》，将汉律定罪量刑的标准减半施行，是一时权宜之计。至魏明帝太和三年，下令改定刑制，命陈群、刘劭等人参照汉律，制定魏法，撰成《新律》18 篇，这就是三国时期最为著名的《魏律》；同时制定"州郡令"、"尚书官令"和"军中令"180 余篇③，分别属于民事、行政、军事方面的法规，用以治民、治官、治军。

魏律是以汉律为基础而制定的，二者具有不可分割的连续性，但并非对等。魏的立法者站在前人的肩膀上，不仅继承了过去的成功经验，又进行了重要改革。因此，魏律较之汉律有长足的发展。主要表现在：

---

① 《晋书·刑法志》
② 《九朝律考·后魏律考序》
③ 《晋书·刑法志》

（1）增加篇目。汉萧何作律9章，不能满足统治的需要，因此，不得不于正律之外增加众多旁章科令作为补充。这就使得法令条文日益繁杂，法规体例难以统一。基于此，魏律由汉律的9篇增至18篇，从而克服了“篇少则文荒，文荒则事寡，事寡则罪漏”①的弊端，弥补了法典体例和法律内容的不足。

（2）改《具律》为《刑名》，置于篇首，用于统帅整部法典。汉之《九章律》在《法经》6篇的基础上增加3篇而成，具有法典总则性质的《具律》排在第6位，既不在始，也不在终，无法突出该篇的重要地位，体例安排不够科学。魏律不仅将《具律》改为《刑名》，而且将其冠于律首。这是法典篇章结构的重大改变，标志着立法技术的提高。

（3）删除汉以来不合时宜的“旁章科令”，使律条更加精简；调整与篇目不相合的内容，使篇目与律条趋于统一。

（4）改革刑罚制度，使刑罚手段趋于规范化。

（5）“八议”入律，礼律进一步融合。

魏律上承汉律，又对晋律产生直接的影响。

（二）西晋的《泰始律》

西晋的立法始于魏末。早在司马昭辅政时，即命贾充、杜预等名儒重臣14人参照汉魏律进行立法。律未修完，晋已代魏。到晋武帝泰始三年修订告成，泰始四年颁行天下，是为《泰始律》，又称晋律，共20篇。

晋律与汉魏律相比有如下特点：

（1）晋律将魏律的《刑名》篇分为《刑名》和《法例》两篇，共同构成法典的总则，用来统领其他各篇，这意味着总则部分的内容更加充实，有利于从整体和精神实质上把握法律的含义，同时又为北齐将《刑名》、《法例》两篇合为《名例》一篇奠定了基础，促进了法典篇章体例的发展；同时对刑律分则部分重新编排，向着“刑宽”、“禁简”的方向迈进了一大步。

（2）律注合一。

为了准确理解和统一适用，晋律颁行后，张斐和杜预两位著名的律学家先后作注，并经晋武帝批准，“诏颁天下”，与律文具有同等法律效力。后世把张、杜二人的注连同晋律合称为“张杜律”。张、杜为晋律所作的注，总结了过去立法司法经验，并上升为理论，达到了相当高的水平，对唐代立法产生重大影响。中华法系的代表性法典《永徽律》就是这一成果的集中体现。

（3）文简而易懂。杜预在《律本》中指出：“法者，盖绳墨之断例，非穷理尽性之书也。故文约而例直，听省而禁简。例直易见，禁简难犯；易见则人知所避，难犯则几于刑厝。”② 法律是可操作性的工具，应该标准统一，简约明白，切忌模糊、繁琐、前后矛盾。晋律在这方面确实极有特色。

（4）罪名界定严谨，术语规范准确。张斐和杜预为晋律所作的注尤为精细，不仅为

① 《晋书·刑法志》
② 《晋书·杜预传》

理解晋律提供了一致的标准，统一了人们对律文的认识，消除了诸多歧义，又弥补了律条内容的不足或缺陷。

(5) 礼律进一步融合。为维护士族特权，晋代统治者引礼入律，明确规定了“峻礼教之防，准五服以制罪”① 的原则。这是晋律儒家化的重要标志，对后世产生深远影响。同时设立“杂抵罪”条款，规定官员贵族犯罪可免受刑罚，用夺爵、除名、免官等来抵替。这实为后世“官当”制度的雏形。

晋律是三国两晋南北朝时期唯一一部通行全国的法典，不仅西晋用，东晋和南朝宋、齐、梁、陈也基本沿用，因此，又是这一时期适用时间最长的一部法典。

(三) 北朝的《北魏律》和《北齐律》

南朝宋、齐、梁、陈四代沿袭晋律，法制建设很少创新。北朝先后经过北魏、东魏、西魏、北齐、北周五个朝代。法制建设成就显著，其中尤以北魏律和北齐律为代表。它上承汉魏晋，下启隋唐，在中国法制史上起着承前启后的重要作用。

1. 北魏律

北魏律是孝文帝亲自主持制定的，参加编撰的有崔浩、高允、游雅、胡方回、常景等数十位著名的律学家。它以汉律为蓝本，参考吸收了魏晋律的内容，共20篇，至唐代即已散失。北魏律在中国古代立法史上占有重要地位，受到后世学者的高度评价。陈寅恪说：“元魏刑律实综汇中原士族仅传之汉学及永嘉乱后河西流寓儒者所保持或发展之汉魏晋文化，并加以江左所承西晋以来之律学，此诚可谓集当日之大成者。”还说：“北魏前后定律能综合比较，取精用宏，所以成此伟业者，实有广收博取之功。”② 这实为中肯之论。北魏律是后来《北齐律》的蓝本，而《开皇律》则是以《北齐律》为基础而制定的。

公元534年，北魏分裂为东魏和西魏。东魏孝静帝年间，下令群臣在麟趾阁议定新法，以格代科，制定《麟趾格》。“格”作为一种新的法律形式开始出现。西魏太祖年间，制定《大统式》，“式”以法典的形式编成。

2.《北齐律》

北齐代东魏后，便着手法律的修订，至武成帝河清三年（公元564年），终于完成了著名的《北齐律》。该律的撰修，前后历时十余年，参加者数十人，实际主持者是律学世家出身的封述。这次规模宏大的立法活动，不仅全面总结了历代王朝的立法经验，而且多有重大改革，创造了三国两晋南北朝时期立法成就的最高记录，并直接影响隋唐的立法。

(1)《北齐律》开创了12篇的法典体例。

北齐的立法者们，“校正今古，所增损十有七八”。③ 最终将法典精简成12篇。这是法典编排体例日趋成熟的结果，代表了当时的最高立法水平。

(2) 首创《名例》篇。

《北齐律》将晋律和北魏律的《刑名》、《法例》两篇合为《名例》一篇，置于律首，

---

① 《晋书·刑法志》

② 陈寅恪《隋唐制度渊源略论稿》，中华书局1963年版，第111~112页。

③ 《北齐书·崔昂传》

用以统帅整部法典。自此至清，《名例》篇名及其地位一直未变，各王朝法典的第一篇始终是《名例》，直到《大清新刑律》，中国接受了西方先进的法律文化，实现了法律的近代化，才更名为“总则”。精练了刑法分则，使其成为11篇，即禁卫、户婚、擅兴、违制、诈伪、斗讼、贼盗、捕断、毁损、厩牧、杂律。

(3) 律条简要。

律条简明扼要，通俗易懂，是三国两晋南北朝时期立法者为之而努力的方向。魏律即已进行过删繁就简的工作，省并了大量旁章科令。晋律进一步精简，但律令条目仍有2900余条。北齐律再度删削合并，全部律文只有949条，有“法令明审，科条简要”①之称。

(4) 北齐律改革刑罚制度。

确立五种刑罚手段，并首创“重罪十条”，对后世产生重大影响。

程树德在《九朝律考·北齐律考序》中总结说：“盖唐律与齐律篇目虽有分合，而沿十二篇之旧；刑名虽有增损，而沿其五等之旧；十恶名称虽有歧出，而沿其重罪十条之旧。”足见北齐律在三国两晋南北朝法制向隋唐成熟期法制过渡的过程中所起的关键性作用。程树德还说：“南北朝诸律，北优于南，而北朝尤以齐律为最。”《北齐律》在中国封建史上起着承先启后的作用，对封建后世的立法影响深远，这也是由它的立法水平所决定的。

北周代西魏后，制定《大律》。《大律》25篇，1500余条，与《北齐律》相比，篇目庞杂，条目繁多，“烦而不要”。

三、法律的发展变化

三国两晋南北朝处于强汉盛唐之间，是联系两大王朝的纽带。其法律的形式和内容既对前代有所继承，更有重大发展，并为隋唐法制的建立奠定了基础。

(一) 立法技术的发展变化

1. 法典体例的逐渐定型

三国两晋南北朝时期，法典体例发生很大变化，或增损，或分合，越来越趋向于合理化、科学化，至北齐制定律典时，已基本定型。其主要表现是：

(1)《名例》篇确立。

中国古代法典的篇目结构是不断改进的，它不仅记录了各个时期的立法水平，也凝聚着立法者高超的认识智慧。中国历史上第一部较为系统的成文法典是战国时期李悝制定的《法经》，其中有关定罪量刑的原则规定称为《具法》，居法典之末，是第六篇。商鞅携《法经》赴秦国主持变法，制定秦律。秦律改《具法》为《具律》，仍位居第六。萧何又参照秦律制定《九章律》。《九章律》在《法经》6篇的基础上增加3篇而成，《具律》仍排在第六，既不在律典之首又不在律典之末。魏律改《具律》为《刑名》，并将这一带有总则性质的篇目冠于法典之首，用于统帅其他诸篇，大大增强了法典的科学性。晋律和北魏律又从魏律的《刑名》篇分出《法例》一篇，总则部分由两篇组成，内容进一步充实。

① 《隋书·刑法志》

北齐律将《刑名》、《法例》两篇合而为一，首创《名例》篇目，并为以后各专制王朝的法典所承袭。北齐律确立《名例》第一的篇章体例结构，突出了总则部分的重要地位，发挥了以纲统目，纲举目张的作用，是立法走向成熟的一个标志。

（2）12 篇体例形成。

法典篇数过少，则难免有遗漏；篇数过多，又难免出现繁琐不一的弊端。到底以多少篇为宜？这必须经历一个不断认识探索的过程。《法经》共 6 篇；萧何制律，定为 9 章；魏律较《九章律》增加一倍，扩充为 18 篇；晋律和北魏律增至 20 篇。这里呈现的是一个从简向繁的发展趋势，虽然未必科学，却为更加科学的法典体系的形成准备了必不可少的条件。至北齐，众多律学名家，认真总结过去的立法成就，通过增减分并，分门归类，最终定法典为 12 篇，完成了由繁到简的改革过程，并固定下来，为隋唐宋各王朝所沿用。这是法典编撰技术走向成熟的另一个标志。

2. 律条简要

法律条文的繁简要有度，既不能因为过繁而使执法守法者难以掌握，也不能因为过简而遗漏犯罪。从总的情况看，三国两晋南北朝时期的律令条文朝着简化的方向发展，汉代科条无限，断罪所当用者 2 万余条，700 余万言。曹魏时大幅度削减，西晋时进一步删繁就简，所剩不足 3 千条，12 万余言，北齐律仅有 900 余条，史称“法令明审，科条简要”,① 基本上完成了法律条文自繁而简的改革，为完备的隋唐法律的制定奠定了基础。

3. 以注附律

三国两晋南北朝时期法律条文不断简化，而晋律则是简化过程中的里程碑。但旧的问题解决了，新的矛盾又发生了，凡事有利即有弊。法律条文越简化，概括性就越强，其含量就越大，在理解和适用上也必然出现更多的歧义。在这种情况下，张斐和杜预两位律学家为晋律作注，对律文作出统一的解释，以保证在司法实践中统一适用。至南朝齐武帝时，将张、杜二人所作的注，附在晋律条文之后，开创了以注附律、律注合编的新体例。著名的《唐律疏议》就是在这一成果的基础上制定的，甚至明清之际采用律例合编的法典编撰体例也在一定程度上受到它的影响。

4. 界定法律范畴

法律范畴是法典体系中的最基本单位，它的质量如何，直接反映出立法水平的高低，是衡量法律文明进化程度的重要标准。三国两晋南北朝时期，在总结前人立法成就的基础上，提炼创造出众多法律专业术语，而且界限清楚，内涵明确，有助于法律的统一解释和适用，增强了法典的科学性和可操作性。

5. 法律形式

这一时期法律形式发生了比较大的变化，形成了律、令、科、比、格、式相互为用的立法格局。科起着补充与变通律、令的作用；格与令相同，起着补充律的作用，均属刑事法律性质，不同于隋唐时期的格；比是比附或类推，即比照典型判例或相近律文处理法律无明文规定的同类案件；式是公文程式。

① 《隋书·刑法志》

（二）法典内容的发展变化

三国两晋南北朝时期随着社会政治经济关系的变化，法律内容也有所发展，主要表现在礼法结合的进一步发展。也就是说，在汉代中期以后的法律儒家化的基础上，更广泛、更直接地把儒家的伦理规范上升为法律规范，使礼、法更大程度上实现融合。其具体表现在以下几个方面：

1. 官僚特权制度法律化

东汉末年以来，土地兼并加剧，豪门士族势力膨胀，他们占有大量土地、奴婢和部曲，拥有私家武装，是三国两晋南北朝时期各政权赖以存在的主要支柱。正因如此，维护等级特权的法律获得极大发展，礼律进一步结合。也就是说，在汉代中期以后的法律儒家化的基础上，更广泛、更直接地把儒家的伦理规范上升为法律规范，使礼、法更大程度上实现融合。其具体表现在以下几个方面：

（1）"八议"入律。

【参考资料 7-1】

许允犯罪受优待

许允字士宗，世代任官。其父亲许据曾历任典农校尉、郡守等官职。许允少年之时，与同郡的乡族崔赞均于冀州成名，后征召入军。魏明帝时，许允为尚书选曹郎，因与袁侃共同职务犯罪，均被下狱。朝廷颁布严厉诏旨，主犯处罚从重，应当判处死刑。而许允对袁侃说："你是功臣之子，依照法律，应当以'八议'论处，不要担心会处死。"袁侃知道许允的内心想法，于是主动承受重刑。许允刑期执行完毕，继续任官，担任郡守，不久升迁为尚书中领军。

魏明帝在制定《魏律》时，以《周礼》"八辟"为依据，正式规定了"八议"制度。"八议"制度是对封建特权人物犯罪实行减免处罚的法律规定，对后世影响深远。"八议"是指：议亲（皇亲国戚）、议故（皇帝故旧）、议贤（德高望重之人）、议能（才能出众者）、议功（为国建功立业者）、议贵（高官显贵）、议勤（克勤克谨，为国做奉献者）、议宾（前朝皇室及后代）。上述八种人犯罪，一般司法机关无权审判，必须上报皇帝议决，一般予以减免刑罚。此后，"八议"成为各代刑律的重要内容。唐律中的名例律在五刑、十恶之后即规定了八议制度。

（2）"官当"出现。

【参考资料 7-2】

蔡某用官品抵罪

蔡某，南朝陈时济阳考城人，被任命为海阳令，以有能力而闻名，后被任命为秘书监，负责诏诰之事。后来，因为他诡诈虚假，并且收受贿赂，依照法律规定被免官。后来又因为一些事情与别人争执起来，致他人受伤，依照法律一个处刑一年。最后以赎论处，免受其他刑罚。

“官当”是封建社会允许官吏以官职爵位折抵徒罪的特权制度。它正式出现在《北魏律》与《陈律》中。《北魏律·法例篇》规定：每一爵级抵当徒罪 2 年。南朝《陈律》规定更细，凡以官抵折徒刑，同赎刑结合使用。如官吏犯罪应判 4~5 年徒刑，准许当徒 2 年，其余年限服劳役。若判处 3 年徒刑，准许以官当徒 2 年，剩余 1 年可以赎罪。这表明当时封建特权法有进一步发展。“官当”制为唐宋所沿用。

（3）九品中正制产生。

汉献帝延康元年（公元 220 年），曹丕采纳吏部尚书陈群的建议，正式创立九品中正制，亦称“九品官人法”。这是三国两晋南北朝时期一项选拔官吏的行政法律制度。它规定，由中央选择有德行和鉴别力的官员，使其兼任原籍贯所在地州郡县的大小“中正”，再由他们依照出身家世、道德人品、行为政绩等标准，将本地区的士人分为三等九品，即上上、上中、上下、中上、中中、中下、下上、下中、下下，然后将考评结果上呈吏部，作任用官吏的参考依据。

（4）官品占田荫户制的确立。

西晋太康元年（公元 280 年），确立官品占田荫户制，规定官僚贵族依官品的高低占有相应的土地，荫庇相应的人户。九至一品官，占田 10 顷至 50 顷，每品相差 5 顷；荫庇佃客 1 户至 50 户；荫庇亲属，多者九族，少者三世；荫庇衣食客（家奴）1 至 3 人。官品越高占田越多，荫庇人户越多；官品越低占田越少，荫庇人户越少。他们所占有的土地免纳租税，所荫庇的人户不向政府立籍，免服劳役。这实际上等于国家通过法律手段把一部分人户和租税无偿地转让给官僚贵族个人，以维护其经济特权。

2. “重罪十条”的产生

在北齐以前，已经有许多关于侵犯专制政权和宗法伦常方面的罪名，并且处刑严厉。但没有将它们集中起来，统一规定，以示重点打击。《北齐律》总结过去的立法和司法经验，开始确立“重罪十条”，是对危害统治阶级根本利益的十种重罪的总称，包括反逆、大逆、叛、降、恶逆、不道、不敬、不孝、不义、内乱（详细内容参见隋唐的“十恶”）。凡是犯有“重罪十条”者，即便是官僚贵族也不得议、请、赎，一律严惩。

“重罪十条”是隋朝“十恶”之条的雏形，而隋朝的“十恶”之条一直沿用到清朝。足见“重罪十条”影响之深远。

3. 刑罚制度改革

刑罚是人类文明的一个组成部分，同时又是检验人类文明的综合指标之一。人类文明总是要发展要进步，刑罚同样如此，虽然在发展进步中常常伴随着野蛮与残酷，甚至一时的倒退，但总的趋势是越来越人道。三国两晋南北朝时期，刑罚制度发生重大变化，并为隋唐时期更加文明的刑罚制度的形成奠定了基础。

（1）族刑连坐范围缩小。

汉魏以来，“父母有罪追刑已出之女，夫党见诛又有随姓之戮，一人之身。内外受辟”①。妇女即使无罪也要受父族、夫族的双重株连。至曹魏时，女性只受父族或夫族一方的株连。西晋制定《泰始律》时，规定凡是养子养女及出嫁之妇，不再因生身父母有罪而株连弃市。北魏太武帝时规定：大逆不道，本人腰斩，诛其同籍，但14岁以下的男子改处腐刑，女子没为官府奴婢。可见，自曹魏起，女性只受父家或夫家一方的株连；至西晋，受株连之女则免于死刑。

（2）废除宫刑。

汉文帝虽然废除了肉刑，但宫刑作为最残酷的肉刑，在两汉时代一直使用。魏晋和南朝的法律没有宫刑的规定。但北魏和东魏仍有腐刑的记载。至西魏文帝大统十三年（公元547年）和北齐后主天统五年（公元569年）先后下诏，规定：此后凡应处宫刑者免刑，一律没官充奴。② 宫刑被正式废除。

（3）封建五刑制初步形成。

至北朝，五刑日趋完善。北魏时期开始改革以往五刑制度，增加鞭刑与杖刑，后北齐、北周相继采用。北魏律确定的五刑是：杖刑、鞭刑、徒刑、流刑、死刑。其中值得注意的是，流刑作为死刑的一种宽贷措施首次出现，但不分等；死刑简化为斩、绞两等，绞刑第一次成为法定刑，相对而论，这是一种比较文明的死刑执行方法。北齐的刑罚制度基本沿用北魏律，定杖、鞭、耐、流、死五种刑罚。北周的《大律》立法水平不高，影响不大，但其中的刑罚制度却非常先进，对隋唐影响极大。北周的五种刑名与隋唐相去不远，而且刑等更加规范，亦与隋唐接近：杖刑五等，十至五十，每等差十；鞭刑五等，六十至一百，等差也是十；改北齐的耐刑为徒刑，共五等，一至五年，等差一年；流刑首次分等，即分为卫、要、荒、镇、蕃五等，从两千五百里至四千五百里，等差五百里；死刑五等。值得注意的是，北周时规定流刑分五等，每等以五百里为基数，同时还要施加鞭刑。

4. “准五服制罪”确立

【参考资料 7-3】

费羊皮卖女葬母案

北魏宣武帝永平三年（公元510年），尚书李平上奏称：“冀州阜城之民费羊皮母亲过世，因家里贫穷，无法入葬，于是将七岁的女儿出卖给同城人张回做奴婢。后来又辗转卖给了俞县的梁定之，但是没有说明这个七岁的女儿为良家的孩子。就此案，朝廷展开了激烈的讨论，而讨论的对象，便是如何适用“亲属相犯”的处罚以及对于买卖人口的相关规定。当时的法律规定：“掠人、掠卖人为奴婢者皆死。”就是说，拐骗人口、拐卖人口为奴婢的，要处以死刑。但是同时规定了例外情况，就是对于亲属之间相卖的，‘卖子孙者一岁刑；卖五服内亲属，在尊长者死，期亲及妾与

① 《晋书·刑法志》

② 《北史·西魏文帝纪》《北齐书·后主纪》

<table>
<tr><td></td><td></td><td></td><td></td><td colspan="2">高祖　高祖母
齐衰三月</td><td></td><td></td><td></td></tr>
<tr><td></td><td></td><td></td><td>族曾祖姑
出室缌麻
出嫁无服</td><td colspan="2">曾祖　曾祖母
齐衰五月</td><td>族曾祖父母
缌麻</td><td></td><td></td></tr>
<tr><td></td><td></td><td>族相姑
在室缌麻
出嫁无服</td><td>从祖祖姑
在家小功
出嫁缌麻</td><td colspan="2">祖父　祖母
齐衰不杖期</td><td>伯叔祖父母
小功</td><td>族伯叔祖父母
缌麻</td><td></td></tr>
<tr><td></td><td>族姑
在室缌麻
出嫁无服</td><td>堂姑
在室小功
出嫁缌麻</td><td>姑
在室期年
出嫁大功</td><td colspan="2">父母
斩衰三年</td><td>伯叔父母
期年</td><td>堂伯叔父母
小功</td><td>族伯叔父母
缌麻</td></tr>
<tr><td>族姊妹
在室缌麻
出嫁无服</td><td>再从姊妹
在室小功
出嫁缌麻</td><td>堂姊妹
在家大功
出嫁小功</td><td>姊妹
在室期年
出嫁大功</td><td colspan="2">己身</td><td>兄弟期年
兄弟妇小功</td><td>堂兄弟小功
党兄弟妇
缌麻</td><td>再从兄弟小功
再从兄弟妇
缌麻</td><td>族兄弟
缌麻
族兄弟妇无服</td></tr>
<tr><td></td><td>再从侄女
在室小功
出嫁无服</td><td>堂侄女
在室小功
出嫁缌麻</td><td>侄女
在室期年
出嫁大功</td><td>众子期年
众子妇大功</td><td>长子期年
长子妇期年</td><td>侄期年
侄妇大功</td><td>堂侄小功
堂侄妇缌麻</td><td>再从侄缌麻
再从侄妇
无服</td><td></td></tr>
<tr><td></td><td></td><td>堂侄孙女
在室缌麻
出嫁无服</td><td>侄孙女
在室小功
出嫁缌麻</td><td>众孙大功
众孙妇缌麻</td><td>嫡孙期年
嫡孙妇小功</td><td>侄孙小功
侄孙妇缌麻</td><td>堂侄孙缌麻
堂侄孙妇
无服</td><td></td><td></td></tr>
<tr><td></td><td></td><td></td><td>侄曾孙女
在室缌麻
出嫁无服</td><td>曾孙妇
无服</td><td>曾孙
缌麻</td><td>曾侄孙缌麻
曾侄孙妇
无服</td><td></td><td></td><td></td></tr>
<tr><td></td><td></td><td></td><td></td><td>玄孙妇
无服</td><td>玄孙
缌麻</td><td></td><td></td><td></td><td></td></tr>
</table>

图7-1　同宗九族五服图

子妇流’。可以看出由于贩卖者与被贩卖者之间的血缘关系的远近不同，而处罚也相应地有所差异。对于出卖子孙的，只处以一年的徒刑；而对于出卖五服内尊长的，处以死刑；出卖期亲及妾与子妇的，处以流刑。这体现了当时的“服制制度”。因此，费羊皮虽然是出卖良人，但是由于乃是出卖自己的女儿，且是为了安葬其母亲，在众人讨论之后，认为其孝心可嘉，免除刑罚。这是魏晋南北朝时期，以“礼”入法的重要体现。

在中国，卑幼犯尊长加重处罚，尊长犯卑幼从轻或免于处罚的做法由来已久，至西晋，首次确立了“峻礼教之防，准五服以制罪”① 的原则，并对隋、唐、宋、元、明、清各朝法律制度产生深远影响。

服制是中国封建社会以丧服为标志，区分亲属的范围和等级的制度。按照父系血缘亲疏关系计算，从本人起，上至高祖有五代，下至玄孙也有五代，合起来共九代。凡此范围内的直系和旁系亲属，均属有服亲，称为“五服”。五服亲死了，要服丧。服丧期限的长短和丧服质地的粗细依亲疏关系而定，亲者服重，疏者服轻，由亲而疏，依次递减。共分五等：斩衰，服丧三年；齐衰，一年；大功，九个月；小功，五个月；缌麻，三个月。统称“丧服制”。

服制不但确定继承与赡养等权利义务关系，同时也是亲属相犯时确定刑罚轻重的依据。“准五服以制罪”即对于发生在五服亲属间的侵害行为，依据亲疏远近关系来定罪。关系越亲近，尊犯卑处罚越轻，卑犯尊处罚越重；关系越疏远，尊犯卑相对加重，卑犯尊相对减轻。如斩衰亲服制最高，尊长犯卑幼减免处罚，卑幼犯尊长加重处罚。缌麻亲服制最疏，尊长犯卑幼处罚相对从重，卑幼犯尊长处罚相对从轻。它体现了“父为子纲”、“夫为妻纲”的父权、夫权思想，强调下对上、卑对尊的义务，是法律制度儒家化的重要表现。此后，依五服制罪成为封建法律制度的重要内容。

第二节　三国两晋南北朝的司法制度

一、司法机关

中央审判机关多称廷尉，仅吴国称“大理”，北周仿西周之制改称秋官大司寇。至北齐正式定名“大理寺”，其下设机构增多，职能更加健全，规模显著扩大，并为隋唐宋各朝所沿用，明清时仍有大理寺之名，只是职能发生了变化。

这一时期由于受法家的思想影响，非常重视法律的宣传普及，尤其强调法官要懂法学法。为此，魏明帝时期接受卫觊的建议，在廷尉下增设律博士一职，西晋和北齐因之，且人数有增多的趋势。律博士设在最高审判机关之下，其职能是专门传授法律知识，以提高司法官的业务素质。

三国两晋南北朝时期中央最高行政机关与汉朝一样，仍是尚书台，但在尚书台下设有

① 《晋书·刑法志》

负责司法行政兼理审判的机构，如曹魏的比部郎、西晋的吏部尚书、北齐的都官尚书。隋朝确立并为唐宋元各朝所沿用的中央司法行政机关刑部就由这些机构发展而来，直到明清刑部才成为最高审判机关。

在地方，州、郡、县行政长官兼理司法。另外，南朝提高了京都建康司法机关的地位，赋予其与中央司法机关同等的权力。

军事审判得到加强。曹魏时在军中设立理曹掾，中央设立都官郎，负责审理军事案件。

二、诉讼审判制度

三国两晋南北朝时期，以皇帝为首的中央政权加强了对诉讼审判活动的控制，主要表现在：

（一）皇帝直接行使司法审判权

魏明帝时将平望观改为听讼观，每有重案，皇帝都亲临听讼，成为专门为皇帝开设的审判机构。南朝宋各皇帝常到华林园、延贤堂听讼决狱。北周武帝，“听讼于正武殿，自旦及夜，继之以烛”。① 为加强对司法机关的监督检查，这一时期还普遍推行录囚制度，皇帝不仅派法官侍臣巡行州郡，对各地已决囚徒进行复查，又亲身前往地方，参与审录讯问囚徒的活动。

（二）设立登闻鼓直诉制度

在朝堂外设置登闻鼓，以待官民有冤不得伸或不服终审判决者击鼓以闻，直接告诉皇帝或钦差大臣，是为登闻鼓直诉制度。它形成于西晋，沿用至清朝。这种制度既是皇帝控制司法权的表现，也可发挥司法监督的作用，补救了审级限制的弊端，有利于冤假错案的处理。

（三）死刑奏报制度

死刑复奏制度是指奏请皇帝批准执行死刑判决的制度。北魏太武帝时正式确立这一制度，为唐代的死刑三复奏打下了基础。死刑奏报制加强了皇帝对司法活动的控制，既可更准确地打击重大犯罪，又有“慎刑”的作用，还体现了皇帝对民众的体恤的意义，对于唐朝的复奏制乃至清朝的秋审、朝审会审制都产生了一定影响。

（四）刑讯制度

三国两晋南北朝时期，刑讯制度恶性发展。北魏用重枷刑讯犯人，并悬缒石头于脖颈，伤肉至骨，苦不堪言。南朝梁创“测罚”逼供法，通过断食逼取口供。南朝陈又创“测立”逼供法，即先对犯人进行鞭抽笞打，再戴上刑具，强迫其长时间站在仅容两足的土垛上，以期招供。

【本章小结】

三国两晋南北朝时期是中国历史上一个长期分裂动荡的时期，但是法制的发展却没有停步，反而取得了长足的进步。法制思想体现为礼法交融，法典进一步儒家化：三国崇法

① 《太平御览》卷639引《后周书》

而不卑儒，两晋法制儒家化，南北朝礼律进一步融合。这一时期有四部较为著名的法典，分别是三国时期曹魏的《魏律》，西晋时的《泰始律》，北魏时的《北魏律》以及起到了承前启后作用的《北齐律》。这个时期法律内容有了少数民族的滋润有了很大的发展，在立法技术方面表现为：法典体例逐渐定型，如《名例》篇确立、12 篇体例形成；律条简要；以注附律；界定法律范畴；形成了律、令、科、比、格、式相互为用的格局。法律内容方面的变化表现为：官僚特权制度法律化，如《魏律》确立了“八议”制度、北齐律和陈律正式出现“官当”制度、曹丕创九品中正制、西晋时官品占田荫户制确立；北齐律创“重罪十条”，是“十恶”的前身；刑罚制度的改革，比如族刑连坐范围缩小、废除宫刑、封建五刑制初步形成；西晋时确立了“准五服以制罪”，服制是中国封建社会按照父系血缘亲疏关系计算，以丧服为标志，区分亲属的范围和等级的制度，服制不但确定继承与赡养等权利义务关系，同时也是亲属相犯时确定刑罚轻重的依据。

三国两晋南北朝时期，北齐正式定名中央审判机关为大理寺，魏设律博士专门传授法律知识。以皇帝为首的中央政权加强了对诉讼审判活动的控制，主要表现在：皇帝直接行使司法审判权、西晋设立登闻鼓直诉制度、北魏创立死刑奏报制度的施行，但此时刑讯制度恶性发展。

第八章 承前启后

——隋朝法律制度

◎ **知识目标：**

● 了解隋朝的法律指导思想、隋朝法律发展概况，掌握《开皇律》的制定、内容和地位

● 了解隋朝的司法制度

◎ **能力目标：**

● 培养运用历史的眼光分析问题的能力

【本章导读】

公元581年，杨坚夺取北周政权，建立隋朝，是为隋文帝。589年，隋灭南朝陈，结束分裂，再现统一。隋朝一同秦朝，短命夭折，仅存37年。隋文帝前期注重法制建设，他主持制定的《开皇律》集六朝律典之大成，是唐律的蓝本。但隋文帝既立法又坏法，晚年尤甚。隋炀帝弑父登基，变本加厉。他穷奢极欲，严刑峻法，连年战争，赋役繁重，致使社会矛盾激化，终于葬送政权。

第一节 隋朝的法律

一、隋初法制指导思想

隋文帝才气大，抱负大，厉行改革，功勋卓著，但同时又猜忌成性，独断专行，立法又恣意毁法。可谓功过参半。从发展趋势看，他前期比较清醒、开明，而后期则越来越昏暴。这里所讲的隋初法制指导思想主要是隋文帝前期的思想。

（一）注重立法，从简从宽

隋文帝很重视立法，并以从简从宽作为制定法律的原则。《隋书·高祖纪》载，早在隋文帝任北周大臣时，就认识到周宣帝所颁行的法律过于“深刻”，有骇于民心，“非兴化之道”，并进行“切谏”，但未被采纳。周宣帝死，杨坚总揽朝政，于是“删略旧律”，“订宽大之典”，结果“法令清简”，“天下悦之”。① 从而更加坚定了宽简的修律方针，开皇元年颁行的《开皇律》就体现了这种精神。隋文帝当时下诏曰：“先施法令，欲人无犯之心；国有常刑，诛而不怒之义。”

斩、绞已是极刑，前代枭首、车裂等酷刑以及“残剥肤体，彻骨侵肌”的鞭刑，均

① 《隋书·刑法志》

予废除；并缩短徒刑期限，对刑讯作了限制规定；其余以轻代重、化死为生的条目还有很多。开皇三年修改后的《开皇律》更加体现了宽简精神。这一次，“除死罪八十一条，流罪一百五十四条，徒罪等千余条”。

（二）总结经验，坚持改革

隋文帝初即位，很关心司法实践，注意从实践中发现问题，随即改革，使法制日趋完备。据《隋书·刑法志》载，《开皇律》颁行不久，“人未知禁，故犯法者众”。隋文帝诏令地方，“有枉屈，县不理者”，可逐级上诉，允许直接向皇帝告御状，由朝官记录案情奏报。隋文帝还于每年秋季亲录囚徒，审阅各州申奏的案件。他发现上奏案件犹数以万计，觉得法网过密，于是重新修订《开皇律》，不仅有相当多的罪行减轻刑罚，又删除大量律条。隋文帝非常重视法制教育，提高法官业务素质。在大理寺设律博士，各州县设有律生，使之明习法令。但后来，发现有的律生舞文弄法，诬陷无辜，便下令全部撤销律博士、律生之职，同时强调法官断案必须写明所依据的律文。隋文帝还诏令各州长官下至行参军，都必须学习法律，并集中京城考试，所以官吏多明法律。

图 8-1　杨坚

（三）依法办事，不避亲情

在专制王朝，法是否有权威，得到普遍遵守，关键取决于当权者特别是最高当权者能否自觉守法，严格依法办事。在这方面，隋文帝曾一度做得很出色。《隋书·王谊传》载，隋文帝儿时就与王谊有深交，其后又将一女嫁给王谊之子，称帝后也时去王家，“与之极欢”。但王谊被控有罪当死，隋文帝不忌交情与亲情，依法办事，“赐死于家”。《隋书·庶人秀传》又载，隋文帝四子杨秀“渐奢侈，屡犯制度，车马被服，拟于天子”。隋文帝以“君道绳之”，并“付执法者”。又有大臣求情，认为陛下儿子不多，何以至此？隋文帝不听。“废为庶人”，并下诏，数其“灭天理，逆人伦”等十大罪状。

【参考资料 8-1】

秦王杨俊违制案

秦王杨俊是隋文帝杨坚第三子，先后任扬州总管、并州总管，曾因“违犯制度，出钱求息”，又“盛治宫室，穷极侈丽”，文帝欲免除其官职，使其仅以亲王身份回封邑。大臣刘升劝阻：“秦王非有他过，但费官物营廨舍而已，臣谓可容。”文帝不听。大臣杨素又劝阻说：“秦王之过，不应至此，愿陛下详之。”文帝生气地说：“我是五儿之父。若如公（你）意，何不别制天子儿律？以周公之为人，尚诛（违法的弟弟）管（叔）、蔡（叔），我诚不及周公远矣，安能亏法乎？”卒不许。

以上是隋文帝早期法制思想的主要方面。然而，隋文帝立法守法又同时毁法，他常在殿廷因怒重杖大臣，甚至杀人。晚年，随着生命将尽。迷恋权力日甚，喜怒不测，病态地猜疑大臣，许多功臣宿将因此而冤死。同时又任用善于察言观色、能秉承帝旨的人。还触犯传统禁忌，常因怒，六月杀人。并下诏“盗一钱以上者，弃市”，即便“三人共窃一瓜”也立即处决。更有甚者，不仅自己置法律于不顾，还下令诸司“听于律外斟酌决杖”。当初连自己的亲生骨肉也要依法论处，而后来则要求法官于法外用刑，简直判若两人。凡此种种，都为隋朝的灭亡埋下了祸根。

二、隋朝的立法概况

据《隋书·苏威传》载，隋朝的法律形式有律、令、格、式四种，均为苏威所定。律有《开皇律》和《大业律》，令也有《开皇令》和《大业令》，格和式的名目不详。

（一）《开皇律》

1.《开皇律》的制定

图 8-2 开皇律

隋文帝开皇元年，即令高颎、郑译、杨素、裴政等文臣，酌取魏晋齐梁各朝立法，以删繁从简，以轻代重为原则，制成新律，于同年颁行。但实践中发现，新律仍过苛密，使人动辄陷入法网，以致每年“断狱数犹至数万条”。针对这种情况，隋文帝又命苏威、牛弘等人再次修订。这次修律，没有顺手牵羊，贪图方便，就近取材，以北周《大律》作参照系，而是舍近取远，以魏晋南北朝时期立法成就最高的《北齐律》为蓝本，继续贯彻从简从宽的原则，删除大量律文，最后只保留500条，12篇，于同年颁行。这就是著名的《开皇律》。

2.《开皇律》的主要内容

（1）确立12篇的法典体例。

《开皇律》共12篇，依次为：名例、卫禁、职制、户婚、厩库、擅兴、盗贼、斗讼、诈伪、杂律、捕亡、断狱。这种体例编排依据《北齐律》，但比《北齐律》有发展：一是改“禁卫”为“卫禁”，“卫”在“禁”前，突出了对皇帝安全的保护；二是改“婚户”为“户婚”，突出了有关家庭方面田制赋役的内容；三是将“捕断”分为“捕亡”和“断狱”两篇，并置于法典之末，形成了实体法在前、程序法在后的特点；四是删除“斗律”、“毁损律”两篇篇目，将其内容并入其他篇。《开皇律》的篇章体例对后世产生重要影响，唐律12篇的篇名，除将“盗贼”改为“贼盗”外，其余全部沿用。

图 8-3 笞杖

（2）新五刑制的确立。

《开皇律》所确立的刑罚制度共5种20等，分别是：死刑，分绞，斩二等；流刑自1000里至2000里，等差500里，共3等，并分别居作2年、2年半、3年；徒刑5等，自1年至3年，等差半年；杖刑5等，60至100，等差为10；笞刑5等，10至50，等差为10。死、流、徒、杖、笞五刑制，是中国古代社会新五刑制正式确立的标志，它意味着中国古代前期以肉刑为中心的刑罚体系已告终结，以束缚自由的劳役刑为中心的刑罚体系已经形成，它使劳动力在一定程度上获得解放，人的价值和尊严受到重视，预示出刑罚制度不断规范、人道的发展方向。隋朝以后，虽各朝屡次修订刑制，但法定王刑基本上沿用了《开皇律》的规定，直到西洋文明传入中国、近代五刑制形成。足见其影响所及。

（3）设立“十恶”条款。

《开皇律》首次确立“十恶”罪名，包括：谋反、谋大逆、谋叛、恶逆、不道、大不敬、大孝、不睦、不义、内乱。凡犯十恶之罪者，为常赦所不原。其中谋反、谋大逆等罪，不仅犯者本人处死。且株连其家属，财产没官，即使预谋犯也严惩不贷。隋的十恶条款来于《北齐律》的“重罪十条”。但有发展，主要表现在：一是将《北齐律》中的“反”、“大逆”、“叛”三种罪名的前面冠以“谋”字，说明对于重大政治犯罪即使在预谋阶段也要严厉打击；二是将“不敬”罪的前面冠以“大”字，表明了对皇帝尊严的维护；三是取消“降”罪，将其归入“谋叛”罪，另增加了“不睦”罪，说明加强了对家庭成员间犯罪的制裁。十恶条款的确立，表现了国家法律中心所在，锋芒所向．是统治者立法经验成熟的重要标志。因此，从隋至清代代相传，直到西洋文明的传入，才从法典上正式废除，然而它的某些影响却依然存在。

图 8-4　十恶之不孝

（4）扩大官员贵族的法律特权。

第一，承袭曹魏律所创立的“八议”制度，对亲、故、贤、能、功、贵、勤、宾共 8 种人物的犯罪，继续按特别程序审议并享有减免刑罚的优待。

第二，创设“例减”制，规定“八议”人员及七品以上官犯罪，依例自然减一等量刑，犯十恶者除外。

第三，“官当”列为定制，规定官员犯有徒、流罪，可依官品的大小抵当相应的刑罚。

第四，赎刑制度化，规定九品以上官均可以铜赎罪，不必受刑。这些规定对唐宋的影响尤为显著。

3.《开皇律》的历史地位

从上述内容与影响可以看出，《开皇律》是对过去立法经验的总结，并有多方面的重要发展，达到了当时可能达到的水平。同时，它又是最为著名的唐律蓝本，而唐律又为宋元明清各朝所效法，并影响周边一些国家。因此，《开皇律》在中国法制史上居于承前启后的地位。

《开皇律》的实施对于隋朝初期繁荣局面的出现起到了重要的作用。但由于没有限制制衡权力的制度安排，隋文帝父子不断地践踏法律，滥施暴政，最终是自食其果，自取灭亡。有法而不依，法虽善亦摆设而已。而任何善法在专制权力面前都无能为力。关键在于权力自身的结构机制。

（二）《大业律》的制定

隋炀帝杀兄弑父而登大位，为掩饰罪恶，标榜仁政，收揽人心，欺世盗名，诏牛弘等人为其修订法律，于大业三年完成，颁行全国，是为《大业律》。《大业律》在立法技术上有两大倒退。一是违反了法典篇数由繁至简的发展规律，共有18篇，较《北齐律》、《开皇律》的12篇增加6篇；二是取消了“十恶之条”。“十恶之条”作为法典的一项重要原则是专制政权立法经验的总结，取消它无疑是弄巧成拙。另外，刑罚较《开皇律》大为减轻，但这不外是好大喜功的表现，企图留下“制礼作乐”传之千古的美名，而事实上根本就没有贯彻实施，它对后世也很少产生影响，与《开皇律》不可同日而语。

三、法律内容

（一）刑法

《开皇律》十二篇，五百条，是一部以刑为主、诸法合体的重要法典。自魏晋以来，立法者与律学大家们孜孜以求、不断改进封建刑法框架。刑法原则与刑制也都臻于成熟。

1. 隋朝所持守的主要刑法原则如下：

首先，关于“八议”原则。凡属“八议”范围的人和七品以上官吏犯罪皆减一等处罚。同时增设“例钱”、“听赎”制度，九品以上的官吏犯罪，可以铜赎罪。

其次，隋朝将南陈的“官当”列为定制。凡“犯私罪以官当徒者，五品以上，一官当徒二年；九品以上，一官当徒一年”。① “官当”的法律化使得以官品抵罪的特权得到了制度保障。

最后，确认比附断罪。清末律学大家沈家本认为从汉代起有比附律令之法，由隋朝起更见“断罪无正条，用比附加减”之律，凡“律无正条者，出罪举重以明轻，入罪举轻以明重”。这一原则相对晋律所强调的援法断罪无疑是倒退，唐神龙时左拾遗赵冬曦曾上书痛论斥其非：“死生罔由于法律，轻重必因乎爱憎，受罚者不知其然，举事者不知其法。”②

2. 隋朝的主要罪名：

（1）诽谤皇帝罪。

史书说隋文帝杨坚“天性沉猜”，“无宽仁之度，有刻薄之资”。③ 加之文帝是通过政变的方式取得政权的，在儒家忠孝仁义观念的背景下，为维护皇权，隋朝立法对臣下多有防范，除以反、逆、叛等重罪威慑之外，还在思想言论方面严加控制。凡私议皇帝或诅咒皇帝，即为诽谤皇帝罪，往往加以严惩。甚至开国功臣也不宽待。光禄大夫李敏就因“屏人私语”而被处以死刑。隋炀帝时猜忌更炽，经炀帝复官的太常高颎因私议朝政被告发，不仅本人处死，而且还累及诸子徙边。

（2）朋党罪。

臣下朋党历来是对皇权专制的极大威胁，虽然隋初文帝励精图治，隋朝出现了一批治世能臣，但臣下的朋党聚结尤为所忌，轻者免官，重者至死，亲属流徙。郎茂在文帝时就因朋党而除名为民，李浑以朋党罪本人及宗族多人被诛杀，其余无论老少，都

---

①《隋书·刑法志》。

②《新唐书·赵冬曦传》

③《隋书·高祖纪》（下）

被流放岭外。

（3）私藏、私造兵器罪。

为了防止农民起义对抗朝廷，隋朝严禁民间私藏、私造武器。开皇三年禁大刀长矛，开皇九年又悉除民间甲仗，开皇十五年又下令："收天下兵器，敢有私造者，坐之。"① 到炀帝时，农民起义风起云涌，甚至连民间常用的工具诸如铁叉、搭钩之类的铁器也被视为兵器加以禁绝，可谓风声鹤唳。

（4）私藏纬侯图谶罪。

谶纬流行于中国两汉时期的一种学说。"谶"是古代方士将自然界的某些现象作为神灵天命的征兆常以附图形式编成的隐语或预言。"纬"是相对于"经"而言的。谶纬之学以阴阳五行学说和董仲舒"天人感应论"为依据，流行一时，在东汉被称为内学，尊为秘经。魏晋后日渐衰落，刘宋后谶纬之书亦受到历朝查禁，谶纬之书除其中包含的迷信成分外，还含有某些古代自然科学知识。文帝鉴于两汉以来谶纬盛行，民间往往以谶语号召群众反抗皇权，就于开皇十三年（公元593年）下令："私家不得隐藏纬侯图谶。"② 炀帝时"发使四出，搜天下书籍与谶纬相涉者，皆焚之，为吏所纠者至死"。③ 许多大臣贵族因此获罪。

（5）侵犯官私财产罪。

侵犯官私财产方面的犯罪历来是古代立法打击的重点。《开皇律》颁行后，盗贼屡禁不止，文帝意图加重打击，时刑部侍郎赵绰进言："陛下行尧、舜之道，多存宽宥。况律者，天下之大信，其可失乎！"④ 虽然赵绰的意见被采纳，但强盗、窃盗仍不断发生，终于导致对侵犯官私财产罪的加重处罚。合川仓粟案件之后，盗边粮一升以上者皆死，家人没官。与此同时"盗一钱以上皆弃市"，"行署取一钱以上，闻见不告言者，坐至死"，"三人同窃一瓜，事发即时行决"。⑤ 如此严苛的规定，势必激起强烈的反抗，后文帝不得不停止"盗取一钱弃市之法"。到炀帝时，敕令天下窃盗已上，罪无轻重，不用奏闻，皆可斩杀。

（二）行政法

隋朝的行政法在《开皇律》中虽然有若干规定，但更多见于《开皇令》。《开皇令》具有行政法规的性质，规定了有关中央与地方的政权组织、职官管理制度、学校、关市以及礼仪方面的规范。

1. 确立三省六部制的中央管理体制与州、县二级制度

隋朝沿袭三省制，由三省分掌中枢政务。以尚书省长官尚书令、门下省长官纳言和内史省长官内令史（隋朝因避讳，改中书省为内史省；中书令为内史令）为宰相，共理国政，地位并重。尚书省以下分设吏、民、礼、兵、刑、工六部，是管理行政、经济、军

① 《隋书·高祖纪》（下）
② 《隋书·高祖纪》（下）
③ 《隋书·经籍志》（一）
④ 《隋书·赵绰传》
⑤ 《隋书·刑法志》

事、司法、文化等各项政务的执行机关。六部分辖四司，共二十四司。隋朝创立的三省六部二十四司的行政管理体制，是秦汉以来七百余年的重大发展，它反映了封建统治者在组织国家管理、发挥行政机关职能方面的经验已经臻于成熟。

隋朝的地方制度实行州、县二级制度。隋朝初年，实行州、郡、县三级制度。开皇三年（583年），为了加强中央对地方的控制，同时也由于魏晋以来战争频繁、设置常变，行政区划不断缩小，一州仅及汉时一郡，需要加以调整，根据“存要去闲，并小为大”的原则，将州、郡、县三级制度改为州、县二级制度（炀帝时该州为郡）。这样既减少了地方职权的层次，也削减了地方行政官吏的人数和职权，同时将任免地方官吏重要官吏的权力收归中央。隋朝规定，凡九品以上的地方官一律由吏部任免，并由吏部每年考核一次。后来又规定，刺史、县令以下的地方官三年一换，不得重任，并须回避本郡，使地方豪强难以把持本地政务。此外，还采取“朝集”的形式，限令地方官于年末至京师报告工作，接受朝廷监督。特别是仿北魏收回了地方官对死罪的处决权。文帝诏中明确规定“诸州死罪不得便决，悉移大理寺案覆，事尽然后上省奏裁。”① 隋朝地方制度的改革有助于消除封建割据的局面，缓解了“民少官多，十羊九牧”的现象，提高了地方机关的行政效率。至此，封建地方行政管理制度也进入了一个新的发展阶段。

2. 废除九品中正制，建立科举选官制度

三国两晋南北朝时期为巩固士族特权而建立的特殊任官制度——九品中正制，随着士族的没落和庶族地主的兴起，已经成了扩大政权阶级基础和加强中央集权的障碍。因此，隋朝统一全国后，废除九品中正制，建立了科举制度。

所谓科举制度，是由国家设立各科，定期进行统一考试，考中之后授给官职，即所谓“开科取士”、“分科举人”。文帝时设立“秀才科”，由应试人自己报名，参加考试，中试后再由朝廷考察录用。从此，科举选官成为中国封建文官制度的重要内容。炀帝时增设“进士科”，拓宽了科举取士的途径。科举制度的实行使得国家选用官吏的权力从地方士族手中集中到中央政府，扩大了参加政权者的层面，有利于选拔人才和强化中央集权。隋初创立的科举制一直为以后各朝所沿用。

隋朝有关考核官吏的记载简略，据《隋书．百官志》记载：“每岁考殿最。刺史、县令三年一迁，佐官四年一迁。”另据炀帝大业二年（606年）秋七月庚申，申制：“百官不得计考级，必有德行功能，灼然显著者，擢之。”

（三）民事与经济法律

隋朝的民事与经济立法也在魏晋的基础上有所发展，特别是经济立法揭开了中国封建经济法史的重要一页。

1. 推行均田法

隋朝沿承北齐的均田法，并在全国范围内推行。均田法需要先规定成丁的年龄。隋朝规定男女三岁以下为“黄”，十岁以下为“小”，十七岁以下为“中”，十八岁以上六十岁以下为“丁”（开皇三年改为二十一岁），六十为老。成丁之年开始受田课役，因此十八岁又称“丁年”。在中国古代传统法律中，人届丁年即具有民事行为能力。

---

① 《隋书·刑法志》

男丁受露田（口分田）八十亩，桑田（永业田）二十亩；妇人受露田四十亩。官僚、贵族受田数量远远大于农民，如，诸王可受永业田三十顷至一百顷，此外，还有职分田和公廨田等。特别是奴婢也可以依良丁受田。因此，官僚贵族地主对土地的实际占有超过了均田制所规定的标准。但是，均田制的实行使得中央政府直接控制了全国大多数农户，保证了朝廷的赋税收入，促进了对国有荒地的开垦。这对隋朝的富强是十分重要的。均田制的实行，也使农民获得了少量的土地，在一定程度上改善了生活，有利于社会的安定。

2. 清理户籍，按户等纳税

在封建时代，个体农户是承担国家赋役的基本单位。官府直接控制的农户越多，中央集权的统治也越巩固。因此，隋初在推行均田制的同时大力整理户籍，以增加中央直接控制的承担赋税徭役的人户。公元583年，文帝下令在全国“大索貌阅”，由州县官主持检查漏隐户口，并根据户籍与本人体貌核对（即貌阅）。如有不实，立正、党长流配远乡。整顿户籍的结果是，新查实壮丁四十四万三千人，新编入户籍的一百六十四万余人。为了防止百姓逃税和官吏舞弊，并使赋税负担及时与户口的等级变动相符合，文帝根据宰相高颎的建议实行“输籍法”，即于每年正月初五，县令出查，令百姓五党或三党为一团，定户等上下，确定应纳税额。

隋初，为了缓和阶级矛盾、恢复经济、巩固新建立的政权，实行宽减赋役的政策。规定一夫一妇纳粟三石，丁男服役的年龄由十八岁改为二十一岁，每年服役由一月减至二十天，调绢由四丈减到二丈。这就是对后世影响深远的租庸调法。该法的实施确实减轻了对广大农民的赋敛，使其有可能扩大再生产，从而奠定了隋初繁荣的基础。

3. 货币制度

南北朝时期政权对峙，加上民间普遍存在铸私钱币的现象，使得货币制度非常混乱。文帝为了整顿币制，将铸币权严格控制在中央政府。开皇元年（581年）九月，文帝下令铸“五铢钱”，“悉禁古钱及私钱”①。为了统一钱币的规格，“京师及诸州邸肆之上，皆令立榜，置样为准，不中样者不入于市”。② 开皇四年（584年）再颁诏令：“仍依旧不禁者，县令夺半年禄”。③ 据《隋书·赵绰传》，京师有人以恶钱易好钱，违背禁令，文帝愤而欲处其死刑，大理寺丞赵绰依法进谏：“此人坐当杖，杀之非法。”

第二节　隋朝的司法制度

一、隋朝司法制度的变化

隋朝的司法制度在前朝的基础上有所改革和补充，日臻完备。虽然存在不少弊端，且由于统治者生杀任情，造成制度的败坏，但与秦汉以来各朝的司法制度相比，仍有较大变化。

① 《资治通鉴》卷一七五

② 《隋书·食货志》

③ 《隋书·食货志》

（一）中央司法一分为二

由于隋律的亡佚，已无法得到完整的有关司法制度的资料，从隋初在尚书省下专设刑部主管司法行政，可以想知其作用，一方面使大理寺掌刑狱的职能更加突出，另一方面与大理寺相互配合又相互牵制，相互监督。

（二）地方机构职权划定

虽然地方司法经历了由州县改郡县的变化，但在司法上规定地方无权判处死刑，而将这一权力收归中央，有利于慎刑。

（三）监察制度初步健全

隋的统一为监察制度的完备和健全创造了历史条件，结束了魏晋以来监察机构设置的不稳定性。

二、司法机关

（一）中央司法机关

1. 大理寺

隋朝大理寺的职能是“掌决正刑狱”，大理寺置卿、少卿各一人，另有丞、主簿、录事各二人，下不统署。又置正、监、评各一人，司直十人，律博士八人，明法二十人，狱掾八人。炀帝时机构有所扩大。

2. 刑部

隋初三省制形成后，在尚书省下设吏部、礼部、兵部、都官、度支、工部六个部门。都官主刑名，开皇三年改都官尚书为刑部尚书，《唐六典》注谓：“隋初置都官侍郎二人，犹掌非违得失事。开皇三年，改都官尚书曹曰刑部，其都官郎曹遂改掌簿录配没官私奴婢，并良贱诉竞，俘囚之事。”

3. 御史台

隋朝的中央监察机构为御史台，御史台由秦汉时的御史大夫府发展而来，御史大夫位高权重，与主管行政的丞相和主管军事的太尉一起并称三公。御史大夫的职能是“典正法度”，“举劾非法”。由于御史大夫主职辅佐丞相，故其重要属员御史中丞承担了实际的监察工作。东汉时，御史中丞成为监察机构的最高长官，并成立了专门机构——御史台。

（二）地方司法机构

隋代地方行政开皇初置州、郡、县三级。开皇三年改州、郡、县三级制为郡、县二级制度。集行政职能与司法职能于一身的地方机构的改革，为加强皇帝对各级司法机构的控制铺平了道路。

隋朝的地方监察机构有司隶台与谒者台，监督地方官吏。文帝仁寿年间，令遣持节者巡行州县，“察长吏能不”，持节史就是司隶台的前身。炀帝大业二年，建立司隶台，“掌诸巡察”，隋的地方监察机构由此得以健全。司隶台监察的重点以考察品官理政能力和纠察贪残害政为主。谒者台是炀帝时设立的另一监察机构，“掌受诏劳问，出使慰抚，持节察授，及受冤枉而申奏之。驾出，对御史引驾”。① 谒者大夫为台长。隋代的谒者台是唐代巡察使的前身。

谏官系统是监察制度中又一重要部分。隋朝的言谏机构承袭南北朝，隶于门下省。谏官的职责是“讽刺左右，以匡人君”，必须对政事有所损益。

三、诉讼和审判

（一）诉讼

1. 监督纠举

隋朝的编户组织，五家为保，五保为闾，四闾为族。相互监督纠举，若有强盗、命案，被害人及同保、同闾、同族之人有向主司报告的义务。这样，民间以户为基础，构成了一张严密的监督网络。

2. 奖励告奸

为了有效地防止贼盗，隋朝规定了奖励告奸和惩治知情不告的措施。隋文帝时，因为京师有白日抢劫的强盗，故“诏有能纠告者，没贼家产业，以赏纠人”。② 另一方面对知情不告者也予以惩治，隋文帝曾“定制，行署取一钱以上，闻见不告言者，坐至死”。③ 法律的残酷超出了其稳定社会的效能。

3. 诬告反坐

诬告即捏造事实向官府控告，意图使被诬陷者承担罪责。不仅严重危害被诬陷者的身家性命，且于社会稳定不利，故秦汉以来就为封建刑法所禁止。隋代依照诬告罪的性质与轻重，实行诬告反坐原则。

（二）审判

1. 案件的审理

隋开皇初年，文帝就对审案理狱作了规定：“断决大狱，皆先牒明法，定其罪名，然后依断。”④ 古代断狱以有罪推定为原则，故要求先诣尚书省刑部书面申请司法解释，核定罪责，再依律剖断。文帝还认为刑罚未消、威福妄诈的情况，一在于执法者的选用，二在于用律得法，依律断狱，故而决定废弃一些帮办理狱的官职，要求官吏熟习律令，定期对对方官吏进行律令考试，对于提高办案质量无疑是有利的。另外，文帝还特别强调了断狱需引律文。

2. 刑讯

司法实践中，刑讯拷问是取证的主要手段。《开皇律》规定：“讯囚不得过二百，枷杖大小，咸为之程品，行杖者不得易人。”汉以来各朝对刑讯逼供都确立了制度，但又都往往流于具文。隋开皇后期至仁寿年间，《隋书》记载的许多案子甚至不待审讯，即付决

① 《隋书》卷二十八《百官志下》

② 《隋书》卷二十五《刑法志》

③ 《隋书》卷六十七《裴蕴传》

④ 《隋书·刑法志》

罚，“怒问事挥楚不甚，即命斩之”。且每于殿廷打人，所用之“杖大如指，捶楚人三十者，比常杖数百”。①《大业律》中“其枷杖决罚讯囚之制，并轻于旧”实际上只是一派谎言。

3. 案件的申诉

隋朝的诉讼必须按级依次进行，不得任意申诉，其规定的诉级，必须先由县，县不理，再经州郡至尚书省刑部，仍不理，才得向宫廷申诉。登闻鼓之设仿南北朝之制。

4. 死刑的报审和执行

隋朝将死刑的判处权收归中央，“死罪者三奏而后决”。② 一方面能对死刑的判决更加慎重，表明封建司法制度的成熟；另一方面，也表明了封建皇权的更加集中和完整，所以，这一制度为唐所继承。

汉以后死刑的执行实行秋冬行刑，立春后秋分前不决死刑，隋朝也是如此，但对谋反、盗贼、恶逆之类的犯罪不依此制。

5. 录囚和赦免

录囚亦即虑囚，是对已经判决尚未执行的囚犯进行复查的一种司法行政措施。《隋书·高祖纪》记载，文皇有过六次“亲录囚徒”，《隋书·刑法志》记“帝又每季亲录囚徒，常以秋分之前，省阅诸州申奏罪状”。③

赦免也是西汉以后形成的制度。历史上，凡遇庆典、祥瑞及重大事变或灾异、遇乱时，封建皇帝就会下赦令，有减等、特赦、曲赦、赦徒、别赦等。据《隋纪》，文帝在位二十四年，大赦十二，曲赦五、降囚徒四。炀帝在位十四年，大赦八，曲赦三。

【本章小结】

隋朝实现了全国的统一，对前朝的法律制度作了系统的梳理并有所发展，开启了唐朝法制繁盛的大门。隋初的法制指导思想有：注重立法、从简从宽；总结经验、坚持改革；依法办事、不徇私情。隋文帝制定了《开皇律》，把法制指导思想具体化；隋炀帝制定了《大业律》，是《开皇律》的倒退。《开皇律》的内容主要有：确立12篇的法典体例，篇名固定化，绝大部分为唐律所沿用；确立了封建制五刑，为笞、杖、徒、流、死；改“重罪十条”为“十恶”为谋反、谋大逆、谋叛、恶逆、不道、大不敬、大孝、不睦、不义、内乱，相沿至清朝；扩大了官员的法律特权，表现在继续沿用八议，即对亲、故、贤、能、功、贵、勤、宾共8种人物的犯罪予以优待，创设例减，官当成定制，赎刑制度化。著名的唐律即以之为蓝本，起到了承前启后的作用。

隋朝的司法制度在前朝的基础上有所改革和补充，变化有：中央司法一分为二，地方机构职权划定，监察制度初步健全。隋朝中央司法机构有大理寺和刑部，地方上由原来的州郡县三级改为郡县二级制度，中央监察机构为御史台，地方上为谒者台，另有谏官系

---

① 《隋书·刑法志》
② 《隋书·刑法志》
③ 《隋书·刑法志》

统。隋朝诉讼制度包括编户组织中的民众有互相纠举的义务，为防止贼盗隋朝奖励告奸，但诬告反坐；审判制度包括案件的审理要求先申请司法解释再断罪，实行刑讯，案件的申诉不能越级，实行死刑实行复奏制度，并且把死刑的判处权收归中央，有录囚和赦免制度。

第九章　光耀千秋

——唐朝法律制度

◎ **知识目标：**

● 了解唐朝法律全貌，掌握唐初法制的指导思想，法律形式，定罪量刑的主要通例，六杀，六赃，保辜，唐律的特点和历史地位

● 了解唐朝的司法制度，掌握唐朝的中央三大司法机关，法官回避制度，刑讯制度，出罪入罪制度，复奏制度

◎ **能力目标：**

● 理解中华法系对世界的影响

● 加深对中国传统法律的伦理特性的认识

【本章导读】

隋重臣李渊、李世民父子乘农民起义之机，举兵反隋，于公元618年建立唐朝。唐朝不仅是中国古代史上的鼎盛时期，也是当时名副其实的世界超级帝国。这种局面以前不曾有，以后也未能再现。唐初统治者极为重视隋朝灭亡的惨痛教训，力求健全法制，并全面总结以往的立法成果，特别在《开皇律》的基础上修成了具有重大影响的唐律。唐律是中国古代法制完备化和中华法系成熟的标志，也是其后宋、元、明、清各朝立法的楷模，且超越国界，为东亚各国所效法，具有国际意义，成为中华法系的代表性法典。至唐中期，“安史之乱”爆发，唐朝由盛而衰，国力急剧下降，一发而不可收。藩镇割据形成，宦官专权势盛，边疆少数民族乘机侵扰，外忧内患，元气大减，法律秩序名存实亡。公元907年，朱温称帝，建立后梁，唐朝灭亡，开始了五代十国的战乱年代。唐朝历时289年。

第一节　唐朝的法律

一、法制指导思想

【参考资料9-1】

长孙无忌带刀入殿案

贞观元年（627年），吏部尚书长孙无忌奉召入宫议事，“不解佩刀入东上阁门”，事毕出门以后，监门校尉才发觉。尚书右仆射封德彝认为：校尉失察，罪当

死；长孙无忌误带刀入殿，应徒二年，罚铜二十斤。太宗欲从其议。但大理寺少卿戴胄不同意："校尉不觉，无忌带刀入内，同为误耳。"臣子对于君父不得称误，法律明文规定"供御汤药、饮食、舟船，误不如法者"皆为死罪，陛下若欲考虑长孙无忌的功勋而减刑，那不是司法官所能决定的；但若要据法审判，罚以赎铜是不恰当的。太宗说："法者非朕一人之法，乃天下之法"，怎么能因为长孙无忌是皇亲国戚就要法外开恩呢？下令再议。封德彝坚持原议，戴胄又驳议说，"校尉缘无忌以致罪，于法当轻"，是因无忌牵连而致犯法，不当重处。"若论其过误，则为情一也，而生死顿殊，敢以固请"。两人既同为"过误"，为何处罚有生死之别？是否严重不公？因戴胄固执原议、犯颜谏阻，太宗最终赦免了监门校尉的死罪。

唐初的法制指导思想是以唐太宗李世民为核心的中央群体智慧的结晶，同时也是从历史特别是暴政亡隋的历史镜子中照出来的。他们发现，百姓是君主政权赖以存在的基础，要维护政权就必须打好基础，爱护百姓，否则，激怒百姓，动摇基础，政权必倒。唐太宗甚至把君与民的关系合而为一，视为一体。他说，"为君之道，必先存百姓，若损百姓以奉其身，犹割股以啖腹，腹饱而身毙"，① 进而将"安人宁国"作为基本国策。唐初的法制指导思想以此为出发点和归依。主要有下列几方面：

（一）德礼为本，刑罚为用，本用兼备，主次分明

唐太宗君臣特别强调德礼仁义的重要作用，但从来也不是唯德礼仁义是用，而不要刑罚。唐太宗说："古来帝王以仁义为治者，国祚延长；任法御奸者，虽救弊于一时，败亡亦促。"② 长孙无忌在奉命为《唐律疏议·名例》作疏议的时候阐述得就更为全面而准确："德礼为政教之本。刑罚为政教之用，犹昏晓阳秋相须而成者也。"这至少说明如下三点：第一，德礼和刑罚均为政教服务，政教是中心，德礼和刑罚不外是推行政教的两手；第二，德礼两手并用，如同一天中之有早晚，一年中之有四季，缺一而不可；第三，德礼两手又非对等，而是一为"本"，一为"用"，一为主，一为辅。所谓"德"，其主体主要是指以君主为核心的中央统治集团，要求君主奉行德政，切忌暴政；要爱民，不要残民；要严于自律，不可为所欲为。这意味着，对上要严，对下要宽，立法司法自然要体现宽的精神。只有宽才是爱民，只有爱民才能体现君主的仁慈。同时，也要求君主积极推行德化，对不德的行为辅之以律法，也要求将道德上升为律法，使道德与法律不仅相辅相成，而且合为一体。礼一同于德，德是礼的内在精神，礼则是德的外在形式。统治者不仅要自觉守礼，维护礼的秩序，也要进行礼教，对于违礼的行为予以法律制裁。要依礼制刑，也要依礼用刑，礼和刑既是两个东西，又是一个东西的两面。唐律就是德礼与律法高度统一的典范。

（二）立法要求做到宽、简、划一，保持相对稳定

所谓宽，即只要能不规定为罪的就不作规定，非规定为罪不可的，能处轻刑就决不处重刑。反对严刑酷罚，草菅人命，轻罪重刑。所谓"简"，包括两点，一是简明，二是简

① 《贞观政要·君道》
② 《贞观政要·仁义》

约。前者要求法律条文一定要通俗明白，便于理解，不生歧义。唐太宗更加强调“简约”，反对律条过多过繁。他的认识固然是出于爱民的考虑，但重心却在于官员。在他看来，法律越繁，官员越难以掌握，越难以掌握就越难于严格执行，从而为官员们营私枉法、出入人罪开了方便之门。正由于唐太宗集团以宽简作为法制指导思想，所以《贞观律》较之隋朝旧律，条文更精简，处刑也从轻，减死罪92条，流入徒者71条。①

所谓“划一”是指法律条文间必须统一一致，不可抵触矛盾，这是定罪量刑能否准确的前提条件。② 划一的立法思想在唐律中得到充分体现，不但律文间无矛盾，对律文的解释也是统一的。

唐太宗还非常注重法律的稳定性。他认为法律屡变必然越变越繁，必然前后不一，又必然不便掌握，难以依法办事，从而导致司法黑暗，破坏法的尊严，最后只能使百姓遭殃。然而客观形势在不断变化，法律作为客观形势的反映不能一成不变，对于某些不适时宜的法律，必须适时而修改。但修改法律必须慎重严肃，切忌草率行事，要按照严格的程序进行。修改法律的前提是法律不合时宜，然后申报尚书省，再由尚书省召集在京七品以上官集体讨论，作出决议，最后由皇帝裁定。这自然体现了皇帝对立法权的垄断，但也足以说明对修改法律的重视，是保持法律稳定性的重要措施。

（三）维护法的权威性，审慎执法，严格依法办事

法的权威性，不在于对百姓违法行为的惩罚，而在于当权者要严格执行法律、遵守法律，一旦违法，一体治罪。唐太宗深得其中之味，他宣布，“法者，非朕一人之法，乃天下之法”，③ 明确宣誓要取信于法，决不以言代法，以权坏法。他还要求权臣贵戚带头守法，倘若违法，虽亲必罚，一律依法办事。唐太宗也有喜有怒，对于复杂的人间事也有搞不清的时候。他错杀了大理丞张蕴古，又错杀了交州都督卢尚祖，事后追悔莫及，悔叹人生一次，死不再生，并以卓越的政治智慧和慈悲胸怀创造了慎待死刑囚犯的司法程序措施，规定死罪要由中书、门下四品以上官及九卿共同议定，即使判处死刑立即执行的也要实行复奏制，州县三复奏，京师五复奏，直到奏毕得到批准方可执行。这自然有加强皇帝控制司法权的作用，但也充分体现了慎刑的思想。此外，唐太宗还要求司法官严格依法断罪，严禁办关系案、人情案，更不得受贿枉法，法律是定罪量刑的唯一准绳即“律令格式正文”。④

二、法律形式

（一）律

律的内容十分广泛。既有后世民事、经济、行政等实体法所调整的内容，也有后世程序法方面的规定，但全部律文都围绕罪和刑而展开，是“正刑定罪”的刑法典。这是律与令、格、式最大的不同。除此之外，它还有如下特性：体系结构的完整性系统性，适用

① 《资治通鉴·唐纪》
② 《贞观政要·赦令》
③ 《贞观政要·公平》
④ 《唐律疏议·断狱》

上的普遍广泛性，司法实践中的权威性，同时也具有相对的稳定性。

（二）令

令用以“设范立制”、确立“尊卑贵贱之等数”，也就是说令是有关国家基本体制和其他各种制度的规定，它具有强制性，却不关涉“罪”与“刑”。唐令所涉范围广泛，有经济方面的均田令、户令、赋役令、关市令等；有行政方面的官制令、选举令、官品令等；有司法方面的狱令等。编制成册形成规模的有《武德令》、《贞观令》、《开元令》等。

（三）格

格是皇帝对国家机关或因人因事因时而下发的指示，又称“敕”。敕对具体人事具有至高无上的效力，又具有很强的灵活性和针对性。敕经过汇编以后，上升为一般的法律形式，称为“敕格”。其中留在国家各机关内部施行的敕格，又称“留司格”；颁发各州县施行的敕格，又称“散颁格”。敕格具有普遍效力，但未经汇编只是针对具体人事而下发的格，不能作为办理其他事务的依据，否则，官员负有刑事责任。

（四）式

式是国家机关的办事细则和公文程式，篇目多，数量大。编制成册的有《武德式》、《贞观式》、《永徽式》、《开元式》。

唐朝律、令、格、式四种法律形式并不是互不相干，各自孤立的，而是相辅相成的统一体系。大致说来，令、格、式是要求人们应该做什么、不应该做什么、怎么做，是从积极方面确立臣民所遵行的制度、准则和规范；而律则是从消极方面规定违反令、格、式的罪名及所承担的刑事责任。四种法律形式的划分和协调统一，是法制划一的显著反映，也是唐初立法技术上的卓越成就。

三、主要立法

以“安史之乱”为界，唐朝的立法可分为前后两期。前期的立法以修律为主，兼及令、格、式；后期则主要是编敕和刑律统类。现依时间先后，分述如下：

（一）《武德律》

唐高祖攻占长安后，即令收集隋朝的图籍，制定约法十二条。武德二年，唐高祖命刘文静等人制定“五十三条新格”。武德四年，又命裴寂等人取法《开皇律》制定唐朝正式律典，并于武德七年完成，颁行天下，是为《武德律》。《武德律》共12篇，500条，基本上沿袭了《开皇律》，其最大变化是将“五十三条新格”纳入律典。

（二）《贞观律》

唐太宗李世民在即位头一年（贞观元年）就命著名律学家长孙无忌、房玄龄等人修订新律，前后历时十余载，至贞观十一年告成，并诏颁天下。这就是声名远扬的《贞观律》。《贞观律》仍以《开皇律》为基础，12篇，500条，但与旧律相比却发生了多方面的重大变化，取得了空前的立法成就，基本上确定了唐律的主要内容和风格，奠定了唐代基本法典的基础，拥有崇高的地位。自此以后，唐朝历部律典都无不以《贞观律》为楷模。可惜，这部律典已失传，但通过流传至今的《唐律疏议》完全可以认识它的大致情况。

（三）《永徽律》及《永徽律疏》

唐高宗李治登基，于永徽元年又命长孙无忌等人修订律典，次年完成，诏颁天下，是为《永徽律》，共12篇，502条。《永徽律》不外《贞观律》的翻版，很少变化。这从下列几个方面可以得到证明。从时间上看，《贞观律》历时十余载，可谓事久而虑精，而《永徽律》仅用一年告成。在这样短的时间内不可能对《贞观律》作大的调整。再从实际立法者来看，长孙无忌是两部法典的具体主持人，他对于自己用十余年的心血制成的《贞观律》也不会轻易改动。唐高宗也非常敬仰唐太宗，他自己说过，一代律典不是他那样的“庸虚”之人所能创制。而且，《永徽律疏》的首篇《名例》篇疏议明确而郑重地宣告：“今之典宪，前圣规模。”从律文上看，《永徽律疏》仅仅是改动《贞观律》中的一个字也要特别指出改动的理由。如将《贞观律》中“大不敬”条的“言理切害”改为“情理切害”。是因为“盖欲原其本情，广恩慎罚故也”。而这种说明改动理由的地方又极为少见，它意味着剩余的部分全部取法于《贞观律》。由上述可见，《永徽律》实即《贞观律》。

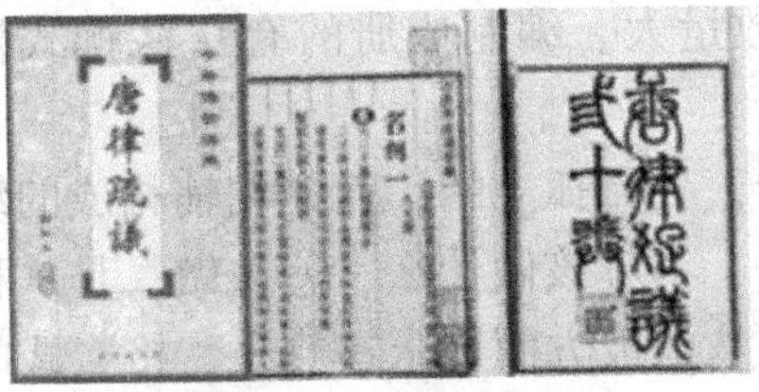

图 9-1　《唐律疏议》

因此，较《贞观律》而言，《永徽律》并没有取得突破性成就，然而，永徽年间为律典作“疏议”则是中国立法史上的大事。为律典作“疏议”主要有两个原因：一是《永徽律》颁行后，从中央到地方的司法官对律文的理解不同，因此，同样的罪行而罪名和刑罚却有轻有重；二是科举考试有“明法科”，需要对考生的法律试卷作出统一的标准答案。在这种情况下，唐高宗于永徽三年下令召集律学通才和长孙无忌等重臣对律文逐条逐句作出解释，“条义疏奏以闻”，继承汉魏晋以来，特别是继承晋代张斐、杜预注释律文已有的成果，历时一年，撰《律疏》30卷奏上，与《永徽律》合编在一起，于永徽四年十月经高宗批准，将疏议分别附于律文之后颁行，计12篇，30卷，称为《永徽律疏》。至元代后，人们以疏文皆以“议曰”开始，故又称为《唐律疏议》。由于疏议对全篇律文所做的权威性的统一法律解释，给实际司法审判带来便利，以至于《旧唐书·刑法志》说当时的“断狱者，皆引疏分析之”。疏议的作用至重，学者杨鸿烈在《中国法律发达史》一书中认为，“这部永徽律全得疏议才流传至今。”

《永徽律疏》总结汉魏晋以来的立法和注律经验，不但对主要的法律原则和制度从历史上寻根溯源，说明其沿革，又尽可能引证儒家经典，用以作为律文的理论依据，同时结合司法实践中可能出现的疑难问题，对容易产生歧义的律文，自设问答，以作说明。这些疏议与律文具有同等的法律效力，并且附在律文之后，形成了律疏合编的新的法典编撰体例。《永徽律疏》的完成，标志着中国古代立法达到了最高水平。作为中国传统法制的最高成就，《永徽律疏》全面体现了中国古代法律制度的水平、风格和基本特征，成为中华法系的代表性法典，对后世及周边国家产生了极为深远的影响。同时，因此前的《贞观律》等都已遗失，《永徽律疏》成为今天所能见到的中国历史上保存下来的最早、最完备、最具有社会影响的古代成文法典，在中国古代立法史上占有最为重要的地位。

（四）《开元律疏》与《唐六典》

唐玄宗李隆基于开元六年，命宋景等人刊定《开元律》；开元二十二年，又命李林甫等人为《开元律》作“疏议”，制定《开元律疏》。《开元律》和《开元律疏》均已失传，其内容性质与《永徽律疏》有哪些变化，由于史料限制还难以确切考证。

唐玄宗年间另一项有重要意义的立法是制定《唐六典》。开元十年，唐玄宗手书“六条”。令有司依照《周礼》理典、教典、礼典、政典、刑典、事典的体例，编制唐朝的典章政书。张说、张九龄、李林甫等大臣先后总其事，有一批知名学者参加，历经十余年，至开元二十六年完成，名曰《唐六典》。《唐六典》实际上是按唐朝的国家体制编写的，并未取法于《周礼》，但由于唐玄宗有手书六条，故此而得名。《唐六典》共30卷，规模宏大，内容广博而详尽，资料浩繁而系统。它详细记录了盛唐时期的官规政令，国家各机构的设置、人员编制、职责，以及官员的选用、考核、奖惩、退休等，其注文部分还阐明了上述规定的历史沿革。从性质上看，《唐六典》是中国现存最早的一部行政法典。自此，中国历史上出现了刑法典与行政法典并行不悖的两大法律体系，这是法律制度日趋完备和健全的标志。明、清两朝的《会典》均受《唐六典》的影响。

（五）《大中刑律统类》

唐朝后期，唐宣宗大中年间，制定《大中刑律统类》。法典的名称发生变化，编制体例和内容也发生了变化，它将律文分成若干门类，再附以相关的格、敕、令、式。《刑律统类》对五代和宋朝的立法有重大影响。

四、主要内容

唐律是一部刑法典，它的所有律文几乎都是围绕罪和刑而展开的。它所调整的社会关系非常广泛，涉及后世各个部门法。为了今天的学习，这里将唐代刑典拆开，按部门法分头阐述其主要内容，其中有些内容还不限于刑法典。

（一）刑事法律规范

1 定罪量刑的主要通例（集中于《名例》篇）

（1）十恶。

【参考资料9-2】

居丧乱礼获极刑

唐太宗贞观年间，大臣杨师道之子杨豫之娶了太宗之弟李元吉之女寿春公主。后杨豫之在为母亲守孝期间，与高祖之女永嘉公主通奸，被永嘉丈夫都凤姐捉获。朝廷讨论应该怎么惩罚他们，有人说按照法律，其所犯之罪应该处以死刑，于是将其杀死。唐律规定，居父母丧期间，不许奏乐、婚嫁，夫妻不得同居等，违者为“不孝”之罪，列为“十恶”之一。又规定，凡奸父祖之妾及伯母叔母、姑、姊妹、子孙之妇、兄弟之女者，为“内乱”之罪，亦列入“十恶”之罪，有犯者处绞刑。本案中，杨豫之守丧期间，与妻子的姑姑通奸，且其姑为先帝之女，罪行严重，依律当死，故被处以极刑。

十恶是隋唐以后历代法律中规定的严重危害统治阶级根本利益的常赦不原的十种最严重的犯罪，渊源于《北齐律》中的“重罪十条”，隋朝《开皇律》在“重罪十条”的基础上加以损益，确定了十恶制度。唐律承袭此制，将十恶列入名例律之中，罪行和处罚原则更具体明确，具有很强的可操作性。十恶罪名的具体罪行如下：

谋反：谓谋危社稷，指图害皇帝、危害国家的行为，为十恶之首；

谋大逆：即图谋毁坏皇帝宫殿、宗庙、先帝陵墓的行为；

谋叛：谓背国从伪，指图谋背叛朝廷，投奔蕃国或国内敌对政权的行为；

恶逆：即殴打或谋杀祖父母、父母、伯、叔、姑等尊亲属的行为；

不道：即杀一家非死罪三人，或肢解人，或造畜蛊毒以害人，或用邪术企图使人遭灾的行为；

大不敬：即盗皇帝祭祀用物或御用车马等器物，伪造或盗窃皇帝印玺，调配御药误不如本方，烹调御膳误犯食禁，指斥皇帝，对皇帝或皇帝的使臣无礼等损害皇帝尊严的行为；

不孝：即控告或詈骂父母、祖父母，祖父母、父母在而别籍异财或供养有缺，诈称祖父母、父母死，闻祖父母、父母丧而匿不举哀，在祖父母、父母丧期内嫁娶、作乐，为父母尊长服丧不如礼等不孝行为；

不睦：即殴打或谋杀卖五服（缌麻）以内亲属，殴打或控告丈夫及大功以上尊亲的行为；

不义：即杀本属府主、刺史、县令，属吏或士卒杀本部五品以上长官，杀现受业师，闻夫丧匿不举哀或在丧期作乐改嫁等违礼行为；

内乱：即奸小功以上亲属等乱伦行为。

十恶罪行可大体划分为两类，一类是危害皇权与特权的政治性犯罪，包括谋反、谋大逆、谋叛和大不敬四项罪名；一类是危害宗法伦常的亲属间犯罪，包括恶逆、不孝、不睦、内乱四项罪名，另外两个罪名不道、不义也部分涉及宗法纲常。将破坏政治秩序和宗法秩序的各种犯罪，加以总结归类，以示重点打击，以便更好地维护君权和父权，是立法趋于成熟的标志，也是礼的突出表现。

十恶大罪列于律首，是项重要原则。《名例》疏议这样解释说：“五刑之中，十恶尤切，亏损名教，毁裂冠冕，特标篇首，以示明诫。”对十恶罪所奉行的原则是：官员贵族有犯，不得享有议、请、减等优待，虽遇大赦，也要革除官职。这是对等级特权原则的限制。其他人有犯，自不待言。

(2) 同罪异罚的等级特权原则。

①官员贵族犯罪享有的等级特权。

第一，八议。唐律中的“八议”对象一同曹魏律，仍是亲、故、贤、能、功、贵、勤、宾八种人，不同的是对这八种人的规定更明确，如八种人中的“贵”，专指三品以上有职有权的官和有职而无权的一品官。这八种人的法定特权是：犯死罪，司法机关不得审理，必须申奏皇帝，说明犯罪事实及其犯者的身份。再由皇帝交付大臣集议，议决后报皇帝批示，一般免于死刑；若犯流罪以下，例减一等，不用议；若犯十恶，既不得议，也不得减，没有特权。

第二，请。享有“请”的特权者，其地位低于“八议”中的八种人，共包括：四、五品官；皇太子妃大功以上亲属；应议者期以上亲及孙。这三类人犯死罪，司法机关可以审判，但须上请皇帝减刑；犯流罪以下，依例减等；限制更严格，除十恶外，其他一些重罪如受财枉法、监守内盗等，既不得上请，也不得例减。

第三，减。其适用对象有两类：一是六、七品官，二是享有“请”的特权者的直系亲属及兄弟姐妹和妻。这些人犯流罪以下，依例减等。

第四，赎。其适用对象有三类人：一是享有议、请、减特殊身份的人；二是八、九品官；三是六、七品官的直系亲属和妻，以及五品以上官员的妾。这些人，犯流罪以下，一般可以用铜收赎。

第五，当。即官员犯罪可用官职抵消徒刑和流刑。官员犯私罪，五品以上官，一官折抵徒刑二年；九品以上官，一官折抵徒刑一年。犯公罪，五品以上官，一官抵徒三年；九品以上官，一官抵徒二年。如果以官当流，三等流刑均折徒刑四年。如果一人之身兼有数官，则先以高者当，次以低者当；如果现任官职不够当罪，则用历任官职当；如果历任官职仍不够当罪，余罪可以收赎；如果官多且大，当罪有舍，则可以留官，收赎。

以上材料可作如下归纳：第一，九品以上官，犯流罪以下，一般均可收赎，不必执行刑罚。第二，身有官爵。不仅本人犯罪可享受优待，其一定范围的亲属犯罪也可享受优待。第三，官品越大，犯罪后的处分越轻，随其享受优待的亲属范围越大。第四，官品越高，其亲属的身份也越高，因此犯罪后享受的优待越好。

②亲属相犯，准五服论处。

唐律继承了《晋律》“准五服以制罪”的原则，但较《晋律》更具体更全面。依据这种原则，一种行为的罪与非罪以及罪刑轻重，不是由这种行为本身所决定，而是由行为人与对方是不是五服亲以及何种亲等而定。五服制特别注重亲疏，注重维护尊长的尊严。故此，如果卑幼侵犯尊长的尊严，如打、骂、告，卑幼与尊长关系越亲近，对卑幼处刑就越重；关系越疏远，处刑就相对减轻。反之，尊若犯卑，关系越亲近，处刑就越轻；关系越疏远，处刑就相对加重。唐律关于这方面的规定已经达到了量化的标准。另一方面，亲属间的盗窃行为，因为与尊严关系不太大所以关系越亲其罪越轻，甚至子盗父不是盗。在近亲间，本来就应该从经济上互相帮助。

③良贱相犯依身份论处。

唐朝不仅在官场等级森严，亲属间亲疏有别，民间也有等级。唐律对良贱的区分十分严格。良人主要指农民，律文通称“凡人”，一般称“百姓”、“白丁”。唐律中的贱民分官贱和私贱两类。官贱又分三等，官奴婢地位最低，官户和工乐户地位稍高，杂户和太常音声人地位最高，接近于良人。私贱分两等，奴婢地位最低，部曲地位稍高。良贱身份不同，同罪而不同罚。如奴婢、部曲殴打主人之期亲及其外祖父母也要处绞刑，更不要说殴打主人；反之，主要殴打奴婢、部曲，没有任何责任。在婚姻上，良贱不得通婚，只有官贱中的太常音声人可与良人通婚，余者只能同类找同类，而且所生之子女也世代为贱民。在诉讼上，奴婢、部曲必须为主人隐罪，若告发主人（除重大政治犯罪）则绞，而主人告奴婢、部曲，即使诬告，也无罪。

(3) 老幼残疾减免刑罚。

矜老恤幼由来已久，是中国历史上的古老传统，唐律在这方面的规定较前更具体更明确。唐律对老和幼的年龄作了界定，并就病疾程度也作出了量化定性。老者分三个档次，即70岁以上，80岁以上；幼者也分三个档次，即15岁以下，10岁以下，7岁以下。残疾依程序不同分两个档次，即废疾与笃疾。废疾指痴、哑、侏儒、断一肢、盲一目等；笃疾指双目失明、两肢残废、癫狂等。大致说来，老者越大，幼者越小，残疾程度越重，犯罪后所承担的刑事责任越轻。具体规定是：70岁以上、15岁以下及废疾者，犯流罪以下可以收赎；80岁以上、10岁以下及笃疾者，犯死罪可以上请；90岁以上、7岁以下，虽犯死罪，亦不追究，但如谋反之类的特别犯罪除外。

(4) 同居有罪相为隐。

唐律基于儒家“屈法以伸情”的“亲亲”观念，在汉律“亲亲得相首匿”原则的基础上，又确立了“同居有罪相为隐”的原则。依照这一原则，凡同财共居者（且不论是否同一户籍，也不论是否有服亲），以及大功以上亲属、外祖父母、外孙、孙媳、夫之兄弟、兄弟之妻，都可有罪相隐，不负刑事责任；部曲、奴婢为主人隐罪，不负刑事责任；小功亲属有罪相隐，罪刑减凡人三等。但对于谋反、谋大逆、谋叛三种重大政治犯罪，非但不能隐，反倒任何人都有检举揭发的义务。不适用相隐的原则，这是原则之上的大原则。它说明国家大于家庭，君权大于父权。唐律意在使二者在一定限度内统一起来，在不触犯君权的情况下维护血情亲情，以稳定社会秩序，保持国家的长治久安。这是立法经验成熟的表现。

(5) 自首减免刑罚。

唐律有关自首减免刑罚的规定意在分化打击犯罪，提高破案率，维护社会秩序。考虑十分周全，处理尽量从宽。首先，“诸犯罪未发而自首者，原其罪”。“未发”指犯罪未被官府发觉或未被他人告发，这是自首的前提。但是，犯人不自行投案，而是请人代为自首，或法定相容隐之人代其自首，甚至相容隐之人前往官府告发，均按自首处理。如果犯人已知有人将要告发，或逃亡途中有所悔悟而自首，要减罪二等论处。逃亡后，虽未到官府自首。但返回原地，亦减罪二等。当然犯人已知有人代为自首，或为其自首，或告发，而仍不归案者，不得减免。犯人犯几种罪，轻罪被发觉，但能自首重罪者，重罪依自首处理。审讯中，犯人主动交代其他未被发觉之罪，免于追究。自首不实（如本为强盗，自首为窃盗）或者不尽（如贪赃50匹，自首30匹）者，只追究不实、不尽之罪，已自首的部分免于处罚。共同犯罪后又逃亡，其中轻罪者能捕获重罪者自首，或者这些人犯罪轻重相等，其中有人能捕获半数以上罪犯自首，则他们的本罪及逃亡罪都一概按自首处理。因藏匿犯人，为其提供物质方便，或充当不符事实的保证人而牵连犯罪者，后来该犯自首，那么因牵连而犯罪者也按自首处理。

对于自首者，只是减免刑罚，犯罪所得之赃则必须归还官府或原主。同时，自首减免刑罚的原则也不适用于所有的犯罪，私渡关、奸良人、私习天文、损伤人身、盗窃不能原样赔偿的物品以及谋反等重大犯罪，虽自首亦不能减免刑罚。

唐律有关自首的原则显示出高超的立法水平，很多方面已经了时代的局限，直到今天仍值得借鉴。

（5）共犯区分首从。

唐律的共同犯罪，指二人以上故意犯罪，即犯罪主体至少有，主观上必须是故意。对共同犯罪的处理原则是区分首从，者处重刑，随从者减一等。所谓首犯，唐律称“造意”者，首先言的主谋。上述原则并非对所有人、对所有犯罪都统一适用，它必须与原则协调统一，不相抵触。这主要表现在三个方面：一是一共同犯罪，不论由谁造意，也以尊长为首；倘妇人尊长与男幼共同犯罪，虽妇人造意，仍以男夫卑幼为首。唐律一方面尊长和男子的特殊地位，但在这一问题上又强化其刑事责这不仅不是对其特殊地位的否定，而是必要的补充，二者相用。二是外人与监临主守官吏共同犯罪，虽外人造意也以监守官为首犯。官员就是官员，官员必须忠于职守，不能与外同。官员的特权要维护，但官员的责任也更大。特权与责任一。三是严重的政治性犯罪，如谋反、谋大逆、谋叛等，则首从，一律从严。这是唐律中最重要的原则。

（7）公罪从轻，私罪从重。

唐律明确规定了公罪和私罪的概念及量刑原则。公、私罪的主体均指官员，但二者有显著区别。所谓公罪是指“缘公事而无私曲者”，即官员执行公务不力、失误、出差，但并不于个人私利而故意为之。相反，“私罪，谓私自犯及对制诈实，受请枉法之类”，即官员犯罪与公务无关，纯是为了私为的个人行为，或者显然承办公务，但假公济私，滥用职如对制诏欺诈不实，受人请托，曲法徇情等，均属于私罪。私罪的处刑原则是：公罪从轻。私罪从重。所以公罪从目的是保护调动官员工作的积极性，提高办事效能；所以私重，是因为官不同于民，官员有职有权，职权重大，不能没有相应的责任。职权与责任相统一，二者一旦分离，后果不堪设想。

（8）二罪以上俱发以重者论。

唐对“俱发”的界定是：犯人在被告发前犯有两个以上的罪。这里有两个构成要件，一是所犯之罪不得少于两个，最为关键的是第二，即这些罪必须是在告发前所犯。对于俱发的处刑原则，只按其中的一个重罪论处，重罪吸收轻罪。若几罪轻重相同，则取一罪处罚。一罪先发，已经论决，又发余罪。若余罪与已决之罪相等或者更轻，则勿论。一罪论决，又发其他重罪，则按后发罪中的重罪论处，前罪所执行之刑罚可以折充，不可累计。

（9）更犯累加处刑。

唐律规定：“诸犯罪已发及已配而更为犯罪者，各重其事。”可见，更犯是指从犯罪被告发起至判决执行完毕期间又犯新罪。更犯与俱发有相同之处，即犯人均犯有两个以上的罪行，但也有重要区别，更犯必须有一罪在告发前，其他罪在告发以后，而俱发的所有犯罪均在告发前。更犯性质恶劣，故前后罪累加合并论处。

（10）“本条别有制，与例不同者依本条”。

“本条别有制，与例不同者依本条”，其中的“本条”是指《名例》篇以下分则各篇的具体法律条文，“例”指的是《名例》篇总则部分。意思是说，分则各篇的律条与总则篇的规定有所不同，在这种情况下，不依原则办事，而依具体律条办事。大千世界万分复杂，而法律原则则是对复杂事物的抽象概括，然而原则越抽象越概括其含义就越宽广，越宽广就越难以为个别案件提供明确而具体的标准。针对这一问题，唐律坚持了从具体出发、从实际出发的立场，尽量使原则与律条相统一，一旦不统一，遵循具体律条。这对于保持全律的协调具有重要作用，对于统一适用法律、准确定罪量刑是必不可少的。立法者居然发现这一矛盾并确立解决的原则。可谓费尽心机。

(11) 轻重相举。

唐律规定："诸断罪而无正条，其应出罪者，则举重以明轻；其应入罪者。则举轻以明重。"这里的"出罪"指的是免于处刑；"入罪"是指处最重的刑罚死刑。意思是说，在法律无明文规定的前提下，某一行为是否免于刑罚，就从律典中找出与该行为相近但比该行为的情节更重的律文，来比照该行为。如果比该行为情节更重的律文规定免于处罚，该行为自然不属犯罪。这叫做"举重以明轻"。比如，律文规定，夜间无故入人宅，主人将其杀死，勿论。主人若仅仅是将其杀伤，就自不待言。另一方面，某行为是否处死刑，律文并未明确定。在这种情况下，就从律典中找出与该行为相近但比该行为的情节更轻的律文，进行比照。如果比该行为情节更轻的律文规定处死刑，那么该行为自然属于死罪。这叫做"举轻以明重"。例如，律文规定，谋杀期亲尊长，不论已杀、未杀，只要有预谋，即处死刑。若有人不仅预谋了，而且杀伤了，就只有死路一条。这一原则的制定，使唐律减少了大量不必要的条文。

(12) 涉外案件的处理原则。

唐律规定："诸化外人，同类自相犯者，各依本俗法；异类相犯者，以法律论。"疏议对"化外人"的解释是："蕃夷之国，别立君长者。各有风俗，制法不同。"这里包含两点内容：一是同一国家的外国人在唐朝领土相犯，则依其本国法律论处；二是不同国家的外国人相犯，或者唐朝人与外国人相犯，则适用唐律。这实际上是以属地主义原则为主、属人主义原则为辅，反映了立法者既维护国家主权又尊重外国风俗的法制观念。

2. 犯罪主要种类及处罚

(1) 危害皇权罪。

皇权是专制国家的代名词，维护皇权是唐律的核心内容和最高原则。全部唐律都直接或间接地为皇权服务。因此，政治犯罪就是所有犯罪中最为严重的犯罪。比如，谋反罪大恶极，处刑也最严厉。这主要表现在下列三个方面：第一，谋反者，"其事未行，即同真反"。也就是说，即使没有付诸行动，只要"谋"了，就作谋反罪处理。对谋反者。犯者本人处斩；父亲及16岁以上的儿子处绞刑；没入为官奴者包括15岁以下之子、母、女、妻、妾、祖、孙、兄弟、姊妹、部曲、资财、田宅；伯、叔、侄，流三千里，不管是否同一户籍。第二，虽然谋反了，但根本无法产生实际后果，也要处极刑。皇帝手中的权力代表的是公共权力，靠个人的单枪匹马去推翻皇权，就如同蚂蚁撼大树，无损皇权一根毫毛。所以要推翻皇权必须具有组织力、号召力、煽动力，有人响应，形成气候。然而即便根本不是谋反的材料，即"词理不能动众。威力不足率人"，也要处斩，父子、母女、妻妾流三千里。第三，明知没有谋反意图，又无谋反行为，当然更谈不上侵害后果，只是"妄为狂悖之语"，说说大话，开开玩笑，即"诸口陈欲反之言，心无真实之计，而无状可寻"，也要流二千里。不但如此，唐律中许多定罪量刑的原则都不适用于谋反罪。比如，对于谋反罪所作的惩罚不仅仅是行为，而且包括思想和言论；谋反不论是为首，还是伙从、胁从，一经参与，一律处斩；谋反不仅犯者本人皆斩，其相关的亲属，即使未曾过问，或根本不知，也要连坐，处重刑，或绞，或流，或没为官奴等。

以上只是以谋反罪为例来说明唐律是怎样惩罚政治罪的，其他有关侵犯皇帝人身安全、皇帝神圣尊严、皇帝宫殿宗庙、皇帝车马衣冠等御用品的犯罪，同样做了周密而严格的规定。这里从略。

（2）官吏职务犯罪。

唐朝统治者非常清楚，要治民先治官，要维护皇权首要的是管好官员。为此。唐律一方面赋予官员诸多法定特权，另一方面又对官员提出了更高更严格的要求，可谓恩威并济，职权与责任相统一。唐律专以官员为对象的律条，仅《名例》篇就占1/3以上。《职制》篇的全部律文都是针对官员的，此篇位置十分显赫，在全律中排位第三，在分则中仅次于旨在维护国家政权和主权的《卫禁》篇之下，位居第二。其他如《卫禁》、《厩库》、《擅兴》、《断狱》等篇有关治官的条文也占相当的比重。此外，唐律在规定一般犯罪的时候，同时也规定相关官员的法律责任。因此，关于官员的职务犯罪遍布整个法典。现在从下列几个主要方面作一归纳：

①贪赃罪。从《职制》篇的规定看，唐律在惩治官员贪赃罪方面有三个特点：第一，设想周密，规定齐全。官员贪污、受贿、受贿枉法等犯罪行为，恐怕任何一个政权都不会听之任之，唐朝就更不例外。唐律规定之齐全，设想之周密表现在：监临官向被监临人借财物，以坐赃论；监临官搞官倒，与被监临人做买卖，以索取财物论，若强行买卖，仗势欺人，则以枉法论；监临官私自役使被监临人，以坐赃论；监临官家人为上述行为，比监临官自为减罪二等；监临官知情者，与家人同罪，不知情者，减家人罪二等；官员出差，在执行公务之处接受礼物，索取或强要财物，以坐赃论或坐赃减等论；官员离职退休以后，接受旧属、士庶的馈赠，或者乞取、借贷，也属坐赃，只是处刑上比在职时减三等；监临官若盗取自己监守的财物或被监临人的财物，则比凡人盗窃罪加二等。第二，唐律不仅对官员贪赃罪规定周密，而且处刑也极为严厉，甚至对同样行为的惩罚，对官比对民要重得多，颇能体现宽于待民、严于治吏的精神。比如，监临主司受财枉法，以赃折绢，计绢十五匹，处绞刑，监临主守盗所监临财物，折绢三十匹，处绞刑，而一般窃盗则没有死刑，最高刑是窃赃折绢五十匹处以役流。第三，对官员犯罪及其处罚做到了量化、数字化，具极强的可操作性，没有"情节恶劣"、"数额巨大"之类含糊其辞的用语。在唐律的，立法者来看，为官就不能贪赃，任何官最起码都应知道不应该贪赃，贪赃就是犯罪，贪多少均以数字计算刑罚。比如，官员受财而不枉法，以财物折绢，赃值绢一尺杖90，每多2匹加1等，计绢30匹，加役流；受财枉法，计绢1尺杖100，每多1匹加1等，满15匹，处绞刑。

②擅权、渎职罪。《职制》篇规定："诸官有员数。"国家各机关中的官员有一定数额，超编设置，超1人杖100，多3人加1等，至10人徒2年。但遇有军务紧急情况，可酌情设置。驿使传递公文，依据公务缓急，定下具体行程期限。如有延误，1天杖80，每多2天加1等，罪止徒2年；若是紧急军务，比通常公文要罪加3等。因延误程限而影响军务者，廷1日加役流；致使守地陷敌者，绞。

③擅离职守、失职罪。官员应值白班而不值，应夜宿而不宿，笞20；满一昼夜，笞30。无故旷工，及请假超期者。一日笞20，徒止一年半。官员上任，限期不到，一日笞

10，罪止一年。地方州县官非公事而出管辖区，过一夜杖100。关于失职：应奏而不奏，不应奏而奏者，杖80；应上言而不上言，不应上言而上言，不由所管而越级上言，应下发公文而不下发，不该下发而下发，各杖60。

此外，还有泄露机密及擅发兵罪，弄虚作假、欺诈罪等。

（3）家庭伦常方面的犯罪。

在中国古代，国家与家庭（或家族）的关系极为密切。统治者往往用治家的办法来治国，又用治国的办法去治家。家庭是国家赖以存在的社会基础，而国家又是家庭的有力靠山。因此，只要家庭不危害国家，国家就极力维护家庭内部的宗法伦常关系。唐律也极为重视惩治这方面的犯罪，严禁侵犯父权和夫权，用以维护尊长与卑幼、夫与妻之间的不平等关系。比如，规定了侵害尊长的犯罪，严禁卑幼殴打、谋杀尊亲长；责令子孙必须善事尊亲长；确保尊长对家财的掌管权，严惩子孙分割家财；确保尊长对卑幼的主婚权等。规定了侵害夫权的犯罪，确保婚姻成立前男方的优势地位，规定了妻犯夫的犯罪等。规定了严惩亲属相奸罪等。

（4）侵害人身安全罪。

这里的侵害人身安全罪主要是指身份相同的凡人间的人身侵害行为，并非良贱、官民、亲疏间的侵害行为。前者属于一般犯罪，后者是指特定身份间的犯罪，其最大特征是依身份定罪量刑，虽同一行为，但因当事人双方身份不同，罪名和刑罚有很大差异。

①六杀。《唐律》贼盗、斗讼篇中依犯罪人主观意图区分了“六杀”，即“谋杀”、“故杀”、“斗杀”、“误杀”、“过失杀”、“戏杀”。“谋杀”指有计划有准备（经过一定时间）地杀人。谋杀未遂，徒三年；谋杀而伤人，绞；谋杀已遂，斩；“故杀”指无事先预谋，临事生意，故意杀人。犯者，或绞，或斩；“斗杀”指在斗殴中失手杀人，至重处绞刑；“误杀”指因认错对象而误杀。依行为结果分别量刑，罪至死者可减等；“过失杀”指因“耳目所不及、思虑所不至”而导致杀伤人，犯者可以铜赎；“戏杀”指因开玩笑而致人死伤，犯者减斗杀伤二等治罪，没有死刑。“六杀”理论的出现，反映了唐律对传统杀人理论的发展与完善。

②保辜。这是唐律所创立的既有利犯人又有利受害者的一项有积极意义的法制制度。依照这种制度，犯者致人以伤，在伤势未定的情况下，确立一定期限，责令犯者为伤人治疗。再依期限内的伤势情况，确定犯人的刑事责任。这既可以促使犯人为减：轻罪责而努力为受害者治伤，又可减轻自己的责任。可谓两全其美。唐律中的保辜法非常健全。从适用范围上看，无论故意过失，凡有因果关系而致人伤者，均须保辜。从为保辜所立的期限看，也很合理适当：手足伤人限10日，他物伤人限20日，以兵刃、汤火伤人限30日，折跌肢体及破骨限50日，伤势越重，保、辜期限越长。从处理结果上看，受害者在限期内因伤而致死，则犯者依杀人罪论处；若因他故而死亡，或在限期外而死亡，则依伤人罪论处。唐朝确定保辜期限用以判明伤人者的刑事责任，尽管不够科学，但较之以往却是一个进步。

（5）侵害官私财产罪。

唐律有关侵害官私财产的犯罪，规范详备，定性相当准确，量刑基本实现了数字化。唐律规定了六种非法获取官私财物的犯罪，是为“六赃”：

"受财枉法"指官吏收受贿赂，为行贿人作出歪曲法律的处断。唐律"监主受财枉法"条规定，受绢一尺杖一百，每一匹加一等、十五匹处绞刑；

"受财不枉法"指官吏收受贿赂，没有为行贿人作歪曲法律的处断。它比受财枉法的罪轻。唐律"监主受财不枉法"条规定，赃一尺杖九十，每二匹加一等，三十匹加役流。无禄人受财不枉法减一等处刑，四十匹加役流。《唐律》职制篇规定，即使不枉法，赃满30匹也处仅次于死刑的加役流。这种俗话说的"拿人钱财不为人消灾"的行为，被世人讽刺为"连腐败道德都不讲了"。而针对此类官员腐败现象，现时立法中确有不周全之处。此外，《唐律》职制篇还规定有"事后受财"即"诸有事先不许财，事过之后而受财者，事若枉，准枉法论；事不枉者，以受所监临财物论"。此类规范对时下官员贪污行为中的"权力期权化"的防范，当是不无借鉴意义的。

"受所监临"指主管官利用职权非法收受所辖范围内下属吏民的财物。《唐律》职制篇规定，官吏出差，不得在所到之处接受礼物；主动索取或强要财物的，加重处罚。监临主守官盗取自己所监临财物或被监临人财物的，比窃盗加二等处罚；赃满30匹者即绞。甚至规定，不得向被监临人借用财物，不得私自役使下属人员或利用职权经商谋利；否则依情节分别处以笞杖或徒刑。唐律还规定，官吏应约束其家人不得接受被监临人的财物；若家人有犯，比照官吏本人减等治罪。如监守自盗的比一般盗罪加等处罚，赃满30匹者即绞。

"强盗"指暴力获取官私财物的行为。《唐律》贼盗篇规定对强盗罪处罚更严，未抢得财物的徒二年，已抢得财物的，一尺徒三年；手持凶器的，得财五匹处绞刑，伤人的处斩刑。

"窃盗"指以隐蔽的手段将公私财物据为己有的行为。《唐律》贼盗篇对一般窃盗罪也严格规定，不得财者笞五十，得财者至50匹处加役流刑。

"坐赃"指官吏或一般人不是因职务之便非法收取不应该收取的财物，是六赃罪中最轻的一种。《唐律》杂律篇规定，官吏因事接受他人财物的即构成"坐赃"，同时禁止监临主守官在辖区内役使百姓，借贷财物，违者以坐赃论处。

"六赃"的分类与诸多具体惩罚收受贿赂行为的规定，特别是对官员集体受贿行为的分别论处、对行贿人的处罚、对介绍行贿人的严惩等规范，至今仍不失其借鉴意义。这些规范和按赃值定罪的原则为后世立法所继承，在明清律典中均有《六赃图》的配附。

(6)《杂律》篇的三条补充律文。

唐律有关具体罪和刑的规定大多非常明确，很少弹性，而且规范齐全，虑事周到，虽不能说万无一失，亦可称极少遗漏。但立法者考虑到，人事复杂，法律有限，依靠人的智慧不可能制定出十全十美的律典。尽管如此，立法者还是明知不可而强为，竭力克服上述矛盾。于是在《杂律》篇又设三个条款以补不足，甚至赋予了法外用刑的合法性。这三个条款是："坐赃致罪"、"违背令式"、"不应为而为"。现分述如下：

①坐赃致罪。该条位于《杂律》篇首。唐律将一切不法所得的财物统统称为"赃"。赃罪分六种：受财枉法、受财不枉法、受所监临、强盗、窃盗、坐赃。其中前三项的犯罪主体均是主管官员，强盗和窃盗的主体可以是官，更多的是民，唯独最后一项"坐赃"。其外延十分广泛，凡是不能列入前五类赃罪的一切非主管官吏因不法而取得财物的犯罪，

甚至非因不法取得财物，而是因违法而造成官私财物损失的犯罪，均可列入“坐赃”。故坐赃适用面最广。坐赃折绢一尺笞二十，满一匹加一等，十匹徒一年，每增十匹加一等，罪止徒三年。通过各种方式给予非主管官员财物者，比受财者减五等论处。受财者责任大，送财者责任很小。

②违背令式条。该条是《杂律》篇倒数第二条，原文是“诸违令者，笞五十，别式，减一等”。如令有“行路，贱避贵”的规定，式有官服因官品不同而异的规定，而律并没有关于这类行为的罪名，但违者也要处刑。这说明律、令、式等法律形式是统一的，违令、式者要依律处罚。

③《杂律》篇最后一条是：“诸不应得为而为之者，笞四十；事理重者，杖八十。”到底什么是“不应得为”，什么是“应得为”，很难说清楚，是最为模糊的用语，它意味着承认了法外用刑的合法性，与近现代以来“法无明文不为罪”、“法无明文不受罚”、“罪刑法定”的原则不可同日而语。尽管立法者试图将一切犯罪都囊括无遗，却也赋予了法官罪刑擅断的权力。

3. 刑罚制度

唐律基本承用了隋律的刑罚制度，定法定刑为笞、杖、徒、流、死五种，称为五刑。具体情况是：

（1）笞刑。笞刑是五刑中最轻的一种，分五等，从笞十到五十，每等加十。笞刑刑具的质料、长短粗细均有法定标准，加笞部位为腿和臀，其主要功能是使犯人受辱，从中受到教育。

（2）杖刑。杖刑是次轻刑种，也分五等。从六十至一百，等差为十。刑杖有法定规格，责打犯人的腿、臀、背。

（3）徒刑。徒刑是在一定期间内剥夺犯人自由并强制其服劳役的刑罚，有“奴辱”的功用。共分五等，从一年至三年，每等加半年。

（4）流刑。流刑是将犯人押送到指定的荒远地区，并强制其服劳役的刑罚，是仅次于死刑的重刑。共分三等：二千里，二千五百里，三千里，皆服劳役一年。劳役期满，就地落户，成为当地平民，不得回原籍。唐太宗时增设加役流，即流三千里，劳役三年，作为某些死刑的一种宽大处理。

（5）死刑，分斩、绞两种。

一般情况下，五刑均可交铜收赎，但并非任何人、任何罪都可收赎。其具体收赎的规定是：笞杖刑共十等，赎铜从一斤至十斤，每增一等加铜一斤；徒刑五等，赎铜从二十斤至六十斤，每等增加十斤；流刑三等，赎铜从八十斤至一百斤，每等增铜十斤；死刑二等，赎铜均为一百二十斤。

（二）民事法律规范

唐律对所有权、契约等均做了规定，这里不详细介绍了，下面仅介绍唐律中的婚姻继承内容。

1. 婚姻

唐代的婚姻制度与西周和汉朝一脉相承，进一步体现了礼的要求，始终贯穿“夫为妻纲”的原则。

（1）婚姻的成立。“父母之命，媒妁之言”，仍是唐律所确认的婚姻成立的前提条件，并将其具体化为法律条文，以维护尊长对卑幼的主婚权。主要表现在：第一，“报婚书”。指成立书面婚姻合约。先由男方尊长向女方尊长“致书礼请”，提出成亲的建议，再由女方尊长“答书许讫”，予以承诺。一“请”，一“许”，由媒妁沟通，由双方尊长做主，与男女双方婚姻当事人无关。第二，“有私约”。指女方已先知男方某些缺陷，如年岁偏大、有残疾、身为养子、奸生子等，但已表示认可，私下达成协议。第三，“受聘财”。指女方已接受男方的财礼。这是婚约成立、得到法律确认的关键性要件。聘财无论多少，只要女方尊长收下，即使未报婚书，仍视为婚约有效。女方尊长已报婚书、已有私约或已受聘财，又悔婚者，要负刑事责任；男方悔婚无罪，只是失去聘财。

（2）婚姻的解除。唐代婚姻关系的解除有三种形式。第一，“和离”。指男女双方自愿协议解除婚姻。唐律令允许夫妻因“不相安谐”而和离。和离要做书面的“出妻书”，或曰“休书”，或曰“离婚书”。否则，女方不得重新结婚。第二，“出妻”（或称“休妻”、“弃妻”、“休弃”），系指男方单方面解除婚姻，休弃妻子。其条件仍是西汉以来的“七出”（或称“七去”、“七弃”）。对“七出”的限制有两种：一是妻无“七出”之状，夫仍要出妻，则徒一年半；二是妻虽有“七出”，但有“三不去”情形而出妻者，杖一百。第三，断离。即由官府判决解除婚姻。也有两种情况：一是“违律为婚”或“嫁娶违律”。如此则由官府断离，并对责任人各处刑罚；另一是“义绝”，即夫妻双方对对方或对方一定范围内的亲属有詈骂、殴打、杀伤、通奸等行为，则由官府判决，强制解除婚姻关系。义绝的具体条件：夫殴杀妻之尊亲属，与妻母通奸；妻欲害夫，殴打或詈骂夫之尊亲属，与夫五服内亲属通奸；夫妻双方尊亲属有相杀情节。此外，将妻妾嫁给监临官或出卖妻妾，也构成义绝。

（3）婚姻的限制。唐律对婚姻的限制有两大方面。第一方面是纯属违背礼教的婚姻，称“嫁娶违律”。其中又有两种情况：首先，居父母丧期嫁娶，入不孝；居夫丧改嫁，入不义。二者均处徒刑三年，婚姻必须解除。其次。祖父母、父母犯死罪被囚禁而嫁娶者，徒一年半；若是流罪，杖百。第二方面是“违律为婚”，共有七项罪名。①同姓为婚。这是西周以来的一大禁忌。唐律规定无论娶妻买妾均不得同姓。甚至男女两姓异字而同声，如“杨”和“阳”之类，也不准为婚。②亲属为婚。同宗五服亲为婚，以奸论，徒三年。外亲、姬亲的有服亲属尊卑间为婚，亦以奸论。娶同母异父姐妹、妻前夫之女，以奸论。③良贱为婚。主人为奴娶良人女为妻，主人徒一年半，女方尊长徒一年；奴自行娶良人女为妻，主人知情者杖百：奴婢冒充良人嫁给良人为妻者，徒二年。④娶逃亡妇女。知情娶逃亡妇女为妻妾者，与逃亡妇女同罪。⑤监临官娶所监临之女为妻妾。监临官不得娶部下之女为妻妾，也不得为自己的亲属娶部下之女为妻妾，违者杖百。若监临官枉法娶部下妻妾及女者，则以奸论；为非法目的，而“行求”监临官娶自己妻妾或女者，也以奸论。⑥妄冒为婚。妄冒，指男女双方隐瞒自己的身份、年岁、健康等实际情况。女家妄冒者，徒一年；男家妄冒者，罪加一等。这是因为女家妄冒，男家可休妻或娶妾；男方妄冒，则导致女方“失身”，终生蒙耻。妄冒未成者，解除婚约：已成者，判离。⑦强娶、恐吓娶。以暴力强行要娶妾者。徒一年半；以压服胁迫的方式娶妻妾者，徒一年。

2. 财产继承。唐代家庭财产继承的法律制度较前更加细密、完备。主要有下列几个方面：

(1) 诸子均分制。《户婚》篇规定："同居应分，不均平者，计所侵，坐赃论减三等。"唐《户令》所作的规定更充实具体：家庭的动产和不动产，由兄弟均分，且不分嫡庶，但从妻家所得之财物不在均分之列；兄弟中有死亡者，则由死者之子代位继承；若兄弟同辈人皆亡，则由兄弟之子均分。即由孙辈平等继承；未婚兄弟除均分家财外，尚可得一份为娶妻而用的聘财，未婚的姑姐妹也可继承相当于聘财一半的财物，作为出嫁时的妆奁；守寡的妻妾无子，可继承其夫应分得的财物份额。

(2) 养子与亲生子的继承权。被继承人无子而立嗣，而后又生子，在这种情况下，嗣子（养子）与亲子民事权利同等，可继承份额相等的财产。

(3) 绝户资产的继承。唐《丧葬令》规定，绝户身亡，其所有的部曲、客女、奴婢、店宅、资财，均由本服内最近的亲属出卖，留出葬事和功德费用，剩余的全部由女儿继承；若无女，则由次等近亲继承；如果无亲戚则官府处理；如果死者生前有遗嘱，经验证查明者，按遗嘱处分。

(4) 死商钱物的继承。唐《主客式》规定，商旅身死在外，查明家无亲人，其所有财物归官府收管；其后如有认领者，经查确是其父兄子弟，则依数归还。唐文宗时的制敕还作了更明确的补充，并就"死波斯、诸蕃人"等外国人遗留物的继承作了规定。

（三）行政法律规范

唐朝行政法规相当健全。《唐六典》是一部行政法典，唐律中的《职制》、《厩库》、《擅兴》等篇，以及令、格、式中都有大量行政法规。这些法规对于国家行政机构的设置、官吏的管理和监察等方面作了细致全面的规定。

1. 行政机构及其职能

(1) 中央三省六部制。在唐朝整个国家行政机构体系中，皇帝居最高地位，握有最高行政权。皇帝之下，中央行政机关是三省六部。三省中，中书省"承旨"，门下省"封驳"，尚书省"执行"。六部是尚书省所辖的六个职能机构，即吏部、户部、礼部、兵部、刑部、工部。

三省的主要职能。中书省"承旨"，即根据皇帝的指示起草诏令，并下发行政文书，送门下省审核，是决策机关；同时负责处理尚书省及其他中央、地方机关的奏章公文；还参与商讨军国大事。中书令、中书侍郎是中书省的正副长官。门下省"封驳"，即审定中书省草拟的政令诏书，如认为不便施行则有权驳回重新草拟。还有权审定尚书省及其他中央各机关、地方各部门的奏章，合格者送中书省呈请皇帝裁夺，是政令的审核和中枢机要机关。同时，参与商讨国家机密事宜。侍中、门下侍郎是其正副长官。尚书省"执行"，即将中书省草拟、门下省审核的政令下发中央和地方各部门执行，还有权根据诏旨制定具体文件下达有关部门，是中央最高政务执行机关。同时，也参与商讨军国大事。尚书令是其长官，下设左仆射、右仆射各一人为尚书令之辅佐，握有实权。

唐代丞相既非专职，又无定员，往往由皇帝根据需要随时任命、撤换，以防专权。三省长官可兼职丞相。

由上所述，中书省是决策机关，门下省是审核机关，尚书省是执行机关。三大机关各有其职，相互制衡。为防止三省各执己见，互相牵制，削弱行政效力，又特设政事堂，是三省合议的场所。

六部是尚书省下设的六个职能部门，尚书、侍郎为其正副长官。各部的职权范围：吏部，主掌全国文官的任免、升降、考核、奖惩；户部，掌全国户口、土地、赋税、钱粮、财政等；礼部，主管礼仪、祭祀、科举、学校教育；兵部，掌全国军事行政和武官的任免、升降、赏罚、考核；刑部，掌全国司法行政，并可参与审判；工部，掌全国水利、河防、工程营建和工匠管理。

（2）地方州县制。唐朝地方实行州县两级制，州、县分别设刺史、县令为长官。县下有乡、里基层组织。乡有乡长，里有里正。地方官由中央统一任免。三年一换，不得久留。唐玄宗时期在边塞、沿海军事重地设八个节度使，权势日盛。安史之乱后，又相继在内地设节度使，主掌所辖州的军事、行政、财政大权，称为“藩镇”。节度使先是由朝廷任命，其后中央权力削弱，节度使势力坐大，割据一方，是唐朝灭亡的重要因素之一。

2. 官吏管理制度

（1）官吏选任。唐代非常重视官吏的选任，选任途径多，程序严格，努力把好官场的入口关，尽量将不合格人员关在大门之外。主要做法有：

贡举。贡举是唐朝科举选士的基本途径。贡举的对象有两种：一是“生徒”，即京师及地方各级学校考试合格者；二是“乡贡”，即地方州县审核推荐者。考试科目繁多，主要有秀才、明经、进士、明法、明书、明算等，其中进士尤受重视。各科考试内容不一，且时有变化。进士科主要考试诗赋和时务对策。贡举考试由礼部主持，地方州县对于所荐考试人员负有法律责任，贡举非其人，或应贡举而不贡举者，区别情况，处一至三年的徒刑。贡举考中后，只取得做官入仕的资格，并不立即授职任官。并且录选比例很小，为5%左右。

制举。制举也是唐朝科举选士的途径之一，与贡举相比，更，具有特别性和灵活性。制举由皇帝特召考试，科目、时间、考场，均由皇帝临时决定，以便于选用“非常之才”，以满足急需。其科目常有贤良方正科、直言极谏科、文词清丽科、军谋宏远科等。制举考试合格后，既可当即任职，也可再行考核。

任官考试。贡举重在笔试，只是取得了任官资格，若要实际担任官职，还须进行任官考试。任官考试由吏部主持，其内容包括“身、言、书、判”四项。身，要体貌丰伟；言，要言辞辩正；书，要书法劲美；判，要文理优长。四者中。判最为重要。因为临官治民，必须通晓事理，明辨是非，熟悉法律，察微识隐，判词合情合理合法。如果四项标准全部合格，则优先考虑为人的品行。唐朝的贡举考试和任官考试先后进行，并分别由礼部和吏部两个部门主持。礼部主持的贡举考试合格者甚少，而吏部主持的任官考试合格者更少。所以，相对而言，取得任官资格者多，实际任官者少。士人贡举及第后，三试吏部者有之，十年仍为布衣者不乏其人，甚至有二十年不获禄位者。足见唐朝对选官规定之严格。

其他用人途径。唐代取人并不限于上述科举（包括贡举和制举）考试和任官考试，还有其他种种途径。如封爵、贵戚、勋功，还有资荫，即先辈有官爵，晚辈也有相应的官品。另外，有一定专技特长者也可做胥吏。上述各种人等任官者，比通过正规考试任官的还要多上许多。

任官的限制。唐代规定，工商业者不得任官，官员尤其不得经商。地方衙门小吏、倡优、巫家、僧道、高祖以内犯死罪者之子孙，均不得参加科举考试。非经特许，一般不得在本籍做官，祖孙、父子、兄弟不得在同地、同官署任官。未任地方官或曾经犯赃者，不得转任中央官。但皇帝特旨任命者例外。

（2）官吏的考核。在唐朝，不仅选任官吏有严格的程序、严格的标准和多种途径，而且注重官吏任职期间的考核，形成了完整的考核制度。

唐朝对官吏的考核，主要由吏部考功司负责，但三品以上官吏考核后要上报皇帝裁决。官吏考核定期举行，每年一小考，每四年一大考。小考，每年中央机构和地方州县长官对各自属下进行考核，将属下的功、过、行、能等登入簿状，召集被考者当众宣读，定为九等，作为升降赏罚的依据。大考，由吏部考功司主持，送尚书省总考，皇帝敕派使臣监督，称校考。

对一至九品流内官的考核标准是“四善”、“二十七最”。“四善”是“德义有闻，清慎明著，公平可称，恪勤匪懈”，属于道德品行的范畴，是对官员的普遍要求，要求所有长官做到乐于行善，清白廉洁，处事公道，勤勤恳恳。“二十七最”主要是针对行使特定职权的官员提出的不同要求。如，铨衡人物，擢尽才良，为选司之最；扬清激浊，褒贬必当，为考校之最；决断不滞与夺合理，为判事之最；推鞫得情，处断平允，为法官之最；赏罚严明，攻战必胜，为军将之最；市廛不挠，奸滥不行，为市司之最，等等。① 这些“最”与某一特定职权最为相关，是行使这一职权的官员最需要做到的。综合被考者的情况，比照“善”、“最”的标准，评为九等。然后依等决定升降。

对于流外官的考核，条件放宽，分为四等。清廉、谨慎、勤快、公道为上；居官不怠、办事无私为中；不勤于职守，屡有小错为下；背公为私、贪浊有状为下下。考核结果为“下下”者，解除官职。

（3）致仕。在唐代，称官吏退休为致仕。官吏致仕要提出申请，称“乞骸骨”。提出致仕的理由是，年满七十。或未满七十而体弱有病。五品以上官致仕直接奏请皇帝批准，六品以下官致仕则由尚书省上奏皇帝批准。官吏致仕后的待遇，除供给半俸（有的是全俸）的禄米外，也常常赐给绢帛和土地。

3. 监察制度

（1）御史台制度。唐朝的御史台是独立于行政机关之外的对中央和地方百官进行监察的专门机关，御史大夫、御史中丞是其正副长官，下设台院、殿院和察院。三院职权不同，各有分工。

台院长官侍御史，主要职权是纠察中央官员，也负责皇帝交审的案件，参与三司会审。殿院长官殿中侍御史，纠察朝仪，维护朝廷礼仪秩序，监察的主要对象是殿中官员。皇帝出巡，则随之纠察有关仪节。察院长官监察御史，主要监察地方官吏，也奉敕审理州县案件。唐玄宗时期为加强对行政机构的监察，令监察御史六人分别对尚书省六部实行监察，称“大察官”，明代“六科给事中”即源于此。

此外，唐朝将全国分为十道，作为监察区，各设按察使一人。据《新唐书·百官志》

① 《唐六典》卷二

载，按察使的监察事项有“六条”：“其一察官人善恶；其二察户口流散，籍帐隐设，赋役不均；其三察农桑不勤，仓库减耗；其四察妖猾盗贼，不事生业，为私蠹害；其五察德行孝弟，茂才异等，藏器晦迹，应时用者；其六察黠吏豪宗，兼并纵暴，贫弱冤苦不能自申者。”

（2）谏官制度。唐代设有正式司谏职官，隶属于中书、门下两省，其主要称谓有：左右散骑常侍，左右谏议大夫，左右补阙，拾遗，起居郎，起居舍人，给事中等。唐朝谏官的主要职责有：第一，谏议。谏议以皇帝为对象，小至皇帝个人生活，大至国家政务，都在谏议之列。如谏议时政得失、生活奢淫、喜怒用刑，等等。第二，封驳。对皇帝失宜的诏命，可以封回；对臣下违误的奏章，可以驳正。第三，知起居事。即通过记录皇帝言行和大臣入阁议事，对皇帝及左右近臣进行监督。第四，知匭事。武则天时在朝堂设匭（箱子）四个，用以接受臣民的投书。补厥、拾遗、御史等官主管其事，受纳诉状，每到晚上将全天投书上奏皇帝。

从上述可知，御中是皇帝自上而下监察中央及地方官员的工具，而谏官则是自下而上劝正皇帝的官职。这样，便形成了上察下、下谏上的双重监察机制。这种制度，一方面监督了百官的违法失职行为，促进吏治清明，提高工作效率，另一方面也在一定程度上限制了极端专制，对于维护国家统治集团内部的统一协调具有积极作用，也标志着中国古代的监察制度发展到了一个新的阶段。当然，这种监察制度从本质上说不是否定皇权，而是更好地维护皇权。因此。遇有开明的皇帝。在特定的历史条件下，它可以奏效，但特定的历史条件一旦失去，皇帝昏暴，它就无能为力。

五、唐律的特点

中国法律史犹如浩瀚滔滔的江河，至唐终于形成空前壮观的洪峰，并奔腾入海，为世界五彩缤纷的法律文化增辉添色。举世公认，中华法系是世界几大法系之一，而唐律又是中华法系中最为杰出的法典。从世界史看，唐律的特点也是中华法系的特点；从中华法系看，唐律又独具特色，但这些特色与中华法系中的其他法典相比，只有量的差别，并无质的区分。因此，认识唐律的特点，既要将唐律置身于中华法系中去，又要将其置身于世界几大法系之中。

（一）唐律是一部综合性刑法典

中国古代的成文法典，自战国《法经》始，至末代王朝《大清律》结束，虽历时两千余年，政权频繁更替，却一直未能改变刑法典的性质，其他部门法，尤其民法，极不发达。唐律作为中华法系的代表则更具典型性。这样说，并不意味着唐律对后世各个部门法所调整的社会关系不加干涉，也不意味着后世各个部门法所调整的社会关系在唐朝或中国古代根本就不存在；而是说，后世各个部门法所调整的社会关系，在唐朝并没有专门的法典分别加以规范，而是将它们合并在一起，并以刑法典的形式出现；也就是说以唐律为代表的中国古代成文法典是综合性的刑法典，它涵盖着民事、经济、行政、诉讼等各个部门法所调整的社会关系，又都直接或间接地围绕着罪和刑而加以规定。

（二）唐律是礼律合一的典范

1. 以礼为立法依据

唐律的基本立法指导思想是："德礼为政教之本，刑罚为政教之用。"德礼和刑罚都是为政教服务的，前者为本，后者为用，本用既可一分为二，又可合二为一。也就是说，凡德礼所维护的，就不是犯罪，不能处刑：反之，违背德礼，就是犯罪，犯罪即受罚。这样，德礼就成了刑罚的前提和依据，德礼既与法律高度统一在一起，又是法律的指导。其中，"德"是礼的内容。而"礼"则是德的形式，二者也有极为密切的关系。由于礼较德更为具体，所以对于制定可操作性的法律来说具有更大的可参照性。唐律的制定以礼为据，唐律的内容也充分体现了礼，将礼进一步条文化，实现了礼与法的高度统一。

2. 将礼转化为律文

礼强调等级名分，而唐律用502条律文将整个社会编织成等级森严、纵横交错、杂而有序的网，使每一个社会成员部无不以两种或两种以上的特定身份置身于其中，确实做到了"天网恢恢，疏而不漏"。如，在民间和官府有贵贱等级，在亲属间有男女老幼亲疏远近等级，在统治集团内部有依官品大小编织成的上下等级。礼的基本精神是"亲亲、尊尊"。"亲亲"旨在确立宗法等级，核心是维护父权；"尊尊"旨在确立政治等级，核心是维护君权。因此，礼所确立的各种等级中最基本的是宗法等级和政治等级，所维护的各种等级特权中最重要的是父权和君权。

3. 以礼注律

长孙无忌等人为唐律所作的疏议，不论理论深度还是文字功夫都可以说是中国古代法制史上的一绝，达到了空前的水平。唐律注疏不仅以准确、简洁、周备而著称，而且它在说明理由时又往往以礼作为根据。据统计，唐律直接引用礼所作的疏议达50余处，引用其他儒家经典更超过此数。以礼注律，增加了律的理论色彩；以律推行礼，使礼更加深入人心。

总之，礼是制定唐律的指导思想，它不仅融化于律条之中，又融化于律疏之中。唐律是礼的体现，从其篇章、律条、注疏中处处都可看到礼的精神。由于礼与法比较完美地结合在一起，所以，汉朝以来盛行数百年的引经折狱之风。至此因失去其存在的条件而基本结束。

（三）唐律的立法技术空前成熟

唐朝则全面继承并发展了以前历代王朝尤其是隋朝的立法，立法技术空前成熟，臻于完善。这主要有下列几个方面的表现：

1. 体例科学，逻辑严谨

唐律共十二篇，第一篇《名例》为纲，其余十一篇为目，以纲统目，纲举目张；分则十一篇，前九篇为实体法，后两篇为程序法，先实体后程序，实体与程序相辅相成，相互为用；即使实体法也按轻重缓急、主次先后进行排列，程序法也是先逮捕后审判。整个法典的篇章体例井然有序，浑然一体，巧夺天工。这在今天看来，虽未必完全合乎科学，但在当时的历史条件下已是相当科学了。不仅篇章体例如此，各篇之间的律条也相互呼应，即使同一篇中各个律条，以及同一律条的各项之间，也彼此关照。全部律文一环扣一环。环环相扣，可谓天衣无缝，滴水不漏，逻辑性极强。

2. 规范详备，囊括无遗

唐律虽只有502条，文字十分精简，然而规范却相当细密而周备，它涉及政治、经济、军事、外交、婚姻、家庭等国家和社会的一切领域，涵盖刑事、民事、经济、行政、诉讼、审判等后世各个部门法所调整的内容。唐律规定四百多个罪名，凡有害于国家和社会的行为乃至思想言论、态度表情。几乎无不网罗其中。尽管如此，立法者仍觉不足，唯恐法外遗奸，因此《杂律》又就“坐赃致罪”、“违背令式”、“不应得为”作为特别规定。以有限的律条、精简的文字，作出如此详备的规定，堪称独步千古。

3. 定罪有量，判刑有数

中国早在先秦的时候，就强调依法定罪量刑，把法律比作规矩之于方圆、尺寸之于长短、绳墨之于曲直、权衡之于轻重。从而使法律具有客观性和可操作性的特征。中国第一部成文法典《法经》就是在这种观念的影响下制定的，以后则代代相传，唐律更具典型性。唐律除了“不应得为”这样极个别条款比较含糊外其他极少此类含糊规定，更无“情节一般”、“恶劣”、“特别恶劣”之类难以准确把握的用语，是什么情节就是什么情节，情节定量，依量定罪，法官不得在情节上做手脚，或轻或重，营私舞弊。比如财产等方面的犯罪无“数额较大、巨大、特别巨大”之类相对主义用语，而是采用绝对主义的方法，规定出具体数字等差；在刑罚上亦无弹性可言，处何刑以上、何刑以下之类跨度很大的规定。可以说，唐律基本做到了定罪有量，判刑有数，罪刑统一，实现了罪刑数量化，具有极强的可操作性，不允许法官凭主观判定罪之大小、刑之轻重。罪刑由法律作出明确而具体的规定，法律是定罪量刑的准绳。

4. 原则性强、灵活性高

原则性与灵活性的关系，同时也是普遍性与特殊性、抽象与具体、一般与个别的关系。唐律将两个方面有机地统一在一起，做得十分出色。从整个法典体例来看，《名例》篇是定罪量刑的总原则，而其余十一篇则是有关定罪量刑的具体规定。总原则贯穿于具体规定之中，是具体规定的神脑和灵魂，有了它，具体规定才避免了机械拼凑，成了活的统一体；同样，具体规定使总原则落到实处，有了它，总原则才有了健全发达的四肢。再从《名例》篇来看。它所规定的各项原则并非平行并列，互不相干，而是有主有从、统一协调的体系。如《杂律》规定，见知火灾。人人都有通告临近的人们共同救火的义务，但是守卫宫殿、仓库及监管囚犯的人员必须坚守岗位，不得救火，违者杖百。

（四）科条简要，宽严适中

唐律共502条，既无抵触之处，又无重复之弊，由始至终，整齐划一，即便加上注疏，也比繁于秋荼的秦律和多达数百万言的汉律大为简约，就是明清律也望尘莫及。明清律虽以唐律为楷模，律文也有减省，但均附有大量条例，特别是清朝，当时有人慨叹：“大清律易遵，而例难尽悉。”唐律不仅科条简约，文字功夫更令人叹为观止：律文规范而易懂，概念抽象而明确，注疏通畅简洁又极富理论深度。这在当时无疑是空前的，甚至也是绝后的。唐以后各王朝立法，虽个别地方有改进，但从整体上看则不如唐律。

《唐律》按名例篇的注疏所称，“章程靡失，鸿纤备举”，但这并不意味着峻法酷刑，在罪与刑的规定上，体现了从宽从轻的精神。虽然其中许多规定在今天看来是过于严酷了，但是站在当时历史环境中去认识，甚至将它置身于中华法系中去考察，还是相当宽轻的。这是因为唐律以德礼作为指导思想。礼的基本精神是亲亲、尊尊。维护宗法特权和政治特权，礼还有一个重要精神，那就是仁。以德和仁指导立法，一方面将不德、不仁的行为上升为法律，用法律加以制裁，另一方面要求罪要从宽，刑要从轻。这两个方面看似矛盾，实则统一。

从量刑幅度来看，唐律比秦、汉、明、清各朝律典为轻。从刑罚体系上看，唐采用笞、杖、徒、流、死五种刑制，无宋朝的刺配、明朝的充军、清朝的发遣等重刑；死刑只有斩、绞两种，行刑手段较前更为减少。较后也更为文明，唐律中并没有后世的凌迟、枭首、戮尸等酷刑。死刑的律条，唐律较前后代律典都相对减少。其死刑条文 111 条，较隋律减少 92 条，也较清律为少。唐律不仅死刑律文少，执行也比较审慎，规定死刑的执行必须三复奏甚至五复奏。唐律还规定了不少有关从宽从轻的定罪量刑原则。

（五）唐律是中国传统法典的楷模与中华法系形成的标志

唐律是我国传统法典的楷模，在中国法制史上具有继往开来、承前启后的重要地位。唐朝承袭秦汉立法成果，吸收汉晋律学成就，使唐律表现出高度的成熟性。唐律因具有传统法律中的典型性，故对宋元明清产生了深刻的影响。

六、历史地位

唐律是中国古代法制史上成就最高的法典，甚至对东南亚的古代法制史也产生了重大而深远的影响。

（一）在中国法制史上的地位

唐律全面总结继承了唐以前历朝历代的立法经验，同时又多有发展和创新，成就空前，无与伦比。元人柳赟在为唐律作《序》时称："乘之（指唐律）则过，除之即不及。过与不及，其失均矣。"这虽有溢美之嫌，但基本符合事实。也就是说，对于唐律很难再作修改，如果增加就有多余之弊，若删减则有遗漏之失。不增不减，完美无缺，恰到好处。可以说，中华法系至唐已经发展成最佳形态。这既是中国法制史在漫长的岁月里不断累积成长的必然结果，同时也是唐律的编制者们所立下的赫赫功勋。是他们为中国数千年的法制史写下了光彩夺目、青史永垂的一页。

具体而论，五代立法基本上取法于唐，如后梁的《大梁新定格式律令》，其篇目和卷数与唐律完全一致。① 宋朝唯一的正式律典《宋刑统》几乎是唐律的翻版，不仅篇目，即便律条也原文照录。只是将每篇律条分成若干门。律条后附加相关的敕、令、格、式、起请条，以及刑制略有变更而已。元朝是由少数民族所建立的政权，立法技术大为倒退，但在司法实践中，也"每引《唐律》以为据"。② 明初修律，主张"宜遵唐旧"，明太祖还下令儒臣日进唐律二十条，并逐一讲解，作为修律的重要参考。洪武六年制定的明律，"篇目一准于唐"。③ 洪武二十二年，更修明律，虽篇章体例作了较大改动，但大部分内容取自于唐。清朝以"详译明律"作为立法原则，大清律"所载律条与唐律大同者四百一十有奇"，"与唐律合者，亦什居三四"。④

---

① 《旧五代史·刑法志》
② 柳赟《唐律疏议·序》
③ 《明史·刑法志》
④ 沈家本：《重刻唐律疏议序》

综上所述，唐律不仅唐以前历代立法所不及，而且是唐以后历代立法的榜样，是中华法系中当之无愧的最具代表性的法典，在中国古代法制史上处于最重要的地位。

（二）唐律对东南亚各国的影响

唐朝是当时世界最强大的超级帝国之一，是亚洲政治、经济、文化的中心，也是中华民族最感骄傲的时期。这样的时期，从前未曾有过，以后直到今天也从未出现。在唐朝，有许多外国商人、留学生来到国际性大都市长安，是他们将唐律带出国门，使唐律对东南亚各国产生重要的示范作用，为这些国家的古代立法作出了突出贡献。日本学者仁井田陞说："中国法律之影响，东至日本、朝鲜，南至安南，北至契丹、蒙古。"① 至唐朝始，中华法系不再局限于中国，而是形成了以唐律为核心的包括东南亚诸国在内的国际性一大法律体系。因此，唐律不仅在中国。即使在亚洲、在世界法制史上也占重要席位。如果说《罗马法》和《拿破仑法典》是欧洲古代、近代最有影响的法典，那么，唐律则是亚洲中古时代最为杰出的法典。

在日本，公元701年文武天皇曾制定日本历史上具有划时代意义的法典——《大宝律令》。它的篇目和次序与唐律完全相同，甚至连律文也大多等同于唐律，只是个别内容略作简化。如"八议"省为"六议"，删去"议勤"、"议宾"；"十恶"改为"八虐"，删去"不睦"和"内乱"；五刑制度完全照搬，官当、赎刑稍有不同。可以说，《大宝律令》是唐律移植日本后而成活的常青松柏。这种情况一直持续到明治维新，到明治六年。即公元1873年，日本参酌欧洲发达国家的法典，编制《改定律例》；从此，日本跳出中华法系，迈入欧洲大陆法系，成为大陆法系中的一个成员。

朝鲜的法制从公元918年建立的高丽王朝开始，也基本上沿袭唐律。《高丽史·刑法志》载："高丽一代之制，大抵皆仿于唐，至于刑法。亦采唐律，参酌时宜而用之。"高丽王朝的法律共71条，其中有64条取自唐律，另有2条录于唐的《狱官令》。至于司法组织、诉讼程序、五刑制度等，也都承袭唐律。

在越南，李氏王朝颁布的《刑书》、陈氏王朝制定的《国朝刑律》，其内容均大体等同于唐律。黎氏王朝的《鸿德刑律》影响尤巨，为历代所遵行，而它更是折中唐、宋、元、明法律又以唐律为主制定而成的，其中五刑、八议、十恶、自首、老弱、过失等规定，均与唐律相同。

第二节　唐朝的司法制度

一、司法机关

（一）中央司法机关

唐朝中央设有大理寺、刑部、御史台三大法司，分别掌管审判、复核、监察等司法权。

大理寺是唐中央最高审判机关，其正副长官称正卿、少卿，职权是审理中央百官和京

① 仁井田望：《唐令拾遗·序说》

师徒刑以上案件，对刑部移送的地方死刑疑难案件有重审权。对徒、流案件的审判须交刑部复核方可生效。死刑案件的判决须奏请皇帝批准。

刑部是唐朝的复核机关，以尚书、侍郎为正副长官，下设刑部、都官、比部和司门四司。主要职权是负责复核大理寺及地方州县上报的徒刑以上案件。复核中发现案件有疑、有错，徒流以下案件可驳回原审机关重审，死刑案件移交大理寺重审。刑部也有权参与重大案件的审理。

御史台是唐朝的中央监察机关，以御史大夫、御史中丞为正副长官，下设台院、殿院、察院，专门负责代表皇帝自上而下地监督中央和地方各级官吏是否遵守国家法律和各项制度，是否忠实履行职责，位高权重，可称得上是皇帝的“耳目之司”。在司法方面的职权是监督大理寺和刑部的审判复核活动，也有权参与重大案件的审理。

在唐朝，中央或地方遇有重大疑难案件时，由大理寺正卿、刑部侍郎、御史中丞组成临时最高法庭会同审理，称为“三司推事”。有时地方发生重案，不便解送到京师的地方大案，派大理寺评事、刑部员外郎、监察御史为“三司使”前往审理，称为“小三司”。此外，唐代还设立都堂集议制；每逢发生重大死刑案件，皇帝下令“中书、门下四品以上及尚书九卿议之”，以示慎刑。

上述中央三大司法机关既彼此监督制约，又统一合作；既提高了司法工作的效率，更强化了皇帝对司法权的控制。

（二）地方司法机关

唐代地方司法仍由州县行政机关兼理，但直接管理司法事务的属吏较前增多。州设司法参军，受理刑事案件，司户参军受理民事纠纷。县以下基层的乡官、里正负有纠举当地违法犯罪的职责，对于田土、婚姻、钱债等民间纠纷有权调解。

二、诉讼制度

（一）案件管辖

1. 级别管辖

依《断狱》律规定，唐朝地方州县有权判处笞杖刑案件，并有执行权；徒刑以上案件审判后须上报刑部复核。大理寺审理中央百官及京师徒刑以上案件，重审刑部移送的死刑案件，徒流刑的案件的判决须送刑部复核。所有死刑案件的判决均上奏皇帝批准。违反上述规定而越权审判者，负有刑事责任。

2. 地区管辖

对于异地共犯案件，唐律规定采取下列原则：轻罪犯移送重罪犯所在地的司法机关管辖；人数少的罪犯移送人数多的罪犯所在地司法机关管辖；罪犯人数相同，由先捕获的犯人所在地司法机关管辖；若案发地距犯人定居地遥远，则就地审判。

（二）诉讼制度

1. 诉讼形式

唐代诉讼有三种：告诉即当事人到官府控告，也可由亲属代诉；告发案件当事人以外的第三者举告揭发犯罪；举劾即司法机关代表国家纠举犯罪。

2. 诉讼的提起及责任

对于谋反、谋大逆、谋叛等政治性犯罪，人人都有举发的义务，知而不告者，处重刑。告诉或告发犯罪，一般要有诉状，称"辞牒"。诉状要注明案件发生的时间和事实经过，"不得称疑"，否则笞四十，官府受理"称疑"案件，减告者一等治罪。严加禁止诬告、教唆告诉、投匿名书告诉。司法机关对该纠举而不纠举，或纠举而不及时，要负刑事责任。

3. 诉讼程序及直诉

唐律要求诉讼须自下而上逐级进行，即由县至州，再由州到中央大理寺。如违反这一程序，称为越诉。越诉者及受理越诉案件者，须笞四十。但有两种情况不受限制：一是谋反、谋大逆、谋叛罪，可"密告随近官司"；二是遇有重大冤情等特殊原因，允许直诉。直诉即不经一般审判程序和各级审判机构，直接向皇帝告诉，以此弥补逐级上诉之不足。直诉方式有三种：邀车驾、击登闻鼓、上表申诉。直诉者如有不实要杖八十，冲犯皇帝仪仗直诉考仗六十。

4. 告诉的限制

唐律严责任何人都必须告发谋反、谋大逆、谋叛罪，但对其他犯罪的告诉又作了若干限制。卑幼告尊长者，依亲疏远近关系，处以相应的刑罚，关系越亲近，卑告尊处刑越重。奴婢、部曲告主人者，绞。被囚禁的犯人，除受狱官虐待外，不得告发他事。八十岁以上、十岁以下及笃疾者，除子孙不孝和同居之人被他人侵害外，其余不得告诉。

三、审判制度

唐朝审判制度相当健全，尤其注重司法官的责任。有关这方面的内容集中在《断狱》篇。

（一）法官回避制度

为了防止审判官因亲属或仇嫌关系故意出入人罪，《唐六典》第一次以法典的形式，肯定了法官的回避制度，即所谓"凡鞫狱官与被鞫人有亲属、仇嫌者，皆听更之"。也就是说，审判官与案件当事人有亲属或怨仇关系，均须改换法官，进行回避。唐代法官回避制度称作"换推"，这是保证司法公正的举措。

（二）依诉状断狱

唐律要求司法官审判案件，必须限制在诉状所指陈的事实与罪行，不得在诉状外别求他罪，否则以故入人罪论处，但如因告诉或搜捕又发现他罪者除外。这有利于被告人，对司法专横有一定限制作用。

（三）刑讯制度

唐律确认了刑讯的合法性，但对刑讯作了严格限制，明确了司法官的责任。

1. 刑讯条件与证据

唐律规定，审判时"必先以情，审察辞理，反复参验，尤未能决，事须拷问者，立案同判，然后拷讯，违者杖六十"。也就是要求在拷讯之前，必须先审核口供的真实性，然后反复查验证据。证据确凿，仍狡辩否认的，经过主审官与参审官共同决定，可以使用刑讯；未经法定程序拷讯的，承审官要负刑事责任。同时规定，对那些人赃俱获，经拷讯仍拒不认罪的，也可"据状断之"，即根据证据定罪。

2. 刑讯方法

首先，刑讯必须使用符合标准规定的常刑杖，使用其他械具者，主司杖百，因而致犯人死亡者，徒二年。其次，拷囚不超过三次，每次间隔二十天，总杖数不得超过二百。犯人所犯之罪在杖刑以下者，刑讯所用的杖数不得超过所判之刑罚。如果按标准拷满，犯人仍不招供，则取保释放。法官违反刑讯标准，拷讯超过三次者，虽总数未超过二百，刑讯者亦受杖一百的处分；如果刑杖总数超过二百或超过犯人所犯之罪应判处的刑罚，那就用超过的部分反坐刑讯人；如果刑讯致人死亡，主司要判徒刑二年。最后，拷讯数满，被拷者仍不承认的，应当反拷告状之人，以查明有无诬告等情形，同时规定了反拷的限制。

3. 刑讯限制

规定对两类人禁止使用刑讯，只能根据证据来定罪：一是具有特权身份的人，如享有议、请、减身份的人；二是老幼废疾之人，指年七十岁以上、十五岁以下的人；残疾人、孕妇、侏儒等。

（四）证据制度

刑讯是为了取得口供，口供是定罪的重要条件之一。除此外，唐律还完善了其他相关的证据制度，规定下列两种情况即使没有口供也可据证定罪：一是在罪证确凿、人赃俱获的情况下，犯人“虽不承引，即据状断之”；二是享有议、请、减身份的人，以及老幼残疾不堪加刑之人，在未得口供的情况下，可据众证定罪，即“三人以上，明证其事始合定罪”。但如果“三人证实，三人证虚”，则不能定罪。与此同时，唐律明确了证人责任能力与证据效力。规定老幼残疾者。不得充当证人，因为这些人“皆少智力”。

（五）判决

判决必须做到法律正文与犯罪事实相统一，严禁出入人罪。皇帝临时制敕未经汇编而上升为一般法律形式，不得作为判决其他案件的法律依据，违者笞三十。法官判决不仅要援引法律正文，而且要适用准确，与犯罪事实相符，严禁出入人罪。所谓“出罪”，是指把有罪判为无罪，或重罪判为轻罪；所谓“入罪”，是指把无罪判为有罪，或把轻罪判为重罪。出罪和入罪又各有故意和过失之分。法官故意出入人罪，以所出入之罪反坐，即“入全罪，以全罪论”，“从轻入重，以所剩论”，出罪亦然。但如果因过失出入人罪，则过失入罪减故意入罪三等，过失出罪减故意出罪五等。

（六）服辩制

法官作出判决后，要向犯人宣读判决书，并允许犯人“服辩”。“服”即服从判决，表示认罪；“辩”即不服判决，对判决有异议，可以申辩。服辩制，即犯人听到判决书后，有权发表服从判决或不服判决意见的制度。如果犯人不服判决，可以上诉。

（七）上诉

犯人不服判决，可由原审机关“更为审详”，再次审判。当事人对复审不服，可逐级上诉。不服县判决的，上诉至州；不服州判决的，上诉到大理寺；最后还可上表皇帝。但禁止越级上诉。

（八）判决的执行

判处笞杖刑者，州县可以执行，刑罚执行完毕即释放。孕妇被判笞杖刑，须产后百日执行。判处徒刑者，京师男犯关押在将作监，女犯关押少府监。州县徒刑由地方官府负责监禁，强制劳动。流刑犯人每年每季发遣一次，主要发往岭南等边远地区。徒流犯的执行，要求在规定的时间内将犯人押送到指定配所。如果延滞，则一天笞三十，三天加一等，最高刑徒二年。死罪判决的执行有下列规定：第一，一般死刑犯，判决后不得立即执行，须待秋分后执行。第二，即使秋冬行刑的死刑犯，也要实行三复奏五复奏制，即州县地方死刑在行刑前要三次上奏皇帝，京师死刑犯在行刑前五次上奏皇帝，待皇帝最后批准，方可执行。如果违反规定，不待皇帝批准即行刑，对司法官处以流刑；若超过期限而行刑，可处杖刑至徒刑。第三，孕妇死刑的执行，即便到了秋冬，也奏请皇帝作了批准，亦须产后百日行刑。第四，上述三种情况不适用某些特定罪犯死刑判决的执行，如谋反、谋大逆、谋叛、恶逆、部曲奴婢杀主人。对于这些犯罪的判决，不论何人何时，只需一次上奏皇帝批准，即可立即执行。

四、监狱制度

（一）监狱组织

唐代形成比较完备的监狱组织系统：中央设大理寺狱，主要关押朝廷官员罪犯；京师设京兆府狱和河南狱，主要关押京师地区的囚犯；地方州县皆有狱，关押当地人犯。各监狱均设掌狱官，负责监狱管理。此外，唐代还有宫廷内殿、院所等，主要关押皇帝宗亲、皇帝妃妾及其他官人犯罪者，也具有监狱性质。

（二）监狱管理制度

这里大体有三方面内容：一是犯人的监禁。贵贱有别，男女异狱。死罪戴枷、木丑，妇人及流徒罪去木丑，只戴枷，杖罪散禁，免戴刑具。二是狱官的责任。狱官违反规定给犯人戴刑具或脱刑具，依犯人罪之大小处罚狱官，杖罪者笞三十，徒罪以上递加一等；狱官因管理不善致犯人自杀或杀人者，处徒刑；接受犯人财物，引导囚犯翻供或为其通报消息者，受财十五匹加役流，三十匹绞。三是囚犯生活管理。囚犯衣粮一般由家人负责，家远绝饷者由官府供给；囚犯生病予以治疗；官贵在押，待遇从优："更置浆饮，月一沐之，疾病给医药，重者释械，其家人一人入侍。"违反上述规定者，处笞杖刑，致囚犯死亡者，处绞刑。

（三）狱政监督

唐代发展完善了创自于汉代的录囚制，主要表现有：一是皇帝亲自录囚。自唐高祖"亲录囚徒"始，代代相沿，奉为常制。贞观六年（公元632年）夏忙时节，李世民亲录囚徒，将390名死囚放还，回家务农，约秋季返回，执行死刑。至秋，这些囚徒全部归来，为李世民全部赦免。二是上级司法部门定期或不定期审录囚徒。如州刺史每年定期巡视属县，录囚徒；御史台监察御史巡行州县，也有录囚之责。三是大理寺及诸狱长官，要"五日一虑囚"。

综上所述，唐朝司法制度相当严密健全，在前期也得到了较好的贯彻实施，但到后期，很多规定均成具文，司法制度与司法实践越离越远。

【本章小结】

唐初的法制指导思想有：德礼为本、刑罚为用、本用兼备、主次分明；立法要求做到宽、简、划一，保持相对稳定；维护法的权威性、审慎执法、严格依法办事。法律形式有律、令、格、式四种。主要立法有：《武德律》、《贞观律》、《永徽律疏》、《开元律疏》与《唐六典》、《大中刑律统类》，其中《永徽律疏》是今天所能见到的中国历史上保存下来的最早、最完备、最具有社会影响的古代成文法典，在中国古代立法史上占有最为重要的地位。唐朝刑事法律规范中定罪量刑的通例有：十恶、同罪异罚的等级特权原则（官员贵族犯罪享有的等级特权有八议、请、减、赎、当）、老幼残疾减免刑罚、同居有罪相为隐、自首减免刑罚、共犯区分首从、公罪从轻私罪从重、二罪以上俱发以重者论、更犯累加处刑、"本条别有制，与例不同者依本条"、轻重相举、涉外案件的处理原则等。犯罪的主要种类包括危害皇权罪；官吏职务犯罪，比如贪赃罪设想周密规定齐全、处罚严厉、有极强的可操作性，擅权职守失等；家庭伦常方面的犯罪有侵害尊长的犯罪、侵害夫权的犯罪、严惩亲属相奸行为；侵害人身安全罪体现为六杀即谋杀、故杀、斗杀、误杀、过失杀、戏杀，保辜；侵犯官私财产的犯罪体现为六赃，即受财枉法、受财不枉法、受所监临、强盗、窃盗、坐赃；《杂律》篇的三条补充律文，即"坐赃致罪"、"违背令式条"、"不应为而为"。刑罚主要是封建制五刑，即笞、杖、徒、流、死，也有一些法外酷刑。民事法律规范：所有权包括土地所有权归唐朝国家，遗失物须上交官府，埋藏物与田主一半对分；维护尊长对卑幼的主婚权，婚姻关系的解除有"和离"（双方自愿离婚）、"出妻"（休妻）、断离（官府判决离婚）三种。唐律对婚姻的限制有两大方面，即"嫁娶违律"（纯属违背礼教）和"违律为婚"（违反法律结婚）。财产继承实行诸子均分，还规定了被继承人立嗣后又生子则养子与亲生子的继承权相同，绝户资产除去必要的费用，由女儿继承，无女则由次等近亲继承，无亲属由官府处理，可以按遗嘱继承，死商钱物收归官府，若有确实的父兄子弟关系，官府则如数归还。唐朝行政法规相当健全：中央实行三省六部制，地方实行州县两级制；官吏管理制度包括官吏的选任，方式有贡举、制举、任官考试；官吏的考核对于一至九品官的考核标准是"四善"二十七最，对于流外官的考核分为四等；致仕，官员七十退休；监察制度包括御史台制度和谏官制度，御史台下设台院、店院、察院，设有正式私谏职官，掌谏议、封驳。唐律的特点有：是一部综合性的刑法典；是礼律结合的典范，表现在以礼作为立法依据、将礼转化为律文、以礼注律；立法技术空前成熟，表现在体例科学逻辑严谨、规范详备囊括无遗、定罪有量判刑有数、原则性强灵活性高；科条简要、宽严适中；唐律是中国传统法典的楷模与中华法系形成的标志。唐律有着崇高的历史地位：成为以后各朝的法典的蓝本，对日本、朝鲜、越南等东南亚诸国的立法均产生了重要影响。

唐朝中央设有大理寺、刑部、御史台三大法司，分别掌管审判、复核、监察等司法权；地方司法仍由州县行政机关兼理，但直接管理司法事务的属吏较前增多。案件的管辖包括级别管辖和地域管辖；诉讼形式有告诉、告发和举劾；对于不同的犯罪规定了不同的提起人及责任；诉讼程序和直诉、告诉的限制均作了规定。审判制度包括法官回避制度（即换推），依诉状断狱，刑讯制度，证据制度，判决（严禁出入人罪），服辩制（服从或不服从判决），上诉及判决的执行等。监狱制度包括监狱组织、监狱管理制度和监狱监督制度。

第十章 义利并重

——宋朝法律制度

（公元960—1279年）

◎ **知识目标：**

● 了解宋朝法制指导思想和立法活动，了解宋朝法律内容；掌握《宋刑统》、编敕、编例，掌握重法地法、折杖法、配役、凌迟，掌握宋朝经济立法的发展，掌握宋朝的继承制度

● 了解宋朝的司法制度，掌握审刑院、翻异别勘、诉讼时限及雪理制度

◎ **能力目标：**

● 运用理性思维探索法律制度与社会土壤的关系

【本章导读】

公元960年，掌握后周军政大权的禁军统帅赵匡胤发动陈桥兵变，夺取了后周政权，改国号为宋，建都汴梁，史称北宋。北宋的建立结束了五代十国50多年分裂动荡的局面。公元979年中国复归统一。公元1127年，金人南侵，汴京失陷，徽宗父子被俘，北宋政权遂告结束。南渡的宋朝官僚拥戴赵构于临安（今杭州）即帝位，改元建炎，史称南宋。1279年南宋为元军所灭。两宋共历320年。

如果说唐朝是中国封建社会的全盛时期，那么自此以后直到封建社会结束，那种局面再也没有出现过。宋朝从未实现过全国的完全统一，与它对峙的尚有西夏、辽、金等少数民族政权。故宋朝始终面对来自北方敌对政权的威胁。同时，宋太祖总结唐藩镇割据的教训，采取了种种“强干弱枝”的措施，不断加强中央集权。另外，到宋朝时中国已进入封建社会后期，商品经济也有一定的发展。这些在宋朝立法上都有所反映。总之，从形式到内容，宋朝的法律制度都具有自己的特色。

第一节 宋朝的法律

一、法制指导思想

宋朝初年的君臣吸取了五代十国分裂割据的教训，确立了旨在加强中央集权的法制指导思想。他们认为“君弱臣强”是造成地方割据势力抗衡中央的重要原因，在立法上采纳了赵普提出的“削夺其权、制其钱谷、收其精兵”的建议，加强刑事和行政立法，通过刑事镇压手段和对行政机关的有效控制使政权达到高度统一。

后来，程（程颢、程颐）朱（朱熹）理学成为统治者奴役人民的重要思想武器，也成为占统治地位的法制指导思想。朱、程大肆宣扬“存天理，灭人欲”，强调以“理”来说明现存的社会秩序。二程认为“父子君臣，天下之定理”,① “古今之时，不安今之法令，非义也”②；朱熹也说“正风俗防杜祸乱”须以“礼律之文”为根本。③ 这其实是以玄妙深奥的思辨哲学来掩盖封建法律的实质。当时主张重刑和恢复肉刑思想的出现就是以“理学”为其合理性作辩护的。

为适应封建商品经济的发展，宋朝自王安石“熙宁变法”开始，在思想上逐渐由“讳言财利”转向“利义均重，利义相辅”，认为“利者义之和，义固所以利也”。④ 宋神宗甚至下诏“政事之先，理财为急”。⑤ 在这种思想影响下，宋朝不但民事交往较前频繁和广泛，同时也促使了统治者对民事立法的重视。

二、立法活动

（一）《宋刑统》的制定

宋太祖建隆三年，工部尚书兼领大理寺卿窦仪和苏晓等人更订刑统，于次年撰成《宋建隆重详定刑统》，简称《宋刑统》。《宋刑统》共30卷，12篇，213门，502条，条文后附有敕格式209条。这是一部综合性法典，也是中国历史上第一部刊版印行的封建法典。

《刑统》的体例始见于唐宣宗颁行的《大中刑律统类》，后周又有《大周刑统》。其编纂方法是以传统的刑律为主，敕、令、格、式和朝廷禁令、州县的常科等条文都分类编于后，使其成为一部具有统括性和综合性的法典。《宋刑统》正是这种法律形式的继承和发展。

《宋刑统》和《唐律疏议》相比有这样一些特点：一是两者的卷数、篇目、条文均大体相同。二是《宋刑统》在每律之下又分若干门，自《名例》到《断狱》的502条分为213门，即把性质相同或相近的律条分成单元，便于查考。每门包括律文若干条，敕令格式若干条，起请（立法者对具体规定的意见奏请皇帝审查）若干条；唐律有篇无门。三是《宋刑统》收唐开元二年（公元714年）至宋建隆三年（公元962年）近150年间各朝的敕令格式中可以继续通行的刑事规范，附在相关的律疏之后以补律之不足，形成一种律令合编的法典结构。四是《唐律》律文中有不少“条余准此”的规定，《宋刑统》将这些规定汇集在一起，总为一门，称“一部律内余条准此条”。该门共计44条，列入《名例律》，以便司法官检索。五是《宋刑统》删去《唐律疏议》每篇所列历史渊源。又因避讳赵匡胤翼祖赵敬，将“十恶”中之“大不敬”改为“大不恭”。

《宋刑统》是宋朝正式颁行的成文法典。但在当时阶级矛盾和民族矛盾异常尖锐的情

① 《二程语录·遗书五二》
② 《二程语录·遗书》
③ 《朱子大全·管吕子约》
④ 《王临川集》卷73
⑤ 《宋史·食货志》

况下，因为“律不足以周事情”而未被广泛运用。这就要求用其他法律形式来弥补律之不足，因而出现了敕、例等新的法律形式。

（二）编敕

敕，按《说文》解释是“诫”的意思，是尊长对卑幼的一种训诫；汉代上级告谕下属、尊长告诫子孙都称为“敕”，属“自上命下之辞”；南北朝以后逐渐专指皇帝的诏命。宋代的敕是皇帝对特定的人或事随时颁发的指示或决定。由于敕比律更具灵活性，更适应宋代高度集中的皇权的需要。因而在宋代的司法实践中，敕不但被广泛地用来作为断案处刑的依据，而且其效力高于律。依宋代成法，皇帝的“手谕”必须“凤阁鸾台始名敕”，即经中书省（凤阁）制论，门下省（鸾台）封驳，再由皇帝颁布，始成为通行全国的“敕”。

编敕是将一个个单行的敕令整理成册，上升为法律形式的立法过程。由于敕令日多，既不便于保存和官吏检索，在实际运用中也往往前后抵牾，需要加以整理、分类汇编，再由皇帝批准颁行。编敕是宋朝经常性的立法活动，一般在新帝继位或改年号时都要编敕，并设有“编敕所”作为专门的编敕机构。编敕的特点有：一是宋初在修订《宋刑统》的同时、宋太祖就另组织人编敕，“凡断狱本于律，律所不载，以敕令格式定之”①。这说明了此时律主敕辅，以敕补律。二是仁宗前基本是“敕律并行”，编敕一般依律的体例分类，但独立于《宋刑统》之外。三是宋神宗时敕的地位和作用提高，“凡律所不载者，一断于敕”，而且使“律恒存乎敕之外”，这就使《宋刑统》虽然仍作为刑律存在，但实际上敕的地位已提高到足以破律、代律了。四是敕主要是关于犯罪与刑罚方面的规定。正是由于这种重敕轻律倾向的存在，《宋刑统》自制颁后终宋一朝改动甚小，而编敕活动频繁。

（三）条法事类

条法事类是在编敕的基础上发展起来的一种新的法典编纂体例，即以事为类，将敕令格式分门别类地编成册，其特点是变以往敕令格式合编的体例为以“事”为类的体例。这样既可以避免内容庞杂，官吏难以检索的弊病，同时对于集中同一类条目，以加强敕、令、格、式的内部协调也有一定的作用。这种法典的编纂方法始于南宋孝宗谆熙的《淳熙条法事类》，后来又有《庆元条法事类》。

（四）编例

编例始于北宋神宗时期，到南宋时更加频繁。宋朝的例是在秦朝的廷行事、汉朝的决事比的基础上发展起来的。北宋原有“凡律所不载者，一断于敕”的规定，后来为弥补律、敕之不足，如遇律令格式敕有所不载，则引例断案。这样作为具有法律效力的判例也就成为一种法律形式。

在形式上，宋代的例包括“断例”和“指挥”两种。“断例”是指经过一定编纂程序的成例，“指挥”是指中央机关对下级机关的指令，下级机关以原降指挥办理类似的公事，因袭久之便为成例。编例就是把这些分散的例通过汇编使其上升为具有普遍法律效力的法律形式的立法活动。例的频繁制编和广泛使田使得作为宋朝正式法典的《宋刑统》

① 《宋史·职官制》

更加徒有其名，“法令虽具，然吏一切以例从事。法当然而无例。则事皆泥而不行”。① 可见宋朝不仅以敕破律、代律，而且又以例破律、代律。宋朝编例对后世立法产生了深远的影响，明清时期的法典采用律例合编的体例就是在此基础上发展起来的。

三、法律内容及变化

（一）刑事法律规范

1. 重典惩治盗贼

中国自李悝编《法经》开始，“贼盗”一直是封建刑法的锋芒所在。两宋时期，阶级矛盾始终十分尖锐，农民起义此起彼伏，刑律对“贼盗”的惩处尤为严厉。从《宋刑统》的规定看，涉及“贼盗”的范围相当广泛，包括谋反叛逆、杀人、造妖书妖言、强盗、窃盗、恐吓女人财物等犯罪，科刑都比唐律重。如强盗持杖行劫，“不问有赃无赃，并处死”，其同行劫贼中有不持杖者亦同罪；而按《唐律》规定强盗持杖不得财者流三千里；宋朝对于“谋反”、“大逆”一类的犯罪一般都要腰斩、凌迟。

宋朝以法律手段维护专制政权，镇压“盗贼”的两种独具特色的手段是：一是划分重法地，制定《重法地法》。宋仁宗嘉祐年间为严防祸起于辇毂之中，确保最高统治集团的人身财产安全，制定重法地法主要内容是划京城开封诸县为重法地，在重法地内犯罪者要加重处罚。史载，“凡重法地，嘉祐中始于开封府诸县，后稍及诸州。以开封府东明、考城、长垣县、京西滑州，淮南宿州，河北澶州，京东应天府、濮、齐、徐济单兖郓、沂州、淮阳军，亦立重法，著为令”。② 但是，严刑峻法并不能扑灭农民反抗的烽火，因此，自神宗以后，不但重法地量刑日益加重。而且重法地的范围也不断扩大。二是颁行《盗贼重法》，这是《重法地法》的补充和恶性发展。该法称“强盗之法，特加重者，盖以禁奸宄而惠良民也”，但实际上是为了保护封建地主阶级利益而诬称农民反抗斗争为“奸宄”，予以严厉打击。《盗贼重法》规定，“凡劫盗罪当死者，籍其家资以赏告人，妻子编置千里……罪当徒流者，配岭表；流罪会降者，配三千里”。“若复杀官吏，焚舍屋百间，或群行州县之内，劫掠江海船筏之中，非重地，亦以重论。”③

这种严密而残酷的法律加剧了宋朝的统治危机。当时的一些思想家和明智的官员对此也有所认识。苏洵曾批评道，“待之以待盗贼之意，而绳之以绳盗贼之法，重足屏息之民而以砧斧令，于是民始忍以其父母所仰赖之身而弃于盗贼，故每每大乱”。④ 宋哲宗时礼部侍郎范祖禹也表示了深深的忧虑，“熙宁以来，州军别立盗贼重法，有重法之地，又有重法之民”，然而“自行法以来二十余年，不闻盗贼衰，止但闻其多耳”。⑤

2. 刑罚制度的演变

《宋刑统》关于刑罚制度的规定虽然基本上沿袭隋唐旧制，但在实际执行中却有不少

① 《宋史·刑法志》
② 《宋史·刑法志》
③ 《宋史·刑法志》
④ 《大学衍义补·遏道之机》
⑤ 《古今治平略》

变化。

（1）立“折杖法”。

建隆四年，鉴于唐末五代以来刑罚苛峻，为笼络人心，树新政之威信，宋太祖创设“折杖法”，变相减轻刑罚。具体内容是：“折杖法”是将笞杖刑一律折成臀杖；徒刑折成脊杖，杖后释放；流刑折成脊杖后就地配役一年，加役流脊杖二十后就地配役三年。这样做就使“流罪得免远徙；徒罪得免役年，笞杖得减数”。①

“折杖法”的施行对缓和社会阶级矛盾有一定的作用，但同时又严格限定其适用范围：即除死罪不折杖外，对于反逆、强盗等严重犯罪行为也不适用，这是灵活性和原则性相结合的妙用。封建专制王朝的法律规定和司法实际往往南辕北辙，法的执行比法的规定更为酷毒。史称，实施折杖法后，良民偶有过犯，则“致伤肢体，为终身之辱；愚顽之徒，虽一时创痛，而终无愧耻”②。特别应该指出的是，折杖法乃祖宗之成法，后嗣子孙往往将其束之高阁而不用。

（2）设配役刑。

配役刑渊源于隋唐的流配刑。推行折杖法之后，原有的流行实际上便为配役。为补死刑和折杖后的诸刑刑差太大，有轻重失衡之弊，朝廷遂增加配役刑的种类和一些附加刑，使配役刑成为一种非常复杂的刑名。

配役刑在两宋多为刺配：刺是刺字，即古代黥刑的复活；配指流刑的配役。刺配是对罪行严重的流刑罪犯的处罚。刺配源于五代后晋天福年间的刺面之法，《宋刑统》并无“刺配”之规定，在宋初刺配也并非常法，宋初太祖在实行折杖法的同时，又以宽恕死罪为由特定“决杖、流配、刺面”三种合用的刑罚，称为刺配之法；仁宗后敕诏令日多，它才逐渐上升为制度。

宋朝的刺配有一套比较具体的规定：刺面有部位之分，标志有刺字和刺记号，刺的深度也因所配地区远近而不同。刺配对象主要包括杂犯死罪被宽减贷取、强盗窃盗、凶恶之人的累犯等性质严重的罪犯。宋设刺配之刑，对于罪犯“既杖其脊，又配其人，而且刺其面，是一人之身一事之犯而兼受三刑也”，③ 造成“面目一坏。谁复顾藉？强民适长威力，有过无由自新”的后果，颇引起朝臣的异议，对后世统治者也产生了恶劣影响。

（3）以“凌迟”为法定刑。

作为死刑的一种，凌迟刑始于五代的西辽，《宋刑统》未作规定，仁宗时因荆湖地区杀人祭鬼之事常有发生，乃下诏“自今首谋若加工者，凌迟斩”，首开宋朝使用该刑之先例，神宗熙宁以后成为常刑，南宋的《庆元条法事类》正式将其规定为法定刑。

凌迟刑是中国古代最残忍的死刑刑种之一，按沈家本的解释，凌迟的“凌”与丘陵的“陵”相通。“凌迟之义，本言山之由渐而高，杀人者欲其死之徐而不速也。”具体来说，凌迟是一种碎而剐之、使被刑者极端痛苦、慢慢致人死亡的一种酷刑。使用这种残酷

---

① 《宋史·刑法志》
② 《宋史·刑法志》
③ 《大学衍义补》

的刑罚，受刑者往往“身具白骨而口眼之具尤动，四肢分落而呻痛之声未息”① 这就使人欲死而不速死，直到受尽苦痛再慢慢死去。由于凌迟刑符合君主专制统治的需要，元明清历代法典均沿用。20世纪初，在西方近代文明的猛烈撞击下，沈家本变法修律时才正式宣告废除这一野蛮的酷刑。

（二）民事法律规范

两宋时期，农业、手工业、商业和对外贸易等方面都有了迅速发展，这是千余年来中国封建社会生产发展的结果。与此相适应，社会思想也在批判秦汉以来儒家“贵义贱利”的基础上逐步树立起“义利均重”的新观念，从而促使宋代在民事方面的立法较前详备。

1. 所有权

（1）对土地所有权的若干限制。

宋初实行“不抑兼并”、“不立田制”的经济政策，土地所有权频繁变更，出现了“人户交易田土，投买契书。争讼界至，无日无之”的局面。但《宋刑统》中全文保留了《唐律疏议》中有关均田制的条文，北宋从来没有明令废除过均田制。有宋一代，均田制中干预、限制土地私有权的立法原则仍在不断起作用。

限田。宋朝官员享有免疫特权。人们为了逃避赋役，伪立契约将田产典卖给官员之家。朝廷为了保障财政收入，必须限制官员田产的数量，以防止立伪契约逃避赋役的弊病。徽宗政和初年（约公元1111年）又下诏对官员限田，但并非限制占有农田的总额，而是限制官员之家的免役特权，限额依官品高下逐级递减，一品官一百顷，九品官十顷，限外田产与一般民田一样承担赋役，南宋仍实行限田，各品官限田数为徽宋朝限额之半，限外须承担差役。

“公田法”。是指北宋末年查检无主田收归国有的法律，实质是制造借口依靠国家强制力剥夺私人土地所有权。

（2）族产的出现。

族产是以宗族社团为所有权主体的产业，史称“义庄”。义庄出现于北宋，其财产主要来源于宗族中有能力者的捐献。南宋时，如果户绝无女，依法原应由女儿继承的1/3遗产，官府可以将其判归义庄所有。族产的收益主要用于祭祀本族祖宗、赡济族众、资助族人参加科举考试等。族产一般由“掌管人”依“规矩”管理，族人不得横加干涉。族产是宗族族权的物质基础，对于宗族的结合和巩固有重要意义。

2. 契约关系

宋朝因契约而产生的债占多数。宋强调“依契约分，无致争讼”，将物品的标的、价格、计算、期限等项目都明确规定作为契约的内容。

（1）买卖契约。

宋朝的买卖契约分为绝卖、活卖与赊卖三种。绝卖一般为买卖；活卖为附条件的买卖，当所附条件完成，买卖才算最终成立；赊卖是采取类似商业信用或预付的方式，而后收取出卖物的价金。在买卖契约发生的法律规定上，强调双方的合意，对强行签约违背当事人愿意的，要“重蜫典宪”。同时维护家长的财产支配权；妇女难于面对者，须隔帘亲

① 《宋文鉴》卷24

闻商量，方可成交。重要的交易活动都须订立书面契约、取得官府的承认才能视为合法有效。

宋代法律对于买卖契约，尤其是不动产买卖契约有详细规定，比隋唐时期复杂得多。不动产买卖契约的成立要件有如下几项：第一，“先问亲邻”，即业主欲出卖不动产时，必须先询问房亲、邻人有无购买意愿。。第二，“输钱印契”，即不动产买卖契约必须缴纳契税（输钱），并由官府在契约上加盖官印（印契）的程序。加盖了官印的契约称“赤契”、“红契”，具有一定的公证意义；未经缴纳契税、加盖官印的契约称为“白契”。第三，“过割赋税”，即在买卖田宅的同时，必须将附着其上的赋税义务转移给新业主（占有者）。强调必须在契约上写清买卖标的的租税、役钱，并由官府在双方赋税簿账内改换登记后，才能加盖官印，使之成为合法的红契。第四，“原主离业”，指订立不动产买卖契约后，必须转移标的实际占有，即卖方必须离开产业。

（2）典卖契约。

典卖初见于唐朝中期，但《唐律》中并无“典”的规定，“典”作为一种较完整的制度是宋代时形成的。宋朝的典卖又称“活卖”，即通过让渡物的使用权收取部分收益而保留回赎权的一种交易方式。因典卖田宅者多为贫困之人，他们过期无力赎回时，就使得有钱人以低廉的代价获得田宅的所有权，而使自己蒙受损失。

为维护典权人的利益，《宋刑统》还规定严禁一物两典，否则业主、中人、邻人并契上署名人“各计所欺入己钱数，并准盗论，不受钱者减一等，仍征钱还欺主之人”。① 同时规定，出典人也可以在典期届满时不付利息，交还典价赎回原物。可见立法者的意图在于保护典权人利益。

（3）租赁契约。

宋代对房宅的租赁称为“租”“赁”或“借”，对人畜车马的租赁称为庸、雇。以房屋租赁为例，宋代法律规定得很详细，即所谓“假每人户赁房，免五日为修移之限，以第六日起掠（收房租），并分舍屋间椽、地段、钱数，分月掠、日掠数，立限送纳”。

（4）租佃契约。

宋代租佃关系中的人身依附色彩逐渐减弱，契约关系色彩日益加强。宋代土地租佃活动十分普遍，地主与佃农签订的租佃土地契约中，必须明确规定纳租与纳税的条款，或按收成比例收租，或实行定额租。地主同时要向国家缴纳田赋。若佃农过期不交地租，地主可于每年十月初一到正月三十日向官府投诉，由官府代为索取。

宋初佃户还没有退佃自由，当时法律规定，未经地主许可，佃农不得退佃；地主允许退佃的佃农，必须持有地主发给的书面许可证（“凭由”）。仁宋天圣五年（1027 年），以上规定被废止，并作出新规定：“自今后客户起移，更不取主人凭由，必须每田收田毕日，商量去住，各取稳便。即不得非时衷私起移。”② 其要点在于规定佃户更易主户的权利，故史称“易佃法”，即佃户在收获季节以后，可以终止与原主户间的租佃关系，同时再与其他户主建立新的租佃关系。

① 《宋刑统》卷十三

② 《宋会要》食货一之二十四

（5）借贷契约。

宋代法律因袭唐律，对借与贷做了区分。借指使用借贷，贷指消费借贷。当时把不付息的使用借贷称为负债，把付息的消费借贷称为出举。法律规定“（出举者）不得迴利为本”，即不得超过规定实行高利贷盘剥。

3. 婚姻家庭

（1）婚姻。

宋承唐律，规定“男年十五，女年十三以上，并听婚嫁”。违反成婚年龄的，不准婚嫁，宋律禁止五服以内亲属结婚，但对姑舅两姨兄弟姐妹结婚并不禁止。另外还规定：“诸州县官人在任之日，不得共部下百姓交婚，违者虽会赦仍离之。其州上佐以上及县令，于所统属官亦同。其订婚在前，任官居后，及三辅内官门阀相当情愿者，并不在禁限。”

在离婚方面，仍实行唐制“七出”与“三不去”制度，但也有少许变通。例如，《宋刑统》规定：夫外出三年不归，六年不通问，准妻改嫁或离婚；但是“妻擅走者徒三年，因而改嫁者流三千里，妾各减一等”。如果夫亡，妻“不守志”者，“其见在部曲、奴婢、田宅不得费用”，严格维护家族财产不得转移的固有传统。

（2）养子。

中国传统观念认为生育的目的，是延续宗祧（即继嗣，俗称“接续香火”）和养儿防老，延续宗祧能使祖先永享后嗣祭祀。祭祀这件庄严隆重的大事，须由男子承担。为了延续宗祧和养儿防老，没有亲子，就要设一个拟制的亲子——养子。

养子在法律和习惯上有多种称呼：养父母（至少有一方）生存之时收养的同宗养子，称“立继子”；夫妇（养父母）双亡以后，由近亲尊长指定的养子，称“命继子”。从血缘方面分析，养子可分为同宗与异姓（包括异宗同姓者）两类。同宗养子，指在本宗族中收养的拟制亲子，唐代规定“无子者，听养同宗于昭穆相当者”①，限在同宗子辈中选择养子，这是古代中国收纳养子的第一项基本原则，《宋刑统》照抄了这项规定。异姓养子，指在本宗族外收养的拟制亲子，异宗同姓，也视若异姓。但是异姓儿童一旦被合法收养，便须改从养父之姓。所谓“异姓”，着眼点在于血缘上的异宗，不是户籍上的姓氏。宋代与唐代一样，一般禁止收异姓人为养子，规定“养异姓男者，徒一年”，但收养遗弃幼儿例外。

（3）继承。

宋代在继承关系上有较大的灵活性。除沿用以往诸子均分外，允许在室女享有部分继承财产权；养子有继承权，同时承认遗腹子享有与亲生子同样的继承权。

妇女的财产继承权。第一，守志寡妇是亡夫遗产的第一顺序继承人，也可以代位继承其亡夫的应得份额，妾一般不能直接继承丈夫的遗产。男性家长死亡后，有子女、有妾而无妻时，遗产只能由子女继承，妾不能继承，不过，她可以“所生母”身份间接继承原本属于其夫的财产。如果只有妾存在，遗产甚至会被没收归公。第二，女儿的财产继承权主要体现在妆奁上。分割父母遗产时，未婚女儿（在室女）得到的妆奁，只相当于儿子

① 《唐律疏议》、《宋刑统》卷十二，《户婚》“养子舍去”条，疏议所引户令

(不管是亲子还是养子)聘财数额的一半，女儿与儿子的财产继承权是不平等的。在绝户的情况下，在室女可以继承全部遗产。如果嗣子是命继子(死后继子)，在室女可以继承遗产总额的四分之三。第三，北宋将“不曾分割得夫家财产入已”的归宗女(因离婚或丧夫而回归母家的出嫁女)视同在室女，也可全份继承绝户遗产。南宋规定：“诸户绝财产，尽给在堂诸女，归宗者减半。”① 如果家中只有归宗女，则归宗女、命继子先各自按照《户绝法》规定的比例继承，剩余部分再一分为二，一半由命继子继承，另一半归国库。只要有姐妹在室，就不考虑出嫁女回绝户娘家继承遗产的权利。但是，如果娘家只有命继子(死后养子)，出嫁女可以回去继承绝产。娘家没有在室女归宗女时，出嫁女与命继子均分家产的三分之二，其余三分之一收归国库。

养子的财产继承权。宋初所沿用的唐代律令中，规定了“继绝亦同”的原则，即养子继承权与亲儿子完全一样。死后继子(命继子)的财产继承权宋代规定不适用“继绝亦同”的原则。先是规定只能继承遗产总额的三分之一，“命继者，于诸无在室归宗诸女，止得家财三分之一”②，以后的规定有所调整。异姓养子没有资格继承宗祧，是拟制的同宗同姓。按理法，拟制者应与真实者享有同等权利。南宋时在立法上解决了这个问题：“在法，诸因饥贫，以同居缌麻以上亲与人，若遗弃而为人收养者，仍从其姓，各不在取认之限，听养子之家申官附籍，依亲子孙法。”③ 明确其权利义务“依亲子孙法”异姓养子在财产方面与亲子享有同等继承权。

遗嘱继承。唐代制定、宋代沿用的《丧葬令》，是现存关于遗嘱继承的最早的法规。④ 北宋天圣四年(1026年)，提出了一个新的有关遗嘱继承的“户绝条贯”，在“户绝”前提下，遗嘱继承优先于法定继承，能以遗嘱剥夺女儿的一般法定继承权。这种情况到南宋有了变化。遗嘱的前提是由丧葬令、户绝条贯的“身丧户绝”改为“财产无承分人”，这样，不但儿子的继承权得到保障，女儿的一般法定继承权也得到了保障。对遗嘱的确认，也由立嘱人死后的“证验分明”，改为立遗嘱当时的“自陈，官给公凭”，“经官印押”。这些可以看做是古代的遗嘱公证，有利于防止和减少遗嘱纠纷。南宋对遗嘱继承人的继承数额也有限制，“其得遗嘱之人，依见行成法，止合三分给一”⑤，这个规定被称为“遗嘱财产条法”。

(三)经济法律规范

宋一代财政始终十分匮乏。为了增加财政收入，宋朝扩大了禁榷范围，制定了一系列的禁榷法律。宋朝统治者认为推行禁榷可以做到“民不加赋而国用足”。真宗时曾诏令，“度茶盐酒税以充岁用，勿增赋敛以困黎元”。⑥ 宋朝的禁榷立法中，盐、酒法最为重要。

1. 盐法

---

① 《清明集》卷七，《户婚门·立继》“立继有据不为绝户”
② 《清明集》卷八，《户婚门·立继》“命继与立继不同·再判”
③ 《皇宋中兴两朝圣政》卷五十九，孝宗皇帝十九
④ 《宋刑统》卷十二《户婚》“户绝资财”条
⑤ 《清明集》卷八，《户婚门·立继》“父子俱亡立孙为后”
⑥ 《宋史·食货志》

这是关于食盐的煮制、买卖和贩运方面的法律。早在春秋时，齐国就将食盐列入禁榷物，以后各朝代都严法防止私制或盗卖私盐，宋代也不例外。宋朝规定由中央三司中的盐铁使总领其事，并于各盐产地和商埠设场立务，严加管理。“有买卖私盐，所有告讦，重给赏钱，以犯人家财充赏。”① 食盐由官方经营，运销则分官运、官销和商运、商销两种。官销有专门机构专管；商销实际上就是由官府批发给商人在指定地区零售。宋朝法律对于贩私盐者处罚相当严厉。如贩私盐一两笞四十，二斤加一等，二十斤徒一年。尽管如此，由于宋朝官盐价高，私贩还是禁而不绝，甚至有的数十百为群，持武器来回贩运，与官府对抗，使宋王朝受到很大威胁。

2. 酒法

酒法是关于酒的酿造、征税和专卖等方面的法令的总称。各王朝对酒的生产和运销规定不一，直到汉代才正式规定对酒实行专卖。宋朝关于酒的专卖称“榷酤”，国家设“官吏局署”负责“榷酤”。北宋在“四京”实行官府造曲制，禁止民间私造酿酒必用的曲，民间酿酒必须向官家购买曲。宋于建隆二年（公元961年）颁布《货造酒曲律》，规定“犯私曲至十五斤，以私酒入城至三斗者，始处极刑，余论罪有差；私市酒、曲者，减造人罪之半”。可见宋朝法律对酒的规定是相当严的。处刑也重，使民不堪其累。清代学者赵翼曾评论说，“史册所载，历代榷酤，未有宋之甚者”。②

第二节 宋朝的司法制度

一、司法机关

（一）中央司法机关

宋朝的中央司法机关大体因袭唐制。但是从宋初开始的不断强化中央集权的法制指导思想在司法机关的设置上也有反映。宋朝的中央司法机关及其职责是：

1. 大理寺

大理寺是中央审判机关，负责详断全国各州报请复审的刑事案件。大理寺设左右两部，左断刑，右治狱。凡京师百官刑狱由右治狱审理；凡地方奏谳及地方官吏犯罪案件归左断刑处理。同时，大理寺也将“审”和“判”分开，由断司负责审讯，由议司负责用法。凡案皆几经审议而后定判。

2. 刑部

其主要职能本来是复核大理寺所详断的全国死刑已决案件及官员叙复、昭雪等事。神宗改制后，审刑院并入刑部，其职能扩大为处理刑法、狱讼、奏谳、赦宥、叙复之事。元丰四年后刑部设左右曹，左曹审核各路大辟帐状，右曹审核官吏犯罪案件。

3. 审刑院

太宗淳化三年（公元991年），为防“大理、刑部吏舞文巧诋”，乃设审刑院于禁中，

---

① 司马光《涑水纪闻》卷十五

② 赵翼《陔余丛考·宋元榷酤之重》

作为“详议”机关，由皇帝指派亲信大臣组成。凡原大理寺审理的案件均先送审刑院备案，经大理寺审理和刑部复核后，再交审刑院详议，最后由审刑院拟定书面意见，奏请皇帝裁决。可见，审刑院之设立实际上是削夺大理寺和刑部的权力，加强皇帝的司法权。审刑院设知院事为其长，并有详议官六人。宋神宗时因机构重叠裁减了审刑院。

4. 制勘院

宋朝裁减审刑院后又创设制勘院。制勘院是由皇帝指定朝官组成的、非常设性的特别审判机关，专门审理诏狱。

5. 御史台

宋朝的御史台仍作为纠弹百官的监察机关，但其职权有扩大的趋势。

(二) 地方司法机关

宋朝地方分路、州、县三级，三级行政长官同时是三级审判官。路设提点刑狱司，作为中央在地方各路的司法派出机构。诸路提点刑狱司负责监督本路的司法事务，定期巡视州县，复核审查所属州县的判决，巡视监狱在押囚犯，处理积压不决的案件，纠弹官吏违法失职行为。凡地方官吏审判违法，轻者，提点刑狱司可以立即处断；重者上报皇帝裁决。州以行政长官为主审官，专职司法属官设司法参军和司理参军，分别掌管检法议罪和调查审讯。州对所辖地区发生的刑事案件，除死刑案外，有完整的管辖权。州对判处流刑等重大案件及死刑案要经过路一级主管刑狱的机关送交刑部复核。县由知县亲主审判，杖刑以下案件县衙可判决执行。

二、诉讼审判制度

(一) 皇帝亲自审案断罪

宋代的君主集权反映在诉讼制度上，就是皇帝亲自处理有关案件，通常称之为“御笔断罪”或“特旨处分”。宋太宗“在御，常躬听，在京狱有疑者，多临决之”，甚至“亲寻京城系囚”。孝宗也“究心庶狱，每岁临轩虑囚”。徽宗更是常依御笔手诏断罪而“变乱旧章”。崇宁五年下诏“出命制法”，规定“自今应有特旨处分，间有利害，明具论奏，虚心以听；如或以常法沮格不行，以大不恭论”，并下令“凡应承受御笔官府，稽滞一时杖一百，一日徒二年，三日以大不恭论”。① 这就是说，凡经皇帝审结的案件都具有最高法律效力，永不得更改、翻案。对于“特旨处分”只要稍不虚心、稍有怠慢就以十恶大罪论处。这都充分说明了掌握绝对权力的皇帝的旨意就是最高的法律，皇帝永远拥有最高司法权。

(二) 证据的收集与运用

1. 翻异别勘。口供是封建社会定罪量刑不可缺少的证据材料，但刑讯逼供往往造成冤狱。因此宋朝在诉讼中要求口供与其他证据材料相一致时才能断罪定刑。在诉讼中，人犯否认口供称“翻异”，事关重大案情的，由另一法官或别一司法机关重审，称“别堪”。但为防止犯人妄行翻异”，法律限制翻异一般不过三次。如犯人妄为诬告称冤，则罪加一等；对于妄作缘故，利用这个制度营私舞弊的官吏，也规定科以刑罚。翻异别勘制对防止

① 《宋史·刑法志》

冤滥有一定作用，但也容易滋长弊端，“至有一狱经六、七推不得决者，证佐之人，追呼拘系，率被其毒”。①

2. 重视检验和勘验。宋朝设专门检验官，有详细检验格式。淳熙年间颁发的《检验格目》规定，“凡检复必给三本：一申所属，一申本司，一给被实之家”。嘉定四年并得“湖南正背人刑”（湖南提刑司所绘的尸身正面和背面的应检验部位图）随《检验格目》下发，令以伤损去处，依样朱红书画，唱喝伤痕，众无异词，然后署押”。② 重视勘验和检验，客观上推动了法医学的发展。《洗冤集录》、《棠阴比事》、《折狱龟鉴》等法医学名著和案例相继问世就是证明。

（三）诉讼时限

宋朝对民事诉讼有“务限法”。《宋刑统》对发生在民间的田宅、婚姻、债务的纠纷，规定每年十月一日后至正月三十日前须把诉讼交官府，三月三十日前官府必须审理裁定完毕。这种根据农务规定轻微案件起诉、受理、断遣时限的制度称为“务限法”。法律规定，州县府每年二月初一日入务，至十月初一开务。在二月初一至十月初一的务限内，不受理民间的婚姻和田宅的诉讼纠纷。③ 在民事诉讼的时效方面，太祖时规定，因战乱离走，平安返回，认田宅者“已过十五年，除本户坟墓外，不再理诉”。南宋法律规定，卖田宅依法满三年再发生利息、债务和田邻纠纷的，各不得受理；对典卖田宅纠纷的陈诉期限，也规定在一年内陈诉。出限不得受理。④

在刑事方面，太祖时规定：大理寺断案，大事限三十日，中事二十日。刑部大事限十五日，中事十日，小事五日。太宗时规定将大理寺的大事期限缩短为二十五日，刑部详复日限与原来相同。对于地方“诸道刑狱，大事限四十日，中事二十日，小事十日”，过限“日笞十下，三日加一等罪杖八十”。⑤ 确定听狱之限，有利于防止审理案件的滞留延宕，也便于及时发挥司法镇压职能。

（四）申诉制度

为防止“有理者不获伸，无辜者反受害”的发生，宋朝规定判决生效后，犯人及其家属可依法逐级进行申诉，被称为“雪理制度”。宋朝申诉的程序是：属“断遣不当”者，从所属县诉起，经本州、转运司、提点刑狱司、尚书本部、御史台，直到登闻鼓院依次投诉。只有案件所经官府不理或限满尚未与决时才可越诉。

北宋时还规定，三年以上案件不许雪理。有关官司受理申诉案都应在期限内组织无利害关系的官吏“体究诣实”，对大案要案则临时组成特别法庭性质的“推勘院”审理。

此外，宋朝还建立了较完备的审判监督制度。在司法审判系统内部，有一套上下左右的驳议规定。即凡录问或复核之官对鞫狱不当的，原审官有驳议之责；对“当驳”而“不能驳正致罪有出入”或“举驳不当”者，则要承担法律责任。在司法审判系统之外也

① 《宋会要辑稿·刑法三》
② 《宋史·刑法志》
③ 《宋会要辑稿·刑法三·田讼》
④ 《宋会要辑稿·刑法三·田讼》
⑤ 《宋会要辑稿·刑法》

有一套专门机构对司法审判实施监督。如京师设“纠察在京刑狱司”，南宋改为“提点京畿刑狱”，都是“以省冤滥”的机构。在中央，御史台负有对滥用职权、徇私枉法的司法官吏进行“劾奏”之权，中书省有权对中央审判机关实施监督；各级行政长官对所属司法官吏也负有监督考核之责和察举之权。这样就形成了对司法审判“上下相维、内外相制”的监督格局。

【本章小结】

在立法上采纳了赵普提出的“削夺其权、制其钱谷、收其精兵”的建议；程（程颢、程颐）朱（朱熹）理学成为统治者奴役人民的重要思想武器，也成为占统治地位的法制指导思想；王安石“熙宁变法”开始，在思想上逐渐转向“利义均重，利义相辅”。宋朝的立法活动有：制定《宋刑统》，其成为中国历史上第一部刊版印行的封建法典，刑统与律最大的区别之一即刑统在每律之下又设若干门；编敕，是宋朝经常性的立法活动；条法事类，即以事为类；编例，非常频繁，例有“断例”和“指挥”两类。宋朝法律内容及变化有：刑事法律方面：重点惩治盗贼，划分重法地法，制定盗贼重法；刑罚制度的演变包括立“折杖法”，设配役刑，“凌迟”为法定刑。民事法律规范方面：所有权受到限制、出现了族产；契约有买卖契约、典卖契约、租赁契约、租佃契约、借贷契约；宋朝的离婚规定稍有变化；养子分为立继子和命继子、同宗养子和异姓养子，养子继承权与亲儿子完全一样，但是命继子的继承权受到限制；在继承关系上有较大的灵活性，除沿袭兄弟均分制外，允许在室女享有部分财产继承权，同时承认遗腹子与亲生子享有同样的继承权，宋朝对遗嘱继承做了规定。经济法律规范方面：宋朝扩大了禁榷范围，盐、酒法最为重要。

宋朝的中央司法机关有：大理寺、刑部、审刑院、制勘院、御史台；地方分路、州、县三级，三级行政长官同时是三级审判官，路设提点刑狱司，作为中央在地方各路的司法派出机构。诉讼审判制度有：皇帝亲自审案断罪；证据的收集与运用包括翻异别勘和重视检验和勘验，《洗冤集录》、《棠阴比事》、《折狱龟鉴》等法医学名著和案例相继问世；诉讼时限方面，民事诉讼有“务限法”，刑事诉讼规定了审理期限。宋朝的申诉制度称为“雪理制度”，建立了较完备的审判监督制度，形成了对司法审判“上下相维、内外相制”的监督格局。

第十一章 等级分明

——元朝法律制度

（公元1271—1368年）

◎ **知识目标：**

- 了解元朝的法制指导思想、立法活动、元朝法律的主要内容和基本特征，掌握四等人制度
- 了解元朝司法制度的若干发展，掌握大宗正府、宣政院

◎ **能力目标：**

- 培养民族感情，辩证分析问题的能力
- 能够用历史思维方式分析问题，总结、借鉴中国法制的历史经验

【本章导读】

公元1206年，铁木真统一了北方草原蒙古各部落，即大汗之位，尊称“成吉思汗”，建立蒙古国。1271年，忽必烈定国号为元。1279年元灭南宋，结束了自五代至宋朝长达300多年的对峙割据局面，成为中国历史上第一个以少数民族贵族为主，同时联合其他民族上层分子的中央集权的封建国家，实现了空前的大统一。元朝的统一推动了中华各民族政治、经济、法律和文化的融合，加速了蒙古民族的封建化进程。但是，由于元朝统治者公开推行阶级压迫和民族歧视政策。采用落后的生产方式。崇尚宗教，对当时的法律制度产生了重大影响，使元朝的法律制度具有明显的民族特色。

第一节 元朝的法律

一、法制指导思想

建元之初，忽必烈曾提出“循行国制，附会汉法”，终元一朝都将其作为法制指导思想。“循行国制，附会汉法”也就是要尽可能地保留蒙古旧制，同时对汉族封建法制要有条件地吸收。在这一思想指导下，元代统治者仿效汉族法律建立了一套治国规则和典章制度，并把汉族封建法典中的一些重要传统法条，如十恶、八议、五服制等均加以吸收，但对涉及蒙古贵族特权利益的旧风俗、旧制度又加以保留，使元朝的法律制度具有鲜明的民族特色。

二、立法活动及特点

（一）立法活动

1.《大扎撒》

以成吉思汗统一蒙古各部为标志，蒙古民族实现了由原始社会向奴隶社会的过渡，并在过去习惯的基础上制定出一部简单的成文法，称《大扎撒》。它是蒙古王命令、训诫的汇编。主要内容是规定奴隶对主人、官人对君主的人身依附关系，如规定官人除君主外不得投托他人，违者处死；发现、收留在逃的奴隶不归还其主者处死。至元世祖忽必烈建立元朝前，蒙古国已灭掉了西夏和金，占据了中原大片领土，疆域迅速扩大，蒙古自身的封建化进程也大大加快。在新的历史条件下，蒙古统治者注意吸收金国汉化的经验，宣布使用金律。金律即金章宗时编制的《泰和律》，“实是唐律也”。①

2.《至元新格》

经过南征北战，元朝实现了空前的统一。建元后忽必烈下令禁止使用《泰和律》，并着手组织编制统一的法典。至元二十八年，《至元新格》告成。它是元朝第一部成文法典，包括公规、选格、治民、理财、赋役、课程、仓库、造作、防盗、察狱等十个方面的内容。

3.《大元通制》

仁宗时，将有关风纪的格例、条画编辑成书，称《风宪宏纲》。英宗时以《风宪宏纲》为基础制定的《大元通制》共计2539条，其篇目仿唐、宋旧律，分为名例、卫禁、职制、祭令、学规、军律、户婚、食货、大恶、奸非、盗贼、诈伪、诉讼、斗殴、杀伤、禁令、杂犯、扑亡、恤刑、平反共20篇，是元朝较为完备的重要法典。

4.《元典章》

与《大元通制》几乎同时出现的还有一部流传于今的《大元圣政国朝典章》，简称《元典章》。这是当时地方政府对至元以来到英宗至治之初50年间有关政治、经济、军事、法律等的圣旨条画的汇编。《元典章》共60卷，分诏令、圣教、朝纲、台纲、吏部、户部、礼部、兵部、刑部、工部10类，类下有273目，目下又列若干条格，其中的“六部”分类法对明清立法产生了一定影响。《元典章》虽非元朝中央政府所颁布之法典，但“此书于当年法令，分门胪载，采掇颇详，故宜存备一朝之故事”，② 为后代研究元朝社会及其法律制度提供了系统的珍贵史料。

5.《至正条格》

元顺帝至正四年下令重新整理旧条格，对《大元通制》进行删修，直到至正六年编成《至正条格》予以颁行。这是元朝最后一部法典，性质和体例与（大元通制》相同，包括制诏、条格、断例等2900条。

（二）立法特点

1. 体现皇帝意志的条格占有突出位置

---

①《金史·刑法志》

②《四库全书总目》

元代立法深受宋代编敕的影响，立法者不断把历代皇帝所下达的敕令（或称条格、圣旨、圣教、制诏、诏令）编入法典，从而使其在法典中占有突出的位置。如《至正条格》中的条格占全律一半以上，《大元通制》中的条格也几乎占全律的一半。

2. 断例在法典中占有重要地位

元代立法还深受宋代编例的影响，致使断例也在法典中占据重要地位。如《至正条格》中的断例多达千余条。

元代法典以条格和断例为主，是专制主义统治在立法上的表现，它势必破坏法典内在的统一和协调。所以，元法典内容庞杂，结构松散，前后矛盾，这又为官吏贪赃枉法，出入人罪开了方便之门。

三、法律内容及主要特点

元朝的建立使中国结束了长期分裂、对峙的局面，实现了空前的大统一，加强了各民族间的联系和交往，蒙古族也因此受到汉族先进文明的影响，推动了自身的发展和进步。但同时蒙古族建立的封建军事专制大帝国又给整个社会带来一系列的消极影响。这些影响在元朝法律内容上有充分的体现，从而使其具有自身的显著特点。

（一）公开以法律维护各族人民的不平等地位，实行民族歧视和民族压迫

中国封建社会，不论是汉族统治，还是少数民族统治，都从来没有实现过真正的民族平等。这是由封建君主专制制度决定的。但是，元朝的民族压迫比它以前和以后的任何一个统一王朝都更加公开和突出。这既和元朝是中国历史上第一个由少数民族建立的统一国家、缺少统治经验有关，也和蒙古族的历史、传统、习惯等有关，但更多的是由客观现实所决定的。中国疆域辽阔民族众多，而蒙古族人口少，若不划分等级、分而治之就很难实现有效的封建专制统治。

元世祖忽必烈在建元之初就根据不同的民族及其被征服的先后，把全国各民族划分为四个等级：蒙古人社会政治地位最高；其次是色目人，包括西夏人、回回人和西域人；汉人再次之；南人，包括南宋统治下的汉族人和西南地区各民族人地位最低。从法律内容上看。这种民族不平等主要包括以下几个方面：

1. 在政治上，维护蒙古人的优势地位，禁止汉族人占据要职，严防被压迫民族的反抗

（1）任官的不平等。

有元一代，朝廷高级官员几无汉人染指，元律规定丞相必须用蒙古勋臣，军机要害部门更不准汉人和南人染指；地方各级行政机关均设有由蒙古人充任的掌印官“达鲁花赤”作为地方行政首脑，汉人和南人至多担任副职。为确保这种担任官职上的不平等，在科举考试方面对汉人也严加限制：元代于仁宗皇庆二年（公元1313年）制定科举条例，恢复科举取士，但规定蒙古人、色目人只考两场，汉人和南人却要考三场，而且同样科举出身，汉人和南人还降一级叙用；乡试录取名额表面上各族是一致的，但汉人应考人数大大超过蒙古人和色目人。因而存在着实际上的不平等。

（2）严防各被压迫民族的反抗，尤其是汉族人的反抗。

元律严禁汉人和南人私造、私藏兵器，甚至连私养马匹和聚众狩猎也要禁止。元代在

江南还长期实行宵禁制度，不仅不许人们夜间外出，连屋内点灯也不允许。足见统治者对汉族的防范之严。

2. 在经济上，元朝征敛赋役按等级进行

元初强征民间马匹的《括马法》规定，蒙古人不括征，色目人括征2/3，汉人和南人全部括征。

3. 在法律上，审理案件和适用刑罚各民族不平等

元在司法实践中对蒙古人犯罪，常由其所属的千户或蒙古法官审断，并在中央设有专门审理宗室及有关蒙古人案件的机构大宗正府，汉人和南人的诉讼则归刑部。汉人审判机关的正官也由蒙古人担任，每涉及蒙古人与汉人、南人的纠纷，审理机关总是偏袒蒙古人。在刑罚上，法律则明文规定不同人犯同罪予以不同处置。如“蒙古人打汉人不得还报，指立证见于所在官司赴诉，如有违犯之人，严行断罪”。① 也就是说，蒙古人打了汉人，汉人不得还手。只能待打完后再告官府审理；对于窃盗罪犯一般要加黥刑，但蒙古人犯罪却不在刺字之条。蒙古人“因争及乘醉殴死汉人者”，只是“断罚出征，并全征烧埋银”，② 而汉人如在同等情况下打死蒙古人就得立即处死，并付烧埋银。法律还规定，蒙古人犯轻罪不受拘捕，犯死罪虽“监禁依常法”，但也可以不受拷掠，日给饮食。至于蒙古官员犯罪，除由蒙古司法官员断案外，连行杖也须由蒙古人。

（二）维护官吏、贵族、地主和僧侣的特权

1. 维护官吏、贵族、地主的特权

像以前任何朝代一样，元朝实行“八议”等制度，重点维护官吏、贵族和地主的特权。其中，宽待犯罪官吏又是元朝和其他各朝不同的地方，也是缺少统治经验的表现。元朝宽待犯罪官吏主要表现在两个方面：

（1）法律往往不规定对犯罪官吏的具体处罚，而是笼统地规定“罪之”、“禁之”、“纠之”。

如“诸民间失火，镇守军官坐视不救，及纵军剽掠者，从台宪官纠之；诸军官擅断民讼者，禁之。违者，禁之”。③ 法律的这种绝对不确定的法定刑使它对犯罪官员的处罚不具体明确，容易使法律成为一纸空文。这是立法技术上的倒退，也为身居要职的蒙古官员开脱罪责提供了方便，实际上是纵容他们犯罪。但是，若是汉人和南人官员犯罪，掌握司法主动权的蒙古官员还可利用那些含糊其辞的规定加重处刑，以推行民族压迫政策。

（2）法律即使对官吏犯罪的处罚作出具体规定，也比唐宋律轻得多。

以贪赃枉法为例，唐律规定赃十五匹，绞；《宋刑统》规定二十匹，绞；元律规定赃一百贯以上，仅杖一百零七。

2. 维护僧侣的特权

元朝还有一种特殊势力，即僧侣。由于文化和传统的原因，当然也不乏政治目的，元朝对各种宗教采取兼收并蓄、充分利用的方针，尤其对佛教更是推崇备至。“盖佛之说行

① 《元典章·刑部》

② 《元史·刑法志》

③ 危素《危太朴文集》卷5

乎中国，而尊崇护卫，莫盛于本期。"① 这就是说，元朝对佛教的优待和保护在中国历史上是独一无二的。不过，尽管如此，佛教势力还远未达到像欧洲中世纪那样和皇权平起平坐、互争高低的程度。元朝僧侣在社会上享有多种特权：

（1）在政治上，西藏名僧地位显赫，权力重大。

元世祖时尊佛教领袖八思巴为国师，后又升为帝师。帝师是元朝皇帝从吐蕃请来的喇嘛所担当的最高神职，他向皇帝传授佛法，统领全国佛教，掌管藏族地区政务，其法旨可与诏敕并行西土。佛教还在地方设置衙门，"一如有司，每日公署莅政施刑"。② 僧官出入衙门前呼后拥，与地方父母官相去无几。帝师及其所属高级僧侣常以"功德"为名奏释犯人，从中受贿得利，与官吏因缘为奸。

（2）在经济上，元律对寺庙僧侣的财产所有权予以严格保护，禁止侵犯。

元朝诏令规定，"但属寺家的田地、水土、园林、碾磨、店铺、解典库、浴堂、人口、马匹等物，不拣是谁，休倚气力夺要者，休谩昧数付者，休推是故取问要东西者"，使"天下之田一入僧业，逐固不移"。③ 元世祖曾下诏免除僧侣的赋税和徭役负担。由于特殊保护，元代寺庙经济非常发达，有的不仅拥有大量资产，还控制相当数量的劳动力。

（3）在法律上，僧侣也受殊遇。

"殴西蕃僧者截其手，詈之者断其舌。"④ 僧侣一般犯罪由寺院主持僧独审，地方司法机关无权过问；重罪如奸淫、诈伪、杀伤人等，地方官虽可审理，但须上报宣政院。僧俗间发生田土等纠纷，则由僧官会同地方官审处。这样，僧侣便享有不受普通司法机关管辖，不适用世俗法律的特权。

任何人只要享有特权就有利用特权胡作非为的可能。元朝的僧侣也是这样。由于僧侣凭借特权飞扬跋扈，不断侵犯世俗官僚贵族的利益，元成宗时曾下诏对僧侣特权作出某些限制。可见，元朝对于僧侣的特殊保护是以不危害政权为前提的。

（三）保留蒙古族落后的习惯法，维护落后的生产关系

蒙古族有长期游牧生活的历史，从而形成了自己独特的思想观念、价值标准和文化传统。建立元朝后虽然由奴隶制社会转为封建制社会，但在附会汉法的同时仍保留着一些奴隶制游牧社会的落后生活方式和风俗习惯，使汉文明也受到影响。主要表现在：

1. 婚姻家庭方面

结婚条件放宽，等级界限和伦常观念淡化。元律允许良贱通婚，规定良男与贱女结婚所生之子女为良，良女与贱男结婚所生之子女为奴，而唐宋律严禁良贱结婚。否则，不仅强迫离婚还要治罪。"同姓不婚"是西周以来的古老原则，而元律允许同姓相婚。如果兄、弟、叔、父死了，元律还允许将兄嫂、弟媳、婶母、庶母"收继"为妻。而唐宋律则视为禽兽之行，严加禁止。有关亲属间通奸乱伦的犯罪行为，唐宋律将其列为"内乱"，属"十恶"大罪之一。最低要处徒刑三年，而元律只处杖刑而已。元律的这些规定

① 危素《危太朴文集》卷5
② 吴澄《吴文正公文集》
③ 《金华县慈济寺修造舍田记》
④ 《元史·成祖本纪》

给以儒家思想为指导的传统婚姻家庭观带来很大的冲击，但它是建立在落后的习惯和生产基础之上的，与欧洲文艺复兴时期关于人的解放、性的解放不可同日而语。

2. 刑罚制度方面

元朝虽然在法律条文的规定上仍沿袭唐律的笞、杖、徒、流、死五种刑罚，但在实际适用上却是“任意而不任法”，保留了蒙古旧制的传统习惯，形成了有别于唐、宋刑罚制度的许多特点。

蒙古族素有“天饶他一下，地饶他一下，我饶他一下”的习惯。因而将唐制笞杖刑的尾数均改成七。如唐代笞刑分为十、二十、三十、四十、五十共五等，元朝改为七，十七、二十七、三十七、四十七、五十七共六等；对杖刑也每等减三下，分为六十七、七十七、八十七、九十七、一百零七共五等。在加十的情况下减三反而增加了笞杖之数。对徒刑也按等加决杖。对于年在70岁以上15岁以下以及笃疾残废不任杖者，则允许其以至元钞二百文赎一杖。流刑则不限里数，汉人、南人常常被发往辽阳、迤北等边远之地。而死刑，不但将凌迟惨刑正式入律，与斩刑合为死刑两种，在实际执行时又用了“剥皮”、“醢”等法外酷刑。元顺帝元统二年又下诏“强盗皆死，盗牛、马者劓、盗驴、骡者黥”，恢复了奴隶制肉刑。

3. 维护蒙古族落后的生产关系方面

主要表现为公开维护贵贱之间的不平等关系。元朝法律不但继续保护中原和江南地区原有的生产关系，还进一步加强了奴隶和佃农对贵族地主的人身依附关系，反映了元朝所有制关系的倒退。

（1）奴隶。

元代奴隶人数众多，且处境悲惨，元朝奴隶大致来源有：通过战争而获得的战俘和掠夺来的民户；因为犯罪而被罚为奴隶；因债务而沦为奴隶；奴隶之子女继续为奴。元代称奴隶为“驱口”，有官奴、私奴之分。他们从事繁重的劳动，地位最卑下，主人视其为钱物，可以任意处置。法律规定，杀死奴隶杖八十七，宰杀牛马却要杖一百零七；奴隶杀死主人则要处以“凌迟，或“具五刑”，奴隶对主人不逊也要“杖一百七，居役二年”，“役满归其主”；主人殴打奴隶，甚至对奴隶施用刺面、割鼻等私刑，法律也不过问。元朝还允许主人任意买卖奴隶直至贩卖到海外。奴隶的大量出现和处境的悲惨体现了蒙古社会的落后生。

（2）佃农。

宋前期，租佃制已逐渐取代了部曲制，佃农的法律地位提高了。但随着专制主义统治的强化，佃农的实际地位却不断下降，处境进一步恶化。按元朝法律规定，佃农要向地主缴纳五至八成的地租，地主还要按地亩索取丝和鸡鸭等实物，不仅剥削明显加重，剥削方式也倒退了。此外，地主可以任意撤佃，甚至将佃户连同土地一起出卖、赠人；地主有权奴役佃农，还有权奴役他们的子女。佃户“生男便供奴役，若有女子便为婢使，或为妻妾”。① 地主打死佃户只杖一百零七并征烧埋银了事。地主有罪还可令佃户代死。可见，元朝佃户对地主的人身依附关系大为加强，简直与奴隶相同。

---

① 《元典章·刑部》

第二节　元朝的司法制度

一、司法机关

元朝确立了一整套由蒙古贵族地主所垄断的司法体系，且机构多重，各领其事，不相统摄。

（一）中央司法机关

1. 大宗正府

大宗正府是由蒙古王公垄断的中央最高审判机关。元朝改前代的大理寺为大宗正府，其基本职能是会决庶务，审理宗室及有关蒙古人、色目人案件。其长官“秩从一品”，与中书省、枢密院并列，既独立于刑部，又不受御史台监察。

2. 刑部

刑部是元朝的复核机关。元朝的刑部“掌天下刑名、法律之政令”以及冤、疑案的复审、死刑复核及录囚等工作，以尚书、侍郎为正、副职。

3. 御史台

御史台实为元朝中央的司法监察与审判机关。御史大夫“秩从一品”，比刑部尚书高两级，与中书省、枢密院并列。元朝的御史台负责纠举百官违法犯罪，监督京师与地方刑狱，负有平反冤狱、勘结罪囚、承追取舍重刑等司法职能。

4. 宣政院

宣政院为元朝所独有，是元朝中央最高宗教管理和宗教审判的专门机关。它以帝师为首，其下的宣慰使等主要官员必须由僧侣担任。宣政院于地方各路设行宣政院。地方涉及僧侣诉讼，除奸盗、诈伪、致伤人命等重大刑案由地方长官审理后报宣政院外，其他有关僧侣的刑、民案件同各该寺院主持僧问断，地方官吏不得擅断。如果是僧俗之间的纠纷，则由地方长官与有关寺院主持僧会同审理。这样就从上到下，从机构到制度形成了一个宗教与世俗权力并行的特殊的司法体系，以保障僧侣不受普通法律制裁的特权。

（二）地方司法机关

元朝地方行政区划分路、府、州、县四级，四级行政长官又是四级审判官，同时设有由蒙古人担任的达鲁花赤为掌印总辖官，直接鞫勘罪囚。路、府、州、县对杖罪以下案件可自行断决，徒流死罪须经路申奏刑部。

为了加强对地方的监察，元朝在地方设有“行御吏台”作为中央御史台的派出机构，行使对地方官的监察权。元朝还把全国划分为二十二道监察区，各道设立肃政廉访司，受御史台统领。这些机构的监察官多由蒙古人担任，品位高，职权大。

（三）军事审判机关

元朝还设有军事特别审判机关，即枢密院。它同时又是中央最高军事机关。枢密院设有由蒙古军官充任的断事官以审判军事案件。此外，元朝还实行军民分治的政策，把军人之家编入军籍，称为“军户”，并设有管军户的官“奥鲁”。一般军户如斗讼、婚田、钱债、财产、宗从继决及科差不公一类的案件均由所属奥鲁官审理。

二、诉讼审判制度

（一）案件的受理

元朝的案件受理有重大特点，即不同等级、不同职业的人犯罪分别由不同的司法机关管辖。如大宗正府主要负责审理蒙古王公贵族的犯罪案件，同时管辖京师地区蒙古人和色目人的诉讼案。凡军户间案件涉及蒙古军人者，则由地方官会同“奥鲁”审理。宣政院和行宣政院是宗教特别审判机关，而汉人和南人的一般案件则由受蒙古人控制的普通司法机关审理。

（二）诉讼独立成篇

从《元典章·刑部》看，元朝的诉讼已独立成篇。元律中的诉讼内容涉及书状、听讼、告事、问事、原告、被告、越诉、代诉、约会、告拦等方面的详细规定。如陈告“婚姻田宅家财债负”等民事纠纷，若“有愿告拦”者，经“详审别无违枉”等情弊，则准告后“不许妄生词讼”，官府也不再受理，“违者治罪”。一般情况下不得越诉，违者“笞五十七”。但若官吏受贿不法，则可迳赴宪司告状，不以越诉论罚。凡本管官司对陈诉应受理而不受理，或受理后故意拖延不决，或所断偏信，可直赴上司陈告。有冤者不仅可以击登闻鼓申诉，还可以诣乘舆诉。法律规定，听诉的官吏在“事关有服之亲并婚姻之家及曾受业之师与所仇嫌之人”时应该回避。

（三）民事诉讼和刑事诉讼分离

元律中的民事诉讼和刑事诉讼有初步分离的趋势。如对民事诉讼当事人一般不予羁押，对于案件本身只要不是违法重事，“并听社长以理谕解”，也就是加强调解。此外，军官、巡检、出使人员不得接受民事诉讼。另外还规定，刑事案件由推事官审理，民事纠纷由正官负责，不能越俎代庖。

（四）代诉制度

元朝法律还规定了代诉制度。“凡七十岁以上，十五岁以下，笃废疾，法度不合加刑”者，可令“少壮丁人”代诉，“闲居官与百姓争论，也可令子侄代诉”。只有妇人、典客、斡人不得为人代诉①。

从总体上看，元朝的司法组织繁多杂乱，行政、军事、宗教等机关都兼理司法，且职权不清，缺少内在的统一性。一方面蒙古贵族、官僚利用特权恣意妄为，贪赃枉法，骄横不度；另一方面，大多数官员又不学无术，司法大权旁落于宠臣及奸胥猾吏之手，造成法制混乱，更加剧了元朝司法的黑暗和腐败。

【参考资料 1-1】

窦 娥 冤

《窦娥冤》全称《感天动地窦娥冤》，是元朝关汉卿的杂剧代表作，悲剧剧情取材自“东海孝妇”的民间故事。楚州贫儒窦天章因无钱进京赶考，无奈之下将幼女

---

① 《事林广记·公理类告状新式》

窦娥卖给蔡婆家为童养媳。窦娥婚后丈夫去世，婆媳相依为命。蔡婆外出讨债时遇到流氓张驴儿父子，被其胁迫。张驴儿企图霸占窦娥，见她不从便想毒死蔡婆以要挟窦娥，不料误毙其父。张驴儿诬告窦娥杀人，官府严刑逼讯婆媳二人，窦娥为救蔡婆自认杀人，被判斩刑。窦娥在临刑之时指天为誓，死后发誓血溅白练、六月飞雪、大旱三年，以明己冤，后来果然都应验。三年后窦天章任廉访使至楚州，见窦娥鬼魂出现，于是重审此案，为窦娥申冤。舞台上常演的有《斩娥》一折。

【本章小结】

元朝的法制指导思想是“循行国制，附会汉法”。《大扎撒》是蒙古统一后制定的简单成文法；《至元新格》告成是元朝第一部成文法典；《大元通制》是元朝较为完备的重要法典；《元典章》的“六部”分类法对明清立法产生了一定影响；《至正条格》是元朝最后一部法典。元朝立法特点有：体现皇帝意志的条格占有突出位置，断例在法典中占有重要地位。元朝法律内容及特点有：一是公开以法律维护各族人民的不平等地位，实行民族歧视和民族压迫：在政治上，维护蒙古人的优势地位，禁止汉族人占据要职，严防被压迫民族的反抗；在经济上，元朝征敛赋役按等级进行；在法律上，审理案件和适用刑罚各民族不平等；二是维护官吏、贵族、地主和僧侣的特权：元朝宽待犯罪官吏；维护僧侣特权：在政治上，西藏名僧地位显赫，权力重大；在经济上，元律对寺庙僧侣的财产所有权予以严格保护，禁止侵犯；在法律上，僧侣也受殊遇；三是保留蒙古族落后的习惯法，体现在婚姻家庭、刑罚制度以及维护落后的生产关系等方面。

元朝中央司法机关有：大宗正府是由蒙古王公垄断的中央最高审判机关；刑部是复核机关；御史台是监察机关；宣政院为元朝所独有，是元朝中央最高宗教管理和宗教审判的专门机关。元朝地方行政区划分路、府、州、县四级，四级行政长官又是四级审判官。元朝在地方设有“行御史台”作为中央御史台的派出机构；元朝还设有军事特别审判机关，即枢密院，它同时又是中央最高军事机关。元朝诉讼制度的内容有：案件受理有重大特点，即不同等级、不同职业的人犯罪分别由不同的司法机关管辖；诉讼独立成篇；民事诉讼和刑事诉讼分离；规定了代诉制度。

第十二章　日久虑精
——明朝法律制度

（公元1368—1644年）

◎ 知识目标：

- 了解明初法制的特点，明朝法律对于前代法律的继承和发展；掌握明初法制指导思想，大明律及明大诰，轻轻重重，重典治吏严法惩贪
- 了解明朝的司法制度；掌握明朝的中央三法司，特殊审判机关，会审制度

◎ 能力目标：

- 理解明朝法律在中国法制史中的地位
- 运用理性思维和历史思维分析重典反腐有没有可行性

【本章导读】

公元1368年正月，参加元末农民大起义的原红巾军重要领袖朱元璋在南京继皇帝位，国号明。元朝庞大的封建军事帝国被推翻。此后，朱元璋率军继续南征北战，扫荡残元的势力，于1387年统一全国。1644年李自成攻进北京城，崇祯皇帝自缢身亡。自此，中国又开始了新的历史循环。

明朝处于我国封建社会后期。这一时期，一方面封建主义经济继续发展，资本主义经济开始萌芽；另一方面，随着地主阶级的日趋没落，不断爆发人民的武装反抗，又面临沿海“倭寇”的侵扰和东北满族军事集团的威胁，形成了内外矛盾交织的复杂局面。明朝统治者为了维护其封建专制统治，建立起我国历史上封建专制主义中央集权高度发展的国家体制。绝对君主专制主义政治在明朝的立法、法律内容和司法上都有充分体现。

第一节　明朝的法律

一、法制指导思想

（一）重典治国

“淮右布衣”、“起自寒微”的朱元璋亲自参加了元末农民大起义，目睹盛极一时的元朝由于法制废弛、纲纪不振而使“朝廷暗弱，威福下移”，终致败亡。另外，宋元以来商品经济发展的刺激使地主豪绅的盘剥兼并、贪官污吏的巧取豪夺达到了疯狂的程度。为了收拾这种散乱的局面，使“事权归于朝廷”，朱元璋一反以前各统一王朝（秦朝除外）在立国之初用轻典以安抚人心、缓和矛盾的先例，把“刑乱国用重典”作为明初的法制指

导思想。朱元璋晚年曾嘱即将继位的建文帝“吾治乱世，刑不得不重，汝治平世，刑自当轻，所谓刑罚世轻世重也”。① 在重刑思想的指导下，不仅大明律较前代严酷得多，而且在司法实践中，朱元璋很少受理性和法律的约束，是位喜怒无常、法外用刑的暴君。朱元璋虽然把刑用重典作为一时权宜之计并要求子孙们适时而变，采用轻刑，但从总体趋势上看，随着专制政治的日趋腐败、社会矛盾的不断激化，刑罚势必加重。事实上，刑用重典的思想在明朝是贯穿始终的。正如清代张廷玉所说，“太祖之定律文也，历代相承，无敢轻改”。②

朱元璋的“刑乱国用重典”包括治吏与治民两个方面。首先是治吏，起自布衣的朱元璋从亲身经历中深切感受到人心向背直接关系到皇权统治的稳定与否，治吏不仅是为了维护专制主义中央集权，发挥官僚机构的统治效能，更是为了有效地治民。所以他立严法以治贪官。其次是治民，朱元璋曾说，“民经乱世，欲度兵荒，务习奸猾，至难齐也”。③ 所以他治民也力主“尚严厉”，特别是对于元“犯上作乱”的“贼盗”，更是不论情节与后果，一律重刑处置。

（二）明刑弼教

“明刑弼教”一词最早见于《尚书·大禹谟》：“明于五刑，以弼五教”之语，后人简称“明刑弼教”。从字面看，“明刑弼教”与传统的“德主刑辅”的立法、司法原则并无不同，实则不然。“德主刑辅”中的“德”为“刑”纲，“刑”要受“德”的制约，始终处于次要、辅助的位置。宋朝以前多将“明刑弼教”附于“德主刑辅”之后，其着眼点是“大德小刑”和“先教后刑”。宋朝朱熹对“明刑弼教”做了新的阐释，他有意提高了礼、刑关系中刑的地位，认为礼律二者对治国同等重要，不可偏废。他又从“礼律合一”角度对“明刑弼教”进一步说明，强调刑与教的实施可“或先或后或缓或急”。经此一说，刑与德的关系不再是“德主刑辅”中的“从属”“主次”关系，德对刑不再有制约作用，而只是刑罚的目的，刑罚也不必拘泥于“先教后刑”的框框，而可以“先刑后教”行事。这小小的变通之义却意味着中国传统法制指导思想沿着德主刑辅——礼律合一——明刑弼教的轨迹发展，进入到一个新的阶段，并对明清两代法律实施的方法、发展方向和发挥的社会作用产生了深刻的影响。在我国古代法律史上，一般说来，倡导“德主刑辅”本意是注重道德教化，限制苛刑，所以它往往同轻刑主张相联系。经朱熹阐发，朱元璋身体力行于后世的“明刑弼教”思想则完全是借“弼教”之口实，为推行重典治国政策提供思想理论依据。

朱元璋的法制指导思想既不同于秦朝的独用法家、专任刑罚，也不同于汉唐定儒家为一尊、阳儒阴法，是中国法制指导思想史上的一大变化，适应了极端专制统治的需要。

二、立法活动

明朝的法律形式包括律、令、诰、例、典等。总的来说，律是主要的法律形式。但

---

① 《明史·刑法志》
② 《明史·刑法志》
③ 《皇明祖训·序》

是，由于明朝专制主义中央集权的极度发展，在司法实践中，诰、例往往起着更重要的作用。孝宗弘治三年（公元1490年），刑部在奏文中说，“洪武末定《大明律》，刑官始得据例”。又因太祖申明《大诰》“累朝遵用而法外遗奸”，“列圣时推移损益之而有例，例非律所赅，而实不大违远于律，特用辅律”，“而中外巧法吏”，“多引例便己意，而律寝格不用”。① 这一记载概括地说明了律、诰、例的发展沿革及其相互关系与作用。

（一）《大明律》的制定

《大明律》是朱元璋亲自主持制定的明朝正式法典，终明之世通行不改，也是我国封建社会后期具有代表性的律典。在朱元璋平定武昌作吴王时就命左丞相李善长等草创律令，开始了《大明律》的起草工作；“更定于洪武六年”，当时撰定的《大明律》篇章体例一准于唐律；“整齐于洪武二十二年”，此时法典的篇章体例仿效《元典章》，作了较大调整，《大明律》基本定型；“至三十年始颁示天下”。可见，《大明律》从起草、修改到颁行，共历时三十余年，“日久而虑精，一代法始定”。② 这说明朱元璋十分重视封建法典的制定，力图以法律维护其统治。他曾下诏“令子孙守之，群臣有稍议更改，即坐以变乱祖制之罪”。③ 故终明一世，《大明律》没有修改，但为它作注者很多。

《大明律》共30卷，7篇。460条。从总体上看，其精神严于宋，加重了对政治、经济犯罪的处罚，体现了强化专制统治的重刑思想；而条文简于唐，比唐律502条减少了42条，但内容却更为丰富，可谓言简而意赅，说明立法技术的进一步成熟。《大明律》按中央六部定篇名，改《唐律》12篇为7篇，篇章体例发生了重大变化。这七篇是：名例律1卷，是有关定罪量刑的原则的规定；吏律2卷，是有关惩治官吏失职行为的规定；户律7卷，是关于户籍、赋役、田宅、钱债、婚姻等方面的规定；礼律2卷，是关于祭祀和礼仪方面的规定；兵律5卷，是关于警卫宫廷和保卫关津要塞等军事方面的法律；刑律11卷，这是法典的主体部分，是有关惩治贼盗、人命、斗殴、贪赃、诈伪、奸淫等刑事犯罪的法律，还包括诉讼、追捕、审判等程序法方面的内容；工律2卷，是关于工程兴造与河防方面的法律。

《大明律》的这种体例虽然受元朝立法的影响，但更深地打上了朱元璋强化皇权的烙印，是他废除宰相制后提高六部地位，重新确立中央政治体制的反映。另外，朱元璋“命刑官取《大诰》条目，撮其要略，附载明律之后”。④ 这种律例合编的体例也是极端专制主义统治在立法上的体现，对清代立法产生了重大影响。

（二）《大诰》的制定

朱元璋在组织制定明律的过程中，又于洪武十八年至二十年亲自编辑《大诰》四编。即《大诰一编》、《大诰续编》、《大诰三编》、《大诰武臣》，共计236条。“大诰”本是《尚书》中的一个篇名，是周公东征殷遗民时用来对臣民进行训诫的。

明《大诰》收集了洪武十八年至二十年官民过犯，特别是朱元璋法外用刑的大量案

① 《春明梦余录》
② 《明史·刑法志》
③ 《明史·刑法志》
④ 《明史·刑法记》

例，又结合陈述案件颁布的一些专门的重刑法令，在一些条文中还插有朱元璋因案而发的对官民的训诫。可见，它是以判例形式出现的、带有特别法性质的刑事法规，与明律有明显的区别。表现在以下几个方面：第一，体现明太祖的重典思想。《大诰》所举案例多数是法外用刑、轻罪重刑，公开肯定酷刑的合理性。对于律中的原有罪名，一般都加重处罚，其中罗列凌迟、枭首、夷族罪千余条，斩首、弃市以下罪万余种。第二，体现重典治吏的精神。在四编大诰中治吏之条占80%以上，特别是有关惩治贪官污吏和豪强作恶的案例尤多。太祖的用心在于通过打击贪官和豪强以改善吏治，强化专制政府的整体效能。他曾对豪富们说："今朕为尔做主，定法定制，使富者得以保其富，贫者得以全其生，尔等当循公守法，能守法则能保身矣。"①

朱元璋为使《大诰》能够"家传人诵，得以惩戒而遵守之"，于洪武三十年五月下令，"将《大诰》内条目摄其要略，附载于律，其递年一切榜文禁例，尽行革去，今后法司只依律与大诰议罪"。② 更有甚者，朱元璋还以权力为后盾，采用各种各样的宣传形式和手段对《大诰》进行强制性的宣传普及工作。他在《大诰》颁行时宣布，"一切官民诸色人等，户户有此一本，若犯笞杖徒流罪名，每减一等，无者每加一等"，并命令各级学校讲授《大诰》，科举要考《大诰》。乡民集会宣讲大诰，使得当时全国上下购买、讲读《大诰》成风。但人们是"面从于一时而心违于身后"。③ 朱元璋死后，四编大诰即被臣民所遗忘。

（三）编例

用例之风盛于宋朝。明朝的例又称条例，是皇帝就某一具体案件的判决所下的诏令，在实践中例与《大明律》、《大诰》一样作为判案的根据，具有极强的针对性和灵活性，具有最高的法律效力。

明代编例始于朱元璋，开律例合编体例的先河。正式编例则始于明孝宗弘治十三年的《问刑条例》。神宗时重修万历《问刑条例》，总计382条，并采用律为正文，例为附注的律例合编体例。《大明律》也更名为《大明律例》。这种刑律体例对清律有直接的影响。

（四）编制《明会典》

古代皇权与相权之争渊远流长，明初朱元璋以撤销中书省、废除丞相制结束了这场权力之争。国家政体由此发生重大变化。为把这种高度集权的体制用法律形式确定下来，明英宗时开始编制会典，孝宗弘治十五年成书，但未及颁行。武宗、世宗、神宗三朝重加校刊增补。《明会典》取材于官藏档案史册，内容广博，记述详备，可称为明朝行政法规全书。从体例上看。《明会典》与《唐六典》相似，即以六部官制为纲，分述各行政机关职掌和事例。在每一官职之下，先载律令，次载事例。《明会典》就其内容、性质与作用来看，仍属行政法典，起着调整国家行政机关法律关系的作用。

三、法律的主要内容及变化

明朝法律是在我国封建君主专制极端发展的情况下制定的，其内容较唐宋法律有所发

① 《洪武实录》卷49
② 《御制大明律·序》
③ 陈容《菽园杂记》卷五

展，具有明显的时代特点。

（一）刑事法律规范

1. 刑法适用上的变化。

（1）从重兼从新。

明律一改唐朝以来的从轻原则为从重兼从新原则，在刑法适用上，唐律一般采用从轻原则。而明律则规定，“凡律自颁降日为始，若犯在已前者，并依新律拟断”，“不得复用旧律也”。这就改变了以往刑法适用上的从轻主义原则。

（2）属地主义原则。

明律抛弃了自唐以来对外国侨民犯罪所适用的属人与属地主义相结合的原则，只适用属地原则，而且对可能逃避处罚的严重的犯罪行为采用从重处罚的原则。

2. 刑法内容的变化。

（1）“重其所重，轻其所轻”。

明律与唐律相比，在刑法方面最大的特点就是“轻其所轻，重其所重”，简称“轻轻重重”。“大抵有关典礼及风俗教化等事，唐律均较明律为重；贼盗及有关帑项钱粮等事，明律又较唐律为重。”① 具体地说，凡有关社会和家庭等一般性质的犯罪，明律比唐律处刑轻，而有关侵犯专制政治秩序和经济秩序的犯罪，明律比唐律处刑重。

重其所重。明律对于谋反、谋大逆和谋叛等纯属政治方面的犯罪，贼盗及有关钱粮等经济方面的犯罪，处罚较唐律重。比如，明律规定谋反、谋大逆罪，本人凌迟处死，而唐律处斩刑；明律的株连范围包括祖父母、子孙、兄弟、同居之人、伯叔侄，凡十六岁以上，不论其是否同籍和笃疾废疾，统统处斩，而唐律只将父和十六岁以上之子处绞刑，其他人不株连至死；对于以上犯罪，明律不分情节一律处重刑，而唐律则依“词理不能动众，威力不足率人”和“口陈欲反之言，心无真反之计”等情节分别处刑。对于谋叛罪-唐律规定本人不分首从皆斩，但连坐的妻子或父母不处死刑，或流二千里，或流三千里。这是根据谋叛的协谋或主谋、被驱率与率众的不同情况而加以区别对待的；明律则俱无分别，而且把株连的范围扩大到妾、女、祖、孙、兄弟。对“十恶”的其他一些罪名，明律也扩大了适用范围。对于经济方面的犯罪明律处罚也相当严。如强盗罪，明律规定只要付诸行动，即使不得财也要杖一百流三千里，得财则不分首从皆斩；唐律规定若已行不得财徒二年。若已行得财则根据赃数多少、是否持械和有无杀伤人等分别处刑。盗窃罪，明律规定犯三次则绞。且对盗窃者增设“刺字”和“起除刺字”之法，即凡盗窃都在右臂上刺“盗”字，若起除则杖六十、补刺。如果盗窃或强盗侵犯了官有财物则被列入“常赦所不原”罪中，而唐律对盗窃罪的规定是按情节最重的罪外加役流。

轻其所轻。明律在实行“重其所重”原则的同时，对于诸如“典礼及风俗教化”等一般性质的犯罪在用刑上则较唐律为轻，以此作为重典治世的补充。如：对于在父母丧期而生的子女，明律没作出处罚规定。而唐律则规定要徒一年；闻父母丧匿不举哀，明律规定杖六十徒一年，而唐律规定流二千里；对于父母在却别籍异财者，明律规定只杖一百，而唐律将其列入不孝罪，徒三年；对养杂户子孙者，明律未作规定，

① 清·薛允升《唐明律合编》

而唐律规定徒一年半。

(2) 重典治吏，严法惩贪。

朱元璋刑用重典，严厉镇压庶民的反抗，但他没有只将眼光局限在庶民的身上。他深知，官吏是连接君民的桥梁，只有严于吏治，才能使官吏上为君下为民，因此他严于治民，更严于治官，特别是严治朝中大臣和所有贪官污吏。这在中国古代法制史上也是很突出的。

重治朝臣。朱元璋总结前朝经验，认为王朝败亡的深层原因不是统治集团外部的反抗，而是在内部，即“女宠、侍人、外戚、权臣、藩镇、四裔之祸”，① 他甚至把秦汉唐元各朝的灭亡统统归结为丞相“专权乱政”。此外他还接受了法家“自古以来犯法为逆以成大奸者未尝不从尊贵之臣”的思想，所以他一直把权重位尊的朝臣作为打击的主要目标。基于此，朱元璋撤销中书省，废除丞相制。他制定的《大明律》中所反映出的重治朝臣的内容，主要表现在以下三个方面：第一，首创奸党罪。《大明律·吏律》规定有下列行为之一者均属奸党：一是向皇帝进谗言借刀杀人、蒙蔽圣明，使皇帝处刑失平，威信降低；二是谏免死罪暗邀人心，树立个人威信，触犯皇帝的最高审判权；三是交结朋党，拉帮结伙，搞宗派主义，破坏朝纲；四是刑部各衙门官吏不执行“王法”，只按长官意志办事或形成帮系破坏法律；五是即使小官小吏、平民百姓“上言宰执大臣美政才德者”也是奸党。若该大臣知情则与同罪，以防止朝臣在下层官吏、学者和百姓中树立威信。第二，严禁内官包括宦官内臣及皇帝的近侍人员与外官即各衙门官吏“私相交结，漏泄事情，因缘作弊”形成派系、欺君罔上，违者不分首从一律处斩，妻子流二千里。第三，剥夺权臣擅自用人的权力以防结成私党。凡提拔、任命官职必须通过朝廷。如是权臣的亲属则须奉皇帝特旨方可任用，违者处斩刑。

朱元璋创立的这一套重治朝臣的法律制度在贯彻实施上更令人吃惊。洪武十三年，左丞相胡惟庸谋反，朱元璋花了整整十年时间进行政治大清洗，前后诛杀“奸党”三万余人。洪武二十六年，大将军蓝玉谋反，遭诛杀者一万五千人。仅这两案就有四万五千余人丧生。“当时公侯宿将坐奸党，先后丽法，稀得免者”，②“京官人朝必与妻子诀别；及暮无事，则相庆以为又活一日”。③ 真是伴君如伴虎。

严法惩贪。朱元璋认为“吏治之弊，莫过于贪墨”④ 所以惩治贪官污吏也是朱元璋整顿吏治的一个重点。这一方面体现了农民出身的他对广大穷人的同情和对贪官污吏的仇恨，另一方面也因为惩治贪官可以巩固朱家天下。明律充分体现了朱元璋的上述思想。就篇章体例来看，赃罪在法典中占有突出和醒目的位置。明律将唐以来的“六赃”罪名略加改动，定为监守盗、常人盗、受财枉法、受财不枉法、窃盗和坐赃，规定在第一篇名例律中，并在律后附有“六赃图”。另外，明律有关官吏贪污、受贿、盗窃等罪的条文也比唐律大为增多，规定也更加细密、全面，“受赃”还专列一章。从量刑上看明朝也较前代

---

① 《明史纪事本末》卷 14

② 《明史·汤和传》

③ 清·赵翼《廿二史札记》

④ 《明太祖实录》卷 3

大为加重，明朝官员受财枉法，一贯以下杖七十，八十贯绞，而元律赃一百贯以上仅杖一百零七；受财不枉法，一贯以下杖六十，一百二十贯杖一百，流三千里，而元律赃三百贯以上仅杖一百零七；若掌监察权的“风宪官”犯赃，较其他官加重二等治罪；若监守官自盗，则不分首从并赃论罪，满四十贯即斩，不满四十贯可免死，改处其他刑罚，但须在右臂刺“官盗”等字，使其终身受辱；官员犯赃即予除名，永不叙用。《大诰》惩贪更加严厉，它的236条中，惩贪的条文多达一半以上；有的按律免死，而《大诰》则处凌迟刑且家财没官，家人迁往化外。朱元璋还创造了一些貌似民主的允许百姓监督、陈告、扭送害民官的措施。如明律规定，官吏征收税粮和摊派差役作弊枉法，被害之民可拘执该官，自下而上陈告。《大诰》规定，对于“违旨下乡，动扰于民的贪官，乡间德重年高的人可率精壮之民捉拿赴京”。朱元璋还在州县特设“皮场庙”，对于民愤极大的贪官，在众人围观之下使用最野蛮的手段活剥其皮，然后实之以草制成人皮草袋悬之官府，以示儆戒。①

【参考资料12-1】

郭桓贪污案

郭桓是明初户部侍郎，直接掌握国家的财政收支情况，有权按照程序出纳调动钱款。洪武十八年（1385年）三月，御史余敏、丁廷举告发户部侍郎郭桓利用职权，勾结北平承宣布政使司、提刑按察使司官吏李彧、按察使司官吏赵全德、胡益、王道亨等，利用职权，侵吞官粮，中饱私囊。朱元璋下令彻查。经查证属实的贪污行为主要有：一，郭桓借到浙江征粮之机与当地府、县官吏黄文、沈原等人互相勾结，侵吞浙西的秋粮190万官粮；二，和官吏张钦合伙侵吞应天等地10万官田秋粮；三，郭桓及其同伙，受应天、太平等五府州官员的请求，不对此五州征收粮草，却对已纳过粮草的安庆府再次征粮；四，郭桓与地方13个布政使中的12个勾结倒卖官粮；五，郭桓与李彧、赵全德、胡益、王道亨官员相互勾结，形成贪污集团，交结作弊，犯下累累重案。

此案一出，朝野震惊。郭桓案中涉及的贪污数目巨大，如果将他贪污的粮食和钱款都折成官粮，贪污数额几乎相当于全国一年应上缴的官粮总数。朱元璋亲自审理此案。在审理过程中朱元璋又发现了更为惊人的情况，此案牵连六部中的一些尚书、侍郎以及其他属员，总计一共损失精粮两千四百万担。朱元璋没有因为涉案人员过多就网开一面，相反，在他的主持下，大批官员被杀，“自六部左、右侍郎以下，赃七百万，词连直、省诸官吏，系死者数万人”，被处刑最重的是礼部尚书赵瑁和刑部尚书王惠迪，被处以弃市。郭桓等中央和地方的涉案官员被处死的人数达万人之多，还有几万名官吏受到牵连入狱，许多地主之家被抄家破产。朱元璋在《大诰》感叹说：“古往今来，贪赃枉法大有人在，但是搞得这么过分的，实在是不多！”

由于此案打击面过大，株连的人数太多，造成了社会的动荡，地主阶层开始动荡

① 《草木子》

不安。朱元璋也意识到如果再刨根究底下去，就会孤立自己，所以竟转而诛杀此案的主审官员吴庸等人，作为案件的结束。

明初朱元璋严整吏治、重刑赃吏对于改善政治、缓和社会矛盾起到了积极作用，在一定程度上为百姓伸张了正义，减轻了贪官污吏对他们的欺压之苦。但是贪官和赃吏是建立在落后的农业经济基础之上的专制制度的必然产物，只要这种制度及其所赖以存在的基础不解体，真正的民主政治建立不起来，严整吏治虽可收一时之效，却无法从根本上解决问题。朱元璋也曾哀叹，“我欲除贪赃污吏，奈何朝杀而暮犯”。① 在他死后，贪赃之风愈烈，甚至负责监督贪赃的风宪官也公开贪污受贿。王亚南曾说，中国一部二十四史，“实是一部贪污史。廉吏、循吏在历史上之被重视与被崇敬，乃说明这类人物是何等稀罕。历代对贪官污吏所定法律之严酷，更说明这类人物是如何的多”。② 绝对权力最终导致绝对腐败。

3. 刑罚繁酷

在重刑思想的指导下，明代刑罚手段较前代既有继承更有恶性发展，显得异常野蛮残酷。

（1）凌迟、刺字刑正式列入刑法典。

明律的律条和附例载入了凌迟和刺字刑。凌迟刑始于五代，宋元时期广泛使用，但尚未纳入法典。明律不仅将其正式载入法典，而且见于律文的有 13 条之多。明律中的刺字刑也较宋元有发展。它规定，白日抢夺财物除处主刑外，还要于左臂刺“抢夺”二字，再犯则于右臂重刺；盗窃得财者刺“盗窃”二字，初犯刺左臂，再犯刺右臂。刺字是一种附加刑，但会使罪犯终身受辱，比主刑更为严酷。

（2）新创充军刑。

充军刑虽然在宋元时期就已使用，但作为一种制度并载入正式刑典则始自明朝。充军就是将实犯死罪减等的重犯发往边地军事机构“卫”、“所”屯垦或充任兵役的一种刑罚。明初充军带有实边之意。后来发展成为较死刑轻、流刑重的刑种，并谕定为五等，依其道里之远近分沿海附近（一千里）、边卫（二千五百里）、边远（三千里）、极边和烟瘴（均四千里）五等，称“五军”。按刑期又分“终身”和“永远”两种、前者服役直到本人死亡，后者罚及子孙，即本犯死后由家属中丁男补缺，直到丁尽户绝为止。明神宗万历年间才定例“止于本犯亲枝内勾补”，使被祸子孙的范围稍有缩小。明律中的充军罪多达 46 条，嘉靖二十九年的条例中充军罪有 213 条，可见明朝的充军刑适用非常广泛，实际上取代了正刑中的流刑，流刑则常设而不用。

（3）廷杖制度。

明朝为强化皇权，重治朝臣，设有廷杖制度。隋文帝首开在朝堂上杖责大臣之先例，明朝的廷杖制度是朱元璋创立的，并将其制度化。廷杖制就是按照皇帝的命令，对违背皇帝旨意的大臣在朝堂上施以杖刑的一种刑罚制度。廷杖一般由皇帝下令，司礼监监刑，锦

① 刘辰《国初事迹》
② 王亚南《中国官僚政治研究》

衣卫施刑，刑具为木棍，杖数无限。

此外，明朝的法外酷刑更是不胜枚举。仅枷项发遣就可置人于死地。《大诰》中像“族诛”、“墨面文身挑筋去指”、“剁指”、“断手”、“刖足”、“阉割为奴”等都是隋唐未有的酷刑。在这些刑罚的震慑下，臣民更加唯命是从，作妾妇媚夫之仪容，养成奴性品格、盲从习惯，皇帝更加唯我独尊。明朝的专制统治走向了极端。

（二）经济法律规范

明朝处于封建社会晚期，商品经济有了很大的发展，所以明朝也加强了对经济关系的法律调整。

1. 税法

明初基本上沿用唐宋以来的两税法，采用“量出为入”的原则。神宗万历年间开始实行“一条鞭法”，即将各种赋税和徭役合并在一起，按人丁和地亩统一收银，然后由政府雇人服役。一条鞭法的实行简化、统一了赋役制，减弱了人们对封建国家的人身依附关系，并使劳动力开始带上商品的性质，在一定程度上反映了商品经济发展的要求。

2. 盐法、茶法

明朝第一次将“盐法”和“茶法”纳入正式法典。《大明律》首置“盐法”、“茶法”专条，确立国家对盐、茶的垄断地位，明律规定，盐商、茶商必须经过法定手续取得“盐引”、“茶引”等官方发给的证明才能经营盐茶，否则就构成私盐、私茶罪。茶法规定“凡犯私茶者同私盐法论罪”，但有关条例又规定，若内地人潜往边境贩卖私茶，与化外人交易则不论斤两，连同知情者一律发烟瘴地区充军。这说明茶法之苛甚于盐法。

3. 钱法、钞法

商品经济的发展使明朝的货币流通量增大，出现了铜钱、宝钞、白银并行的局面。《明律·户律·仓库门》就“钱法”、“钞法”设立了专条，规定宝钞与铜钱“相兼行使”，违者杖刑，若造用伪钞，除追查赔偿责任外要处杖刑。关于伪造货币，条例规定处罚更为严厉。

（三）行政法律规范

1. 中央行政管理体制

（1）废除丞相制度，建立内阁制。

洪武十三年，朱元璋借口左丞相胡惟庸私通蒙古和倭寇，大肆诛杀“胡党”及功臣一万五千余人，并乘机废除了中书省制度，取消了左右丞相。同时参照《周礼》“天子总六官，六官总百执事”的制度实行六部事务由皇帝亲自领导。此后遂成定制。在中国历史上存在一千多年的丞相制度和有七百多年历史的三省制度至此宣告结束。

朱元璋废除丞相，虽然实现了“乾纲独断”，“中外奏章皆上彻御览，每断大事、决大疑，臣下唯面奏取旨”，① 但是“日总万机，安能事事尽善？”② 朱元璋深感“人主以一身统御天下，不可无辅臣”，③ 为了协助皇帝处理国事，洪武十五年，他仿宋制设华盖

① 廖道南《殿阁词林记》

② 《皇明大政纪》卷三

③ 《明太祖实录》

殿、武英殿、文华殿、文渊阁、东阁诸大学士，协助皇帝审阅奏章、处理文书、草拟诏谕并备皇帝顾问，但“不得平章国事”。① 至成祖时，命翰林院侍读、编修、检讨等文学侍从官入值文渊阁，正式称为内阁，并允许其参与机务。宣宗时，为了便于阁臣行使职权，以六部尚书入阁兼大学士，并成为制度，阁权也渐趋显重。特别是英宗初年，大学士多乃四、五朝元老，而皇帝幼小，内阁大学士权势更重。世宗嘉靖以后，内阁长官的“朝位班次俱列六部以上”，“遂赫然为真宰相”。② 但因朱元璋有子孙不许设置丞相的定制，内阁大学士只能称“辅臣”。从国家组织制度的角度来说，内阁不是最高的行政机关，六部也不是它的下属机构。这种仅遵旨草拟诏令的内阁机构的建立正是明代君主集权制度高度发展的结果。

(2) 六部与通政使司。

明代初年，尚书六部隶属于中书省。废中书省以后，六部的职权和地位大大提高，成为直接对皇帝负责、分任朝政的中央最高一级行政机关。六部尚书都是九卿成员，对全国性的大政、大狱均可参与研究讨论。

通政使司是明代创设的、皇帝和政府各部门之间的收发出纳机关。洪武十年在限制丞相职权的斗争中设立，规定凡一切机关向皇帝呈报的奏章和臣民密封申诉之事都必须由通政使司转达，皇帝批示的旨意也由通政使司抄给有关机关或官员，并保留底簿备查。

2. 地方行政管理体制

明朝的地方政权机构分为省、府（州）、县三级。

明初沿用元制。各省设行中书省作为地方最高行政机构，总揽所辖地区的军事、行政、民政、财政和司法等。洪武九年废除行中书省，仿宋制设承宣布政使司掌民政，提刑按察使司掌监察和司法审判，都指挥使司掌军事，共同组成省级政权机关，称为“三司”。三司之间互不隶属，均直接听命于皇帝。

省下设府，知府为长官。在省和府之间划分若干道作为省的派出机构，对各府官吏进行监督。

府下设县，知县为长官。明朝的县按纳粮多少分为三等，这和历代以户口的多少划分县的等次有所不同。此外，明朝还有州的设置，州有两种，一种是直隶州，地位与府相同；一种是属州，地位相当于县。

明朝在县以下设有严密的基层组织。城中设坊，近城设厢，乡村设里。凡一百一十户为一里，设里长，里下设甲，置甲首一人。里、甲主要负责地方民政、教化、赋税、争讼等事。

3. 官吏管理制度

(1) 官吏的任免和选拔制度。

明朝建立了完整的科举选官制度，规定只有官（办）学（校）的学生才可参加科举考试。中央设国子监为最高学府，学生由各地官学选送，称“监生”；各府州、县都设官学，学生称“生员”，俗称“秀才”。士人考取生员享有免役特权，并可不受笞杖刑及刑

① 《明经世文编》
② 《明史·职官制》

讯，可以礼见长官。生员可以参加每三年举行一次的乡试（省级考试）。考取即为“举人”，也可经考试推荐为“监生”。举人经六年一次的“大挑”可直接任官，监生也可被选拔为官。举人可以参加每三年一次的会试（全国性考试），会试合格后再经殿试合格即为进士。进士可以直接任知县（正七品），前几名进士一般选入翰林院任职。

明朝严禁生员议论时事政治。各级科举考试的考题全都选自儒家经典，对经典的解释一律以宋代理学家的注释为准，答题必须模仿古人语气，不得言及时事，不得自由发挥。宪宗时创设了八股文的格式，规定考试文体为强调排比对偶的八股文。这就把知识分子的思想束缚在孔孟之道和程朱理学之中，是明代文化专制加强的表现。

明朝由吏部负责所有文官的铨选。科举是官员的主要来源，但吏员经若干年服役也可以选官，一般只能任辅助性的低级官员。官职一般每三年轮换一次，在地方官的任免上严格实行“北人官南，南人官北”的籍贯回避制度。为使官员转官公平，明中期起吏部以抽签方式决定官员任职的地方。官员满六十岁致仕退休。回乡官员称“乡宦”，仍享有免役及司法特权。

（2）官吏的考课制度。

明朝官吏考课制度更趋严密。考课分为考满和考察两种。考满是对所有官员的考核，方法是：内外官任职满三年为一考，六年再考，九年通考，即所谓“三步黜陟”之制，不称职者免。考察分外察与京察，外官三年一考。称“外察”，京官三年一考，称“京察”。考察之法按贪、酷、浮躁、不及、老、病、疲、不谨八目进行。犯此八法，即上报皇帝分别处以降级调用、勒令致仕、闲休为民等处罚。

第二节　明朝的司法制度

一、司法机关

（一）中央司法机关

明朝的中央司法机关为刑部、大理寺和都察院，合称“三法司”。

刑部是明朝的中央最高审判机关。明初为强化皇权而废除宰相，由皇帝直接统摄六部。刑部地位提高，职权也随之扩大，由隋唐以来的复核机关演变为最高审判机关。刑部以尚书和侍郎为正副长官，主要审理地方上报的徒流以上的案件和京师百官案件。其下设有十三清吏司，分掌各省刑名案件，加强对地方司法的控制。

大理寺是复核机关，掌复核驳正。大理寺发现有“情词不明或失出入者”，驳回刑部改判，并再行复核。对流刑以下的案件，大理寺如认为判决得当，可允许刑部具奏行刑；如认为不当，可驳回再审。死刑案经大理寺复核后一律奏请皇帝批准。

都察院是最高监察机关，又称为风宪衙门，作为天子耳目风纪之司的都察院的职权较御史台更加广泛重大。主要是纠察百司、会审及审理官吏犯罪案件。下设十三道监察御史，他们以钦差大臣的身份巡察地方，监督地方的司法审判工作，“大事奏裁，小事立断”。都察院司法执掌主要有以下几方面：一是复核或审理直隶、各省及京师职官犯罪案件；二是复核或审理直隶、各省及京师斩绞监候案件；三是奉旨监察御史巡按直隶、各省地方，对职官犯罪奏闻皇帝裁决，民人案件或亲审或交两司审理。

明朝的中央司法三机关分别从对案件的主审、复核和监督三个方面相互制衡，共同对皇帝负责，形成皇帝直接控制下的以皇权为中心的司法体系。

（二）地方司法机关

明朝地方司法机关仍采用行政与司法合一的体制，分省、府、县三级。

省由布政使司负责司法行政，专设提刑按察使具体掌握“一省刑名按劾之事”，徒刑以下案件可自行解决，流刑以上案件均报刑部。知府下设推官专理刑名。负责处理杖一百以下的案件，徒刑以上案件需报省布政使司。知县“掌一县之政，严缉捕，听狱讼”，负责笞刑和杖八十以下的案件。在基层的乡设有申明亭，由乡间长老和里长调处民事案件和轻微刑事案件。

（三）军事审判机关

明朝在中央设有五军都督府，统领全国卫所军队，也主管军人司法审判，是军事审判机关。

（四）特殊审判机关

明朝在普通的审判机关之外又设立了由皇帝贴身的禁卫军和亲近的宦官组成的“厂”、“卫”等特务机构，直接秉承皇帝的旨意办事。他们恃势干预司法机关的审判，使“法司可以空营，刑官为冗员矣”。① 它们的存在是明代君主专制下司法体制畸形化的突出表现。

“卫”是指由保卫皇帝人身安全的侍卫亲军组成的锦衣卫。朱元璋从诛杀“奸党”的政治需要出发，赋予锦衣卫以缉捕、审判之权。锦衣卫下设南、北镇抚司。南镇抚司负责本卫的法纪、军纪；北镇抚司专理诏狱，直接取旨行事，“天下重罪逮京师者收系狱中，数更大狱，多使断治”。② 它还缉察不轨妖言、人命、强盗等重大案件，下设有法庭、监狱。锦衣卫直接对皇帝负责，大理寺和刑部不得过问其审判活动。遇有特大案件时，锦衣卫也参与三法司会审。

“厂”指东厂、西厂、内行厂，是由皇帝亲自建立的、由宦官组成的又一特务审判机构。朱元璋统治时期曾规定内官不得识字，不得干预朝政。明成祖作燕王时为刺探宫中政事，多以建文帝的左右为耳目，即位后则专依宦官。永乐十八年设东厂，由司礼监统领，用以监督外官，“缉访谋逆妖言大奸恶等事”，行使审判权，由此而形成了以京师为中心的全国性的特务网。宪宗时期社会治安进一步恶化，于是又设西厂，其权力和人数超过东厂。武宗正德年间，宦官刘瑾专权，又筹建了由他亲自指挥的特务组织内行厂，控制东厂西厂。

二、审判制度和诉讼制度

（一）审判制度

1. 上报制度

---

①《明史·刑法志》
②《明史·刑法志》

明朝建立了定期向皇帝汇报审判结果的制度，即“岁报”和“月报”制度。“岁报”即刑部将全年的断狱情况奏闻皇帝，“月报”即刑部每月以现监罪囚上奏皇帝。可见，皇帝对一般案件的审判定期行使检查权，比之宋朝的“御笔断罪”和“特旨处分”更有发展。

2. 会审制度

会审制度的发展是封建晚期皇权控制的审判制度日趋完备的表现。明朝的会审制较前朝有较大发展。

（1）三司会审。

即凡遇有重大或疑难案件，由中央刑部，大理寺和都察院三法司长官会同审理，最后由皇帝裁决的审判制度。

（2）九卿圆审。

即遇有特别重大案件时，由三法司长官会同吏、户、礼、工、兵各部尚书及通政使共同审理，判决奏请皇帝审核批准的审判制度。正所谓“会九卿鞫之，谓之圆审”。

（3）热审。

始于成祖永乐二年，其制为每年小满后十余日由刑部奉旨会同都察院、锦衣卫等审理囚犯。一般是笞罪予以释放，徒流以下减等发落，重囚可矜疑及枷号者奏请皇帝定夺。

（4）朝审。

明朝把死刑分为立决和秋后决两种。朝审就是每年霜降后，三法司同公、侯、伯等会审秋后决的死罪案并分别情况作出不同处理的审判制度。它的特点是将不定期会审变为定期会审。清朝的秋审和朝审就是以它为基础发展起来的。

（5）大审。

即命司礼太监一人会同三法司长官于大理寺审录囚案。始于宪宗成化十七年，自此定例，每五年辄大审。

（二）诉讼制度

明律严格规定对自诉案件须自下而上逐级控告，不得擅自越诉。但明律也规定，事关“谋反”等严重犯罪起诉不受一般程序限制，可以通过击登闻鼓或邀车驾等方式直诉皇帝。

明朝对于控告受理的规定有：凡告“谋反”、“叛逆”的必须受理，如不受理，差人掩捕者杖一百、徒三年；对于事关斗殴、婚姻、田宅方面的控告，不受理一般减犯人之罪二等，且止杖八十；如控告犯罪事关审判官吏有服亲属、婚姻之家、受业教师者要移文回避。对奴婢告主、雇工告主、卑幼告尊长，仍禁止官府受理，并对控告人施以杖、徒刑。

对于案件的管辖，明朝有较为明确的规定，“若词讼原告被论在两处州县者，听原告就被论官司告理归结”。对于军民案件确立分别管辖的原则，如在外军民词讼涉及机密重事的，允许“镇守总兵参将守备等官受理”。

三、监察制度

为了适应专制主义中央集权的需要，明朝特别加强了监察机构的组织建设。一方面创设六科给事中作为独立的监察组织，在皇帝的控制下负责纠察六部官吏的违法行为；另一方面加强都察院，使之不但可以“纠察内外百司之官”，还能直接参加司法审判活动。

明朝在地方上还按道分设监察御史。明朝把全国分为13道共设监察御史110人，其活动都受皇帝的节制，并掌握司法审判之权。

【本章小结】

明初的法制指导思想是重典治国，明刑弼教。立法活动有：用三十余年的时间编定《大明律》，该律典按中央六部定篇名，改以往十二篇的体例，精神严于宋，加重对经济、政治犯罪的处罚，而条文简于唐，内容更为丰富，是中国封建社会后期代表性的法典；制定《大诰》四编，即《大诰一编》、《大诰续编》《大诰三编》和《大诰武臣》，是以判例法形式出现的、带有特别法性质的重刑法令；编例，例是皇帝就某一案件的判决所下的诏令，具有最高法律效力，朱元璋制定《钦定律诰》附在律后，开律例合编体例的先河，神宗时《大明律》更名为《大明律例》；编制《明会典》作为明朝的行政法典。明朝刑事法律的内容包括：刑法适用上的变化体现为从重兼从新原则和属地主义原则；刑法内容的变化有“重其所重，轻其所轻”，即有关侵犯专制政治秩序和经济秩序的犯罪，明律处刑比唐律重；有关社会和家庭等一般性质的犯罪，明律处刑比唐律轻；重典治吏体现在重治朝臣，严法惩贪；刑罚繁酷体现为：凌迟、刺字刑正式列入刑法典；新创充军刑，充军即将实犯死罪减等的重犯发往边地军事机构屯垦或充任兵役的刑罚，充军刑作为一种制度并载入正式刑典则始自明朝；廷杖制度化，廷杖系朱元璋首创，即对违背皇帝旨意的大臣在朝堂上施以杖刑的刑罚。经济法律的内容包括：实行“一条鞭法”；第一次将“盐法”和“茶法”纳入正式法典；就“钱法”、“钞法”设立了专条。行政法律规范的内容包括：中央行政管理体制方面废除丞相制度，建立内阁制；提高六部地位，设立通政使司；地方政权机构分为省、府（州）、县三级；官吏管理制度：建立了完整的科举选官制度，宪宗时创设了八股文的格式，把知识分子的思想束缚在孔孟之道和程朱理学之中，是明朝文化专制加强的体现；明朝官吏考课制度更趋严密。

明朝的司法机关有：中央司法机关：刑部地位提高，是明朝的中央最高审判机关；大理寺是复核机关；都察院是最高监察机关。地方司法机关：仍采用行政与司法合一的体制，分省、府、县三级。军事审判机关：中央设有五军都督府军事审判机关。特殊审判机关：明朝设立特殊审判机关，包括“卫”、“厂”，“卫”指由保卫皇帝人身安全的侍卫亲军组成的锦衣卫；“厂”指东厂、西厂、内行厂，是由皇帝亲自建立的、由宦官组成的又一特务审判机构。审判制度的内容包括上报制度和会审制度，会审制度包括三司会审即刑部、大理寺、都察院会同审理重大疑难案件；九卿圆审即由三法司长官会同吏户礼兵工尚书及通政史会同审理特别重大案件；热审即每年小满后十余日由刑部、都察院、锦衣卫等审理囚犯；朝审即每年霜降后三法司会同公、伯、侯等会审秋后决的死罪案并分别情况予以处理，把不定期会审变为定期会审；大审即五年一次的由司礼太监会同三法司长官于大理寺审录囚犯。诉讼制度的内容包括：对自诉案件须自下而上逐级控告，不得擅自越诉；凡告“谋反”“谋逆”的必须受理；案件的管辖有明确规定。监察制度的内容包括：创设六科给事中作为独立的监察组织，地方上按道分设监察御史。

第十三章　余辉残存
——清朝前期法律制度

（公元1644—1911年）

◎ 知识目标：

• 了解清朝前期的法制指导思想及立法活动，了解清朝前期的法律内容和特点；掌握大清律例、清会典，掌握奸党罪、思想言论犯罪、充军刑、发遣，掌握遏制资本主义萌芽的法律手段

• 了解清朝前期的司法制度；掌握中央三法司，宗人府、步军统领衙门，掌握会审制度及秋审朝审的处理结果

◎ 能力目标：

• 理解清朝前期运用法律管理少数民族事务的特点

• 思考如何构建和谐的民族大团结

【本章导读】

公元1616年，努尔哈赤统一女真各部，建立后金政权，满族社会由奴隶制向封建制迅速过渡。1644年清军入关，定都北京。自此至1911年宣统帝和平退位，清朝共历268年。

清朝是以满族贵族为主体的、联合各族地主阶级建立的我国最后一个封建专制王朝，其专制主义中央集权制度较明朝又有了进一步的加强。和元朝一样，清朝也是以后进的民族统治着疆域辽阔、民族众多的国家，但是和元朝不同的是，它没有破坏过去的法制，而是沿着封建社会后期的历史趋势全面继承了明朝的法律制度并有所发展。清朝法制对社会生活的各个方面实行更加广泛和严厉的控制，充分反映了封建末世的政治与经济，又具有鲜明的民族特色。

第一节　清朝前期的法律

一、法制指导思想

满族入关前的法律制度非常简陋。入主中原后，他们深感以一个仅有20万人口的满族来统治经济、文化先进而拥有几千万人口的汉族是不能囿于以前的陈规陋习的。因而入关前后，从皇太极到康熙帝在治国理民的大政方针上都本着“清承明制”的精神，在立法上则一脉相承地贯彻“详译明律，参以国制”的基本指导思想。

“详译明律，参以国制”就是把明律作为标准，适当结合满族固有的法律制度，这一思想的确立和贯彻体现了清朝统治者较为成熟的政治法律统治经验。从顺治元年清代第一部成文法典《大清律集解附例》问世至中国历史上最后一部封建法典《大清律例》都始终不移地贯彻这一思想，尤其是《大清律例》集历代封建法律之大成，反映了清朝立法由初期简单地袭用明律到不断结合时宜、斟酌损益而臻于更为严密周详，是清朝近百年统治经验的积累。

同时，清朝统治者为迎合汉人的伦理道德观念，十分重视推行礼法结合的统治术。康熙提出“尚德缓刑，化民成俗”，雍正也主张“风俗可正，礼化可兴”，故在清代的立法中不但保存了明代维护纲常礼教的规定，而且把儒家思想推上了更高峰。

二、立法活动

(一) 从《大清律集解附例》到《大清律》的制定

1.《大清律集解附例》

清朝从世祖开始制定法律，到顺治三年（公元1646年）制成《大清律集解附例》30卷。这是清朝正式颁行全国的第一部成文法典。这部法典“承明律而损益之”，“律文因者多而革者少”,① 充分体现了“详译明律、参以国制”的法制指导思想。虽然因为当时的历史条件限制，没有也不可能认真贯彻实施这部法律，但它却为后来《大清律》的制定打下了基础，从而使中国相沿数千年的法律传统没有因满族的统治而遭到破坏。

2.《现行则例》

康熙年间虽对律文进行过校正，但最重要的是对律后所附的例进行修定，制定了《现行则例》并诏颁天下，随后又将其载入正律之内，加强了律例的统一协调。但始终康熙一世从未颁行过正式法典。

3.《大清律集解》

雍正时期，清律的修订有了重大进展。雍正命大学士朱轼等对原有清律“再行详加分析，作速修定”，至雍正五年（1727年，律成，定名《大清律集解》。全律共7篇30门436条，附例824条。这是清朝正式颁布的第二部法典，“自时厥后，虽屡经纂修。然仅续增附律之条例，而律文未之或改”,② 成为《大清律》的蓝本。

4.《大清律例》

乾隆时期出现了中国古代史上少有的“盛世”局面，这也是《大清律》的最后修定时期。乾隆元年（1736年）命王泰等人对《大清律集解》“逐条考证，重加编辑，又详校定例”，乾隆亲自参与。逐条推敲，至乾隆五年（1740年）修定完毕。修定后的律典以《大清律例》定名，简称《大清律》，“刊部中外，永远遵行”。

《大清律例》的结构、形式、篇目、体例与《大明律》基本相同，共7篇30门436条，名例居首，次为吏、户、礼、兵、刑、工六律。律首依照明律有六赃图、五刑图、狱具图、丧服图，不同的是有些条文增加小注，律后附例。律例正文36卷436条。自乾隆

① 沈家本《寄簃文存》卷6

② 《清史稿·刑法志》

五年颁行后律文部分基本定型，极少修订，后世各朝只是不断增修律文之后的“附例”。

从顺治到乾隆历经一百多年才完成中国历史上最后一部封建法典的修定。《大清律例》是中国历史上最后一部传统成文法典，汉唐以来确立的传统法律的基本精神、主要制度在《大清律例》中都得到充分体现。它从清初照搬明律到逐步总结积累统治经验，结合满人治汉的特点和实际，终成较完备的封建法典，律例所载严密而周详，被称为集历代封建法典之大成。

（二）“例”的修定

清代最重要的法律形式之一就是例，从制定第一部成文法开始就一直采用律倒合编的体例，特别是《大清律》作为祖宗成法颁行后未再修定，律文所不载者，全凭条例解决。由于清历代修例只是递增例条，条例滋繁，矛盾也多，需要经常修定，清代把修定后的例称为定例。后来修例制度化，乾隆十一年（1746年）确定了“条例五年一小修，十年一大修”① 的原则，为此，还设立了修例专馆，清代的例在实践中地位越来越高。

例是统称，可分为条例、则例、事例、成例等。条例一般专指刑事单行法规，是由刑部或其他行政部门就一些相似的案例先提出一项立法建议，经皇帝批准后成为一项事例，指导类似案件的审理判决。然后，经过条例编纂活动，由律例馆编入《大清律例》，或单独编为某方面的刑事单行法规。则例指某一行政部门或某项专门事务方面的单行法规汇编。它是针对政府各部门的职责、办事规程而制定的基本规则，对国家行政管理起着重要作用。事例指皇帝就某项事务发布的“上谕”或经皇帝批准的政府部门提出的建议。它一般不自动具有永久的、普遍的效力，但可以作为处理该事务的指导原则。成例也称定例，指经过整理编订的事例，是一项单行法规。成例是一种统称，包括条例及行政方面的单行法规。

（三）《清会典》的编纂

清朝全面继承并发展了明朝的法制，不仅修律编例，而且依照明会典编纂大清会典，以规范国家机关的组织、活动，加强行政管理，提高官吏的统治效能，加强君主专制统治。

自康熙朝开始，清廷仿效《明会典》编定《清会典》，记载各朝主要国家机关的职掌、事例、活动准则和有关制度。计有康熙、雍正、乾隆、嘉庆、光绪五部会典，合称“五朝会典”，统称《大清会典》。会典所载一般为国家基本体制，少有变动。具体的变更则在增修“则例”中完成。

从体例上看，康熙、雍正两朝的会典仿照《明会典》采用以官统事、以事隶官的编制方法，即按照职官分卷，其下记载有关的规则、事例。但自乾隆起体例有所突破，如《乾隆会典事例》和《嘉庆会典则例》，二者在内容、性质上相同，遵循“以典为纲，以则例为目”的原则，即将具体事例从会典中辑出，按职官分类，编制成册，典、例分别编辑遂成固定体例。可见，清朝将中国古代的行政立法大大推进了一步。《清会典》不仅是清朝行政法规大全，也是中国封建社会最完备的行政法典，内容比《唐六典》、《明会典》丰富得多。以后等朝皆续修会典，这些会典统称《清会典》，也称“五朝会典”。

① 《新修律例统筹纂集成·序》

（四）制定适用于少数民族地区的单行法规

清朝能够成为一个巩固的、统一的多民族国家不是偶然的。就法制而言，它集我国近二千年各族封建法律之大成，强调用法律来调整各民族间的关系，把中央的司法管辖深入到少数民族聚居的边陲之地。如调整外番蒙古的《理藩院则例》便是清朝独创的法律，此外还有适用于少数民族聚居区的一系列单行法规，如《回律》、《蒙古律》、《西宁番子治罪条例》（又称《番律》）、《苗例》等。这些单行法规既注意到少数民族的历史传统、生活习惯、宗教信仰等特点，又力求做到法律适用的整齐统一，是各民族融合的产物和反映。这种对少数民族尊重的做法符合各民族的利益，也利于国家的统一和稳定，是明智和务实的。

三、法律内容

（一）刑事法律规范

清承明制，刑事法律方面的内容基本与明朝相同，但也有些重要的变化。主要表现为清律以严刑峻法重惩反逆罪，严惩强盗罪、窃盗罪和思想言论罪等，在刑罚制度、刑法原则方面也有所发展。

1. 刑法原则的变化

第一，清律将“五服图”置于律首，法律规定司法机关判案量刑都要以此作为必不可少的参数。其原则是：凡亲属相殴、相告，均按服制远近决定量刑轻重，以长犯幼要比常人减等，以幼犯长则加重处罚。清律将“五服图”置于律首用于统领全律、规范刑法适用充分体现了儒家“循礼重于依法”的一贯主张。

第二，关于共同犯罪区分首从基本与明律相同，但《大清律例》又规定：凡父兄子弟共犯奸盗杀伤等案，如“子弟起意、父兄同行助势，除律不应分首从及其父兄犯该绞死罪者，仍按其所犯本罪定拟外，余俱视其本犯科条加一等治罪，概不得引用为从”字样。这一规定实际上是加重了父兄在共同犯罪中的责任。

第三，关于自首减免刑罚的规定基本同于唐、明律，但为了加强亲属之间相互监督、举告的责任，《大清律例》规定，如小功、缌麻亲属首告，减正犯罪三等，无服之亲首告则减一等。“其谋反、叛、逆未行，如亲属首告或捕送到官者，正犯俱同自首律免罪；若已行者，正犯不免，其余缘坐人亦同自首律免罪。”

2. 罪名

（1）反逆罪。

清律对反逆罪的处刑比明律更严。首先，扩大谋反大逆的范围：凡倡立邪教、传徒惑众滋事按反逆实犯论处；凡愚妄之人书词狂悖、编造邪说，即使尚未煽惑人心、奸徒怀挟私嫌捏造谋逆重情且冀图诬陷他人，正犯都比照反逆罪处治；凡上书奏事犯讳或言词不当者均加以“丧心病狂”、“妄议朝政”等罪名，按大逆律例治罪。其次，加重谋反大逆的刑罚：凡谋反、谋大逆，但共谋者不分首从皆凌迟处死，并株连其父子、祖孙、兄，弟及同居之人，不分异姓及伯叔父、兄弟子，不限籍之同异，年十六以上不论笃疾废疾皆斩；男十五以下及被连坐之妇女给付功臣之家为奴，财产入官。

（2）故杀与谋杀。

故杀。故杀的渊源已久，北魏时已经出现了故杀，《唐律》规定，故杀是双方并非因为斗殴，而是一方突然起意杀人。这样，从前的贼杀就被新出现的故杀和单独进行的谋杀所分解了。明清继承了唐律对“故杀”的解释，并进行更进一步的阐释，从而将谋杀和与谋杀关系最为密切的故杀这一概念相区别。按照清代律学家的定义，故杀是临时起意的故意杀人。这种解释正与英美法以及近代以来大陆法系区分谋杀和故杀的各国刑法中的“故杀”概念相同。

谋杀。我国古代法中“谋杀”曾长期被看做是必要共犯。战国至秦汉时期已经出现了谋杀这一法律概念，到西晋才有较为准确的解释。张斐认为，“谋”是二人对议，“谋杀”是二人以上事先预谋的故意杀人。唐律和明律把张斐的解释法律化。到了清代，我国传统社会谋杀的概念已经定型，及谋杀是有预谋的故意杀人，而故杀是没有预谋、突然起意的故意杀人。有无事先预谋是区分谋杀和故杀的根本标准。同时，谋杀又包括共同谋杀和单独谋杀。如果故意杀人的主体为二人以上，则毋庸置疑地为谋杀。这时需要区分的是单独谋杀和故杀，区分的唯一准则是事先预谋的存在与否，而恰恰是这一点有时很难认定。显然，在传统法律的框架之内已经很难进一步解决这一问题。

（3）强盗罪与窃盗罪。

在“缉盗安民乃为治之首务”的思想指导下，清律对于危害社会治安、侵犯地主官僚财产权的强盗、窃盗罪的规定不仅完全继承了明律的严酷条款，而且在此基础上还加重处刑：对于强盗罪除按明律“但得财不分首从皆斩”外，清律还特别规定凡强盗不得财又未伤人者，首犯发黑龙江为奴，从犯杖一百后流三千里，若“江洋行劫大盗”则立斩枭示。对于窃盗罪严苛如明律也只流三千里。然顺治时窃盗赃银120两即判死罪（绞监候），还出现了“常人盗”赃100两实绞的案例。清例对于强盗、窃盗罪不仅依律惩治，而且还要在罪犯面部（满人在臂上）刺“强盗”、“盗贼”、“抢劫”、“抢夺”等字样以示羞辱。

（4）奸党罪。

清朝统治者总结元朝宽纵官吏的历史教训和明朝重典治吏的经验，加强对官吏和宦官的控制，严禁结党干政。清律援用明律中的“奸党”专条并加以扩充，使之更加完备周详。《清律·吏律·交结近侍官员》规定，各旗王公所属人员，现居外任者概不许于本官王公处谒见，在京者亦只能于年节生辰向各门往来，违者杖一百，该管王公交宗人府照违制律议处，甚至彼此私通书信、求索借贷也要交宗人府计赃论处；若夤缘馈送则计赃从重论处；在京官员若结交朋党、紊乱朝政则一律处斩（监候）。妻子为奴，财产没收。康熙曾严厉指出，“人臣分立门户、私植党羽，始而蠹害国政，终必祸及家身”。① 雍正还手书《朋党论》以告诫百官。同时，清朝还吸取明朝宦官干政愈演愈烈的教训。严禁宦官干政。早在顺治时期就专立铁牌，规定太监干政、结纳官员、擅奏外事者凌迟处死，并赋予地方官监督外出太监之权。为防止太监形成自身的权力体系，清朝还规定由内务府衙门对他们严加管束，如查明太监违法可先拿后奏。正是由于采取了这些严厉的法律措施，清代避免了唐代和明代出现的朋党和宦官干政的局面。乾隆为此曾得意地说，“本朝家法自

① 《东华录》卷20

皇考以来一切用人听言大权从无旁落。即左右亲信大臣亦未能有荣辱人、能生死人者”。①

(5) 思想言论罪。

清朝统治者继承中国历代封建王朝用法律手段推行文化专制、严惩思想言论罪以维护思想领域的专制统治的做法，大兴文字狱。这既是统治者对统治经验的自觉总结，又和当时特定的历史条件有密切关系。这种特定条件就是一方面君主专制制度已发展至极端，另一方面由于资本主义萌芽的发展，启蒙主义思想的影响日益扩大，一些知识分子反对封建专制主义的舆论及反满情绪都冲击着清朝的专制统治，统治者感到了极大的威胁，于是将反对专制主义的思想、反满情绪、民族意识统统视作“异端邪说”或“妖言”而加以重罚。他们罗织的罪名很多，如私修明史，指斥朝廷；恃功不臣，怀有二心；妄议朝政，谤讪君王；隐寓讥讽，诋讪怨望；诋毁朱程，倡为异说以及收藏禁书，潜谋大逆等。其中多是无中生有、牵强附会，且对这些行为处刑严酷，动辄处死、戮尸并大肆株连。清代文字狱自顺治开始，历经康熙、雍正至乾隆百余年，无辜被害者不可胜数。仅就中国古代史来说，文字狱兴起之频繁、处刑之严酷、株连之广泛，清朝可谓达到了高峰。

【参考资料 13-1】

庄廷龙《明史稿》

清朝统治者对明朝留下来的文人，一面采取招抚办法。一面对不服统治的，采取了严厉的镇压手段。本案发生在清朝顺治年间。庄廷龙召集了一批江浙一带的文人编辑《明史稿》，完成后不久庄廷龙去世。顺治十六年（1660 年），庄父出钱将稿件正式出版发行，并列出了十八名参与者。十二月，三个被列为编者的人向省里提出，他们没有参与编写却被列为编者。案发地主管学政的官员赵君宋受命调查此事。赵君宋通过仔细阅读，在书中找出了数十处“诽谤朝廷”的语句，并张榜公告。庄家听到消息后十分恐慌，迅速采取行动，首先将已经售出的书高价收回，并将敏感内容更改后重新出版；随后用重金贿赂要追查此事的官员。事情似乎暂时平息了。

但是时隔不久，吴之荣曾以告发庄氏所编的明史中的违规内容而向庄家勒索钱财未果，反而被官府驱逐。恼羞成怒的他决心到京城告御状。于是，在康熙元年(1662 年)，吴之荣将《明史稿》的最初版本送到刑部，告称庄氏一家私自编写明史，对当今朝廷多有不敬之语。清政府很快派四名钦差组成特别调查小组到案发当地去考察情况，很快坐实了庄家罪名。庄氏一家被抓到牢中，庄廷龙已死去，朝廷下令，把庄廷龙开棺戮尸，他的儿子和写序言的、卖书的、刻字的、印刷的和当地官吏，被处死的处死，充军的充军。这个案件，被判处死刑的七十多人，更有数百人遭到流放。此案被称为清初第一大文字狱。

公元 1711 年，又有人告发，在翰林官戴名世的文集里，对南明政权表示同情态度，又用了南明的永历帝的年号，就下令把戴名世打进大牢，判了死刑。这个案件牵连到他的亲友和刻印他文集的，又有三百多人。

---

① 《东华录》乾隆朝卷 28

3. 刑罚

清律中的刑罚虽与唐、明律相同，都是以笞、杖、徒、流、死五刑作为正刑，但在具体规定上却有不少变化和发展。

流刑。清朝的流刑原来按应流里数由巡府衙门发至各荒芜州县，自乾隆八年刑部开始编纂《三流道里表》，即按二千里、二千五百里、三千里分为三等流刑，并分别载明各省、府的三等流刑应发征何省、由何府安排以及按照里程限定地址。这有利于防范各省处分不均，随意发配。

迁徙。迁徙源于唐。唐律为防止斗殴过失杀人后结仇相杀，乃规定将犯人迁徙到离本乡较远的地区。清律迁徙的适用范围不仅限于斗殴杀人，而是一种处于徒与流中间的刑罚，即"视徒较重，视流较轻"，凡适用迁徙刑者，强制犯人迁往边远地区，其家属亦随同迁往安置，永不回原籍。清代为了防止少数民族的反抗而规定土蛮、瑶、僮、苗人仇杀、劫掳及"改土归流"的土司犯绞、斩罪，本人处死，家中父母、兄弟、子侄一律迁徙。

充军。清承明制设充军刑，并将其确定为单独的刑种，"不与流刑相比附"。乾隆三十七年编辑了《五军道里表》，记载各地各等充军所应发往的地点。五军即按充军里程分为极边、烟瘴四千里、远边三千里、近边二千五百里、附近二千里等五种。清充军较流刑重、较死刑轻，与明律稍异，即"军遣止及其身"，情节较轻者尚得"更赦发还"，不同于明代的"永远军戍"。

发遣。发遣是比充军重的一种刑罚，即将罪犯发往边疆地区种地，充当驻防官兵的奴隶。康熙二十二年颁布《发遣条例》，规定"凡三次逃人、三次窃盗、免死减等及诱卖人口、药饵速拐各为从者，并合同被诱知情应拟流者，具发宁古塔与披甲人为奴"。清代的发遣一般只限本人，情节轻微的还可以更、赦、放还，比明律有所减轻。

刺字。清代的刺字刑较前代有所发展。最初刺字只限于贼盗，后发展为刺缘坐、刺凶犯、刺逃军和逃流、刺处遣和改遣、改发等。刺字分满、汉两种文字，部位亦不同，"大抵律多刺臂、例多刺面"。① 清律规定，刺字二、三年无过错或缉两名以上强盗、或三名以上窃盗者，"例又准起除刺字，复为良民"。②

凌迟。凌迟的执行比前代更为残酷，有二十四刀、三十六刀、七十二刀和一百二十刀之分，规定从最不致命的地方开刀，寸寸脔割，取出肠肝肚肺等内脏后再割心、去势，将骨头剁成碎块。如果犯人在执行凌迟前已死，也要将他的尸体如法脔割切碎。

（二）民事法律规范

1. 所有权

清代所有权的主要内容仍然是土地和其他财物。清代的土地分为民田与官田两类，民田指私人占有的土地，其占有者主要是地主和商人，一般农民也占有少量土地；官田指封建国家占有的土地，包括籍田、屯田、祭田、庄田和学田几种。清律对公有土地和私有土

① 《清史稿·刑法志》
② 《清史稿·刑法志》

地都严加保护。主要表现在以下几个方面：

第一，清律确认旗民对私垦余地的所有权并严禁典卖旗地旗房。为保护满人入关后通过大规模圈地强占的民田、防止旗地旗产的散失，《大清律·户律》规定，"旗地旗房概不准民人典买，如有设法借名私行典买者，业主、售主俱照违律治罪，地亩房间价银一并撤追入官，失察该管官俱交部严加议处"。

第二，不准盗卖田宅。《大清律》规定，凡盗卖、换易及妄认或冒认他人田宅，分别情况处笞、杖、徒刑。又规定，若强占官民山场、湖泊、茶园、芦荡者杖一百流三千里。

第三，严禁盗耕种官民田。清律规定，"凡盗耕种他人田者，一亩以下笞三十；每五亩加一等，罪止杖八十，荒田减一等；强者，各加一等；系官者，各又加二等，花利归官主"。

第四，清律还规定，如土地所有权发生争执，以印契和完粮凭证为确认产权的根据，若滥控侵占己产者则依律治罪。

清律对其他财物所有权也严加保护。如规定凡故意损害他人器物、树木、稼禾者，准窃盗论，但免于刺字，罪止杖一百，流三千里；常人盗仓库钱粮、盗马牛畜产和盗田野谷物者，一律严惩不贷。即使拾到阑遗物也要在五日内送交官府，否则治罪。

2. 身份

同历代封建王朝一样，清朝依然是等级社会。贵族、官僚，特别是满族贵族享有很大的特权，良贱不平等。但是，随着封建经济关系的发展和农民反抗超经济剥削与奴役的斗争，清朝的人身依附关系有所减弱。

第一，废除了明律中的匠籍制度。明代对于从事手工业劳动的匠户实行专门的户籍制度，法律严禁匠户脱籍，且子孙相继，没有人身自由。清代废除了匠籍制度，规定手工业者可以自谋职业、自由转移。从而使其获得了一定的人身自由。同时，清代还禁止官府任意科派，规定凡有役使，必须给予佣值。

第二，提高了雇工人的法律地位。清代的雇工人包括农业短工、长工、轿夫、车夫、厨役、水夫、火夫及一切打杂受雇人等。雇工人虽不列贱籍，但与雇主有很强的人身隶属关系，在法律上地位较低。尽管如此，相对以前来说清朝雇工人的地位仍有所提高。如乾隆末叶所增定的《大清律例》规定，"若农民佃户雇请工作之人，并店铺小郎之类，平日共坐共食，彼此平等相称，不为使唤服役，素无'主仆名分'者，亦无论其有无文契、年限，俱依'凡人'科断"。可见，从事农业劳动、商业服务的雇工已不属于雇工人，他们从人身隶属关系中获得了一定程度的解放。

第三，贱民身份的变化。清代的贱民除"奴仆"、"娼优"、"隶卒"、"皂隶"等外，还有山西、陕西的"乐户"、河南的"丐户"、"广东"的"疍户"等。贱民列入贱籍，是社会的最底层。雍正元年清政府曾下令，将名列贱籍的陕西、山西之乐户、浙江的惰民"改业为良民"，与编民同列。之后又陆续将徽州府的伴当、宁国府的世仆、河南的丐户、广东的蜑户开豁为良，并规定三代以后子孙准许应试。

3. 婚姻与继承

清代的婚姻制度基本上沿袭唐、明旧制，主婚权属于尊长，"嫁娶皆由祖父母、父母主婚，祖父母、父母俱无者从余亲主婚。其夫亡携女适人者，其女从母主婚"，但不得强迫寡妇改嫁。关于婚配的限制，仍然是同姓不婚，良贱不婚。婚配的形式沿袭传统的“六礼”，特别强调婚书的法律效力，“若许嫁女已报婚书及有私约而辄悔者，笞五十”，但若超过婚期五年男方不娶或逃亡三年不归者，女方可另行改嫁，财没不追。婚姻的解除也承袭前代的“七出”、“三不去”的规定，但若夫妻不相和谐而两愿离者，可“协离”。

清代的继承分为身份继承和财产继承两种。身份继承包括宗祧继承和封爵继承等，一般采取嫡长子继承制；若无嫡长子者，可按嫡长孙、嫡次子、嫡次孙、庶长子、庶长孙、庶次子的顺序继承；若嫡庶子孙全无者，“可令同宗昭穆相当之侄继承，先尽同父同亲，次及大功、小功、缌麻、如俱无，方许择立远房及同姓为嗣”，违者受罚。关于财产继承，清代以家长的遗嘱为准。无遗嘱则采取诸子均分，女子一般无继承权，但户绝者，“所有亲女承受，无女者，听地方官详明上司，酌拨充分”。妇人无志守志者可以继承丈夫的财产，但立嗣后，财产归嗣子所有。赘婿和养子在清代也享有一定的继承权。

（三）经济法律规范

1. 赋税

清代为恢复和繁荣农业经济，在法律上采取了一些措施，对赋税制度也进行了一系列的改革。如顺治、康熙都颁布过相当于税法的《赋役全书》；雍正元年正式颁发诏令，推行“摊丁入亩制度，即把各地原定的丁税总额摊入田赋之中，改变人丁、地亩双重标准的征税办法。“摊丁入亩”是中国古代赋税制度的最后形态，它结束了自秦、汉以来地、户、丁分别征税的混乱现象完成了人头税向财产税合并的过程，减轻了劳动人民的负担。这些措施对推动封建农业经济的发展起到了一定的作用。

2. 工商

明朝中晚期出现的资本主义萌芽，到了清朝继续缓慢发展。对于这种新的经济现象，清朝如明朝一样从法律上严加摧残，清朝工商业方面的立法主要表现在扼制资本主义萌芽的发展上。

第一，扩大禁榷范围、重征商税以限制商品流通。清朝沿袭明朝的禁榷制度并不断扩大和强化，把金、银、铜、锡、硝、硫黄等一切与国计民生相关的重要产品均列入国家专营的项目，而且管理更加严格，有关这方面的犯罪处刑也极重。如盐法条例不断增多，对于贩私盐者“务须逐加追讯买自何地，卖自何人。严缉窝顿之家，将该犯及窝顿之人一并照兴贩私盐例治罪”。这种将生活消费品列入禁榷项目的作法缩小了民营商业的范围；将金、银等贵重金属和硝、硫黄等重要物质严加控制，既为统治者制造奢侈装饰品之用，又为军队制造兵器用以维护专制政权创造了条件，而西方则通过对金银的追求为近代经济的发展积累了资本，通过中国发明的火药轰垮了旧的社会制度。

清朝广设钞关、重征商税。清朝专事征收商税的就有户部四关、工部五关，且商税名目繁多，如过关有关税、市场有落地税等。据统计，乾隆、道光年间仅关税一项每年即高达400万~500万两，占当时中央财政收入的十分之一左右。脆弱的商品经济怎能承受得住如此沉重的税收！抽税官又趁机恃势作奸、垄断利润、鱼肉百姓，使人们视商业为畏途。商人感到“万般到底不如农”，纷纷将商业资本转而投向土地。

第二，加强国家对工、矿业的控制。清政府以法律手段公开压制民营手工业的发展，以纺织业和造船业最为突出。清初规定民间纺织作坊“机户不得逾百张，张纳税当五十金，织造批准注册给文凭，然后敢织”。对沿海各省修造渔船也严加限制，只许制造单桅、梁头不超过一丈的船，出洋海船仅许用双桅，梁头不得超过一丈八尺，同时对船主的年岁、相貌、籍贯等也进行严格登记，并限制其经营范围。而对专门供给官廷、官府衙门产品的官营手工业却大力扶植。

矿冶业是重要的工业部门。没有它的发展就没有机械化大生产，不能创造大量的财富来发展近代经济。而清朝统治者完全出于对政治的忧虑，一味限制矿冶业的发展。首先，皇帝亲自掌握“启闭”权，“凡矿政，即山置厂，办五金之产而采之，启闭必以闻”，甚至还要先经过总督、巡抚等地方高级官员的“会勘”。其次，由国家出本钱、民间生产，产品由国家低价统购。再次，严格登记制度。民间开采必须登记矿主的姓名、籍贯并“取具甘结”才能发给执照，“倘有私挖，即行封闭，照例治罪”。最后，凡金、银等贵金属的开采由官方垄断。若私自偷采要受到严刑惩处，正犯处死，家口迁诸化外。

第三，抑制农村商品经济的发展。清初，资本主义经济的缓慢发展也为农业带来了生机。在东南沿海地区已出现商业性农业，闽、浙、苏等地区的桑蚕、烟草等经济作物的种植，茶叶、棉花、甘蔗等商品性农业都有了较大的发展。但由于农村商品经济的发展日益排挤自然经济而直接影响封建社会经济基础的稳固，所以清政府采用行政命令和法律的手段进行强制性干预，阻碍这一趋势的发展。如乾隆曾以民间种烟草废耕地妨农功为由而明令禁止之，种植甘蔗、茶叶、果树则被认为是舍本逐末之业而加以限制，连自然经济所必需的棉花也在限制之列。

第四，实行海禁，阻挠外贸。中国的对外贸易有悠久的历史，但中国古代的外贸始终由国家垄断，从事外贸也主要是基于政治目的，为了显示大国的威风。可是，从一定意义上来说，一个国家要想迅速发展就必须面向世界对外开放，而限制外贸、闭关锁国只能使国家越来越落后，到了近代尤其如此。而清朝统治者没有认识到这一点，他们无视现实需要，看不到未来社会的发展趋势，沿袭明朝的禁海令，规定“寸板不得下海”，以同沿海南明残余势力作斗争并防范郑成功的反攻。违反这一禁令的官民一律处斩并收货物入官。顺治十八年颁布《迁海令》，强令闽、广、苏、浙等省沿海居民分别内迁50里，焚毁沿海城郭庐舍，凡越界者立斩。从而使东南沿海经济最发达区成为无人居住的空地，仅留广州一处进行对外贸易。康熙时期曾有一段时间弛禁，但不久又严申海禁，直至1840年。

清朝的海禁政策严重阻挠了对外贸易的发展。清朝法律限制下海和对外贸易的范围很广，如收马牛、军需、铁货、铜钱、缎匹、绸绢、丝棉和出外境货卖及下海者都要杖一百；受雇挑运之人减一等，运输工具及货物没收；若带人口、军器出境下海者，绞；守关人员知而故纵者与同罪；船只出洋要编队具连环保，对于外国人来华交易也规定必须按所许品种进行，违者治罪。这些条例直到二十世纪初颁布《现行刑律》时才被正式删除。

四、法律特点

（一）体现儒家思想

清朝统治者十分注意隆兴礼仪、尚德化民，因而在法律规定中进一步贯彻纲常礼教的原则。这大量体现在民事法律规范中。如：为了维护封建大家族的经济基础，法律对祖宗遗产和祖坟山地加以特别保护。清律《盗卖田宅》律后特加上条例，明确规定子孙将公共祖坟山地投献王府、官僚之家及私捏文契典卖者发边远充军，地还应得之人。接受投献的家长及管庄人也要参究治罪；凡子孙盗卖祖遗祖产至五十亩者照投献捏卖祖坟山地发边远充军。

封建社会的民事财产关系往往发生在亲友、地邻之间，清朝从维护封建大家族的和睦共存关系进而巩固封建社会秩序出发，审理财产诉讼往往以礼化争。据清《陆稼书判牍》记载，陆陇其与兄弟诉争财产，“乃不言其产之如何分配及谁曲谁直，但令兄弟互呼，此呼弟弟，彼唤哥哥，未及五声已各泪下而沾襟，自愿息讼：在这种情况下陆陇其方才曰：“夫同气同声莫如兄弟，而乃竟以身外之财产伤骨肉之至情，其愚真不可及也，所有财产统归长兄管理，弟则助其不及，挟其不足。从此旧怨已消，新基共创，勉之，勉之。”①可见，当时审理民间财产诉讼往往是根据“道之以德，齐之以礼”的儒家思想原则来处理的，而不是一板一眼地根据法律条文，即所谓“循礼重于依法”。为使争讼消弭，化嫌释仇，以礼化争，利用宗法团体按家法、族规调处民间纠纷在清朝相当普遍。有的地方一些家族的宗法族规甚至明确规定，如不先经族里调处而擅自告官即为“目无尊长”，要受到家法族规的惩罚。

（二）维护满族享有的各种法定特权

清王朝是以满族贵族集团为核心、联合汉族地主阶级和各族上层分子进行统治的。因而《大清律》以法律的形式确认和维护满族的特权和各民族间严格的等级界限。在司法方面，法律明文规定满人犯罪不由一般司法机关审判，而交内务府慎刑司处理；但专门审理满人案件的司法机关却可以审理汉人的案件。如系满人皇族的诉讼案则由宗人府审理，京师普通满人诉讼由步军统领衙门审理。满汉之间的诉讼，一般司法机关可以受理，但不能对满人作出判决，须将审拟意见转送专理满人案件的司法机关定夺。在处刑上，满人享有“减等”、“换刑”的特权。换刑即满族人犯罪后可以将本应处罚的常用刑改换为其他较轻的刑罚，如笞刑可换为鞭责，徒、流、充军可换为枷号；减等即满族人。已罪可以在应处的刑罚中减等行刑，如斩立决可减为斩监候。此外，清朝还为满人罪犯特设专用监狱，如皇族宗室入宗人府空房，一般满人入内务府监所。

同时我们应该注意的是，清朝统治者为了强化君主专制，一方面一如前朝以法律形式公开确认贵族官吏的等级特权，另一方面比之前朝又较注意缩小贵族官吏的特权。清律中虽有“八议”的规定，但实际上并不实行；对“八议”以外的“官当”、“除”、“免”、“减”等则明文取消，文武官吏如有犯笞杖刑可用罚俸、降职、调用、罢役、革职代替。

（三）对少数民族地区进行规范的法律管理

清朝是中国历史上疆域辽阔、统一的多民族封建国家，对少数民族地区进行规范的法律管理。比如制定适用于少数民族地区的单行法规，对少数民族聚居区的司法管辖十分深入。

---

①《陆稼书判牍》

第二节 清朝前期的司法制度

清朝总结和吸取了几千年封建司法经验，根据自己的统治需要建立起对统一的多民族国家实行有效管辖的、比较完备的司法制度。

一、司法机关

（一）普通司法机关

1. 中央司法机关

清朝中央司法机关一如明制，设刑部、大理寺、都察院，称为中央三法司。

刑部被称为“部权特重”的清朝刑部设有十七清吏司和督捕清吏司。十七清吏司各掌其分省所属刑名，督捕清吏司则掌八旗及各省驻防逃人之事。刑部统一复核各省上报的刑案并审核批准充军和流刑重案；审理发生在京师地区徒刑以上的案件。凡不属会审的案件自行议处，大理寺和都察院不得过问。会审案件也由刑部拟文，奏请皇帝。

大理寺清代大理寺仍是复核机关，但权力比明代更小。主要是参与会审和对死刑案件进行审核。大理寺对刑部送来复核的流刑以上案件如认为审理不当，有权驳回复审。

都察院清代都察院的职权比明代有所扩大，主掌司法监察权、监督百官权，并参与会审，受理官民冤案。它所属的京都中、东、西、南、北五城察院对杖刑以下的案件也可以审结。雍正元年把明代用以监督六部的独立的六科给事中合并于都察院，与都察院的十五道监察御史合称“科道”，进一步集中了监察权。

2. 地方司法机关

清朝地方司法机关分为四级：

州、县为第一审级，有权决定笞、杖刑案件，徒刑以上案件转报上级决定。

府为第二审级，受理州、县上报的徒刑以上案件。

省按察司为第三审级，作为督府的下属机构专管一省刑名按劾之事。

总督及巡抚为地方最高审级，对徒刑案件有最后决定权，还有权审判地方官吏犯罪的案件，同时复审充军、流刑和死刑案件，复审后的案件须送刑部复核，死刑案件还要写出拟罪“勘语”，为秋审作准备。

（二）特殊司法机关

1. 审理满人案件的司法机关

清朝一般的司法机关无权审理满人案件，满人案件由特殊的司法机关专门负责审理。凡满族宗室刑名案由宗人府审理；内务府所管辖的满人案件由内务府慎刑司审理，徒罪以上送中央刑部；京师地区一般满人的诉讼由步军统领衙门审理，如属满、汉人之间的诉讼，一般司法机关只能受理，但对满人不能作出判决，仅可将审拟意见转满人司法机关定处。此外，还设盛京刑部审理盛京旗人及边外蒙古人的刑狱。外省满人的诉讼则由满洲将军和副都统审理，流刑以上申报中央。

2. 专理少数民族重大案件的司法机关

清朝是中国统一的多民族国家最发达最巩固的历史时期。为了建立广泛的民族联盟，清朝统治者不仅制定了大量的少数民族单行法规。在司法管辖方面还设立了审理少数民族重大案件的专门司法机关——理藩院。理藩院是中央一级的专门管理少数民族事务的机关，下设理刑司。主要审理各地区少数民族不能决断的死刑案件。如蒙古人“犯罪由盟长核报理藩院，理藩院会同三法司审理后奏报皇帝裁决”。另外，凡发生在少数民族地区的充军、发遣等较重刑案必须上报理藩院。理藩院的设置将少数民族地区重大案件的定案权控制于中央，有利于加强对少数民族地区司法活动的监督，反映了清代司法管辖的深入和司法体系的严密。

此外，清政府根据西藏地区宗教信仰的历史传统派出驻藏大臣与西藏的前、后藏领袖达赖、班禅共管政务。对于犯罪者的惩罚包括没收财产等均须经驻藏大臣审批。“凡有关汉、回、外番等事均令郎仔辖呈报，拣员会同审理，”在新疆、蒙古设立的驻防将军或参赞、办事大臣对辖区内的重大案件也拥有审判权。

在清朝，无论是普通司法机关还是特殊司法机关，幕宾和书吏都起着不容忽视的作用。幕宾是正印官私人聘用的“师爷”，也称“老夫子”；书吏是官府中熟悉律例、善于写算的佐职人员，其中协助审案的称刑名书吏。幕宾和书吏以谙熟律例为业，是这一领域的内行。他们师徒相传，不示外人。虽然清朝也要求地方官亲自审案。但那些官员多经由科举考试步入仕途，其中一部分人还是靠恩荫和捐纳而做官的，只懂八股，不熟律例，再加之清代的条例繁杂，这些官员很难独立审断案件，所以他们往往依靠幕宾和书吏进行审判，而幕宾和书吏又恃其所能舞文弄法、贪赃枉法，加剧了清朝司法领域的黑暗。

【参考资料 13-2】

杨乃武与小白菜案

杨乃武，余杭人氏，居住余杭镇县前街澄清巷口。清同治十二年八月中了举人，时年33岁。他为人耿直，好管不平之事，与余杭知县刘锡彤积怨颇深。当时，镇上有一漂亮姑娘名叫毕秀姑，因常穿绿衣白裙，街坊唤她外号“小白菜”。她18岁那年与葛品连成亲，租住杨乃武家的后屋一间，两家相处和谐，毕秀姑常到杨家聊天吃饭，杨乃武教毕秀姑识字。街坊中好事之徒便传言“羊（杨）吃小白菜”。葛品连心中怀疑，遂搬出杨家，移住太平弄口。十月初七日，葛品连身发寒热，膝上红肿，毕秀姑劝他在家休息，葛品连不听，又去豆腐店帮工。初九日早晨回家时，畏寒发抖，喉中痰响，口吐白沫，至晚身死。至初十日夜间，尸身发变，口鼻有淡血水流出。其义母冯许氏怀疑他中毒。其母葛喻氏遂以其子死因不明，告之县衙，恳求相验。

知县刘锡彤素与杨乃武有隙，闻告后，怀疑杨乃武与毕秀姑谋毒，亲率衙役，仵作前往验尸，次日动刑逼供，毕秀姑受刑不过，诬称与杨乃武私通，初五日授与砒毒，谋杀亲夫。刘锡彤即传杨乃武对质。杨乃武不认，怒斥知县诬陷。刘经请示遂对杨乃武动刑，杨被迫诬服。刘锡彤认为案情已明，就将验尸结果和审讯情况详报杭州府。

杭州知府陈鲁听信知县之言，对杨乃武滥施酷刑，并威胁利诱证人做假证，杨被迫混供，陈将案件上报浙江巡抚杨昌睿。杨昌睿认为案情确实，依原拟“谋夫夺妇”

罪断结，上报刑部批复执行。

杨乃武在狱中写下诉状，由胞姐杨淑英带出，会同其妻詹彩凤，上京向都察院控告，结果被都察院押送回浙。第一次京控失败，杨淑英去找杨乃武在杭州的同学吴以同。吴以同找到兵部右侍郎夏同善说及杨乃武之冤案，答应回京相机进言。

九月，杨淑英与詹彩凤二上北京，惊动朝廷中一批主持正义的官员，联名上诉。夏同善向刑部投递冤状，又联络军机大臣翁同龢，把本案内情面陈两太后。清廷下谕，派礼部侍郎胡瑞澜（时兼任浙江学政）为钦差，在杭州复审。审讯时，杨乃武与毕秀姑翻供，即用大刑，把杨乃武两腿夹折、毕秀姑十指拶脱。杨、毕两人在重刑之下，再度诬服。

十二月，朝廷下旨，责令杨昌睿将此案所有卷宗、人犯、证人、连同葛品连尸棺押运到京。刑部大审，都察院、大理寺会审，杨乃武剖辩案发经过，否认通奸谋毒之事，毕秀姑口呼冤枉，照实直说。又审问尸亲及证人，提审门丁沈彩泉、仵作沈祥、爱仁堂药铺伙计等人，都供出真情。接着，开棺验尸，确属病死，并非中毒。蒙冤三年多的案件终于真相大白。

杨毕冤案历经三年又四个月，案情曲折，轰动朝野。杨乃武出狱后，以养蚕种桑为生，民国3年（1914）患疮疽不治而死，年74岁。毕秀姑出狱后，在南门外石门塘准提庵为尼，法名慧定。民国10年（1930）圆寂，年76岁。

二、诉讼审判制度

清朝关于对告诉权的限制以及审讯原则、回避制度、法官责任和审限等的规定与唐、明律基本相同。清朝诉讼审判制度的变化主要反映在会审制度的发展上。

（一）三法司会审

清承明制，中央设立法司会审，但分为“小三司”会审（“会小法”）和“大三司”会审（“会大法”）。前者由大理寺丞、都察院御史和刑部清吏司组成，奉旨审判重大案件；后者是在“小三司”审拟后，由大理寺卿、都察院左都御史和刑部尚书再行会审。

（二）九卿会审

即明朝的“九卿圆审”，主要审理斩监侯、绞监侯案件。

（三）秋审和朝审

清朝的秋审和朝审是明朝朝审制度的发展，但较之明朝更为完备。清朝的法律规定，凡真犯死刑罪犯，如谋反、大逆等罪，决不待时立即执行，称“斩立决”或“绞立决”；而相对来说性质略轻的杂犯死罪皆入于秋、朝审的称“斩监候”或“绞监候”，所以我们可以说秋审和朝审主要是会审复核死刑监候案件，但二者在会审的对象、时间和程序上均有所不同。

秋审是最重要的死刑复核制度，因在每年秋天举行而得名。清朝的秋审源于明朝的奏决单，指每年秋后由九卿、詹事、科道以及军机大臣、内阁大学士等官员在天安门外金水桥西会审地方上报的绞监候、斩监候案件。秋审是书面审理，将审理结果开单请旨勾决。秋审被看成是“国家大典”，统治者较为重视，专门制定《秋审条款》。

朝审时间稍晚，于霜降后十日举行，复审刑部拟判的重案和京师附近地区的监候案件，其审判组织、方式与秋审大致相同，不同的是朝审会审时要将在押死罪人犯提至“唱名过堂”，当堂命吏朗诵罪状，并据此拟定具体处理意见。

经过秋审和朝审的监候案件处理结果有四：情实，即罪行属实，危害极大，量刑正确，应当执行死刑；缓决，即罪行虽属实但情节较轻，或尚有疑窦暂不处死，缓期到来年秋后再次会审，经三次“缓决”者准予减等，比如流三千里，或发烟瘴极边充军；可矜，即罪行属实但有值得同情或怜悯之处，可免于死刑，一般减为徒、流刑；留养承嗣，即案情虽属实，危害虽大，但因父母、祖父母等亲属无人奉养或无人继承祭祀，或系独子单丁，杀之而绝后嗣，在这种情况下可改行决杖后回以奉养父母或继承宗嗣。以上四种处理结果均须上奏皇帝最后裁决。

清朝的秋审和朝审是皇帝直接控制司法大权的重要措施。它有利于法律的统一适用，对中央和地方的司法活动起到了检察监督的作用。这种制度既不放纵重大犯罪，又使大部分罪囚得免于死刑；既发挥了法的威力又宣传了“仁政”，体现了“恤刑”精神，是中国传统的“明德慎罚”、“礼法并用”的法律思想在司法制度上的具体体现，因此被清朝统治者夸张为“大典”。

（四）热审

明朝已实行热审，清康熙十年将其定为制度。热审指对发生在京师的笞杖刑案件进行重审的制度，于每年小满后十日开始至立秋前一日，由大理寺左右官员、各道御史和刑部承办司，对非实犯死罪及军、流俱酌减等，笞杖罪八折决狱，枷号者渐释以减少暑天监狱的在押人犯。

【本章小结】

清朝前期的法制指导思想是详译明律，参以国制；立法活动有：顺治制定清代第一部成文法典《大清律集解附例》、康熙修订《现行则例》、雍正制定《大清律集解》、乾隆制定《大清律例》，被称为集历代封建法典之大成，《大清律例》体例仿效明律7篇，有些条文增加小注，律后附例；“例”的修定，例可分为：条例即刑事单行法规，则例即某一行政部门或某项专门事务方面的单行法规，事例即皇帝就某项事务发布的“上谕”或皇帝批准的政府部门提出的建议；成例即经过整理编订的事例；《清会典》的制定，康熙、雍正、乾隆、嘉庆、光绪等朝的会典统称《清会典》，也称“五朝会典”，《清会典》不仅是清朝行政法规大全，也是中国封建社会最完备的行政法典；制定适用于少数民族地区的单行法规，如《回律》《蒙古律》等。刑事法律规范的内容有：刑法原则的变化，如清律将“五服图”置于律首，法律规定司法机关判案量刑都要以此作为必不可少的参数；加重父兄在共同犯罪中的责任；加强亲属之间相互监督、举告的责任。罪名扩大，如清律对反逆罪的处刑比明律更严罪；对于故杀和谋杀进行了区分，故杀指没有预谋、突然起意的杀人，谋杀指有预谋地故意杀人，谋杀又包括共同谋杀和单独谋杀；对于危害社会治安、侵犯地主官僚财产权的强盗窃盗罪的处刑加重；清律援用明律中的“奸党”专条并加以扩充，使之更加完备周详；思想言论罪方面大兴文字狱；刑罚虽与唐、明律相同，但在流刑、迁徙、发遣、充军、刺字、凌迟等具体规定上却有不少变化和发展。民事法律规范包括所有权主要内容仍然是土地和其他财物；人身依附关系有所减弱；婚姻制度基本上沿袭唐、明旧制，继承分为身份继承和财产继承。经济法律规范的内容有：税制上的“摊丁入亩”是中国古代赋税制度的最后形态；工商业方面的立法主要表现在遏制资本主义萌芽的发展上，具体措施有扩大禁榷范围、重征商税以限制商品流通；加强国家对工、矿业的控制；抑制农村商品经济的发展；实行海禁，阻挠外贸。清朝前期法律的特点有：体现儒家思想；维护满族享有的各种法定特权；对少数民族地区进行规范的法律管理。

清朝中央司法机关一如明制，设刑部为中央最高审判机关、大理寺为复核机关、都察院为监察机关职权扩大，称为中央三法司；地方司法机关分为州县、府、省按察司、总督及巡抚四级；特殊司法机关有审理满人案件的司法机关宗人府、审理京师地区一般满人诉讼的步军统领衙门和专理少数民族重大案件的司法机关理藩院，同时派出驻藏大臣与西藏的前、后藏领袖达赖、班禅共管政务。清朝前期的诉讼审判制度的变化主要反映在会审制度的发展上，清朝前期的会审包括三法司会审、九卿会审、秋审、朝审、热审，其中秋审和朝审是皇帝直接控制司法大权的重要措施，被清朝统治者夸张为“大典”。秋审是最重要的死刑复核制度，因在每年秋天举行而得名；朝审是对刑部判决的重案及京师附近斩、绞监候案件进行复审。经过秋审和朝审的监候案件处理结果有四：情实，即罪行属实量刑正确，执行死刑；缓决，即情节较轻或尚有疑窦，到来年秋后再会审；可矜，即罪行属实但有值得同情或怜悯之处，一般可减等发落；留养承嗣即罪行属实，但家有长辈无人奉养或祭祀或独子单丁，决杖后放回家尽义务。

第十四章 浴火重生

——清朝末期法律制度

（公元 1840 年—1911 年）

◎ 知识目标：

• 了解清末修律组织程序及法律的修订；掌握修律的提出、指导思想，掌握《钦定宪法大纲》和《十九信条》，掌握《大清现行刑律》和《大清新刑律》，掌握清末修律的特点

• 了解清末司法制度的变化；掌握观审制度、领事裁判权和会审公廨，掌握司法组织体系的改革

◎ 能力目标：

• 理解社会变革和法律变化的内在联系，培养理解和处理民族问题的能力

• 培养把中国放在世界中进行宏观和微观分析的能力。

【本章导读】

1840 年的鸦片战争对中国社会产生了深远的影响，中国从自我满足、自我封闭、自我孤立的“天朝大国”开始被迫走向世界，中国人的思想观念和价值标准也随之发生转变。这一阶段是中国从古代走向近代的转型时期。但是自那以后直到 20 世纪初的六十余年时间里，除了西方列强获得在中国的领事裁判权和在某些租界内设立会审公廨外，中国的整个法律制度基本没有改变，只是在清朝结束前短短的几年里才发生根本性转折。以唐律为代表的中华法系宣告解体，以西方大陆法系为主的立法体例、法律原则开始移植到中国，并与中国的某些传统相结合。中国终于迈出了改革传统法律的艰难的第一步。中国法律开始纳入近代法律的轨道，经北洋政府和南京国民政府而不断发展。这就是说，中国近代史始于 1840 年，而中国法律的近代化却始于 20 世纪初，晚了半个多世纪。

第一节 清朝末期的法律

一、修律的提出及指导思想

19 世纪中叶到末叶，虽然中国社会的性质在逐渐变化，但封建法律却几乎原封不动地保存着。进入 20 世纪之后，迫于形势的压力，清政府才不得不着手进行法律修订的活动。

光绪二十六年（公元1901年），八国联军攻入北京，慈禧挟光绪西逃。出走途中。清廷以光绪帝的名义颁布罪己诏，内有“一切政事尤须切实整顿，以期渐致富强”以及“法令不更，锢习不破；欲求振作，须议更张”等语。表露了重新修订法律的意图。

1902年，帝国主义为促使清政府更定法律以使其适合维护、扩大其在华利益的需要，提出了可以有条件地放弃治外权，先是在《中英续议通商行船条约》中写进了英国“一俟查悉，中国律例情形及其审判办法及一切相关事宜皆臻完善”“即允弃治外法权”的条款。此后，美、日、葡等国在与清政府签订的条约中均有同样的许诺。于是在官僚士大夫阶层中以收回领事裁判权为所谓“变法自强之枢纽”的论调很是热闹了一阵。西方列强以放弃领事裁判权为条件要求清政府改革其法律制度的专制性和落后性，是清末确立新的立法思想和修律的最直接的外部原因。清政府借此机会改变已经不适应社会发展需要的旧法律、试图收回治外权、恢复独立主权以实现自身的富强则是最直接的内部原因。

同年直隶总督袁世凯、两江总督刘坤一、湖广总督张之洞联衔会奏，建议从速修订法律。清廷斟酌利弊之后下达了修律的上谕，称“现在通商交涉事益繁多，着派沈家本、伍醛芬将现行一切律例，按照交涉情形，参酌各国法律，悉心考订，妥为拟议。务期中外通行，有裨治理”。这段话包括了修律的背景、原则、方法和目的。集中反映了清末修律的指导思想。从中可以看出，清末修律是以适应国际商品市场经济的发展需要为出发点的，其参照系是以商品经济为基础的西方各国近代法律，目的在于引世界法律入中国，使中国法律与国际社会接轨。同时我们还应该注意，清末修律不是“全盘西化”，不是对西方法律的照搬，而是在效法西方的同时保留中国的法律传统。清廷在1909年的一道上谕中强调，“三纲五常是中国数千年之国粹”，故“凡我旧律义关伦常诸条，不可率行改革”。

可见，清末修律的指导思想是中西结合，也就是中国固有的法律与从西方引进的近代法律相结合，即“参考列邦之制度，体察中国之情形”。但中西结合并不是中西对等，而是以西为主，以中为辅。清末修律的指导思想在中国近代史上产生了深远的影响。就引进西方法律看，从清末经北洋政府至国民政府从不间断；就中国的礼教纲常看，从清末至民国也相沿不绝。

二、修律的组织和程序

1902年，清廷筹建修订法律馆作为负责法律修订的专门机构，任命沈家本、伍廷芳为修律大臣。沈家本进士出身，历任天津知府、保定知府、刑部左侍郎、大理院正卿、法部右侍郎、资政院副总裁，是位具有丰富司法实践经验并精通古今中外法律制度的中国近代法学泰斗。有人评论说，“沈氏是深了解中国法系且明白欧美日本法律的一个近代大法家，中国法系全在他手里承先启后，并且又是媒介东西方几大法系成为眷属的一个人”。伍廷芳是中国驻美国第一任大使，曾身处世界上最典型的资本主义民主制国家，对那里的法律制度非常熟悉。清政府任用他们二人负责修律是适逢其人。1904年作为法律起草机关的修订法律馆正式办公。修律活动在沈家本主持下，聘请东西各国精通法律的专家学者和富有司法实践经验的律师作顾问，调回国外留学生从事翻译，挑选谙习中西法律的专业人员分工编辑。在具体方法上，将翻译过来的世界各国法典分条列表，比较异同，并将中国法律与各国法律参考互证，综合权衡，决定取舍。因此，清末修律就立法者的素质、修订法律的方法和严肃认真的态度而言，在中国历史上是一流的。

清末，无论是修订法律馆还是各主管部院起草的法律、法规均由宪政编查馆考核，有的还要分送中央有关机关和各省督抚签注，或送资政院讨论。但由于当时中国的封建专制政体并无改变，故修订法律所履行的程序都是“钦定”的预备程序。

三、法律的修订

（一）宪法性法律文件的制定

1. 预备立宪的背景及原则

预备立宪是指清政府仿照近代西方国家、为实行君主立宪政体而进行的准备活动。宪法性法律文件的制定是预备立宪的标志性事件。

从国际环境来看，19 世纪末 20 世纪初，经过甲午战争和八国联军侵华战争，帝国主义加紧了对中国的侵略。但是，义和团运动粉碎了他们企图瓜分中国的美梦，迫使其采取“保全”、扶植清朝傀儡政权的政策，实行“以华治华”，把清政府作为其在华的代理人。帝国主义正是为了维护其殖民利益，要求清政府披上“民主宪政”的外衣。

就国内形势而言，19 世纪晚期，中国的经济结构和阶级结构已发生了明显变化。资产阶级旧民主主义革命正在兴起，封建专制主义制度与发展资本主义生产关系的矛盾、与不断高涨的民主思潮的矛盾都已十分尖锐。一方面，康有为、梁启超领导的维新变法虽然失败了，但立宪派的力量仍在不断发展壮大。他们积极活动、广泛宣传，试图继续以和平方式实现君主立宪；另一方面，以孙中山为代表的资产阶级革命派正组织力量，进行推翻清朝统治的武装斗争以建立民主共和国。不愿接受任何变革的清朝统治集团在这种形势下也觉察到，如再不作任何“革新”表示，必将“全局糜烂”、“溃决难收”，必须慎重选择“善后之策”才能苟延残喘，维持岌岌可危的统治。而所谓“善后之策”，就是“一曰用严峻之法摧锄逆氛，二曰行公溥之政，潜消戾气”，即在加强镇压的同时用“政治上导以希望”的策略欺骗人民，瓦解革命，拉拢立宪派。故改革政体是其唯一出路。

预备立宪的直接原因是 1904 年的日俄战争。日俄战争以小国日本打败大国沙俄而告终。清政府十分震惊，终于懂得了那是先进制度对落后制度的胜利，是君主立宪政体对君主专制政体的胜利。联想到几年前惨败于日本的中日甲午战争，清政府感受到来自日本的巨大威胁。通过一次又一次血的教训，他们终于认识到了西方制度文明的巨大优越性，于是向同洲、同种、同文的邻邦日本学习，甚至连派大臣出国考察的人数都与日本明治年间派人到欧洲考察的人数相同，考察的对象也主要是日本，预备立宪的内容也取法于日本。

1905 年，清政府派载泽、端方等五大臣出国考察宪政。1906 年五大臣回国，他们在向清廷提交的《奏请宣布立宪密折》中转达了各资本主义国家对清政府准备实行宪政所持的支持态度。1906 年 9 月 1 日，清廷颁布《宣示预备立宪谕》，确定预备立宪的基本原则是“大权统一朝廷，庶政公诸舆论”，即在中央掌握实权的前提下政务公开，给人们以议政的权利。同时又考虑到“规制未备、民智未开”的国情和民情，遂决定先从厘定官制、兴办教育等入手，切勿“操切从事，徒饰虚文”，搞激进主义，而要循序渐进，“次第更新”，“俟数年后”依情况的发展再妥议预备立宪实行的具体期限。在此期间，要求

"士庶人等""各明忠君爱国之义，合群进化之理，勿以私见害公益，勿以小忿坏大谋，尊崇秩序，保守和平"。

2. 宪法性法律文件的颁布

1906年9月1日，清廷在颁布的《宣示预备立宪谕》中把厘定官制作为预备立宪的第一步，11月6日清廷发布上谕，决定首先从中央机构的改革入手对中央各部院进行调整。1909年9月除新疆外，全国各省统统成立了咨议局。1910年9月资政院在北京正式成立，10月首次开会。厘定官制和设立咨议局、资政院的同时，清政府开始了立宪活动，试图通过宪法性文件把"改革"的成果固定下来。

(1) 颁布《钦定宪法大纲》。

清政府在1906年9月的《宣示预备立宪谕》中表示，"俟数年后"再确定预备立宪的具体期限。但慑于革命运动的迅猛发展，也为了敷衍、拉拢立宪派，遂于1908年宣布立宪以九年为期，并于同年8月公布了《钦定宪法大纲》。《钦定宪法大纲》是资政院仿照1889年的《日本帝国宪法》草拟的，其"最精之大义"有三点：一是"君主神圣不可侵犯"，二是"君主独揽统治权"，三是"臣民按照法律有应得应尽之权利义务"，其要旨"一言以蔽之"，就是"巩固君权，兼以保护臣民"。可见，它的实质在于使君主专制制度披上了"宪法"的外衣，所谓臣民权利不过是陪衬而已。

《钦定宪法大纲》共23条。其中"正文"14条，规定了"君上大权"。它把日本宪法中关于君权的条款抄袭过来，却删去了限制天皇权力的内容。大纲规定，"大清皇帝统治大清帝国"，"万世一系，永永尊戴"，"君上神圣尊严不可侵犯"，皇帝拥有钦定颁行法律及发交议案之权，召集、开闭、停展及解散议院之权，设官制禄及黜陟百司之权，统率陆海军及编定军制之权，宣战、讲和、订约及派遣与认受使节之权，宣告戒严之权，爵赏及恩赦之权，总揽司法之权，发布命令之权，财政紧急处分权等—议院不得干涉这些权力的行使。除正文外另有"附录"9条，规定"臣民权利义务"。其中包括：臣民须尽纳税、当兵及遵守国家法律的义务，至于言论、著作、出版、集会、结社、诉讼等权利均须于法律范围以内行使。而清末颁布的一系列法律实际上把人民的权利大部分都剥夺了。可见，大纲从结构到内容突出的特点是重君权、轻民权，这既体现了中国几千年"君为臣纲，民为邦本"的封建专制传统，也表现了清朝的保守。不过，像这样将最高当权者的权力纳入根本法，形式上赋予人民一定的民主自由权利在中国历史上还是第一次。因为古代中国的法律都以刑事镇压为手段，服务于君权，约束民权，所以《钦定宪法大纲》虽然带有很大程度的局限性，但它作为中国历史上的第一部宪法性文件，毕竟使"君民上下同处于法律范围之内"，从而确认了君主立宪政体的合法性，宣告了封建专制政体的过时，在中国宪法史上应有其一席之地。

《钦定宪法大纲》的颁布并未能改变急剧发展的革命形势，也未能摆脱清政府的危机。1910年，立宪派以9年预备立宪期太长为由连续三次大请愿，要求提前召开国会，组织责任内阁，各省都抚也出面支持。清政府再次妥协让步，将预备立宪期限缩短为4年，在国会召开前成立内阁。1911年5月，清廷颁布《内阁官制》，组织内阁，组成以庆亲王奕劻为总理大臣的"责任内阁"。但内阁13名国务大臣中汉人仅有4名，满人竟占9名，因而被称为"皇族内阁"。这就进一步激化了满汉官员间的矛盾，社会不满情绪也更加高涨。

（2）颁布《宪法重大信条十九条》。

1911年10月10日，武昌起义爆发，革命风暴很快席卷大半个中国，清朝统治处于土崩瓦解之中。清政府一面急忙调兵遣将，一面下“罪己诏”宣布解除党禁、赦免国事犯，并命令资政院立即起草宪法，妄图玩弄两面手法渡过危机。资政院仅用三天时间就炮制了一个《宪法重大信条十九条》，简称《十九信条》，11月3日由清政府公布。这是中国历史上第一部宪法草案。

《十九信条》与《钦定宪法大纲》的重大区别是它采用英国式的制宪原则，由于革命运动的强大压力，它在形式上被迫缩小了皇帝的权力。皇帝仅仅作为国家的象征，是虚位的元首，临朝而不理政，相对而言，国会的权力大为增强。《十九信条》规定，“皇帝之权以宪法所规定者为限”，“宪法由资政院起草决议，由皇帝颁布之”，“总理大臣由国会公举、皇帝任命之”，“国际条约非经国会议决，不得缔结”，“官制官规以法律定之”等。但由于时间仓促，信条没来得及规定臣民的权利义务。抛开这一缺陷不论，仅就国家政体来说，上述规定已是典型的议会政体了，连当时的日本宪法也远远落于其后。然而，单靠一部宪法是无法左右形势的迅猛发展的。1912年2月12日溥仪帝和平退位，清朝统治结束，信条也就随之结束了其历史使命。

清末预备立宪是中国宪政史上的大事件，是中国法律开始走向近代化的标志，也开创了政治思想文化领域的新局面。它打破了传统的君主专制制度永存的旧观念，引进了西方先进的民主思想和制度，特别是给资产阶级立宪派的活动提供了政治舞台。在预备立宪期间，清政府派人出国考察宪政，成立法律学堂，组织翻译西方近代法律和法学，使新学之风大盛，人们眼界大开，越来越多的人认识到西方文化的优越性，纷纷走出国门在更深层次的领域里探索救国救民之道。

（二）刑事法规的修定

1.《大清律例》的局部调整与《大清现行刑律》的纂定

沈家本是一位冷静、务实而又有强烈爱国热忱的法学家。他把列强提出的有条件放弃治外法权看做是恢复国家独立、实现自强的关键。他认为，改革不外乎因、革两个方面，权衡二者，因袭守陈易而改革则较困难，改革必然受到习惯势力的阻挠，要将中西法律很好地结合起来制定出既有中国特色又有国际水平的法律并非易事，必须要有个过程。同时他又认为，“各法之中尤以刑法为切要”，因此主张先修改清朝最基本的法典《大清律例》，为新法典的制定积累经验。于是，从1902年至1905年，先后议设“罪犯习艺所”，删除了充军名目，将笞、杖刑改处罚银，废除凌迟、枭首、戮尸、缘坐、刺字等，并删除旧例344条，完成了对《大清律例》的局部调整。

自1906年起，修订法律馆即着手编制新刑法草案。1910年正式完成《大清现行刑律》，同年5月5日清政府批准颁行。与旧律相比，《大清现行刑律》发生了明显的变化。综其要者如下：一是取消旧律中六部总目的体例，全律分36卷30门389条，另附《禁烟条例》和《秋审条款》，附例1300余条，服制全图仍载律首以重礼教；二是将旧律中的继承、分产、婚姻、田宅、钱债等纯民事部分的条款分出，不再科刑，以示刑民分开，改变了过去违礼即处刑的传统，为民律的制定做好准备；三是删除过时的条款。如良贱相殴、相奸、相婚及违禁下海等；为消除了满汉隔阂，取消了满人犯罪享有减等、换刑的特权，体现了同罪同罚的精神；增设了一些新罪名，如私铸银元罪、毁坏铁路电讯罪、妨害选举罪等；四是改革刑罚制度，废除了五刑之外的酷刑，使封建五刑制本身发生了重大变化；创立了新的刑罚体系，即罚金刑、徒刑、流刑、遣刑、死刑，为向以自由刑为主的近代刑罚制度的过渡奠定了基础。尽管如此，《大清现行刑律》本身仍带有浓厚的封建色彩，在本质上与《大清律例》一脉相承。如仍将"十恶"重罪置于律首，有关谋反大逆罪不分首从皆斩，知情故纵隐藏者绞；又如规定卑幼侵害尊长、妻妾侵害夫、雇工人侵害家长从重处罚，反之则从轻科断等。

关于《大清现行刑律》的时间效力应区别而论。从立法的角度来说，其刑法部分不久即被《大清新刑律》所取代。其民事部分则一直沿用至民国初年。由此我们不难看出，《大清现行刑律》作为过渡性的法典，在中国法律发展史上可以视之为古代通向近代的桥梁。

2.《大清新刑律》的制颁

沈家本在主持删修旧律的同时还着手组织力量，参酌东西各国法律制定部门法典，并聘请日本法学家冈田朝太郎、松冈义正起草刑法典。1907 年完成初稿，1911 年 1 月公布。是为《大清新刑律》。这是清末修订的最重要的一部法律，也是中国近代第一部专门的刑法典。

以规定犯罪和刑罚为唯一内容的新刑律的总体精神是"折中各国大同良规。兼采近世最新之学说，而仍不戾乎我国历代相沿之礼教民情"。一方面它引进了一系列西方近代刑法原则和刑法制度并厘定了罪名，主要是：第一，篇章结构采用西方大陆法系的刑法典体例，分总则（17 章）和分则（36 章）两编。正文之后附有《暂行章程》5 条，一改中国几千年的法典结构形式。同时又将有关民事、诉讼等内容分离出去，从而大大缩小了以刑罚手段调整社会关系的范围。打破了中国古代法典诸法合体、以刑罚为唯一的法律调整手段的落后传统。第二，采用西方近代刑法原则。如删除"比附"，实行罪刑法定，罪刑相适应，取消了法律适用上的等级特权，树立了法律的权威，体现了平等的法律精神。第三，根据近代刑法理论明确了罪与非罪的界限，对故意、过失、正当防卫、紧急避险等作了规定，明确了既遂与未遂、累犯与俱发等概念，增设缓刑、假释、时效等专章，体现出该法典全面系统、严谨科学的特色。第四，变更旧罪名，确立新罪名。删除"十恶"罪名，将过去的"谋反罪"改为"意图颠覆政府、僭窃国土或紊乱国宪而起暴动"的"内乱罪"，增设的新罪名主要有"妨害选举罪、妨害投票罪、妨害安全信用名誉及秘密罪、妨害交通罪、妨害卫生罪、伪造外国货币罪、妨害外国罪"等。第五，采用近代刑罚体系，把刑罚分为主刑和从刑两类。主刑有罚金、拘役、有期徒刑、无期徒刑和死刑五种，死刑用绞，于狱内执行，只有罪大恶极如侵犯皇室罪、内乱罪、外患罪及谋杀尊亲属等罪才处斩刑，从刑有褫夺公权和没收两种。第六，规定了诉讼时效及执行时效。第七，确定刑事责任能力，"凡未满 12 岁人之行为不为罪"；并于各省设立感化院，对少年犯进行感化教育。另一方面它又带有突出的封建性和买办性。主要表现为：第一，极力维护君主专制制度，严厉镇压人民群众反封建的革命斗争。如规定了相当于旧律中"大逆"、大不敬"的"侵犯皇室罪"；"内乱罪"实际上是旧律"谋反"的扩大，犯者除"首魁"和

"执重要事务者"处以死刑或其他重刑外，预备犯、阴谋犯及附和者也要处无期或有期徒刑。第二，继续维护以封建家族主义为基础的礼教纲常，如以"根本经义"、"推原祖制"为宗旨对于亲属相犯、相奸等，均有与常人犯罪截然不同的特别规定。其五条"暂行章程"在这一点上更加突出。第三，维护帝国主义的在华特权，尤其是有关"妨害国交"的犯罪规定十分琐细，所涉无微不至，处罚也极为苛重。

3. 礼法之争

在《大清新刑律》的起草和修改过程中，清末修律的"礼法之争"达到了高潮。所谓"礼法之争"是指以张之洞、劳乃宣为代表的"礼教派"和以沈家本为代表的"法理派"之间两种不同立法思想的交锋。在当时的历史背景下，这场论争并不反映地主阶级反动派和资产阶级革命派之间的根本分歧，而是体现了在皇权专制之下清末统治集团内部保守派和革新派之间的认识差异。法理派主张更多地吸收西方法律原则和内容，对旧律要进行大幅度改造，同时也不完全排斥中国的礼教民情；而礼教派则重在保持传统，但对新刑律所确定的近代刑法原则和内容没有太大的分歧。也就是说，双方在接受西方法律、实现中国法律近代化问题上大体一致，在对待传统问题上也不存在根本的对立和冲突，只是在继承传统的多少上存在差异。法理派相对开明些，步子迈得远些，他们在宣传西方近代法律观、推动中国法律走向近代化的过程中起到了积极的作用。

1907 年，清政府将新刑律草案咨交各部院及督抚签注意见。担任军机大臣兼长学部的张之洞首先发难，指斥它有悖于"因伦制礼，准理制刑"的原则，要求"有伤伦理之处应全行改正"。各省疆吏随声附和。清廷遂颁发谕旨，强调"中国素重纲常，故于干名犯义之条立法特为严重"，命令沈家本等"务本此意"对草案进行修改。于是修订法律馆只得"于有关伦纪各条，恪遵谕旨加重一等"。随后法部又在正文之后增加《附则五条》，均属伦常礼教方面的内容。如规定对危害乘舆、内乱、资敌、杀害尊亲属等罪仍用斩刑；对发掘坟墓尤其是发掘尊亲属坟墓以及强盗等罪可加重处罚直至处以死刑；无夫妇女与人和奸仍为犯罪；对尊亲属不得适用于正当防卫等。

1910 年，将《附则五条》改为《暂行章程五条》附于律后的修正刑律草案在资政院讨论时，又遭到资政院议员、京师大学堂总监督、江苏提学使劳乃宣等人的反对。他们要求将"旧律有关伦纪礼教各条"统统直接"修入新律正文"，宣称"礼教可废则新刑律可行；礼教不可废则新刑律必不可尽行"，并将其意见著文遍示京外，要推翻新律。一时间礼教派蜂拥而上，"新律几有朽本推翻之势"。法理派随之反击。双方争论的焦点最后集中于"无夫奸"和"子孙违反教令是否为罪"的问题上：礼教派站在传统习惯和家族主义立场上认为上述行为构成犯罪，必须入律处刑；法理派则从个人主义和国家主义立论，强调上述行为仅属风化及教育问题，不构成刑事犯罪，不必编入刑律，要把国家与家庭、法律与道德、处刑与教育区别开来。双方各持己见，辩论得"舌敝唇焦"，直至资政院闭会也未能取得一致。清政府虽不得不勉强公布了新刑律及暂行章程，但又说："俟明年资政院开会仍可提议修正，具奏请旨。"之后不久，在礼教派的弹劾下，沈家本被迫辞去了修律大臣及资政院副总裁的职务。

（三）制定《大清民律草案》

1907 年，清政府民政部奏请制定民法，"东西各国法律，有公法、私法之分。公法者，定国与人民之关系，即刑法之类是也；私法者，定人民与人民之关系，即民法之类是也”。这表明清政府官员已经开始注意到西方法学中关于法律门类划分的一些理论与实践，抛弃中国固有法以刑为主、诸法合体的传统。同年，由沈家本等人主持，同时聘请日本法学家志田钾太郎和松冈义正协助起草民法。1911 年 10 月完成，是为《大清民律草案》。这是中国历史上第一部民法典草案，但因辛亥革命爆发未及议决颁行。

《大清民律草案》仿效西方大陆法系中的德国民法草拟而成。共五编 1569 条。第一编总则，是民法的基本原则部分。第二编债权。第三编物权，是法典的核心内容。以上三编是仿照德国、日本、瑞士等民法典编制的。第四编亲属，第五编继承。这两编由修订法律馆会同礼学馆草拟，既参照西方民法原理又结合中国古代婚姻继承等历史传统，是最能体现中国特色的地方。俞廉三、刘若曾在民律草案告成的奏折中说，民律草案一如新刑律。它“注重世界最普遍之法则”，“原本后出最精确之法理”，“求最适于中国之民情”，体现了模仿列强的修律方针。

（四）制定商律

中国古代仅存的一点点商法淹没在刑律之中，并且多是抑商禁商之法。20 世纪初，海禁大开与中国资本主义工商业的兴起使清政府一改过去视工商为末业的传统观念，采取“通商惠工”的政策并通过立法保护与发展工商业。清末修订的商法分为两部分：一是实际颁行的单行法，二是未曾颁布的商律草案。

1903 年初，基于工商业日益发展尤其是对外贸易不断扩大的情势，清廷委派载振等修订商律。同年夏商部提出，“编辑商律……实非克期所能告成，而目前要图莫如筹办各项公司……则公司条例亟应先为妥订，俾商人有所遵循”，遂草拟了《商人通例》及《公司律》，报经清廷批准，于 1904 年 1 月颁行。《商人通例》共九条，是关于商人身份、商事活动原则的法律，带有商法总则的性质。它规定，凡经营商务、贸易、买卖、货运者均为商人。这就在中国历史上第一次对商人作出了法律上的定性。《公司律》共 131 条。其内容包括公司分类（合资公司、合资有限公司、股份公司、股份有限公司）以及股份、股东权利、董事局等，其体例和内容主要采自日本和德国的公司法。同时，商部认为商人“或因经营未善，或因市价不齐，即不能不有破产之事”，为体案下情以尽“保商之道”，经“调查东西各国破产律及各埠商会条陈，商人习惯”，草成《破产律》，于 1906 年春奏准颁行。但因施行中争议颇大，清廷遂于次年冬明文废止。清廷颁布的商事法规还有《奖励华商公司章程》（1903 年颁行，1907 年修正）、《奖给商勋章程》（1906 年）、《银行通行则例》（1908 年）以及《轮船公司注册给照章程》（1911 年）等。这些单行法规的颁布使清朝的商事立法粗具规模，为市场经济的发展提供了法律保证，也为统一商法典的制定奠定了基础。

1908 年，修订法律馆聘请日本法学博士志田钾太郎协助起草商律。1910 年完成的《大清商律草案》包括总则、商行为、公司法、票据法、海船法等。发交讨论后，各地商会认为它太多采用日本法制，与中国国情不符，提出了一项“商法调查案”，博采世界各国通行最新之法例，编制《改订商律草案》。这是一部较为成熟的商法典草案。但清政府很快覆亡，未及颁行，然而它却对后世产生了深刻的影响。北洋政府于 1914 年将其略加修改，分为《商人通例》和《公司条例》公布实施。

(五) 制定诉讼法草案

中国古代的诉讼法与实体法混合编制，既不独立更不健全，尤其是无视当事人的权利，肯定刑讯制度，给贪官酷吏鱼肉百姓提供了法律依据。这种情况直至20世纪初才有所改变。沈家本主张，“以刑法为体，以诉讼法为用。体不全，无以标立法之宗旨；用不备，无以收行法之实功”。基于这种认识，他在主持修订刑律的同时也展开了诉讼法典的草拟工作。1906年，《大清刑事民事诉讼法》告成。这是中国历史上第一部程序法，采用了刑事诉讼和民事诉讼合一的体制。分总纲、刑事规则、民事规则、刑事民事通用规则、中外交涉案件处理规则五章260条。其中引进了大量西方诉讼法法律原则和制度，如采用了欧美的陪审制度和律师制度。法典修成上奏后，清廷发交各地讨论，令将军、督抚体察民情风俗，悉心研究逐条奏闻，但遭到各省督抚的反对，“或以为舆情未洽，或以为人才未备，或以为关键多疏，或以为滞碍难行”，故“均拟请暂缓施行”。这部诉讼法草案遂被搁置。

随后，修订法律馆又组织力量，以西方大陆法系诉讼法为蓝本分头起草刑事诉讼法和民事诉讼法。1911年1月，《大清刑事诉讼律草案》和《大清民事诉讼律草案》修订完毕，上奏清廷转宪政编查馆核议，但未及颁行，清政府即告覆亡。《刑事诉讼律草案》分总则、第一审、上诉、再理、特别诉讼程序、裁判之执行六编515条，是中国历史上第一部刑事诉讼法典草案。《民事诉讼律草案》分审判衙门、当事人、通常诉讼程序、特别诉讼程序四编800条，是中国历史上第一部民事诉讼法典草案。

(六) 制颁法院组织法

中国封建王朝中央虽设有专门的审判机关，但在地方一直是行政与司法不分，各级行政长官同时也是各级法官。到20世纪初，在西方近代文明的影响下情况才有所转变。清末为配合预备立宪，建立司法与行政分立的体制，开始制定法院组织法，为司法独立提供了法律依据。

1906年，法部修订《各级审判厅试用章程》，1907年颁行。“章程”共5章120条。第一章总纲，首先对民、刑案件作了区分，即“凡因诉讼而审定罪之有无者”为刑事案件，“凡因诉讼而审定理之曲直者”为民事案件；其次规定了登记事项的管辖及审判依据；第二章审判通则，内容包括审级、管辖、回避、厅票、预审、公判、执行、协助等；第三章诉讼，规定了诉讼程序、证人、讼费等；第四章是各级检察厅通则，规定实行“检审合署”以及检察机构和官员的设置、职掌等；最后一章为附则，规定一旦法院编制法及刑、民诉讼法颁行，该章程即停止执行。

1906年，为与官制改革相适应，清政府制定了《大理院审判编制法》，就大理院和京师审判组织加以规定。该法分总纲、大理院、京师高等审判厅、城内外地方审判厅和城谳局五节45条。1910年2月，又公布了《法院编制法》。该法系仿照日本的裁判所构成法拟订而成，共16章164条，内容涉及各级审判机构的设置、组织、审判官吏以及司法行政事务等。与前两部法典相比较，它是适用于全国各级审判机关的一部单纯的法院组织法。同时，清政府还公布了《法官考试任用章程》以及关于司法区域分划，初级暨地方审判厅管辖案件的暂行章程。

三、修律的主要特点

清末的修律活动奠定了中国近代法制的基础，基本上完成了古代法制向近代法制的转变，在中国法律发展史上具有重要意义。但是，由于这次修订法律的活动并不是资产阶级革命的直接成果，而是随着中国社会半殖民地、半封建化的加深，旧政权迫于内外压力而作的被动调整；也由于这次修订法律是由已经成为地主买办阶级政治代表的清朝统治集团主持进行的，所以它在否定封建的法律形式和一部分法律原则的同时并没有把中国近代法制引上完全资本主义化的轨道。具体来说，清末修律具有以下特点：

（一）立法方面

它既不能反映人民群众的要求和愿望，也没有真正的民主形式，只是后期规定的主要法典由资政院加以审议的程序与独裁擅断的封建立法程序相比已有所不同而已。因为这次修律是在历史形势的迫使下，特别是在帝国主义的威胁与利诱下进行的。清政府提出了以“参酌各国法律”、“务期中外通行”为核心的立法指导思想，制定了既要维护封建制度，又要满足洋人要求的修律方针；又因其是在保持君主专制政体的前提下进行的。

（二）体例方面

清末修律改变了沿用两千多年的“以刑为主，诸法合体”的封建旧律传统，明确了实体法与程序法、刑法与民法、商法的分工，编订了法院组织法，制颁了若干行政法规，建立了诸法分立的体制，形成了中国近代法律体系的雏形。古老的中华法系宣告解体。

（三）内容方面

清末修订的法律在内容上表现为封建主义传统和资本主义法律最新成果的混合。一方面，在继承封建传统方面体现了中国社会的特色，如新刑律设“侵犯皇室罪”和“罪”，对侵犯尊亲属要加重处刑；民律草案的亲属、继承两编对于父权、夫权加以保护，嫡子、庶子、嗣子、私生子无平等继承权等。另一方面，这次修定的法律“注重世界最普遍之法则”和”原本后出最精确之法理”，注意吸收西方最新的法律学说，引进各国通行的法律原则和制度。如罪刑法定、契约自由、陪审、律师制度等，所以清末的法律成为一部分最落后的内容和一部分最先进理论相结合的复杂而奇特的混合体。另外，它还确认和维护列强在中国的权益，如肯定了外国社团的法人地位；“妨害国交罪”规定不准擅入租界、禁止非议政府的外交和发表反对外国的言论等。

（四）影响方面

因为清末修律在一定程度上反映了社会的要求，故对后来的中华民国北京政府和南京国民政府的法律产生了重大的影响。

第二节　清朝末年司法制度的变化

从1840年到20世纪初，清朝的司法机关和诉讼审判制度沿用封建旧制，没有显著的变化。中央在专制皇权之下设刑部、大理寺、都察院，分掌审判、复核和监察；地方审判权由行政长官兼领；诉讼程序和审判原则、方法也依然如故。1900年义和团运动以后迫于各方面的压力，清政府在仿行宪政与修订法律的同时开始对司法机关进行调整，对诉讼审判制度加以改革，奠定了中国近代司法制度的基础，形成了新司法体制的雏形。

【参考资料 14-1】

苏　报　案

《苏报》最先由日本人创办，后由曾任江西知县的陈范（字梦坡）接手。陈范因教案问题去职，感于官场之腐败，希望能通过办报拯救中国，这就决定了该报所发言论会走在时代前列。该报在租界内，按照领事裁判权的规定，是清政府的司法权力无法触及的，其言论自由在法律上得到一定的保障。

1903 年 5 月底，陈范聘请章士钊为主笔，刊登了不少宣传革命的文章，比如 5 月 27 日刊登了《〈革命军〉序》，6 月 9 日刊登了《读〈革命军〉》和《介绍〈革命军〉》，6 月 29 日章炳麟的《驳康有为论革命书》经章士钊节录后以《康有为与觉罗君之关系》为题在《苏报》发表。《苏报》的文章一经刊出，香港的《中国日报》、厦门的《鹭江报》等纷纷转载。这种情况使清政府极为震惊，决心将《苏报》及撰稿人置之于死地。

清政府以《康有为与觉罗君之关系》一文中有宣传革命、诋毁政府、图谋不轨的证据，以 10 万两白银交结美国在上海公共租界的总领事古纳。1903 年 6 月 30 日，上海公共租界工部局应清政府要求，以鼓吹革命的罪名拘捕钱允生、陈吉甫、陈叔畴、章炳麟、邹容、龙积之等人，并查封报馆。由于该案是在租界内发生的重大案件，按照上海公共租界的管理规定，该案在公共租界内的会审公堂审理。被告委托外国律师埃利与洛夫特斯·琼斯进行辩护。上海租界先后 7 次公开审理此案，最终章炳麟、邹容被判监禁，《苏报》馆被查封，财产被没收。

苏报案发生后半年，孙中山在《檀山新报》上发表《敬告同乡书》，指出："革命与保皇，理不相容，势不两立。"章太炎在《狱中答新闻报》说："天命方新，来复不远，请看五十年后，铜像巍巍，立于云表者，为我为尔，坐以待之。"1905 年 4 月 3 日邹容病死狱中，死前曾服用工部局医院提供的药片，章炳麟曾绝食七天不死。章炳麟于三年后出狱，出狱当天即东渡日本。

一、独立司法主权的丧失

从 1840 年到清末修律前六十余年的时间里清朝法律制度的主要变化是：列强获取了在华领事裁判权，在租界内设立会审公廨。这是清朝丧失独立司法主权的标志。

（一）领事裁判权

领事裁判权是一种治外法权，指一国通过其驻外领事对在另一国领土之内的本国国民按照本国法律行使的司法管辖权。它最早出现在 11 世纪十字军东征以后。1843 年，英国通过《中英五口通商章程》首先取得在华领事裁判权。美国紧随其后，在 1844 年的《中美望厦条约》中不仅效法英国而且有所发展。此后，法国、德国、俄国、日本、意大利、比利时、荷兰、丹麦、巴西等国纷纷取得了在华领事裁判权。按照有关条约的规定，外国在华领事裁判权的主要内容是：第一，华人与不享有领事裁判权的国家的国民之间的民、刑事诉讼案件均依被告主义原则适用法律和实行司法管辖；第二，同一享有领事裁判权国家的国民之间的诉讼案件由所属国领事法庭审理，中国官员一律不得过问；第三，享有领事裁判权的不同国家的国民之间的诉讼案件一般均适用被告主义原则，由被告一方所属国的领事法庭审理；第四，享有领事裁判权国家的国民与不享有领事裁判权的国家的国民间的诉讼案件，如前者是被告则适用被告主义的原则；如果后者是被告则由中国的法院管辖。

领事裁判权从清末始至民国时期结束，历时百年之久。领事裁判权的确立是西方列强对中国司法主权的侵犯，但在客观上又加大了大清天朝上国的危机感和屈辱感，促使其正视世界，并为摆脱危机洗刷耻辱而变法修律，以改造中国的落后法律。

（二）观审制度

观审制度是西方列强取得在华领事裁判权后，确立的强行干预中国司法审判制度。即，外国人是原告的案件，其所属国领事官员也有权前往观审，如认为审理、判决有不妥之处，可以提出新证据，再传原证，甚至参与辩论。观审制度是原有领事裁判权的扩充，是对中国司法主权的粗暴践踏。

（三）会审公廨

会审公廨又称会审公堂，不同于领事法院，是清政府在租界内设立的特殊的中国审判机关，实际上由外国人控制，是领事裁判权的扩大和延伸。1868 年，清政府与英、法、美驻上海领事订立《洋泾浜设官会审章程》，使会审公廨制度化。此后，清政府又在各地相继设立会审公廨，按《洋泾浜设官会审章程》的规定，公廨经费由政府划拨，其编制采用中国模式，成员由清政府选派，收审范围包括租界内华人互控案件、华洋互控案件、外国人互控案件。但凡遇诉讼案涉洋人必须有领事官员参与会审。被告为有约国洋人的，按该约由该国领事裁判；被告为无约国洋人的也须由外国雇员陪审；凡洋人的中国雇员涉讼，须先通过领事官员，审判时由领事官员到庭听讼。

本来，观审、听审、会审均是相互的，以华人为原告、洋人为被告的案件，中国官员也可出席领事法庭观审。但是中国昏庸的官员惧怕洋人，逐渐放弃了这一权利，而列强却不断扩张其特权、操纵会审。会审公廨名义上是中国的审判机关，实际上却变成了中国与外国领事共管的机关，从而出现了“外人不受中国之刑章，而华人反受外国之裁判”的奇怪现象。

1926 年，中国政府议定《收回上海会审公廨暂行章程九条》，改会审公廨为上海临时法院。1930 年中国政府进一步在上海公共租界内设立地方法院及高等法院分院各一所，并先后撤销了各地会审公廨，收回了部分司法主权。

二、司法组织体系的改革

清末司法制度之改革始于仿行宪政、厘定官制时对各部院的调整。清末颁布的三部法院组织法是建立新的司法组织体系的法律依据，其所遵循的基本原则是排除行政干涉，实行司法独立。沈家本从近代宪政的高度来认识司法独立的重要性，他说，“东西各国宪政之萌芽俱本于司法之独立”，“司法独立为异日宪政之始基”。《大理院审判编制法》则明确规定，“自大理院以下及本院直辖各审判厅，关于司法审判全不受行政衙门干涉以重国家司法独立大权，而保人民身体财产”。依司法独立原则，清末对中央和地方的司法组织机构进行了全面改革，建立了近代司法组织体系。综其要点主要是：

（1）在中央改刑部为法部，作为全国的司法行政机关，不再兼理审判。改省一级的按察使司为提法使司，负责地方司法行政工作及司法监督。

（2）改大理寺为大理院，作为全国最高审判机关，并有权解释法律、监督地方各级审判活动。大理院置正卿及少卿各一员总理院务。设刑事科与民事科并有关审判庭；在地方州县设初级审判厅，府（直隶州）设地方审判厅，省设高等审判厅，置厅长或厅丞总理厅务，设推事负责案件审理。地方及高等审判厅设民、刑等审判庭。

（3）改都察院为都御史，作为国家最高行政监察机关，不再干预司法审判。

（4）设置检察厅，实行检审合署。在各级审判厅中相应设置初级检察厅、地方检察厅、高等检察厅及总检察厅。其职权是对刑事案件进行侦查，提起公诉，进行审判监督，充当民事案件的诉讼当事人或公益代表人。总检察厅设厅丞及检察官，地方及高等检察厅设检察长及检察官，初级检察厅设检察员。

三、诉讼审判制度的改革

清末对诉讼审判制度的改革主要是引进了一系列西方近代的诉讼审判原则和具体制度。主要包括：

（一）审级制度

实行四级三审终审制。《各级审判厅试办章程》规定，“凡民事、刑事案件，由初级审判厅起诉者，经该厅判决后如有不服，准赴地方审判厅控诉，判决后如再不服，准赴高等审判厅上告”，“凡民事、刑事案件，除属大理院及初级审判厅管辖者外，皆由地方审判厅管辖，经该厅判决后，如有不服，准赴高等审判厅控诉；判决后如再不服，准赴大理院上告”。

（二）诉讼制度

规定了刑事案件的公诉制度、公诉附带私诉制度、民事案件的自诉及代理制度、证据制度、管收及保释制度、诉讼费用等，同时规定妇女不得充当代诉人。《编制法》正式承认了律师活动的合法性，但又规定“律师在法庭代理诉讼或辩护案件，其言语举止如有不当，审判长得禁止其代理、辩护”。

（三）审判制度

采用了若干资产阶级的审判原则。除允许辩论外还有回避及审判公开等；又规定了预审、合议、公判、复判等审判程序；在法律条文上脱离了封建司法审判模式，废除三司会审、九卿圆审等制度。

（四）规定了法官及检察官的考试任用制度

按其规定，凡推事及检察官均需经过专业学习，第一次考试合格后见习一年期满再进行第二次考试。

（五）改良监狱

以沈家本为代表把西方的博爱精神与中国儒家的仁学统一起来，提出了“设狱之宗旨，非苦人辱人，将以感化人”的主张。从而突破了单纯惩罚的传统观念。1903 年以西方监狱为标准建立京师模范监狱。此后，一些省、州、县也陆续筹建新式监狱。1906 年法部设立典狱司作为专门的监狱管理机构。1908 年修订法律馆在日本监狱学家小何滋次郎的协助下开始起草监狱律，试图将监狱管理纳入法制轨道。1910 年，《监狱律草案》完成，这是中国第一部监狱法典草案。

【本章小结】

进入 20 世纪之后，迫于形势的压力，清政府才不得不着手进行法律修订的活动。清末修律是以适应国际商品市场经济的发展需要为出发点的，指导思想是中西结合，在效法西方的同时保留中国的法律传统，使中国法律与国际社会接轨。1902 年，清廷筹建修订法律馆作为负责法律修订的专门机构，任命沈家本、伍廷芳为修律大臣。修律的内容包括：宪法性法律文件的制定：1908 年 8 月颁布了《钦定宪法大纲》，该文件重君权轻民权，但毕竟是中国历史上第一部宪法性文件；1911 年 11 月公布《宪法重大信条十九条》，规定皇帝临朝而不理政，最终没有挽救清朝灭亡的命运。刑事法律的修订：1910 年完成《大清现行刑律》，与旧律相比变化有：取消六部体例；刑民分开；删除过时条款，增加新罪名；创立新刑罚体系。《大清现行刑律》在中国法律发展史上可以视为古代通向近代的桥梁。1911 年 1 月公布《大清新刑律》，这是清末修订的最重要的一部法律，也是中国近代第一部专门的刑法典。一方面它引进了西方近代刑法理论，比如，体例分为总则和分则；采用西方近代刑法原则；明确法律概念；改变旧罪名，确立新罪名；采用近代刑罚体系；规定了诉讼时效和执行时效；确定刑事责任能力；另一方面又带有突出的封建性和买办性，比如，维护君主专制制度；维护纲常礼教；维护帝国主义在华特权。在《大清新刑律》的起草和修改期间，清末修律的“礼法之争”达到了高潮。“礼法之争”即以张之洞、劳乃宣为代表的“礼教派”和以沈家本为代表的“法理派”之间两种不同立法思想的交锋。“礼教派”重在保持传统，“法理派”主张更多地吸收西方法律原则和内容。双方争论的焦点最后集中于“无夫奸”和“子孙违反教令是否为罪”。制定民律商律：1911 年 10 月完成由日本法学家协助起草的《大清民律草案》，它仿效德国民法典，共 5 编；编定商律草案；1906 年《大清刑律民律草案》完成，这是中国历史上第一部程序法，引进了大量西方的诉讼法律制度和原则。1911 年 1 月《大清刑事诉讼律草案》和《大清民事诉讼律草案》修订完毕。1907 年法部颁行了《各级审判厅试用章程》，1910 年 2 月又公布了《法院编制法》，该法仿照日本裁判所构成法拟定而成，是适用于全国各级审判机关的单纯的法院组织法。清末修律的特点有：立法方面，不能反映群众的要求和愿望，没有真正的民主形式；体例方面，改变了诸法合体的封建法律传统，建立了诸法分立的体制，古老的中华法系宣告解体；内容方面，表现为封建主义传统和资本主义法律最新成果的结合；影响方面，对中华民国北京政府和南京国民政府的立法产生了重大影响。

清末司法制度的变化体现在三个方面：第一，独立司法主权的丧失，表现为外国取得在华领事裁判权、建立观审制度、设立会审公廨；第二，司法组织体系的改革，表现为法部为全国司法行政机关、大理院为全国最高审判机关、都御史为全国最高行政监察机关、设检察厅；第三，诉讼审判制度的改革表现在审级制度、诉讼制度、审判制度、司法官的考试任用制度、改良监狱方面。

第十五章　多方求索
——中华民国的法律制度

（公元1912—1949年）

◎ **知识目标：**

- 了解临时政府革命法令的主要内容、性质与意义，了解北洋政府法制的性质，北洋政府制宪活动的内容与特点，了解南京国民政府的立法体制及原则；掌握《中华民国临时约法》；掌握“六法全书”的法律体系
- 了解南京临时政府、北洋政府、南京国民政府的司法制度

◎ **能力目标：**

- 思索中国宪政举步维艰的历史缘由；运用法律的理性思维探索法律制度与社会土壤的关系

【本章导读】

自19世纪末期起，随着外国侵略的深入，中国的资产阶级民主革命也风起云涌。以孙中山先生为首的资产阶级革命派不屈不挠、前仆后继，终于推翻了清王朝的腐朽统治，建立了资产阶级民主共和国——中华民国，开创了中国历史的新纪元。

1912年元旦成立的中华民国南京临时政府是中国历史上唯一的资产阶级民主共和政府。但由于当时十分复杂的政治局势以及中国民族资产阶级的软弱性，南京临时政府实际上成了一个由资产阶级革命派、立宪党人、旧军阀官僚共同组成的联合政府，这也就注定了它只能在这三种势力的合力下运作。尽管如此，资产阶级革命派仍努力进行自己的法制建设，他们所创建的革命法制有鲜明的反封建的民主性，法制建设的经验教训都令人回味无穷。

南京临时政府昙花一现。继之而起的是北洋军阀政府。北洋政府挂着“中华民国”的招牌，但与南京临时政府却有着本质的差别，它是代表地主买办阶级利益的。一方面它对人民实施军事镇压以维持其摇摇欲坠的政权；另一方面它又制定法律粉饰民主。其所进行的一系列制宪活动的目的在于树立所谓“合法”的形象，排斥异己，但客观上推动了中国宪政运动的发展。北洋政府初期的法律以沿袭清末法律为主；第一次世界大战后为争取收回领事裁判权，缓和人民的爱国情绪，北洋政府责成司法部以清末立法为基础重新修订法律。这就促进了中国近代法律的发展，成为后来国民党政府的立法渊源。

1927年4月，中华民国南京国民政府成立，东北易帜后中国实现了形式上的统一。南京国民政府代表官僚垄断资产阶级和地主阶级的根本利益，是国民党一党专政的政权。在大陆统治的22年中，它们制定了大量的法律、法规，建立起以“六法全书”为代表的

法律体系。从历史发展的角度来看，它的法律制度既是清朝末年开始形成的半殖民地半封建社会法律制度的继续。又表现出新时代的特色；从实质和形式的关系看，它在第二次国内革命战争时期形成的普通法主干既体现着地主、买办、官僚资产阶级的意志，又使中国近代法制在形式上趋于完备；从法律内容上看，既吸取了大量西方国家的立法精神，又保留着许多封建的法律传统；从实行法西斯式独裁统治的手段看，公开的法律强制和秘密的非法镇压相辅为用，紧密结合。

总之，中华民国的法律制度随着历史的发展和统治者的更替，在不同时期有着不同的特色，是中国法制史上不可或缺的一章。

第一节 中华民国的法律

一、南京临时政府的法律

（一）南京临时政府的宪法性文件

1.《中华民国临时政府组织大纲》

1911年10月10日，武昌起义的胜利与湖北军政府的成立推动了革命形势的迅猛发展，15个省相继宣告独立。为了尽快组织力量彻底推翻清王朝，实现南北统一，就需要组建临时中央政府。因此，制定一部政府组织法以确立临时政府的“法统”，解决临时政府的体制问题就成为资产阶级革命政权建设的当务之急。革命精英齐集上海，继转汉口，召开了第一次各省都督府代表会。会上推举雷奋、王正廷、马君武等人负责草拟《临时政府组织大纲》。12月3日完成大纲的起草工作并讨论通过，12月4日公布，后又经三度修正。《大纲》的制定和公布以法律的形式确立了共和国政府的体制，奠定了民国的基础。《临时政府组织大纲》是具有宪法性质的政府组织法，起着临时宪法的作用。

2.《中华民国临时约法》

（1）《中华民国临时约法》的制定。

制定《中华民国临时约法》既是为了弥补《临时政府组织大纲》存在的缺陷，又是当时南北议和这一政治形势的客观要求。

《临时政府组织大纲》一方面否定了封建帝制，确立了共和政体，符合历史的潮流，另一方面又因为没有人民基本权利和义务的条款，并且规定作为立法机关的参议院由各省都督府选派议员组成，所以人们认为这是一个缺乏民主基础的建政纲领而激烈抨击它，虽几度修正也不能满足人们的要求。人们期待着新宪法的出台以取代它。同时，南京临时政府的成立只能说明以孙中山为首的资产阶级革命派在建立民主共和国的斗争中取得了暂时的胜利。资产阶级由于自身的局限性和软弱性，以“清帝退位和袁世凯宣布赞成共和和当临时大总统”为条件换取了一个廉价的、统一的“民主共和国”。1911年2月12日清帝退位，中国最终结束了封建帝制。2月13日孙中山向参议院提交辞职咨文，举袁自代，2月15日参议院选举袁世凯为中华民国临时大总统。在政权即将易手的严峻时刻，以孙中山为首的资产阶级革命派主张尽快制定《临时约法》，冀图以此肯定辛亥革命的成果，并将其作为共和国的象征来约束限制袁世凯，防止其利用大总统的权力复辟倒退。因此，制定《临时约法》是资产阶级革命派为保卫共和国而进行的一次抗争。代表资产阶级右翼及一部分地主官僚的立宪派也同意制定《临时约法》，因为一方面他们希望早日完成议和结束革命，另一方面又企图以《临时约法》作为保持自己的权力和利益的工具以及向袁世凯讨价还价的资本。以袁世凯为首的反动派对制定《临时约法》也未表示公开反对，甚至在袁世凯就任临时大总统的誓词中还表示要"谨守约法"，这是因为他把窃取政权看成是头等重要的大事，把暂时承认约法作为掩盖其反动面目、麻痹对手的一个策略。这样，制定一部新约法已成为当务之急。

1912年1月，临时参议院（各省都督府代表会）召开临时约法起草会议。会议推举景耀月、马君武等五人为起草人，拟定了《中华民国临时约法草案》。从1912年2月7日至3月8日，经过一个月时间完成了对草案的审议和修改，并经三读程序最后通过，3月11日由孙中山签署公布（即袁世凯在北京就任临时大总统的第二天）。《临时约法》的制定和公布是南京临时政府法制建设成就的主要体现，在中国宪政史上占有重要的地位。

(2)《中华民国临时约法》的内容。

《临时约法》是以孙中山三民主义为指导，根据资产阶级国家的宪法原则制定的，是中国历史上最初的资产阶级宪法文件。它的制定和实施是南京临时政府法制建设的重要成就，也是中国宪法史上的一件大事。作为中国近代最初的资产阶级民主共和国性质的宪法性文件，从主流上说，它体现了资产阶级意志，代表了资产阶级利益，具有革命性、民主性。

《临时约法》共7章56条，包括总纲、人民、参议院、临时大总统、副总统、国务员、法院、附则。其内容主要是：

第一，关于指导思想。《临时约法》是辛亥革命的直接产物，以孙中山的民权主义学说为指导思想。民权主义是孙中山国家学说的核心，其基本内容是推翻帝制，建立民国，实现资产阶级专政的民主共和制度。《临时约法》使民权主义所确立的政治方案和原则通过法律的形式进一步具体化。

第二，关于国家性质。《临时约法》确定了中华民国为资产阶级民主共和国。约法规定，"中华民国由中华人民组织之"，"中华民国之主权，属于国民全体"。这就以根本法的形式宣布了彻底结束封建专制制度，建立资产阶级民主共和制度，从根本上否定了"开明专制"的谬论，使所谓"帝制自为"的观念成为非法。它规定了资产阶级共和国的性质，肯定了辛亥革命的积极成果，更广泛地宣传了资产阶级共和国的思想。但是，基于资产阶级超阶级的国家观，《临时约法》中"人民""国民"的概念模糊不清，劳动人民的社会政治地位并没有应有的反映，更没有必要的保障。

第三，关于政治制度。《临时约法》肯定了资产阶级共和国的政治体制和组织原则。依照资产阶级三权分立的原则确立了内阁制，第四条规定，"中华民国以参议院、临时大总统、国务员、法院行使其统治权"。参议院是立法机关，由各地方所选派的参议员组成；临时大总统、副总统和国务员是行使行政权的机关，临时大总统、副总统由参议院选举产生，由参议员3/4以上之出席，得票占投票总数2/3以上者当选；法院是司法机关，由临时大总统及司法总长分别任命的法官组成。

第四，关于人民的权利和义务。《临时约法》体现了资产阶级宪法中一般民主自由原则，根据资产阶级的民主自由原则规定人民享有各项权利和自由。这些规定反映了辛亥革命的积极成果，表现了资产阶级革命派标榜的民主精神。根据资产阶级私有财产神圣不可侵犯的原则，以及中国资产阶级要求保护私有财产和发展商品经济的强烈愿望，规定"人民有保有财产及营业之自由"。它以法律的形式破除了清王朝束缚私人资本主义发展的各种桎梏，客观上有利于资本主义的发展。

第五，规定中华民国是统一的多民族国家。《临时约法》第三条规定"中华民国领土为二十二行省，内外蒙古、西藏、青海"，以列举的方式明确了中华民国的领土范围。这一条主要是针对帝国主义分裂中国的罪恶行径而设，反映了南京临时政府维护国家统一和领土完整、抵制外来侵略的立场。

(3)《中华民国临时约法》的特点。

《临时约法》是在特殊的历史条件下，即资产阶级革命派即将交出领导权的时候制定的，它虽然继承了《中华民国临时政府组织大纲》的基本精神，但也具有自己的特色，即从各个方面设定条款对袁世凯加以限制和防范，具体表现在以下方面：

第一，在政治体制上，改总统制为责任内阁制。临时大总统为国家元首，内阁总理是政府首脑，内阁成员（国务员）经由临时大总统征得参议院之同意任命。政体的这一变动是《临时约法》对《中华民国临时政府组织大纲》的最重要的修正，也是《临时约法》最突出的一个特点。

第二，在国家权力关系上，扩大了参议院的职权，相对缩小了临时大总统的权力，加强了国会对总统的监督。约法规定，临时大总统行使重大权力，均需取得参议院之同意；临时大总统对参议院议决事件享有否决权，但被否决之议案再经参议员 2/3 多数票通过，临时大总统必须公布施行（在责任内阁体制下，总统否决权仅是一种法律上的存在）；参议院在认为临时大总统有谋叛行为时，得依法行使弹劾权；临时大总统受弹劾后，要组织特别法庭进行审判。

第三，强调约法的严肃性，规定了严格的修改程序。《临时约法》规定，"本约法由参议院议员 2/3 以上或依临时大总统之提议，经参议员 4/5 以上之出席，出席员 3/4 之可决，得增修之"。显而易见，如此规定的目的在于强调《约法》不可侵犯性，避免轻易遭到袁世凯的破坏。

(4)《中华民国临时约法》的意义。

《中华民国临时约法》作为中国历史上第一部资产阶级共和国性质的宪法文件具有重要的历史意义和地位。

第一，它以根本法的形式确认中华民国为民主共和国，宣告统治中国两千多年的封建帝制的结束，是中国立法史上的伟大创举。约法粉碎了曾盛极一时的"开明专制"谬论，唤醒了民众的民主意识，在全国人民面前树立起"民主"、"共和"的形象，使民主共和的观念深入人心。

第二，约法宣布中国是一个领土完整、主权独立的统一的多民族国家，激发了中国人民的民族自尊心和爱国热忱，促进了各民族的团结。这一规定在帝国主义不断蚕食旧中国领土的背景下有着极为深远的意义。

第三，约法还较详尽地将人民的权利载入宪法史册，虽然这些民主权利和自由还缺乏物质基础和实现的条件，但公开否定几千年的封建等级特权制度，不仅使资产阶级的政治地位发生了根本变化，而且使劳动人民的社会地位也得到了不同程度的改善。约法同时又规定了人民有保有财产和营业的自由，这对广大劳动人民来说虽然尚缺乏实际意义，但它彻底否定了中国传统的抑商政策，砸碎了清末"官办"、"官商合办"等束缚民族资本主义发展的桎梏，有利于振兴实业，发展资本主义。

《临时约法》毕竟是特定历史条件下的产物，有其不可避免的局限性。就国务院与参议院的关系来看，"约法虽具有责任内阁制之精神，而实未备责任内阁之体用"。约法的根本缺陷还在于它没有明确提出反帝反封建的革命纲领，也没有涉及关系"民生"的土地问题，在某些方面可以说是孙中山先生旧三民主义的倒退。特别是它旨在约束反革命而没有政权力量作保障，最终被袁世凯所撕毁。尽管如此，《中华民国临时约法》仍忠实记录了资产阶级革命派斗争胜利的成果，仍然是鼓舞人民继续进行民主革命的一面旗帜。

(二) 南京临时政府的法律内容

南京临时政府虽然仅存在了三个月，但在资产阶级革命派的努力下，在力所能及的范围内仍进行了一系列的立法工作。临时政府在总统之下设法制局，由宋教仁主持。负责重要法令的起草。有关行政各部也曾制定、发布了若干命令、咨文及临时律文以发展资本主义，建设资产阶级民主政治。综其要者可归纳如下：

1. 经济方面

规定了保护私有财产不受侵犯，鼓励兴办实业，加强商业银行的管理，奖励农垦。

2. 政治方面

规定了严整吏治。孙中山认为考试权是与立法权、行政权、司法权和监察权同等重要的国家权力，所以他借鉴中国古代的科举制度以及西方资产阶级国家文官考试制度创立了"考选权"理论；提倡人权，废除封建等级制度。内容包括解除"贱民"身份，禁止买卖人口、贩卖华工，提倡女权，革除旧称谓，废除旧礼节和旧风俗。

3. 文化教育方面

孙中山认为，民国成立后的首要大事之一就是恢复中国人的"人格"，而恢复人格的第一件事就是抓教育。故南京临时政府以"启文明而速进化"为方针积极拟定教育方案、制颁教育法规，鼓励兴办和保护教育；发展新式学校，废止读经；重视社会教育。

二、北洋政府的法律

(一) 宪法性文件

1.《中华民国宪法草案》(《天坛宪草》)

1912年底至1913年初举行了国会议员的选举，结果国民党获得两院中的392席，取得了国会中的优势。1913年4月，中华民国第一届国会在北京正式召开，同时组织了宪法起草委员会，开始草拟宪法。10月31日通过了《中华民国宪法草案》。因该委员会的办公地点设在北京天坛的祈年殿，故这部宪法草案又称《天坛宪草》，是北洋政府时期的第一部宪法草案。虽然宪法起草委员会的成分相当复杂，各派政治力量进行了激烈的角逐，但由于国民党议员仍占有较大比重，所以《天坛宪草》在很大程度上仍体现了国民党企图以法律制袁的要求。主要表现在：

（1）沿用《临时约法》所确立的三权分立的国家组织形式，即由国会行使立法权，由“大总统以国务员之赞襄”行使行政权，法院行使司法权。

（2）继续肯定责任内阁制，规定国会对总统行使重大权力的牵制权，对大总统的权力做了较多的限制。

（3）严格限制总统任期，规定大总统任期5年，只能连任一次。

对于这样一部旨在突出国会权力的宪法草案，一心想独霸统治权力的袁世凯是无法容忍的。1913年11月，他制造借口，下令解散国民党，派出军警连夜追缴国民党党员的证章、证书。1914年1月宣布解散国会。同时又根据法律关于“公布宪法草案的权力在总统”的规定不公布这部法律，使《天坛宪草》很快变成了一张废纸。这就使资产阶级政客企图在封建军阀的专制独裁下通过议会斗争掌握政权的想法落空了。

2.《中华民国约法》（“袁记约法”）

1913年11月26日，袁世凯以大总统的名义发布了《政治会议组织令》，将熊希龄内阁召开的行政会议改为“政治会议”，取代国会作为立法机关；另一方面又议定《约法会议组织条例》，组建“约法会议”来“改造国家之根本法”。1914年2月18日作为大总统个人造法工具的“约法会议”成立。3月20日，袁世凯向“约法会议”提出增修《临时约法》的咨文规定了七项大纲。依据这个大纲，约法会议指定施愚等七人为起草委员，在美国人古德诺的参与下完成了《中华民国约法》，审议通过后由袁世凯在1914年5月1日公布。这就是臭名昭著的“袁记约法”。

该约法共10章68条，包括国家、人民、大总统、立法、行政、司法、参政院、会计、制定宪法程序及附则部分。其主要内容可归纳为以下四点：

（1）以根本法的形式彻底否定了《临时约法》确立的民主共和制，代之以个人独裁。

（2）以总统制取代责任内阁制，赋予总统形同封建帝王的巨大权力，立法、行政及司法机关完全变成了总统的“御用工具”。

（3）取消国会，设立有名无实的立法院，可就是这样的一个徒有虚表，形同虚设的立法院实际上也并未设立，而是以参政院代行其职权。

（4）为限制、否定人民的权利提供宪法依据。约法虽然规定了人民有各项自由，但又无一例外地设定了“于法律范围内”或“依法律所定”的前提条件。这就意味着这些权利可以随时被剥夺。

综上所述不难看出，《中华民国约法》是对《临时约法》的反动。它以根本法的形式彻底否定了《临时约法》所规定的民主共和制度，而代之以袁世凯的个人独裁制度。它的出笼使辛亥革命的胜利成果丧失殆尽，成为军阀专制全面确立的标志。此后，中华民国只剩一块招牌了。

3.《中华民国宪法》（“贿选宪法”）

1916年6月袁世凯死于非命，北洋军阀争权激烈。受美国操纵的直系军阀曹锟、吴佩孚等人把持了北京政权。1923年6月曹锟采用武力威胁和高价收买并施的手段演出了一场贿选的丑剧，他因此也如愿以偿地当上了大总统。

为了建立直系军阀集团的合法统治，把自己打扮成法统的继承者和维护者，曹锟的“猪仔国会”只用了几天时间便炮制出一部《中华民国宪法》，即“贿选宪法”，于1923

年10月10日曹锟就职的同时颁布。《中华民国宪法》以《天坛宪草》为基础，又吸收了《中华民国约法》的部分内容增删而成，是我国近代宪政史上正式公布的第一部较为完备的宪法。曹锟的制宪目的在于确立自己的“法统”地位，以粉碎南方的护法斗争，抵制东南、西南地区地方军阀掀起的“联省自治”和“省宪运动”。这就使这部宪法具有以下特点：

（1）以资产阶级宪法和民主形式确认直系军阀的合法统治，掩盖军阀专制的本质。

（2）为了平衡各派军阀和大小军阀之间的关系，该宪法对“国权”和“地方制度”作了专门规定。

“贿选宪法”是特定历史条件下的产物。当时，一方面是军阀混战、专横跋扈，另一方面是中国新民主主义革命运动的蓬勃发展，故曹锟之流玩弄假民主真独裁的伎俩来愚弄人民。随着直系军阀北京政权的垮台，“贿选宪法”公布不到一年就被抛进了历史的垃圾堆。

总之，北洋政府制宪的历史就是资产阶级民主共和制度在中国彻底破产的历史，也是封建军阀、官僚政客借民国之名行军阀专制之实的历史。在这一时期，宪法被抬到了空前的高度，法律却也遭受了史无前例的蹂躏。几乎每部宪法都冠冕堂皇地欺骗人民，最后却欺骗了统治者自己，只能贻笑后人。

（二）刑事法律规范

1. 删改《大清新刑律》为《暂行新刑律》

北洋政府法部根据袁世凯命令对《大清新刑律》进行删改，并拟定了《删修新刑律与国体抵触各章条》等删除暂行章程文，将《大清新刑律》更名为《暂行新刑律》并呈请大总统批示。4月30日，北洋政府法部通知京外司法机关遵照施行。

2. 两次刑法修正案

第一次修正刑法草案是在袁世凯统治时期。1914年，“法律编查会”以保护袁世凯的权力为宗旨，提议修正《暂行新刑律》，并聘请日本资产阶级法学家冈田朝太郎参与其事。1915年编成《刑法草案》，该草案共分两编432条。

第二次修正刑法草案是在1918年段祺瑞执政时。当时设立了修定法律馆，在“参考各邦立法，斟酌本国情势”下编订完成。这次修正案共48章393条。

上述两次刑法修正案因政局多变而未及颁行，但第二次修正案却为国民党政府的立法提供了蓝本。

3. 制定刑事特别法规

北洋政府还制定了大量的刑事特别法规以配合刑律维护其反动统治。如1912年12月公布的《戒严法》、1914年公布的《治安警察条例》、《徒刑改遣条例》、《易笞条例》、《惩治盗匪法》、《私盐治罪法》、1915年公布的《乱党自首条例》、《陆军刑事条例》、《海军刑事条例》、《边界禁匪章程》、《惩治国贼条例》等。北洋政府的特别刑事法规在法律效力上优于普通法，在其整个社会中起着更加反动的作用。

（三）民事法律规范

北洋政府继续沿用以《大清律例》为基础修订的《大清现行刑律》中的民事部分，称“现行律民事有效部分”。其内容包括服制图、服制、名例中的有关条款和户役、田宅、婚姻、犯奸、斗殴、钱债等部分以及《大清户部则例》中关于户口、田赋、租税等。这就是北洋政府统治时期施行的实质性的民法，直到1929年国民政府颁行《中华民国民法》后才失效。

北洋政府民法典的起草始于1914年，1918年法律编查会改为修订法律馆，继续编纂民法。修订法律馆遂以《大清民律草案》为基础，结合各省民商事习惯，参照各国最新立法例，于1926年完成民律总则、债、物权、亲属、继承五编草案，共计1320条，称《民律第二次草案》。该部民法草案完成时，北京政变已经发生，因而未予正式公布，只是作为条例援用。

（四）商事法律规范

北洋政府没有制定过统一的商法典，而是在沿用前清商律的同时，在前清商律和商事法规的基础上继续修订并公布了一系列的单行商事条例、章程和命令。如1914年的《公司条例》、《商人通则》、《国有荒地承垦条例》、《矿业条例》、《矿业注册条例》、《商业注册规则》、《商会法》、《森林法》、《证券交易所法》、1921年的《物品交易所条例》、1922年的《不动产登记条例》、1923年的《商标法》等。

北洋政府在清末立法的基础上还修订了《民事诉讼条例》、《刑事诉讼条例》、《法院编制法》等。

三、南京国民政府的法律制度

（一）立法概况

1. 立法指导思想

以蒋介石为首的国民党人标榜自己是孙中山革命事业的继承者，故南京国民政府成立后，在立法中盗用了孙中山的“三民主义”学说，确立了“一党专政”的立法指导原则。国民党政府标榜“三民主义”为立法指导思想，实则是以实行国民党一党专政的“一个党、一个主义”为核心，以反共反人民反革命的独裁、内战、卖国的总政策为基点，以维护大地主大资产阶级的政治经济利益为归依，形成了既具有传统的封建性，又有浓厚的买办性和法西斯性质的典型的半封建半殖民地的法律制度。

2. 法律体系

南京国民政府的法律体系是由成文法和判例、解释例两部分构成的。

成文法通常概括为“六法”，其汇编称为“六法全书”。法国大革命后陆续颁布了民法典、商法典、民事诉讼法典、刑事诉讼法典及刑法典，统称“五法典”。日本明治初年，箕作麟祥译编《法兰西法律书》。于上述五种法典前增列宪法，“六法”之称遂盛行于日本，并于民初传入中国。与这些国家的法典相比，国民党的“六法”有两个特点：第一，删去商法，增置行政法；第二，它不仅限于法典，还包括相关的单行法律和法规。故国民党的《六法全书》包括宪法及其关系法、民法及其关系法、民事诉讼法及其关系法、刑法及其关系法、刑事诉讼法及其关系法、行政法。

从立法主体及程序的角度划分，南京国民政府的成文法有宪法、法律、命令三个层次类别。其中，宪法性法律多称“约法”，法律则称“法”或“条例”，而命令包括令、规则、细则、规程、注意事项等。此外。蒋介石还可以以“委员长”的名义发布命令，并且不受任何机关、任何程序的约束。这些命令具有最高的法律效力。

判例和解释例是南京国民政府用以补充成文法的另一种重要法律形式，可以对成文法加以引申或进行实质意义上的修正。判例指南京国民政府最高法院和行政法院对某一具体案件所作的判决和裁定，各级法院可以援引并作为审理同类案件的法律依据；解释例指司法院和最高法院对法律条文具体运用所作的具有法律效力的解释。北洋政府时期大理院的判例和解释例在南京国民政府统治时期继续发生法律效力。

3. 立法特点

（1）从立法权上看，立法权受制于国民党中央。在“以党治国”的方针指导下，国民党中央牢牢控制着国民政府的立法权。国民党中央政治会议有向立法院提出法律案的优先权，立法院对政治会议所定原则不得更改；立法院通过的法律案在未公布以前，政治会议如认为有修改必要时，得以决议案的形式交立法院令其修改之。可见，立法院实质上只是国民党中央控制下的执行立法程序的办事机构。

（2）从法律内容上看，国民政府的法律是继受法与固有法的混合，也就是胡汉民所谓的“采取各国法理之长，而同时保持我国固有的良好习惯”。这是最突出的特点。一方面，在法典编纂中较多地吸取了资产阶级的、尤其是欧洲大陆一些最新的立法技术。为此，他们特地聘请了法国的宝道、顿班亚等作为顾问参与民法和刑法的起草。由清末修律奠定基础但一直残缺不全的中国近代普通法律体系在国民党统治时期相对完备了。另一方面，他们又继承封建法律制度中有利于巩固地主官僚和买办资产阶级统治的法律内容，援用清末和北洋政府的旧法律，使其法律又具有封建性和法西斯的恐怖性。

（3）从立法层次上看，普通法与特别法并存，而且特别法规数量繁多，法律效力高于普通法。南京国民政府于成文法典之外又颁行了大量的特别法规，尤以刑事特别法规为最多。因为特别法规立法程序较为简单，能及时准确地体现当权者的意志，故其效力优于普通法，无特别法时才适用普通法。就这样，南京国民政府普通法律中抄袭的较具进步意义的资本主义法律原则和制度的大部分又为其所颁布的各种特别法所破坏。

（4）从立法与司法层面上看，也表现了明显的双重性。国民政府的许多立法在形式上顺应时代的发展，体现了一些资本主义的法律制度的原则，因而从立法上看有些方面是可以肯定的，但是在司法实践中却多是立法与司法的脱节。这也是国民政府法律体制上的一个明显特征。

（二）宪法及其关系法

南京国民政府的制宪活动在形式上以孙中山先生的“建国三时期”和“五权宪法”理论为依据。

孙中山在1905年为同盟会起草的军政府宣言中首次提出建国三时期的理论。他将建立民国的程序分为军政、训政、宪政三个阶段。军政时期一切制度隶属于军政之下；训政时期召开国民会议施行约法，并由政府派出经过训练的人员到各县筹备地方自治，对人民进行行使权利、承担义务的训练。待一省全部实行自治后，该省即可进入宪政时期；宪政时期召开国民大会制定宪法。国民大会是宪政时期人民行使政权的机关，由全国各自治县人民直接选出的代表组成。举行全国大选，成立民选政府，民国即告建成。

“五权宪法”理论是孙中山独创的关于国家政体的学说，是一种中国式的近代革命民主主义的宪法学说。

20世纪初，资本主义演进为帝国主义，“三权分立”的虚伪性暴露无遗。孙中山敏锐地指出，代议制度变成了“议会专制”，没有“直接民权”；官员的产生或是搞阶级选举，或是由总统委任，难免埋没人才和任用私人。他因此认为欧美宪法不适合中国国情。同时他还注意到，瑞士增加了公民的创制权和复决权，美国国会增加了对官员的罢免权。在考察中国古老的科举考试制度和监察制度的基础上，孙中山熔古今中外法律学说和经验于一炉，从三权分立的行政权中分割出考试权，从议会立法中独立出监察权，从而创立了自己的“五权宪法”理论。这一学说是以“权能分治”为最高原则的。“权”即政权，也就是人民管理国家的权力，包括选举权、创制权、罢免权、复决权四权。其中选举权和创制权体现了主权在民，罢免权和复决权是对选举权和创制权的必要补充，体现了人民保留的收回权。这四权应由全体国民直接行使，直接行使的最有效办法是在中央设立由人民代表参加的国民大会作为国家最高权力机关，在地方实行县自治。“能”即治权，也就是政府具有管理国家的能力。具体地说就是把治权并立分为五权，即立法权、行政权、司法权、考试权、监察权，分别由五院独立行使。五院之间相互制约，向国民大会负责。由此，我们不难看出，“五权宪法”的精华是直接民权，目的是要保障人民主权，实行“全民政治”。因此，它作为一种政治方案和宪法原则，实际上具有以资产阶级为领导的、由小资产阶级、工人、农民等联合专政的色彩，因而它超出了三权分立的政权结构模式。孙中山也认为，“欧美是旧式的，苏俄是新式的，我的五权宪法论是最新的”。

1.《中华民国训政时期约法》

《训政时期约法》是南京国民政府统治下实施时间最长的一部宪法性文件，是国民党实行训政的基本法律依据。

1928年10月，国民党中央执行委员会通过了《训政纲领》6条，以法律形式公开确立了国民党的一党专政和蒋介石的个人独裁统治。蒋介石为缓和矛盾，不给反对派以口实，以便实现武力统一，遂宣布准备制定“在宪法颁布以前训政时期适用之约法”。1931年3月，国民党中央常委会决定由吴敬恒、于右任等11人为起草委员起草约法。5月5日国民会议开幕，12日通过了《中华民国训政时期约法》（以下简称《训政时期约法》），6月1日公布。

《训政时期约法》以《训政纲领》为基础，分总纲、人民之权利义务、训政纲要、国计民生、国民教育、中央与地方之权限、政府之组织、附则共8章89条。其内容特点主要是：第一，确立国民党一党专政的国家体制。在“训政纲要”中规定“训政时期由中国国民党全国代表大会代表国民大会行使中央统治权”，第七章“政府之组织”规定国民政府主席及委员由国民党中央执行委员会选任。这就借助于根本法的形式使国民党专制制度固定化了。第二，规定了以国民政府主席为首的五院制政府体制。约法规定。国民政府设行政院、立法院、司法院、考试院、监察院及各部会行使相应的五种治权。国民政府设主席1人，委员若干人，由国民党中央执行委员会选任。主席对外代表国民政府，既是国家元首又是政府首脑。“各院院长及各部会长依国民政府主席之提请，由国民政府依法任免之。”第三，形式上赋予人民各项民主自由权。但权利的行使不仅缺乏必要的物质保障，且于必要时得依法予以限制或停止。可见，也缺乏法律保障。第四，体现了国民政府发展国家资本主义的经济政策。约法规定，国家奖励及保护各种民营事业，强调国家应兴办煤、油、金、铁等矿业及航空业等于国计民生意义重大的产业。这一规定有利于发展国家资本主义。但约法丝毫没有体现孙中山关于平均地权、节制资本的民生主义设想，而只是规定限制重租、重利，从而变相地肯定了地租与高利贷等封建剥削的经济关系。

2.《中华民国宪法草案》(《五·五宪草》)

“九·一八”事变后，民族危机空前严重。全国各界人士均要求结束训政，实行民主，团结抗日，召集国民大会制定宪法。1933年1月，立法院组织了以院长孙科为委员长的宪法起草委员会，开始草拟宪法。该宪法草案经立法院及国民党中央审议、批准，1936年5月5日由国民政府公布。是为《中华民国宪法草案》，又称《五·五宪草》。

《五·五宪草》历时三载，七易其稿。包括总纲、人民之权利与义务、国民大会、中央政府、地方制度、国民经济、教育和宪法之实施与修正等8章148条。其主要特点仍是盗用并篡改孙中山的“五权宪法”理论，强化蒋介石的个人独裁地位，赋予总统具有统辖五院之权，并掌握有无需经中央政府集体决议的一切权力；在经济制度上规定：“对于土地的分配整理以扶植自耕农受自行使用土地人为原则”，以此敷衍孙中山的民生主义；关于节制资本，宪草规定“国家对私人之财富及私营企业，认为有妨害国计民生之均衡发展时，得依法律节制之”。这正好作为国民政府用以限制民族工商业、发展官僚资本主义以垄断国民经济的宪法依据。宪草所确立的政治、经济体制遭到全国人民的反对。加之抗日战争的全面爆发，国民大会不能如期召开，宪草也未能审议通过。

3.《中华民国宪法》

(1) 制定背景及过程。

抗日战争胜利后，中国“向何处去”成为当时的首要问题。1945年8月，国共两党在重庆举行和平谈判，10月10日签订了“双十协定”。根据“双十协定”，政治协商会议（旧政协）于1946年1月在重庆召开。会上通过了“宪草修改原则12条”，这些原则是对《训政时期约法》规定的国党独裁专制的否定，在一定程度上满足了当时广大人民群众的基本要求。

但是，取得了美国支持、完成了内战准备的国民党在向解放区发动全面进攻的同时又撕毁了“双十协定”，破坏了政协决议。1946年11月又非法召开了共产党、民主党派和无党派民主人士拒绝参加的“国民大会”（伪国大），制定宪法。按照“宪草协议”，只有经过政协宪草审查委员会审议通过的《五·五宪草》修正案才能提交国民大会。但直到抗战爆发时，政协尚未形成任何形式的宪草议案。蒋介石只好命令王宠惠、吴经熊、雷震等将《五·五宪草》稍加修改后交立法院审议并转呈国民大会。12月25日，“国民大会”通过了这部《中华民国宪法》，1947年1月1日公布。从宪法制定的程序来看。该宪法本身就是非法的产物。

(2) 内容特点。

《中华民国宪法》共14章175条，包括总则、人民之权利义务、国民大会、总统、行政、立法、司法、考试、监察、中央与地方之权限、地方制度、选举罢免、创制复决、基本国策、宪法之施行及修改，其基本精神与《训政时期约法》和《五·五宪草》一脉相承。但由于国民党将它作为结束“训政”实行“宪政”的标志，又碍于政协制宪原则仍有重大影响，故不得不在条文上有所变更，体现出新的特点：

第一，表面上的“民有、民治、民享”和实际上的个人独裁，即以“民主共和国”的名义确认专制独裁的统治制度。该宪法总纲规定“中华民国基于三民主义，为民有、民治、民享之民主共和国”，“中华民国之主权属于国民全体”。在“国民大会”一章中规定，国民大会“代表全体国民行使政权”，包括选举和罢免总统、副总统、修改宪法、复决立法院所提之宪法修正案”。这就是国民党所谓的“还政于民”。另外，它一方面明确宣布国民大会的创制、复决两权暂不行使，这就使国民大会除了举手表决使总统合法化之外，便无所事事了；另一方面，它又赋予总统以极大的权力，如对外代表中华民国，统率全国海陆空军、任免文武官员等，还包括第39条和第43条授予总统以“宣布戒严”权及发布“紧急命令”权且只需立法院的同意或事后追认即可。1948年的《动员戡乱时期临时条款》规定，“总统在动员戡乱时期，为避免国家或人民遭受紧急危难或应付财政经济上重大变故，得经行政院会议之决议，为紧急处分，不受宪法第39条或第43条所规定程序之限制”。这就将仅存的一点程序上的对总统权力的限制性规定涂抹干净了，重新肯定了蒋介石的独裁权力。

第二，政权体制不伦不类，既非总统制、内阁制，又非国会制。《中华民国宪法》规定，立法院为国家最高立法机关，由人民选举之立法委员组织之。行政院为国家最高行政机关，行政院院长由总统提名，经立法院同意始得任命，行政院对立法院负责。总统依法公布法律、发布命令须经行政院院长之副署，或行政院院长及有关部会首长之副署。这看起来似乎是责任内阁制，但与此同时，宪法又规定总统为国家元首，负有实际行政责任，“对于院与院间之争执，除本宪法有规定者外，得召集有关各院院长会商解决之”。这就使总统能够凌驾于各院之上。该宪法还规定总统实际上拥有对立法院一切决议的否决权。更有甚者，在《动员戡乱时期临时条款》中规定“本宪政体制授权总统得设置动员戡乱机构，决定动员戡乱有关大政方针”。“得调整中央政府之行政机构、人事机构及组织”。由此可见，该宪法规定是用矛盾的条文掩盖总统即蒋介石个人专制统治的本质。

第三，罗列了人民的各项民主自由权利，比以往任何宪法文件都充分。《中华民国宪法》第二章抄袭了资产阶级宪法条款，规定了一系列“人民之权利”，如“无分男女、宗教、种族、阶级、党派，在法律上一律平等”；人民享有身体、居住、迁徙、言论、讲学、著作、出版、通信、集会、结社、宗教信仰的自由权，享有生存权、工作权、财产权等。但其第23条规定，“以上各条列举之自由权利，除为防止妨碍他人自由、避免紧急危难、维持社会秩序，或增进公共利益所必要者外，不得以法律限制之”。正是以宪法第23条为依据，南京国民政府颁布了《维持社会秩序临时办法》、《戡乱时期危害国民紧急治罪法》、《戒严法》等，把“宪法”的抽象的民主自由切切实实地加以否定。

第四，确立“平均地权”、“节制资本”，发展官僚垄断资本的经济政策。《中华民国宪法》在“国民经济”一节中，在标榜“国家对于土地之分配与整理，应以扶植自耕农及自行使用土地人为原则，并规定其适当经营之面积”的同时，还特别强调“人民依法取得之土地所有权应受法律之保障”。在规定“国家对于私人财富及私营事业，认为有妨害国计民生之平衡发展者，应以法律限制”的同时，又强调“公用事业及其他有独占性企业以公营为原则”，“金融机构应依法受国家之管理”，从而在实际上为四大家族排斥民族资本、垄断经济命脉提供了宪法保障。这些规定使所谓的“平均地权”、“节制资本”徒成欺人之谈。

中国近代史上的第二部《中华民国宪法》宣布实施仅一年多，就随着南京国民政府的土崩瓦解而失效了。

（三）民法及其关系法

1. 民商法的制定

南京国民政府成立之始即责成法制局起草民法典。在民法典颁布以前暂时援用北洋政府的《现行律民事有效部分》等民商法规。1928年5月23日，南京国民政府公布了《民法总则》，1929年11月公布了“债”、“物”两编，1930年年底公布了“继承”、“亲属”两编。南京国民政府的民法以北洋政府“第二次民律草案”为基础，参照德、意、法、日、瑞士等大陆法系国家的民法典编纂而成，由国民政府陆续颁布。这是中国历史上正式颁行的第一部民法典。

根据国民党中央政治会议第183次会议关于编订民商统一法典的决议，1929年到1946年，南京国民政府先后制定公布了单行商事法规。主要有《票据法》、《公司法》、《海商法》、《保险法》等。

2. 民商法的内容及特点

南京国民政府的民法沿袭《大清民律草案》和北洋政府的《民法草案》，采德国民法的编制法，第一编为“总则”，第二编为“债”，第三编为“物权”，第四编为“亲属”，第五编为“继承”，整部法典共1225条。

南京国民政府民商法的主要特点如下：

第一，实行民商合一的编制体例。在编制民法债编时将通常属于商法总则规定的经理人及代办商，属于商行为的交互计算、行纪、仓库、运送营业、承揽运送及证券等项内容一一订入。凡不宜由民法统一规定的，如公司、票据、保险、海商、银行等事宜，则制定相应的单行商事法规。

第二，采用以“国家本位”为主的立法原则。它在一般地承认“私法自治”的同时，对于权利的行使、契约的订立以及其他民事法律行为都作了较为严格的限制，如规定所有人须“于法令限制之范围内”行使其所有权，“有悖于公共秩序或善良风俗”的法律行为无效等。

第三，集古今中外民事法律之大成，继受法与固有法相结合。南京国民政府的民法以清末和北洋政府的民律草案为基础，但基于形势的变化，又作了大量的修正并有明显的发展。如参照苏联的民法体系增设“法例”一章；仿照德国民法不再区别“使用租赁”与“用益租赁”。同时又保留了中国法制中固有的礼教传统，尤其是在婚姻家庭制度方面。如规定“未成年人结婚应得法定代理人之同意”；在夫妻关系方面规定“妻以其本姓冠以夫姓”，夫妻财产合起来由夫管理，“父母对于权利之行使意思不一致时由父行使之”；在维护封建家长制度方面规定“家置家长”，“家务由家长管理”等。

第四，注重维护私有财产的所有权和封建地主的土地经营权，同时赋予以美国为首的帝国主义在华特权。

(四) 刑法及其关系法

南京国民政府的刑法是由刑法典、刑事特别法规及司法院的解释例、最高法院的判例组成的。

1. 刑法典的制定与修改

1927 年 4 月，司法部长王宠惠以北洋政府拟定的《刑法第二次修正案》为基础加以删修，编成《刑法草案》，提交国民党中央常务会议审定。1928 年 3 月 10 日国民政府公布，称《中华民国刑法》。在实施中，该刑法典本身因其条文繁复不明而致适用时歧疑颇多，刑事特别法的泛滥也要求刑法能重订划一。鉴于此，1931 年 12 月立法院组织刑法起草委员会重新拟定刑法典。1934 年 10 月《刑法修正案》最后完成，由立法院审议通过，1935 年 1 月 1 日国民政府予以公布。这部刑法典通称为新刑法，分总则和分则两编，357 条。

南京国民政府宣称，新刑法以三民主义为根本宗旨。广采各国最新刑法学说和立法例，立法精神由客观事实主义转而倾向于主观人格主义，由报应主义转而侧重于社会防卫主义。客观事实主义认为量刑应以法律的客观规定和犯罪的客观危害为准，而主观人格主义强调的是罪犯的主观方面和法官的主观意志；报应主义认为刑罚是对犯罪恶行实施的等价报应，社会防卫主义则认为刑罚是用来预防犯罪以保卫社会的安全的。新刑法还将部分刑事特别法的内容并入法典中，使刑法渐趋划一。

2. 刑事特别法

南京国民政府在其统治的 22 年中公布了多如牛毛的刑事特别法规，以镇压全国风起云涌的革命和民主运动，同时又保持着刑法典的相对稳定。特别法手续简便，不拘形式，效力又高于普通法。当时公布的刑事特别法包括：《惩治盗匪暂行条例》公布于 1927 年 11 月；《暂行反革命治罪法》公布于 1928 年 3 月；《共产党问题处置办法》国民党于 1939 年秘密发布；《戡乱时期危害国家紧急治罪条例》公布于 1947 年 12 月，修正于次年 4 月。

3. 刑法的主要内容和特点

第一，标榜“罪刑法定”原则。罪刑法定原则是西方资产阶级刑事古典学派为反对封建罪刑擅断主义而提出的进步的刑法原则。这一原则对于防止法官任意罗织罪名，诬陷他人，保障基本人权起到了巨大的作用。南京国民政府新旧刑法都抄袭了这一原则。

第二，锋芒指向中国共产党领导的人民革命及民主运动，维护国民党的法统。南京国民政府存在的 22 年里，共产党领导的革命运动和民主运动日益高涨，因而镇压革命及民主运动成为国民政府刑法的首要任务。比如设定“内乱罪”且置于首篇；设定多种罪名，镇压国民党统治下的反抗行为和革命活动。

第三，一定程度上继承了封建刑法中的伦理纲常。南京国民政府虽然革除了北洋政府刑法中某些纲常礼教的内容，但仍保留了亲属的身份等级和在刑罚适用上的不平等。比如刑法第 237 条规定有“重婚罪”，但 1933 年最高法院以“上字第 122 号判例”规定，“重婚罪之成立必须以正式婚姻为前提，如仅买卖为婚，并未具备结婚方式者，本不发生婚姻效力，自不成立重婚罪”。司法院于同年所作的解释例更是直接规定，“娶妾并非婚姻”，肯定了男子纳妾的合法性，从而使重婚罪的刑事责任效力仅及于妇女。

第四，刑罚及保安处分。南京国民政府的刑罚分为主刑及从刑，主刑为：死刑、无期徒刑、有期徒刑（刑期由两个月至15年，但可依规定减至不满两个月或加至20年）、拘役（刑期为一日至不满两个月，但可加至四个月）、罚金（数量为一元以上）；从刑为：褫夺公权（包括为公务员之权、为公职候选人之权及四项政权）、没收。另外有6个月以下有期徒刑及拘役可以“易科罚金”以及被科罚金而无力完纳者须“易服劳役”的规定。这显然是为富者免刑、贫者受罚而设。

19世纪末20世纪初，鉴于犯罪率的急剧上升，西方资产阶级刑法学家提出，刑法仅对已经犯罪的人科刑是不够的，刑罚也不应视为对恶行的报应，刑法应从保卫社会安全的目的出发，既要以刑罚矫正已然犯罪人的行为，防止他们重新犯罪，也要对那些有可能重新犯罪和虽未犯罪但对社会存在潜在威胁的危险人加以预防。基于这一社会防卫主义理论，资产阶级刑法设立了“保安处分”制度。规定将上述人拘禁于某些场所，或禁止他们居住或进入某些场所。国民政府新刑法中的“保安处分”制度就是从德意等国刑法典中直接移植过来的。新刑法规定，对未满14岁者、心神丧失者（精神病人）危害社会的行为不处罚，但须送入感化院或相当处所施以感化教育或监护，对犯有吸毒罪、故意传播性病及麻风病罪的人，应于执行刑罚前送入相当的处所强制治疗；对因酗酒、游荡或懒惰成习而犯罪者、有犯罪习惯或以犯罪为常业的人，应于刑罚执行完毕或赦免以后进入相当处所强制戒酒或强制劳动。上述各种处分措施的期限分为3年以下、6个月以下、3个月以下等。保安处分不是刑罚方法，它是用以代替刑罚、将有社会危险性的人与社会隔离进行矫正的措施。对集权政府来说，这一制度的最大优点就在于可以将反对其统治的人施以定期或不定期与社会隔离的处分而不受法律的限制。

南京国民政府还创设了一种类同于保安处分的反省制度。1929年12月，国民政府颁布《反省院条例》，1935年7月修正，该条例规定，凡违反《危害民国紧急治罪法》或《暂行反革命治罪法》的人，依《共产党人自首法》之规定应移送反省院的人，于审判前或刑罚执行中或执行后均应送入反省院反省，期限为6个月至5年。所谓反省即于监禁中施以反动教育和其他迫害措施使政治犯屈服。

（五）民事诉讼法及其关系法

1. 立法概况

以北洋政府的《民事诉讼条例》为蓝本，国民政府司法部拟定了《民事诉讼法草案》。经国民党中央政治会议批准、立法院审议通过，1930年12月26日，国民政府颁布了《民事诉讼法》第1编至第5编第3章。随着民法亲属编和继承编的颁布，1931年2月13日，国民政府又公布了第5编第4章“人事诉讼程序法”。至此，南京国民政府第一部正式的民事诉讼法典遂告完成。这也是中国历史上第一部正式颁布的民事诉讼法典。

《民事诉讼法》施行后，国民政府又根据实际情况予以了修定。1934年4月司法部行政部拟具修正案及修改的理由转呈立法院审议。该修正案经立法院通过后于1935年2月1日予以公布，是为新《民事诉讼法》。新《民事诉讼法》共9编640条。除《民事诉讼法》外，国民政府还颁布有民事诉讼特别法。主要有两类：其一是就《民事诉讼法》规定的某一程序的实施细则。如1940年1月的《强制执行法》，1941年4月公布的《民事诉讼费用法》等；其二是非常时期对民事诉讼的某些程序根据实际情况所作的变通性规定，一俟特定背景消失，其效力即行废止。如1940年7月的《非常时期民事诉讼法补充条例》，1945年12月的《复员后办理民事诉讼补充条例》等。

2. 主要内容及特点

第一，实行“不干涉原则”。“不干涉原则”又称“不干涉审理主义”或“当事人进行主义”，也可称为“绝对的处分原则”。它源于资产阶级的“私法自治”原则，意为诉讼程序的开始、进行、终结以及诉讼资料的提出均依当事人的意思，法院不作职权上的干涉。南京国民政府的《民事诉讼法》采用了这一原则。

第二，特定案件的法院调解制度。南京国民政府的《民事诉讼法》规定了法院调解制度。准予调解的事件分为两类，一类是强制调解事件，包括房屋租赁、雇佣契约、离婚及夫妻同居、终止收养关系等；另一类是任意调解事件，即经当事人申请并由法院认可的其他诉讼事件。调解组织由调解法官和调解人组成，调解人可由两造推举，也可由法院选任。调解不用开庭形式，得不公开，应于起诉前进行调解，具体期日由法院决定，而于期日结束仍不能成立调解时则转入诉讼程序。调解成立时其效力同于和解。

第三，程序繁杂，规定琐细。南京国民政府的《民事诉讼法》篇帙浩大，规定了极为繁琐的诉讼程序。除了9编之外，每1编又层层划分，不厌其详。该法互见条文很多，“但书”比比皆是，文字晦涩难懂，这就给一般人了解其规定和进行诉讼带来许多不便。

（六）刑事诉讼法及其关系法

1. 立法概况

1928年国民政府司法部在拟具《民事诉讼法草案》的同时，还依据北洋政府的《刑事诉讼条例》拟定了《刑事诉讼法草案》。国民政府于1928年7月28日公布，是为旧《刑事诉讼法》。为适应《法院组织法》的颁布和《刑法》的修改，1934年11月立法院通过了《修正刑事诉讼法草案》，1935年1月公布实施。是为新《刑事诉讼法》。该法分为9编516条。刑事诉讼法的特别法规主要有：《反革命案件陪审法》、《陆海空军审判法》、《县长及地方行政长官兼理军法暂行办法》、《非常时期刑事诉讼条例》、《特种刑事案件诉讼条例》、《假释审查规则》等。

2. 主要内容及特点

第一，采用“自由心证”原则。“自由心证”原则又称“自由判断证据”原则，指证据的取舍和证明力完全由法官根据理智、信念来自由判断，法律并不预设规定加以限制。这一证据原则是西方资产阶级为反对封建司法僵化的法定证据制度而提出来的，为大陆法系国家普遍采用。南京国民政府《刑事诉讼法》第269条规定，“证据之证明力由法院自由判断之”。最高法院也以大量判例进一步肯定了“自由心证”的证据原则。

第二，检察官享有很大的权力。比如侦查权、提起公诉并实行公诉权、协助自诉权以及指挥刑事裁判执行权；检察官在执行职务时有拘留、逮捕、搜查等强制处分之权；遇有紧迫形势时，检察官还可以命令在场或附近之人乃至于调动附近军队辅助侦查。根据侦查所得证据，检察官有权决定对被告是否起诉。

第三，严格限制自诉权。南京国民政府的《刑事诉讼法》虽在原则上对自诉作了肯定，但限制颇多，比如对于直系尊亲属或配偶不得提起自诉等。

第四，剥夺重要案犯的上诉权利。比如对所谓“危害民国”的政治案件判决后不得上诉，只能申请原审法院复判：对于复判的判决不得申请再复判。

（七）行政法

1. 行政立法概况及内容

南京国民政府颁布的行政法规包括行政组织法、行政执行法、行政诉愿法、各行政职能部门管理法和地方行政法规等。

中央行政机关组织法。行政院及其各部会为南京国民政府的中央行政机关。1928年12月20日，国民政府颁布《行政院组织法》，此后又多次修正。该法规定了行政院的职权、内部组织及活动规程。行政院设内政、外交、军政、财政、教育、交通等部会，具体设置因不同时期的《行政院组织法》而有所不同。

地方行政机关组织法。1927年7月8日国民政府颁布《省政府组织法》，1936年3月颁布《行政督察专员公署组织暂行条例》，1928年9月国民政府颁布《县组织法》，1939年9月颁布《县各级组织纲要》。

公务员法。南京国民政府自1929年起陆续颁布了有关公务员管理的系列法规。如《考试法》、《公务员任用法》、《公务员考绩法》、《公务员服务法》、《公务员抚恤法》、《公务员惩戒法》、《公务员退休法》等。

行政执行法。1932年12月28日，国民政府公布了《行政执行次》，后又两次修正。

行政诉愿法。1930年3月24日国民政府颁布《诉愿法》，1937年1月8日修正。

除上述行政法外，国民政府、行政院、立法院、考试院及行政院各部会还分别制定和颁布了大量有关内政、外交、教育、军政、财政、经济、交通等单行行政法规。各省参议会、省政府也根据本省实际情况制定和颁布了适合本省的地方行政法规。

2. 南京国民政府行政法的地位与特征

行政法作为规定行政组织及其职权与作用的法律规范的总和，在南京国民政府的法律体系中所占比重很大，地位极高。自国民党中央政治会议确定“民商合一”的原则始，国民党政权的法律体系就开始有了自己的特色，行政法逐步被视为“六法”之一。而国民党政权的“六法”除宪法为根本法外，其他五法实际上只包括两大类，即“行政法”和刑法、民法、诉讼法等“司法法”。因此在宪法之下，行政法处在“独占半壁河山”的地位。南京国民政府的行政法具有以下主要特征：

第一，从性质上说，它是国民党实行专制统治的工具。中国的传统法律在专制主义政体下素来重视对行政机构、官吏以及社会生活的控制。南京国民政府一脉相承。在继承封建统治手段的同时也继承了封建的传统法律思想。因此，它的行政法与西方资产阶级的行政法有重大区别，它不是以实现民主政治为目的，而是为专制政治服务的。

第二，从制定上说，它在国民党以党统政的体制下与其他法律一样，没有经过什么民主的立法程序，而是完全由国民党一手炮制的，是其“党治”的直接产物。

第三，从形式上说，它包括行政法律和行政规章，由诸多的单行法律、法规组成，数量繁多、体系杂乱。

第二节 中华民国的司法制度

一、南京临时政府的司法制度

（一）司法机关

1. 审判机关

按照《中华民国临时政府组织大纲》的规定，临时中央审判所是民国的最高审判机关。各省的审判机关则根据形势不同，机构建制也不同。如湖北的审判机关是临时审判所，而上海则设立初级审判厅、地方审判厅和高等审判厅。《中华民国临时约法》规定行使审判权的机关是法院，"法院以临时大总统及司法总长分别任命之法官组织之"，法院的职权是依法审判民事诉讼和刑事诉讼以及行政诉讼和特别诉讼。

2. 司法行政机关

南京临时政府设立司法部为中央行政九部之一，作为中央司法行政机关。司法部内设承政厅、法务司及狱务司，在各省设立相应的司掌管司法行政。

（二）诉讼原则和审判制度

在司法制度方面南京临时政府也进行了改革，引进了西方先进的诉讼原则和审判制度。

1. 司法独立原则

南京临时政府根据资产阶级的"三权分立"学说确立了司法独立的原则，即作为行政机关的临时大总统、副总统和国务员，作为立法机关的参议院与作为司法机关的法院相互监督，彼此制约。

2. 公开审判原则

南京临时政府仿照欧美的司法制度规定了公开审判原则。《临时约法》第 50 条规定，"法院之审判，须公开之；但有认为妨害安宁秩序者，得秘密之"。这种公开审判制度较之封建君主专制的秘密审判制度无疑是历史的进步。

3. 辩护原则

清末的法律虽在条文上肯定了辩护制度并承认了律师的合法地位，但实际上并未得到实施。辛亥革命后苏杭两地的留学生首先组织了辩护士会（亦称律师总会）并制定了章程，这是中国最早出现的律师组织。之后，其他地区的律师团体也相继成立。

4. 上诉和审级制度

从各地的审判实践来看，南京临时政府时期已经开始实行上诉和审级制度，基本上沿用清末的四级三审制，即第三审判决为终审判决，不得再为上诉。

5. 禁止刑讯与体罚

南京临时政府成立后，在孙中山民权主义的指导下，为反对封建司法专横，提倡人道，注重民生，于 1912 年 3 月连续发布了《大总统令内务司法两部通饬所属禁止刑讯文》、《内务部咨司法部严令所属官厅一律停止刑罚文》、《大总统令内务、司法部通饬所属禁止体罚文》等，严令全国各级行政司法官署废除刑讯体罚制度。

南京临时政府在三个月内颁布的大量法律法令说明了中国资产阶级革命派重视以法治国。法律和法令的内容具有鲜明的反封建的民主性质。只是由于革命政权初建，全国尚未统一，号令不能彻底贯彻，南北议和后政权易手，上述革命法令未能付诸实施。但其革命的民主精华在中国近代法制史上留下了光辉的一页，至今仍为广大中国人民所缅怀和借鉴。

二、北洋政府的司法制度

(一) 司法机关

1. 普通法院

北洋政府的司法制度采用大陆法系的体制，行政诉讼与普通民刑诉讼分属不同法院管辖，一般民刑诉讼由普通法院受理。北洋政府普通法院的设置基本上沿用清末旧制，即中央设大理院，地方设高等审判厅、地方审判厅和初级审判厅，实行四级三审制。大理院为最高审判机关，设院长一人总理全院事务；下设民事庭和刑事庭。各设庭长一人；审判案件时由推事五人组成合议庭，以庭长为审判长。大理院在离京师较远或交通不便的省高等审判庭内设立大理院分院，在未设初级审判厅的各县由县知事兼理司法事务。其后根据 1917 年颁布的《法公署组织章程》，县设司法公署管辖初审民刑案件。

与各级审判厅相适应。在各级审判厅内分别设立总检察厅、高等检察厅、地方检察厅和初级检察厅。它们各自独立行使检察权，负责刑事案件的侦查、提起公诉和监督执行，遵照民事诉讼律及其他法律之规定为民事诉讼当事人或公益代表人。

2. 平政院

平政院是受理行政诉讼的机关。1914 年北洋政府开始正式成立平政院。依《行政诉讼法》之规定，平政院的职权是：受理因中央或地方最高级行政官署的违法处分损害了人民权利而提起的行政诉讼；因中央或地方行政官署之违法处分损害了人民的权利，经诉愿于最高级行政官署，不服其判决所提起的上诉案件。平政院初期曾设有肃政厅，对官吏不法行为的实施纠弹。平政院因而兼具行政诉讼和弹劾两种职能。

3. 军事审判机关

北洋政府的军事审判机关包括海陆军内的军事审判机关，分为高等军法会审、军法会审和临时军法会审三种。各种军法会审均以审判长、军判官、军法官、录事等组成。在军阀统治下，不论军人犯罪还是非军人犯罪，不论刑事、民事案件，军事审判机关皆有权审理。

4. 司法行政机关

北洋政府的司法行政机关在中央是司法部，省级司法行政机关则不统一。后根据 1913 年《划一现行中央直辖特别行政官厅组织令》的规定，各省一律设立司法筹备处。后又因财政困难明令裁抑，所掌事务由司法部划归高等审判厅或高等检察厅兼管或会同办理。

(二) 诉讼审判制度

北洋政府成立初期，在诉讼制度上除援用清末《刑事民事诉讼法草案》外，还陆续颁布了一些单行条例、章程，如《民刑诉讼律草案管辖各节》、《民事非常上告暂行条例》、《县知事审理诉讼暂行章程》、《县知事兼理司法业务暂行条例》等。后来又在清末的民刑诉讼法草案的基础上编成了《民事诉讼条例》和《刑事诉讼条例》，并先在"东省特别区法院"区域试行。1922 年 7 月 1 日起在全国施行。这些条例虽然在形式上规定了各类法院管辖的案件范围、应遵守的诉讼原则和程序，如司法独立、公开审判以及辩护原则和上诉制度等，但实际上是徒具虚名。

北洋政府审判制度的一个重要特点就是军事审判重于普通审判。按照《陆军审判条例》和《海军审判条例》之规定，北洋政府军事审判机关的任务主要是审理军人案件，只有在战时或戒严时才有权就非军事人员的案件实行军事审判。但在北洋政府统治时期，由于帝国主义的操纵，各派军阀混战，人民革命斗争和学生的爱国运动空前高涨，几乎一直处于战争时期或戒严状态，因而在实际上军事审判已代替了普通司法审判。军事审判时不准旁听、不准辩护、不准上诉，并允许使用杖刑、流刑等封建酷刑来代替普通刑罚，法律规定的各级法院管辖范围和应遵守的诉讼原则和程序在这里完全遭到了破坏。这是军阀独裁专制在司法制度上的反映。

复判制度的变化。清末标榜司法独立，创设大理院复判制度。北洋政府在沿袭清末司法制度的同时，修正和发展了复判制度。根据 1913 年修正的《复判暂行章程》以及 1915 年《复判简章》的规定，北洋政府废除了前清将重罪人犯向上级层层解送审理的"解勘"制度，即凡各县判决的案件均直接送高等审判厅复判，不再上至大理院；复判范围不仅包括死刑，也包括无期徒刑或一、二等有期徒刑未经上诉、撤回上诉或上诉不合法未经第二审进行实体审判等案件；复判方式可以采用书面审、提审、派员审、发回原审县知事及发交邻近地方审判厅或县知事复审。

三、南京国民政府的司法制度

（一）司法机构

1. 普通司法机关

根据 1932 年 10 月颁布的《中华民国法院组织法》的规定，普通司法机关，即普通法院分为地方法院、高等法院和最高法院三级。

地方法院设于县或市（区域狭小者数县市合设，区域辽阔者得设立分院），未设地方法院的县市之审判事务在 1936 年前由县长兼理，1936 年后由设于县政府的县司法处审理。地方法院设院长和推事若干人。推事六人以上得分置刑事庭和民事庭，负责审理法律规定的民、刑第一审诉讼案件和非讼事件。

高等法院设于首都、省会、特别区和直辖市，可在辖区内设置分院。除置院长综理院务外，另设刑事及民事庭，庭数视事之繁简而定，负责审理不服地方法院一审判决的上诉案件和不服一审裁定的抗告案件以及"内乱、外患及妨害国交之刑事第一审诉讼案件"。

最高法院设于国民政府所在地，置院长以及若干刑事庭、民事庭。审理不服高等法院一审或二审判决或裁定的上诉、抗告案件。

2. 特别司法机关

除各级普通法院外，南京国民政府还依特别法设立有特别的司法审判系统，主要包括特种刑事法庭和军事审判机关。

特种刑事法庭。根据1927年12月公布的《特种刑事临时法庭组织条例》，国民政府在南京设立“特种刑事中央临时法庭”，在各省、市设立“特种刑事地方临时法庭”。次年11月特种刑事临时法庭被撤销，其职能转由军法机关行使。1948年4月，国民政府公布《特种刑事法庭组织条例》。根据该条例，南京成立了“中央特种刑事法庭”，隶属司法院；各省设立“高等特种刑事法庭”由司法部指定，负责审理《戡乱时期危害国家紧急治罪条例》所规定的案件。

军事审判机关。南京国民政府的军事审判机关有：（1）军法会审机关。军法审判机关分为简易军法会审机关、普通军法会审机关和高等军法会审机关三种。（2）兼理军法司法法院。县长或地方行政长官兼理之军法案件，凡被告是军人的，非经中央最高军事机关授权不得审判。县长或地方行政长官判决之军法案件必须由中央最高军事机关核定。（3）普通军事机关。在一定条件下，一般军事机关亦有权进行军法审判。

行政法院。根据《行政法院组织法》，南京国民政府于1933年成立行政法院，隶属于司法院。行政法院视事务繁简设立数庭。每庭设庭长1人，评事5人，实行5人评事台议制，掌理全国行政诉讼审判事务。地方不设行政法院。

3. 检察机关

南京国民政府实行“审检合署”制，即检察机关配置于各级法院内，独立行使职权。最高法院设检察署，置检察长1人、检察官若干人；地方各级法院及其分院各配置首席检察官1人、检察官若干人。检察官的职权包括实施侦查、提起公诉、担当自诉、指挥刑事裁判之执行以及履行其他法令所定职务之执行等。

4. 司法院

根据《中华民国国民政府组织法》和1928年10月颁布的《司法院组织法》，司法院为国民政府最高司法机关，掌理司法审判、司法行政、官吏惩戒、解释法令、变更判例等职权。《中华民国宪法》还赋予司法院解释宪法及对各省自治法进行违宪审查的权力。司法院下辖司法行政部（1942年改隶行政院）、最高法院、行政法院和公务员惩戒委员会等机构。1947年后司法院增设大法官会议，行使解释宪法并统一解释法律、命令之权。司法院院长和司法行政部对各级法院的审判行使监督权。

（二）诉讼审判制度

1. 形式上采用资产阶级的“司法独立”原则

南京国民政府仿效资产阶级国家，将“司法独立”作为其司法制度的基本原则。《中华民国宪法》规定，“法官须超出党派之外，依据法律独立审判。不受任何干涉”。为保障法官独立行使审判权，宪法还规定。“法官为终身职，非受刑事或惩戒处分或禁治产之宣告，不得免职。非依法律不停职、转任或减俸。”《法院组织法》将这一原则进一步具体化，“检察官对于法院，独立行使职权”；上级法院对下级法院为监督关系而非隶属关系；各级法院院长只负责全院行政事务而不能指挥所属法官的审判。

2. 实行公开审判

南京国民政府《法院组织法》规定了一般的公开审判制度，即“诉讼之辩论及判决之宣示，应公开法庭行之”。但同时又规定，“有妨害公共秩序或善良风俗之虞时，经法院之决议得不公开”。

3. 实行三级三审终审制

南京国民政府的普通法院实行三审终审制，但由高等法院一审的案件，二审即为终审。最高法院为全国终审机关，第三审仅为法律审，即凡不服二审判决，“上诉于第三审法院，非以判决违反法令为理由不得为之”。这就是说第三审仅以第二审法院判决所认定的事实为依据，对其适用法律是否适当进行书面审理，而不论其认定的事实是否准确。

4. 司法行政部监督司法审判

司法行政部的职权除管理全国的律师、公证、狱政及司法人员的训练、教育等司法行政事务以外，《法院组织法》还赋予其监督司法审判之权。“司法行政部部长监督最高法院所设之检察署及高等法院以下各级法院及其分院。”《刑事诉讼法》规定，死刑复核权由司法行政部行使，即法院的死刑判决确定后，检察官应速将案卷呈报司法行政部复核。司法行政部如发现被判决死刑者系心神丧失之人（精神病患者）或为孕妇时，得下令停止执行死刑；当心神丧失者痊愈或孕妇生产后，非有司法行政部命令不得执行死刑。

5. 特务组织参与司法审判

公开的法律强制与秘密的非法镇压相结合是国民党推行恐怖政策、实行法西斯统治的基本特征之一。除了公开的警察、司法机关之外，他们还建立了许许多多的特务组织，在全国各地形成了一个错综复杂、无孔不入的特务网络。主要有三大系统：

（1）国民党中央委员会系统（即中统）。

1929 年，以国民党的“CC”集团骨干分子为基础成立国民党中央组织部调查科。以后扩建为“特工总部”，继而改称“党务调查处”，1937 年并入国民政府军事委员会调查统计局，为第一处。不久分离出来，扩大改组为国民党中央执行委员会调查统计局（即“中统”，徐恩曾任局长）。1947 年改称“党员通讯局”，1949 年 3 月划归内政部，为“内政部调查局”。

（2）国民政府军事委员会系统（即“军统”）。

早期是“复兴社”中“力行社”的特务处。1937 年正式组建了国民政府军事委员会调查统计局（即“军统”），由蒋介石侍从室第一处主任兼局长，戴笠任副局长。但是局长从不过问军统的工作和人事、经费等，全由戴笠一手操办，直接对蒋介石负责。国民政府从武汉撤退到重庆后，军统的组织越来越大，各种名称的特务训练班达 40 多个，内外勤特务最多时达 5 万多人。它们在国内设立区、站、组和爆破、破坏、行动等总队、大队，在国外许多地方也设立了站、组及通讯员。1943 年由戴笠和美国特务梅乐斯共同策划建立了“中美特种技术合作所”。1946 年戴笠死于非命后，内部派系争夺公开化，其核心部分遂改组为国防部保密局。

（3）国防部系统。

抗日战争时期即有“军令部二厅”的军事特务机构。抗战胜利后，国防最高委员会改组为国防部，1946 年合并了原军令部二厅和“军统”中公开的武装部分组成国防部二厅。以后在其属下还建立了“国防部绥靖总队”。

上述特务机构都设置了秘密监狱。比较大的有重庆、上海、息烽、西安、天水等地的集中营，“中美特种技术合作所”下设的白公馆和渣滓洞等。

国民党的特务组织活动十分猖獗，他们可以不经任何法定程序肆意监视、搜查、扣押、逮捕、监禁、拷打、杀害共产党员、爱国人士和无辜群众。特务机关参与司法审判活动有力地揭穿了国民党法律所标榜的“严禁法外侵扰”的虚伪性。

【本章小结】

南京临时政府的宪法性文件有：《中华民国临时政府组织大纲》和《临时约法》。《中华民国临时约法》的内容有：以孙中山的民权主义学说为指导思想；确定了中华民国为资产阶级民主共和国；肯定了资产阶级共和国的政治体制和组织原则；关于人民的权利和义务；规定中华民国是统一的多民族国家。《中华民国临时约法》的特点有：改总统制为责任内阁制；相对缩小了临时大总统的权力；规定了严格的修改程序。《中华民国临时约法》作为中国历史上第一部资产阶级共和国性质的宪法文件具有重要的历史意义和地位，但它毕竟是特定历史条件下的产物，有其不可避免的局限性。南京临时政府的法律内容涉及政治、经济、文化教育等方面。

北洋政府的宪法性文件有：《中华民国宪法草案》（《天坛宪草》）、《中华民国约法》（“袁记约法”）、《中华民国宪法》（“贿选宪法”）。刑事法律规范有：删改《大清新刑律》为《暂行新刑律》、两次刑法修正案。民事法律规范有：北洋政府继续沿用以《大清律例》为基础修订的《大清现行刑律》中的民事部分，称“现行律民事有效部分”；1926年完成《民律第二次草案》。商事法律规范有：在沿用前清商律的同时，修订并公布了一系列的单行商事条例、章程和命令。

南京国民政府立法指导思想：盗用了孙中山的“三民主义”学说，确立了“一党专政”的立法指导原则。南京国民政府的法律体系是由成文法和判例、解释例两部分构成的，成文法通常概括为“六法”，其汇编称为“六法全书”。立法特点有：立法权受制于国民党中央；是继受法与固有法的混合；普通法与特别法并存，而且特别法规数量繁多，法律效力高于普通法；明显的双重性。南京国民政府的制宪活动在形式上以孙中山先生的“建国三时期”和“五权宪法”理论为依据。宪法及其关系法有：《中华民国训政时期约法》是南京国民政府统治下实施时间最长的一部宪法性文件，是国民党实行训政的基本法律依据；《中华民国宪法草案》即《五·五宪草》；1946年12月25日，“国民大会”通过了《中华民国宪法》（蒋记宪法），特点有：表面上的“民有、民治、民享”和实际上的个人独裁；政权体制不伦不类；罗列了人民的各项民主自由权利；确立“平均地权”、“节制资本”。民法及其关系法有：1930年底正式颁行了中国历史上第一部民法典，先后制定公布了单行商事法规。民商法的特点有：实行民商合一的编制体例；以“国家本位”为主的立法原则；集古今中外民事法律之大成，继受法与固有法相结合；注重维护私有财产的所有权和封建地主的土地经营权，同时赋予以美国为首的帝国主义在华特权。刑法及其关系法有：刑法由刑法典、刑事特别法规及司法院的解释例、最高法院的判例组成，主要内容和特点有：标榜“罪刑法定”原则；锋芒指向中国共产党领导的人民革命及民主运动，维护国民党的法统；一定程度上继承了封建刑法中的伦理纲常；刑罚及保安处分。民事诉讼法及其关系法：1931年2月13日和1935年2月1日，公布了旧、新《民事诉讼法》，主要内容及特点有：实行“不干涉原则”；特定案件的法院调解制度；程序繁杂，规定琐细。刑事诉讼法及其关系法：国民政府于1928年7月28日公布《刑事诉讼法》，1934年11月通过了《修正刑事诉讼法草案》即新《刑事诉讼法》。主要内容及特点有：采用“自由心证”原则；检察官享有很大的权力；严格限制自诉权；剥夺重要案犯的上诉权利。行政法及其关系法：行政法规包括行政组织法、行政执行法、行政诉愿法、各行政职能部门管理法和地方行政法规等，特点有：是国民党实行专制统治的工具；没有经过什么民主的立法程序，是其“党治”的直接产物；它包括行政法律和行政规章，由诸多的单行法律、法规组成，数量繁多、体系杂乱。

南京临时政府的司法制度：临时中央审判所是民国的最高审判机关，《中华民国临时约法》规定行使审判权的机关是法院。南京临时政府设立司法部作为中央司法行政机关。在司法制度方面南京临时政府也进行了改革，实行司法独立原则、公开审判原则、辩护原则、上诉和审级制度、禁止刑讯与体罚。北洋政府的司法机关：北洋政府一般民刑诉讼由普通法院受理，在各级审判厅内分别设立各级检察厅，设平政院作为受理行政诉讼的机关；审判制度的一个重要特点就是军事审判重于普通审判。南京国民政府的司法机构有：普通司法机关，即普通法院分为地方法院、高等法院和最高法院三级；依特别法设立有特别的司法审判系统，主要包括特种刑事法庭和军事审判机关及行政法院，掌理全国行政诉讼审判事务，地方不设行政法院。南京国民政府实行“审检合署”制；诉讼审判制度有：形式上采用资产阶级的“司法独立”原则；实行公开审判；实行三级三审终审制；司法行政部监督司法审判；特务组织参与司法审判主要有三大系统：即国民党中央委员会系统（即中统）、国民政府军事委员会系统（即“军统”）和国防部系统。

第十六章 燎原星火

——革命根据地法律制度

（公元1927—1949年）

◎ 知识目标：

● 了解人民民主革命各历史时期革命根据地法制的发展概况；掌握宪法性法律文件、土地立法

● 了解根据地的司法制度，掌握马锡五审判方式、解放区的调解制度

◎ 能力目标：

● 理解革命根据地法制的经验教训及重要历史意义，运用历史的思维理解在革命中法制建构对新中国成立后法制发展的影响

【本章导读】

1927年，大革命失败后，国民党在南京建立了地主买办阶级的政权。为了推翻他们的反动统治，以毛泽东为代表的中国共产党人向农村进军，在井冈山建立了第一个农村革命根据地，开辟了中国革命的新纪元，革命运动由此蓬勃发展起来。随着革命根据地民主政权的建立，革命法制应运而生。它以鲜明的阶级特质表明自己同历史上一切剥削阶级法制有着根本的区别。经过抗日战争和解放战争两个时期，革命根据地的法律制度获得重大发展。这种以马克思主义国家观、法律观为指导，结合中国社会的实际情况而创建的新民主主义法制在中国法制史上具有划时代的意义。它不仅保障了新民主主义革命的胜利，而且为新中国成立后社会主义法制的建立奠定了基础。

第一节 革命根据地的法律

一、基本原则

（一）坚持马克思主义与中国国情相结合

这一原则是革命根据地民主政权法制建设的根本指导原则，也是革命法制胜利发展的切实保证。在二者结合的问题上，由于缺乏实践经验，加之“左”右倾机会主义的干扰，曾经历了一段摸索和斗争的艰苦过程。以“八七”会议为开端，党内的“左”倾情绪先后发展成为以瞿秋白和李立三为首的两次“左”倾机会主义路线。他们错误地坚持在大城市武装起义夺取政权的道路和一省数省首先胜利的主张。后来又产生了王明为首的“左”倾机会主义路线。他们都推行一套完全脱离中国国情的政治、军事、组织路线，制

定和公布了许多错误的法律法令。到1935年党中央在贵州遵义召开了政治局扩大会议，清算和纠正了机会主义路线，确立了以毛泽东为首的党中央正确领导班子以后，中国新民主主义革命事业才走向胜利。历史证明：只有坚持做到马克思主义与中国国情相结合，一切从中国实际出发，革命法制才能沿着正确轨道发展，才能充分发挥出它的威力和作用。

（二）紧密围绕并服务于民主革命的总任务和总路线

自鸦片战争开始，中国逐步沦为半殖民地半封建社会。这一社会性质决定了中国新民主主义革命的总任务是推翻帝国主义、封建主义、官僚资本主义三位一体的反动统治。新民主主义革命的立法和司法必须为实现这一总任务服务。中国共产党作为新民主主义革命的领导者和决策者制定的纲领、路线、方针、政策最充分地体现了这一总任务。这些纲领、路线、方针、政策就成为各个不同时期人民民主政权立法和司法的主要依据。中共中央发布的《关于废除国民党六法全书与确立解放区司法原则的指示》规定，"在人民新的法律还没有系统地发布以前，应该以共产党政策以及人民政府与人民解放军已发布的各种纲领、法律、条例、决议作依据"。

（三）坚持人民民主专政

谁享有民主，对谁专政标志着政权和法制的性质，故民主与专政问题十分重要。在新民主主义革命时期各个阶段的根据地法制建设中都十分重视这一问题，坚持人民民主专政也就成为法制的指导原则。苏维埃代表大会、人民代表会议制度等是实现人民民主专政的组织保证。抗日战争期间，抗日民主政权的法律虽然对地主、资本家作了一定程度的让步，但作为抗日民族统一战线的成员，他们也应该属于人民的范畴，而且对他们的暂时让步也是符合农民和工人长远利益的。新民主主义时期的宪法性法律、土地立法、劳动立法、婚姻立法和司法制度等都较集中地体现了无产阶级和人民大众的意志，体现了人民民主专政的原则。

二、法律的建立与发展

新民主主义革命法制的建立与发展进程是与中国新民主主义革命发展的进程相适应的。

（一）新民主主义革命法制的萌芽

从1921年中国共产党成立到1927年第一次国内革命战争结束是新民主主义革命法制的萌芽阶段。中国共产党刚刚成立就领导和推动了反帝反封建的工农革命运动。在运动中，中国共产党领导工人和农民制定了各种纲领、决议和条例，成为工农革命的指导方针。如1922年的《劳动法案大纲》、1927年的《土地问题决议案》、《上海特别市临时市政府政纲草案》等。这些纲领、决议、草案等尽管大都未表现为正式的法律，但它们毕竟是新民主主义法制思想的最早体现，也是中国共产党领导工人群众进行立法的一次尝试，为日后革命根据地人民民主政权的立法所继承和发展。

（二）新民主主义革命法制的开创和奠基阶段

第二次国内革命战争时期是新民主主义革命法制的全面开创和奠基阶段。1931年之前，由于没有统一的中央苏维埃政权，法制很不统一。1931年11月，中华苏维埃共和国成立。临时中央政府很快颁布了以《中华苏维埃共和国宪法大纲》为主，包括其他各部门法律在内的多项法规，基本上建立起了统一的新民主主义法制体系。但由于“左”倾路线的影响，这一时期的立法和司法都表现出激进的“左”的倾向。直到红军长征到达陕北时，这一错误才逐步得到纠正。

(三) 新民主主义革命法制的发展

抗日战争时期是新民主主义革命法制的发展阶段。抗日战争全面爆发后，抗日民族统一战线正式建立，各抗日民主政权与陕甘宁边区政府在名义上隶属于南京国民政府。由于形势的需要，他们有选择地采用了国民政府“六法”中有利于人民的某些内容，但实际上各边区政权拥有完全独立的立法权。在总结和借鉴苏区法制建设经验的基础上，根据党中央提出的抗日民族统一战线政策和《抗日救国十大纲领》，边区政权先后制定了大量的法规和法令，纠正了苏维埃法制中的“左”倾错误，确立了保障人权等进步的法律原则，创造了如人民调解制度、新狱政制度以及马锡五审判方式等新的司法制度和司法工作方法，大大丰富和发展了新民主主义革命法制的内容。

(四) 新民主主义革命法制日趋成熟

第三次国内革命战争时期是新民主主义革命法制进一步发展“并臻于成熟阶段。内战爆发前后，各解放区政府除继续沿用原抗日民主政权的大部分法律外，还先后颁布了新的宪法原则和施政纲领。这些新的宪法原则和施政纲领确立了人民代表会议制度、司法独立原则及少数民族自治的原则等。1947 年 7 月以后，人民解放军转入全面反攻，新民主义革命法制发展到一个更新的高度，立法思想和法制原则趋于成熟。尽管在形式上新民主主义法制还不完备，但“人民法律的内容比任何旧时代统治者的法律要文明与丰富”。1949 年 2 月，中共中央发布《关于废除国民党六法全书与确立解放区的司法原则的指示》，宣布新民主主义的法制将完全取代国民党的“六法”体系。

新民主主义法制的最后完善是在建国初期农村的合作化运动和城市的资本主义改造运动开始以前。此后，新民主主义革命法制就开始为社会主义法制所取代。

三、法律的内容

(一) 宪法性文件

1. 工农民主政权的宪法性文件

1931 年 11 月成立了中华苏维埃共和国。随后，中华苏维埃第一次全国代表大会通过了《中华苏维埃共和国宪法大纲》(以下简称《宪法大纲》)，1934 年 1 月，中华苏维埃第二次全国代表大会对《宪法大纲》进行了修改。《宪法大纲》共 17 条，主要内容包括：确定苏维埃政权的性质为工农民主专政；确定苏维埃政权的组织形式是民主集中制的工农兵苏维埃代表大会；规定了苏维埃政权的经济制度；规定了工农群众的各项基本权利；确定苏维埃国家的基本任务。

《中华苏维埃共和国宪法大纲》是中国宪政运动史上第一部由劳动人民制定的、确保人民民主制度的根本大法，是中国共产党领导人民进行反帝反封建、实行工农民主专政的伟大纲领，在中国法制史上有着重要的地位。它肯定了劳动人民已经争得的胜利成果，又为他们指出了革命斗争的方向，具有根本法与纲领的双重特点。它的颁布和实施调动了根据地人民革命的积极性，促进了全国革命运动的发展。同时又因为它是人民制宪的最初尝试，为后来的民主宪政提供了宝贵的经验。

但是，由于缺乏经验，特别是受王明“左”倾冒险主义的干扰，宪法大纲规定了一些错误的政策，混淆了民主革命与社会主义革命的界限，在条件不具备的情况下提出把工农民主专政转变到无产阶级专政，对于剥削阶级不加区分一概剥夺选举权。这是应该吸取的历史教训。

2. 抗日民主政权的宪法性文件

抗日战争全面爆发后，以国共合作为基础的抗日民族统一战线正式建立。在新形势下，陕甘宁边区政府和其他新开辟的抗日根据地民主政府，根据党的抗日民族统一战线总方针和《抗日救国十大纲领》，分别制定了各边区的施政纲领，这些施政纲领是各抗日民主政权具有根本法性质的政纲，是边区政府的立法基础。尽管各个施政纲领因适用的时期和地区不同，在具体规定上也略有差异，但其基本精神和内容是一致的，其中《陕甘宁边区施政纲领》（以下简称《施政纲领》）较具代表性。

《施政纲领》于1941年5月由中共中央边区中央局提出，中共中央政治局批准。同年11月交陕甘宁边区第二届参议会通过，陕甘宁边区政府公布实施，共21条。主要内容有：规定了抗日民主政权的总任务；确立了抗日民主政权建设的“三三制”原则，即在选举边区各级参议会参议员和各级政府工作人员时，候选名单上的共产党员只占三分之一，非党的左派进步分子占三分之一，中间派占三分之一；规定了保障人权的法制原则；确立了抗日民主政权的经济制度；关于加强团结的规定。

3. 人民民主政权的宪法原则和施政方针

人民解放战争时期解放区的宪法性文件出自两个系统：一是各解放区政权根据人民革命战争的需要，结合本地区的实际制定的适合于自己管辖范围内的宪法原则、施政要端或施政方针。内战爆发前以《陕甘宁边区宪法原则》为代表；战争开始后，《华北人民政府施政方针》则反映了该时期施政纲领的特点。二是中国人民解放军适应革命战争发展的需要，按照党中央和毛泽东的战略决策而发布的宣言和布告。这些宪法性文件伴随着人民革命战争在全国的胜利而逐步走向统一，发展成为1949年制定的《中国人民政治协商会议共同纲领》。

（1）《陕甘宁边区宪法原则》

根据国共两党于1945年10月10日签订的“双十协定”，1946年1月在重庆召开了政治协商会议。会议通过的《关于宪章问题的协议》确立了省自治原则，规定省可以制定省宪。据此，各边区政府先行制定了宪法原则和施政纲领。《陕甘宁边区宪法原则》是1946年4月边区召开的第三届参议会通过的，分政权组织、人民权利、司法、经济、文化五个部分。根据上述内容，边区政府和参议会常驻会拟定了《陕甘宁边区宪法草案》。由于国民党反动派发动内战破坏了制宪工作，但早已颁发的宪法原则却成了当时边区政府奉行的临时大宪章。

（2）《华北人民政府施政方针》

1948年8月，原晋察冀边区和晋冀鲁豫边区合并成华北解放区，在石家庄召开了华北临时人民代表大会。大会选举产生了以董必武为主席的华北人民政府。讨论通过了中共中央华北局提出的《华北人民政府施政方针》（以下简称《施政方针》）。其主要内容有：确定了华北解放区的总任务；规定了华北人民政府在军事、经济、政治、文化教育等方面的具体措施；规定了关于新解放区和解放城市的政策。

(3)《中国人民解放军布告》

1947年10月10日，中国人民解放军发布了政治宣言，提出了“打倒蒋介石，解放全中国”的伟大战略任务。经过三年多的解放战争，国民党反动统治已经土崩瓦解。1949年4月21日，毛泽东主席和朱德总司令下达了“向全国进军”的命令。为了配合人民军队的胜利进军，保证革命的最后胜利，4月25日毛泽东和朱德又发布了《中国人民解放军布告》，命令人民解放军和全国人民共同遵守。其主要内容是：宣布了对国民党军政人员区别对待的政策；规定了消灭封建剥削制度的步骤和政策；规定了保护人民合法权益的具体措施；宣布了保护外国侨民的政策。

(二) 土地法规

毛泽东曾经说过，“中国革命的中心问题是农民问题，解决农民问题的关键是土地问题”。所以，彻底废除封建土地所有制、实行耕者有其田是新民主主义革命的基本任务之一。1927年。中共中央“八·七”会议明确提出没收地主土地分给农民，实行土地革命。在革命的各个阶段，人民政权都制定了适应形势发展的土地政策和法规，对推动革命向前发展起到了积极的促进作用。

1. 工农民主政权的土地立法

这个阶段由于缺乏经验和历次“左”倾路线的干扰，党中央的土地政策经历了一个曲折的发展过程，土地立法在不断完善。内容主要包括：

(1) 没收土地的对象。所有的土地法规都规定没收地主阶级的土地，而没收土地的其他对象范围则随着党在不同时期的政策的改变而有所变化。党的“八七”会议规定“没收大地主及中地主的土地”，这年11月党中央临时政治局扩大会议则要求“没收一切私有土地”，“没收一切土地”的规定容易搞乱农村阶级阵线，模糊农民阶级意识，是一个原则错误。根据党的“六大”精神制定的《兴国土地法》改正了这个错误，它明确规定只“没收地主阶级的土地”。此后，大多数根据地土地法规都规定“只没收地主阶级的土地”。1935年12月发布的《关于改变对富农政策的命令》宣布“富农自耕及雇人经营之土地，不论土地之好坏，均一概不在没收之列”，“以前颁布之土地法及一切法令凡与本命令有抵触者，悉废除之”。对于中农的土地，除少数土地法要求没收其多余的部分外，绝大多数都没有这种规定。从经济意义上说，中农是完全的劳动阶级；从政治意义上看，中农是革命的同盟力量，因而对其土地所有权应予保护。

(2) 分配土地的对象。所有的土地法令都规定雇农、贫农、红军战士是土地分配的基本对象，而地主、富农、中农是否可以分得土地，不同时期土地法的规定不同。在中共六届四中全会以前的各根据地土地法中，地主、富农及家属与中农、贫农和雇农一样享有分配土地的同等权利。六届四中全会接受了王明提出的“地主不分田、富农分坏田”的错误政策并将其写入《土地法草案》中。《中华苏维埃共和国土地法》也反映了这一原则。这一原则背离了消灭封建剥削制度的方针，给革命造成了严重损失。1935年后，中央执行委员会发表了土地政策的新指示才纠正了这一错误。中农是否属于土地分配的对象，通常是以同一土地法中中农的土地是否被征收而定。在没收一切土地的土地法中，中农与其他人一样参加土地的平均分配；而在规定只没收自耕农余裕土地以及完全不没收中农土地的法规中。大多规定中农可以不参加土地的分配。

（3）土地分配的标准和办法。早期的土地法规都规定以人口为标准，男女老幼平均分配土地。《中华苏维埃共和国土地法》规定要“选择最有利于贫农、中农利益的方法进行分配土地”，这是王明等人强调在平均分配土地的原则下如何对贫雇农有利就如何分的“左”倾错误的反映。1935年以后，党中央正确地总结了过去的经验教训，决定进行土地革命。按人口不分男女老幼平均分配土地。

（4）土地所有权的归属问题。1930年以前革命根据地的土地法规都规定没收地主的土地归苏维埃政权所有，农民对分得的土地只有使用权而没有所有权。这是照搬马列主义的土地国有理论和苏维埃经验的产物，严重脱离了中国的实际情况，影响了土地革命的深入进行。党的六届三中全会总结了这方面的教训，提出了中国目前尚未发展到完全取消私有制的时候，不应禁止土地买卖和法律允许的租佃制度。1931年2月，毛泽东以中央革命军事委员会总政治部主任的名义写信给江西苏维埃政府，明确肯定农民土地的私有权。这标志着革命根据地土地所有权由国有向农民私有的彻底转变。此后，各根据地都相继规定了农民的土地私有权。

总的来说，党和苏维埃政府草创的土地法是中国乃至世界法制史上伟大的创举。在土地法的指导下，中国延续了两千多年的封建土地制度从此开始解体。土地法的实施解放了农村生产力，改善了农民的生活，使广大农民投身于中国革命并成为最大的支持者和主力军。这一时期的土地法还为解放战争时期的土地立法提供了非常有益的经验。

2. 抗日民主政权的土地立法

抗战前夕，为建立包括地主在内的抗日民族统一战线，中国共产党决定停止没收地主土地的政策。1937年8月15日，中共中央发布《抗日救国十大纲领》，宣布实行“减租减息”。根据这项政策及国民政府的《中华民国土地法》，各抗日民主政府颁布了一系列有关减租减息的法规和法令。土地法规的基本内容有：

（1）保护一切公私土地所有权。土地所有权分为两种：一是公有土地，其所有权属于边区政府；一是私有土地，合法土地的所有人在法令限制范围内对于其所有土地有权自由使用、收益和处分。该时期法令一方面保护农民的土地所有权，另一方面也保护地主的土地所有权。

（2）规定以保护佃权和减租为主要内容的土地租佃关系。法律允许并保护土地租佃关系，但必须实行减租，减租以后，出租人必须按所定减租额收租，减租条例有保障佃农的规定。

（3）规定以减息为主要内容的借贷关系。抗日民主政权禁止各种形式的高利贷剥削，但保护正常的借贷关系，同时规定要减息。各边区减息的条件是要求在现存的借贷关系中把利息减轻到社会经济条件所许可的程度。

减租减息法规的颁布和实施，一方面限制和减轻了封建剥削，改善了农民的生活，提高了农民的生产热情和抗战的积极性，另一方面又保障了地主和债权人的合法权益，对团结各阶层人民，加强抗日民族统一战线具有积极的意义。

3. 人民民主政权的土地立法

(1)《五四指示》。

为了充分发动农民群众保卫解放区，粉碎即将爆发的反革命内战，1946 年 5 月 4 日，中共中央发布了《关于土地问题的指示》，即《五四指示》。《五四指示》提出了解决土地问题的主要原则：

第一，坚决支持农民群众在反奸、清算、减租、减息、退租、退息等斗争中从地主手中获取土地、实现耕者有其田的正义行动。

第二，支持民众从地主手中获取土地，不侵犯中农的土地，一般不动富农的土地，保护工商业。

《五四指示》是解放战争初期由减租减息政策转向彻底没收地主土地分配给农民土地政策的一个过渡，揭开了解放区土地立法的序幕。是民主革命进一步深入的标志。

(2)《中国土地法大纲》。

1947 年 7 月至 9 月，在河北平山县西柏坡召开了全国土地会议，制定了《中国土地法大纲》，同年 10 月 10 日正式公布。大纲共 16 条，其基本内容是：

第一，规定了土地改革的基本任务。即“废除封建性及半封建性剥削的土地制度，实行耕者有其田的土地制度”，按乡村全部人口，不分男女老幼，统一平均分配土地。在土地数量上抽多补少，质量上抽肥补瘦，使全乡村人民均获得同等的土地。

第二，规定了土地改革必须遵循的原则。即依靠贫雇农，团结中农，保护工商业者，正确对待地主与富农。

第三，规定了保护土地改革的司法措施。大纲规定，“为贯彻土地改革的实施，对于一切对抗或破坏本法的罪犯，应组织人民法庭予以审判及处分。人民法庭由农民大会或农民代表大会所选举及由政府所委派的人员组成”。

《中国土地法大纲》是我国土地革命立法史上一部极为重要的法律文件，是自 1927 年以来党领导广大农民开展土地革命斗争经验的总结。它的制定和实施使解放区彻底废除了封建及半封建的土地制度，实现了耕者有其田；提高了农民的经济地位和政治觉悟，解放了农村的生产力，使广大农民更广泛、更积极地参加和支援人民解放战争，为保证人民解放战争的胜利起了决定性的作用。它是一个符合中国具体条件的正确的土地纲领，为新中国成立后的土地法的制定和土改运动提供了丰富的经验。

(三) 刑事法规

1. 工农民主政权的刑事立法

工农民主政权从它建立的那一天起就面临着国民党的军事围剿和政权内部的反革命活动。因此，这一时期刑事立法的主要任务是惩办各类反革命分子，保卫红色政权。为肃清反革命，各地工农民主政权先后颁布了惩治反革命犯罪的刑事法令，其中，1934 年 4 月，中央执行委员会颁布适用于全苏区的《中华苏维埃共和国惩治反革命条例》（以下简称《条例》）是第二次国内革命战争时期苏区刑事立法中的代表性法规。

(1)《中华苏维埃共和国惩治反革命条例》。

《条例》共 41 条，其基本内容有：确立对各种反革命罪的定罪量刑原则；规定了反革命罪的概念与种类；规定了对反革命分子所处的刑罚。《条例》规定的刑罚有：死刑、监禁（最高为 10 年，最低为 6 个月）、没收财产、剥夺公民权、驱逐出境等。《条例》是苏区肃反工作最基本的法律依据，它初步创建了人民的刑法制度，具有开拓性的历史意义。

（2）《关于惩治贪污浪费行为的训令》。

为整肃革命纪律，建成一个廉洁而有效率的苏维埃政府，工农民主政权同革命队伍中的贪污、浪费行为进行了坚决的斗争。1933 年 12 月，中华苏维埃共和国中央执行委员会颁布的《关于惩治贪污浪费行为》第 26 号训令是一个较有代表性的廉政法规。该训令设立了贪污罪和浪费罪，对贪污罪的处罚依据贪污数额大小决定轻重。

2. 抗日民主政权的刑事立法

抗日战争时期，各抗日民主政权从抗日民族统一战线的客观需要出发，不同程度地适用南京国民政府的刑法，但其适用范围仅限于普通的刑事犯罪。对于汉奸、盗匪、烟毒、贪污等对抗战和边区秩序危害最大的特种刑事犯罪，各抗日民主政权都制定有自己的刑事政策和单行的刑事法规。如 1939 年《抗战时期惩治汉奸条例》、《禁烟禁毒条例》、1941 年的《破坏金融法令惩罚条例》等。综观这一时期各抗日民主政权的刑法，主要有以下特点：

（1）刑法原则的发展变化：实行镇压与宽大相结合的原则；贯彻保障人权的原则；实行教育感化为主，刑罚惩罚为辅的原则，反对威吓报复。

（2）主要犯罪种类发生变化，重点惩治危害抗战和边区秩序的犯罪。确立的主要罪名有：汉奸罪；盗匪罪；破坏边区罪；破坏财物罪等。

（3）刑罚制度趋于完善：抗日战争时期各根据地规定的刑罚措施主要有：死刑、无期徒刑、有期徒刑、拘役（又称劳役或苦役）、教育释放、当庭训诫，从刑包括：褫夺公权、没收财产、罚金。

（4）刑事立法群众化的主要经验：陕甘宁边区和各抗日民主政权从立法到司法都贯彻群众路线。就刑事立法来讲，其主要经验是：颁布《防奸公约》，建立锄奸委员会。

3. 人民民主政权的刑事立法

解放战争时期，为适应战争形势和革命的需要，人民民主政权刑法打击的对象主要是战争罪犯、各种反革命分子、土匪恶霸及破坏土地改革的犯罪分子。各解放区人民民主政权及人民解放军以宣言、命令、布告等形式规定了上述各种犯罪的基本特征以及对这些犯罪行为的处理原则和刑罚。

（1）刑法原则的重大发展：1947 年 10 月 10 日，中国人民解放军总部发布的《中国人民解放军宣言》明确规定了“首恶者必办，胁从者不问，立功者受奖”的惩办战争罪犯和反革命分子的总方针。

（2）刑法重点惩办的犯罪：战争罪、反革命罪、严惩反动会道门的首要分子、土匪、恶霸分子等。

（3）刑罚制度的变化：创造了新的刑种“管制”：管制就是在反动分子向政府登记之后，将其交给当地政府和群众进行监督改造，每日或每星期须向指定机关报告其行动；调整了某些刑罚执行制度。

（四）婚姻法规

1. 工农民主政权的婚姻立法

中华苏维埃共和国成立后，根据《宪法大纲》确立的“婚姻自由”原则，1931年12月制定了《中华苏维埃共和国婚姻条例》。1934年4月修订后公布为《中华苏维埃共和国婚姻法》(以下简称《婚姻法》)。这是第二次国内革命战争时期工农民主政权婚姻立法的代表性法律。《婚姻法》共7章21条。其主要内容有：基本原则，即“确立男女婚姻以自由为原则”；结婚的要件和程序，即确立男女结婚必须具备实质要件和形式要件；离婚及离婚后的财产处理和子女抚养；保护红军婚姻。

《中华苏维埃共和国婚姻法》的制定与实施，把广大妇女从野蛮的封建婚姻制度下解放出来，实现了婚姻自由。同时建立了新民主主义的婚姻制度，是中国婚姻家庭史上的重大变革，对后来的婚姻家庭立法产生了重大影响。

2. 抗日民主政权的婚姻立法

为了把占人口半数的广大妇女从封建婚姻制度的压迫下彻底解放出来，根据各抗日民主政权施政纲领所确定的婚姻立法原则，各抗日边区政府相继颁行了婚姻法规。内容主要包括：立法原则的发展，如规定了男女平等、婚姻自由及一夫一妻之原则；结婚规定的变化：主要表现在婚龄趋于下降；离婚的规定更具体。

另外，由于抗日民族统一战线的建立，抗日民主政权的婚姻立法有原则地吸收了国民政府《民法·亲属编》的内容。比如法律承认婚约，无故违约者应赔偿对方因此而蒙受的损失，但婚约不是婚姻的必经程序。结婚的程序兼采登记制和仪式制等。

【事例16-1】

《刘巧儿》的原型——封捧儿和张柏儿的婚恋

封芝琴，乳名叫封捧儿，4岁时她被父亲许给张湾村的张柏儿为妻。18岁时，她长成个儿高挑、十分漂亮的姑娘，且因勤劳朴实，成为边区的劳动模范、妇女积极分子。封捧儿与张柏儿自小常来常往，感情深厚。封父后嫌张家贫寒，将封捧儿又许给了朱家后生。封捧儿得知消息，当即与张柏儿商量对策。1943年3月18日，张家按照当地“抢亲”习俗，带了一帮乡邻到封家抢亲。次日，封父以“抢劫民女罪”将此事状告至华池县司法所，司法裁判员未做深入调查便召集朱、张、封三家当事人，当庭宣布张柏儿“抢亲”婚姻无效，县警卫队还把抢亲的人全部抓了起来，一对鸳鸯就这样被拆散。当时，痛苦至极的封芝琴决定冲破封建礼教束缚和世俗偏见，找个评理的去处讨回公道。当年4月4日，她毅然翻山越岭80余里，找到陇东专署马锡五专员，要求马专员为自己申冤做主。令她欣喜的是，5月29日，马专员进行调查研究后，在悦乐召开群众大会，公开审理了封捧儿婚姻案，宣布封芝琴与张柏儿的婚姻有效，使这对有情人终成眷属。他还表扬捧儿和柏儿的结合是边区婚姻自主的新鲜事，要大力提倡。

婚姻如愿了，封捧儿也因此成了“名人”。1944年3月14日，延安的《解放日报》首先在解放区披露了封芝琴争取婚姻自由的事迹，捧儿一时成了反封建的女英雄。随后，陕甘宁边区的文艺工作者纷纷以封芝琴为原型，编排各种形式的文艺节目，将封芝琴的故事不断搬上舞台，《刘巧儿告状》的眉户、秦腔等诸多地方戏种相继编排演出，尤其著名评剧演员新凤霞那段欢快婉转的吟唱：“巧儿我自幼儿许配赵家……”以及随后的电影《刘巧儿》使“巧儿”以争取婚姻自由先锋的形象深嵌在国人的记忆里。

“巧儿旧居”处于甘肃省庆阳市华池县悦乐镇张湾村。进入华池县，以“红色摇篮”为主题的巨大广告牌接二连三地映入眼帘，其中“欢迎来到刘巧儿故乡”、“巧儿精神代代相传”、“刘巧儿——反对封建礼教、争取婚姻自由的先锋”等以刘巧儿为内容的广告牌居多。

3. 人民民主政权的婚姻立法

解放战争时期，人民民主政权一般都继续沿用抗日民主政权的婚姻立法或略作修订。如1946年的《陕甘宁边区婚姻条例》、1949年的《山东省婚姻暂行条例》等。各解放区婚姻立法较具特点的是各地人民政府针对解放战争时期新出现的婚姻问题发布的命令、通令。其三要内容有：重申保障革命军人婚姻；干部离婚的处理原则和程序；强调离婚的阶级条件。

（五）劳动法规

中国的产业工人自近代产生以来就生活在社会的最底层，其地位之低下，生活之悲惨为世界罕见。人民革命政权建立后，工人阶级第一次成为国家的主人。为了保障工人的合法权益，各个时期的人民民主政权都制定了劳动法规及有关的规范性法律文件。

1. 工农民主政权的劳动立法

1929年10月，闽西上杭县第一次工农兵代表大会通过了《上杭县劳动法》。这是工农民主政权的第一个劳动法。1930年5月，全国苏维埃代表大会制定了苏维埃第一部统一的劳动法——《劳动保护法》。1931年11月，中华苏维埃第一次全国代表大会通过了《中华苏维埃共和国劳动法》，同年12月公布施行。这是一部具有代表性的劳动法典，由于其内容过于激进而与苏区现实相脱离，1933年10月修改后重新公布。

修改后的《劳动法》共15章121条。包括总则，雇佣及取得劳动力的手续，工作时间，休假时间，工资、妇女及未成年人的劳动，学徒，保证与津贴，劳动保护，社会保险，集体合同，劳动合同，职工会联合会及其在企业、机关、商店中的组织，管理规则，解决争执及处理违反劳动法案的机关等。

2. 抗日民主政权的劳动立法

依靠工人阶级，团结资本家共同抗日是这一时期劳动立法的出发点。据此，资方应适当地改善工人生活，减少工时，增加工人工资以调动工人抗日和生产的积极性；工人应提高生产热忱，遵守劳动纪律，增加生产，使资本家有利可图。依照这一立法精神，各根据地都制定了劳动法规，其中1941年晋冀鲁豫边区的《劳动保护暂行条例》和1942年的《陕甘宁边区劳动保护条例草案》较为典型。其主要内容有：关于工人权利的规定；关于工时、工资和劳动保护的规定；关于保护女工、青工和童工的规定；关于劳动合同和集体合同的规定。

抗日民主政权的劳动法在保证工人各项权利和基本生活需求的前提下，对工人权利、待遇等的规定更符合抗日根据地的实际情况，使工人的各项权益能真正地实现；对资本家也一方面取消了苏维埃劳动法中对其实行不平等待遇的条款，另一方面又限制其剥削程度。这就调动了劳资双方的积极性，收到了良好的效果。

3. 人民民主政权的劳动立法

毛泽东在《目前形势和我们的任务》一文中为新民主主义的经济政策提出了总的指导方针，即"发展生产，繁荣经济，公私兼顾，劳资两利"。这一方针也是解放战争时期各解放区人民民主政权劳动立法的指导思想。1948 年 8 月，第六次全国劳动大会通过了《关于中国职工运动当前任务的决议》。该决议提出了劳动立法的一般原则，如工人阶级有组织工会的权利；依靠工人阶级管理生产，在国营、公营企业中建立工厂管理委员会和职工代表大会；采取保障最低生活水平的工资政策；实行劳动保护制度；在条件许可的地方和生产部门试行劳动保险制度；按照法律程序公平合理地解决劳资纠纷等。

根据上述立法原则，各解放区政府或新解放城市军事管制委员会，结合本地实际情况颁布了若干有关劳动问题的决议和法令。其中较能反映这一时期劳动立法特点的内容主要有：依靠工人阶级建设城市、管理城市、管理生产；实行劳动保险制度；贯彻劳资两利原则，合理调处劳资争议。

第二节　革命根据地的司法制度

一、工农民主政权的司法制度

(一) 司法机关

在苏维埃临时中央政府成立以前，各根据地工农民主政府的审判机关名称不一。有革命法庭、裁判委员会、肃反委员会等。1931 年 12 月，中央执行委员会发布《处理反革命案件和建立司法机关的暂行程序》(以下简称《暂行程序》) 的训令，基本统一了苏区司法机关的组织系统。次年，中央执行委员会又相继发布《军事裁判所暂行组织条例》和《裁判部暂行组织和裁判条例》(以下简称《裁判条例》)，进一步完善了工农民主政权的司法组织系统。在司法组织上实行各级司法机构受同级政府领导的体制，即政审合一。这种新型司法领导体制适合于战争需要，有利于政策法令的执行。

工农民主政权的司法机关是：

1. 最高法院

1934 年 2 月，临时中央政府颁布《中华苏维埃共和国中央苏维埃组织法》，规定中央执行委员会下设最高法院，但最高法院却始终未曾建立。在最高法院成立以前，由临时中央政府组织临时最高法庭作为中华苏维埃共和国的最高审判机关。其权限是：对一般法律作出法定解释；审查各裁判部所的判决和决议；审查中央执行委员会以外的高级机关职员在执行职务期间内的犯罪案件、不服省裁判部或高级军事裁判所的判决而提起上诉的案件。临时最高法庭内设刑事法庭、民事法庭及军事法庭。

2. 省、县、区裁判部

在地方各级法院未设立以前，地方各级临时司法机关为省、县、区三级裁判部，行使审判权和司法行政权。裁判部采取双重领导原则，即除受上级司法机关领导外，还受同级政府主席团的领导。它们依法定的地区管辖和审级管辖的权限审判案件。裁判部内设刑事法庭、民事法庭，必要时可组织巡回法庭。1933年4月以后，在市裁判部内设劳动法庭，专门审理违反劳动法的案件。

3. 军事裁判所

在红军中的军部、师部和军区指挥部设初级军事裁判所，在中央革命军事委员会内设高级军事裁判所，审理所有红色武装队伍中的军人、其他人员与作战地带的居民违反法律的案件，以及作战地带敌军侦探和内奸案件。

4. 检察机关

苏区实行“检审合一”制，即将检察机关附设在审判机关之内。最高法院（庭）内设正、副检察长各一人，检察员若干人；省、县裁判部内设检察员若干人；区裁判部不设检察员。检察机关的任务是管理刑事案件的预审、起诉事宜，代表国家提起公诉等。

红色区域内具有司法职能的机关还有各级肃反委员会和国家政治保卫局。肃反委员会是为暴动或红军占领初期临时革命政权设立的临时肃反机关，兼有司法机关和国家政治保卫局的职能。国家政治保卫局及其派出机构（国家政治保卫分局和特派员）是中央人民委员会下设立的、同一切反革命、盗匪等重大刑事犯罪作斗争的专门机关，其内部实行严格的垂直领导，地方党政和红军指挥机关均无权干预其活动。由于这种领导体制削弱了地方党委的领导，国家政治保卫局及其派出机构曾一度成为苏区肃反扩大化错误路线的主要执行者。其后才确立了双重从属制的领导原则，由党、局共同负责。

（二）审判制度

1934年4月，中央执行委员会颁布《中华苏维埃共和国司法程序》（以下简称《司法程序》）、《暂行程序》、《裁判条例》及各司法机关组织法等法规，规定了工农民主政权的审判制度和原则。

1. 两审终审制度

《司法程序》规定，“苏维埃法庭为两级审判制，即只限于初审、终审两级”，“任何案件经过两审后不能再上诉”。

2. 公开审判制度

《裁判条例》第16条规定，“审判必须公开，倘有秘密关系时，可用秘密审判的方式。但宣布判决时仍须作公开。”

3. 回避制度

《裁判条例》规定，“与被告人有家属和亲戚关系或私人关系的人不得参加审判该被告人的案件”。这一规定适用于主审员和陪审员。

4. 合议制与人民陪审制

简易案件可以实行独任审判，一般案件都应实行合议制，由裁判部长或裁判员为主审。其余两人为陪审员；合议时以多数人的意见为准，若争执不决时以主审意见为准。陪审员由职工会、雇农工会、贫农团及其他群众团体选举；军事审判陪审员由士兵选举。审判完毕陪审员即回原处。

5. 辩护制度

《裁判条例》规定，被告人可派代表出庭辩护，但须得法庭的许可。《川陕省革命法庭条例草案》规定，被告的辩护人必须是劳动者、有公民权的人。一切剥削分子没有担任辩护人的资格。

6. 死刑审批制度

《裁判条例》规定，县、省裁判部都有死刑判决权。但得分别由其直接上级审判机关批准才能执行；与省政府隔断的县和未与中央苏区打成一片的省的裁判部可不经批准即能执行死刑。1934 年，由于根据地的政治、军事形势严峻。新公布的《司法程序》将死刑的判决和执行权下放到了区裁判部和区肃反委员会。废止死刑的批准制度，改实行上诉制度，即凡上诉期满犯人不上诉的，原审机关即可执行死刑。

（三）劳动感化院的建立

1932 年 8 月，工农民主政权颁布了《劳动感化院暂行章程》。这个章程规定了苏维埃狱政的指导思想和管理制度，设计了新民主主义狱政制度的雏形。感化院设立的目的是“看守、教育及感化违反苏维埃法令的一切犯人，使这些犯人在监禁期满后不再违反苏维埃的法令”。

苏维埃的监狱对于死刑以外的罪犯采取感化主义，即用共产主义精神与劳动纪律去教育犯人，改造犯人犯罪的本质。为此，感化院设立各种劳动工场、劳动科监督和指导他们的工作；设立文化科组织和管理犯人的教育。这些措施对于犯人的思想改造、劳动技能的获得起了重要作用。

二、抗日民主政权的司法制度

（一）司法机关

为了适应抗日民族统一战线的需要，1937 年 9 月，中华苏维埃共和国西北办事处改为陕甘宁边区政府后，原司法人民委员部及各级裁判部也随之被撤销，建立了新的司法机关系统，但仍然实行政府领导司法的体制。虽然由于国共合作，各根据地的法院组织条例都有受国民政府最高法院管辖的规定，实际上它们之间却没有任何隶属关系。抗日民主政权的司法机关无论组织体制还是性质任务，都与国民党的法院有本质区别。其基本司法机关有：

1. 高等法院及其分庭（院）

各边区都设有高等法院（山东省称高级审判处），名义上隶属于国民政府最高法院。实际上，高等法院受边区参议会监督和边区政府领导，院长由参议会选举并对参议会负责。高等法院的职权为审理边区重要的刑事第一审案件、不服地方法院或县司法处裁定而抗告的案件以及全边区的司法行政事务。

高等法院分庭（院）是高等法院在边区政府所辖各分区设立的派出机构（山东省称高级审判处分处），代表高等法院受理不服各该分区所辖地方法院或县司法处第一审判决上诉之民、刑案件。

2. 地方法院或县司法处（科）

1943 年前，陕甘宁边区各县设裁判员或司法处，少数县、市曾设立地方法院。1943 年，边区政府公布《陕甘宁边区司法处组织条例草案》，规定除延安市设立地方法院外，其他各县一律改为县司法处，审理各该县第一审刑、民事诉讼案件。地方法院与县司法处

（科）管辖案件的范围相同，只是内部组织略异。

除上述两司法机关外，部分边区还设有其他独立审级。如陕甘宁边区在1942年至1944年间在边区高等法院之上设立的边区政府审判委员会；晋冀鲁豫边区、山东省及华中部分抗日根据地则在高等法院和县司法科之间设立专员分署司法科。

3. 检察机关

各边区均实行“审检合署”制，检察机关附设于法院内，检察员在法院院长领导下独立行使检察权。

由于各抗日根据地处在激烈的战争环境中，正常的司法机关较难建立，同时又要防止国民党反动派以统一战线为名渗入边区司法系统，各边区都强调党与抗日民主政权对司法工作的领导，反对单纯提倡“司法独立”的观点。这不仅反映在司法行政机构与审判机构合一、检审合署等制度上，而且还表现在各边区往往以行政首长兼任司法首长的特点上。如陕甘宁边区在1943年明确规定由各分区专员兼高等法院分庭庭长，由县长兼任县司法处处长。各边区和县都设立裁判委员会，由当地党政首长及司法人员参加，处理当地重大案件。这种体制既保证了中国共产党对司法工作的领导，又有利于精兵简政，集中力量惩处汉奸等卖国罪行，是完全必要的。

（二）诉讼审判制度

各抗日根据地民主政权的诉讼审判制度在继承苏区的基础上又有所发展，主要表现在：

1. 审级制度

各抗日根据地司法机关多采用两审终审或三审终审制。陕甘宁边区在1937年7月至1942年8月形式上曾以国民政府最高法院为第三审，实际上实行两审终审；1942年至1944年取消了国民政府最高法院的最高审级，增设边区政府审判委员会作为第三审级。晋冀鲁豫边区的刑事案件实行两审终审，民事案件则实行三审终审。

2. 公审制度

在公开审判的基础上，部分边区创造了公审制度。即对有重大影响的刑、民事案件在群众大会上公开审判。公审可以设置公审法庭，也可以不设，但均应有人民代表参加。其意义在于教育群众，宣传政策法令，公开支持群众斗争。

3. 上诉制度

各抗日边区政府的诉讼法规、法令都规定了上诉制度。如《陕甘宁边区刑事诉讼条例草案》规定，有权提起上诉的人包括被告人及其辩护人、近亲属，自诉案件的原告人和公诉案件的被害人；其他边区则规定刑事诉讼案件中只有当事人才有上诉权。上诉形式可以是口头的，也可以是书面的；可以向原审法院提起，也可以向上级法院提起。民事案件的上诉期限一般为20天，刑事案件的上诉期限一般为10天。

4. 复核制度和审判监督制度

复核包括对判处有期徒刑案件的复核和死刑案件的复核。判处有期徒刑案件的复核指下级司法机关所判处的一定刑期以上的案件在宣判前须送上级复核，待批准后方能宣判；死刑案件的复核指死刑判决确定后，无论被告人是否上诉，原审机关必须上报有死刑核准权的机关核准，经核准后方能执行死刑。各边区的死刑复核机关不尽相同，如陕甘宁边区由高等法院复核（边区政府审判委员会存续期间由该委员会复核），晋冀鲁豫边区则由二审机关复核。

各边区建立的审判监督制度有两种，即上级司法机关对下级司法机关的监督和人民群众的监督。来自上级司法机关的监督除了通过审理上诉案件和派人去检查工作外，还有两种方式：一是审核案件，即上面所谈到的“复核”。根据不同情况，上级司法机关分别作出“更行调查”、“纠正错判”、“如拟宣判”的指示；二是批答疑难问题，即对于下级司法机关在审判实践中遇到的疑难问题，上级司法机关通过批答方式给予原则上的指导。人民群众对司法机关的监督指司法机关要向同级参议会报告工作，注意听取参议员和群众的意见，执行参议会的议案，改进司法工作。

5. 人民调解制度

人民调解制度萌芽于苏区，但作为我国特有的法律制度则是在抗日根据地里培育和发展起来的。各边区政府都很重视调解工作，在总结群众经验的基础上先后颁布了一系列调解条例、命令和指示。它们的主要内容包括：

（1）调解原则。一是自愿原则，即调解人必须以说服教育的方式使双方当事人同意，不能强迫命令或威胁；二是合法原则，即调解不是无原则的和稀泥，不是无条件地息事宁人，而是必须以法律为依据明辨是非、解决纷争，同时要照顾到善良的道德风俗；三是调解不是诉讼的必经程序，即当事人若不愿调解，或调解达不成协议时，任何一方都有向司法机关起诉的权利。司法机关也不能以未经调解为借口而拒绝受理。

（2）调解范围。包括民事纠纷（法律另有规定的除外）和轻微的刑事案件（其范围一般由法律予以规定）。

（3）调解的组织形式。一种是民间调解。这一类调解通常由双方当事人邀请乡邻、亲友或群众团体评议曲直，提出调解方案，劝导双方息争；另一种是政府调解。即在基层政权的主持下调解民间纠纷，有的由政府直接调解，有的在人民政府下专设调解委员会从事调解工作；最后一种是司法调解。即凡起诉到司法机关的刑民事案件，如属法律规定调解的案件范围则由司法机关主持调解。政府调解和司法调解达成后，其调解协议书即具有与判决同等的法律效力。另外，在陕甘宁边区的调解实践中，群众团体也是主要的调解组织之一。各群众团体都将调解讼争作为自己的一项重要活动。有些群众团体还设有专门负责调解的机构。

（4）调解纪律。各根据地的调解条例几乎都有调解人必须奉公守法、遵守纪律的规定。如调解人不得受贿舞弊、中饱私囊、不准乱打、乱罚，而是要尊重当事人的人权。

在抗日战争的艰苦年代里大力推行调解工作有着特别重大的意义。经过调解，当事人心平气和地解决了矛盾，增强了人民之间的和睦团结；群众参加调解也增强了法制观念，大大减少了纷争；司法机关的一般案件大为减少，有利于他们集中精力处理重大刑事案件和复杂民事案件，提高了办案质量。人民调解制度的完善与调解工作的普遍开展，丰富了新民主主义革命法制的内容，为新中国的人民调解制度积累了宝贵的经验。

6. 巡回审判制度

为了适应战争环境，方便群众诉讼，各抗日边区司法机关都建立了巡回审判制度。巡回审判的组织形式有两种，一是由司法机关指派审判人员定期深入基层，巡回审判各自辖区内的刑民案件；二是由政府或法院设立专门巡回法庭或流动法庭，代表该级政府或法院外出巡回审判。巡回审判制度是抗日边区司法工作民主化和群众化的重要表现。马锡五审判方式就是在这一制度的实践中创造出来的。

马锡五是陕甘宁边区陇东专区专员兼高等法院陇东分庭庭长。他根据当地实际情况，依据边区的婚姻法令，坚决支持封捧儿婚姻自由，判决她与张柏儿结婚，赢得了当地干部和群众的热烈拥护和好评。毛泽东表扬了马锡五，充分肯定了他依靠群众的审判方式。《解放日报》也发表社论，论述司法制度上的这个伟大创造。

马锡五审判方式的产生不是偶然的，人民民主制度必然产生与之相适应的人民审判制度。整风运动为马锡五审判方式的诞生奠定了思想基础，群众的智慧是马锡五审判方式产生的力量源泉。这一审判方式的主要特点是：

第一，深入农村，实地调查案情。案件是在群众中发生的，是非曲直、真假虚实，群众都最了解。因此，走出法庭，深入农村，到群众中去才能实事求是地掌握案情，为正确处理案件奠定基础。马锡五作为边区高级干部，总是以人民勤务员的身份深入基层，亲自巡回审案，在充分调查研究的基础上作出正确合理的判决。

第二，密切联系群众。马锡五虚心听取群众意见，并宣传群众，教育群众，提高他们的法制观念和分辨是非的能力，同时还吸收群众中有威望和有能力的人直接参与案件的审理。当群众舆论与边区政府的政策法令一致时，及时依法判决；意见不统一时，则按照政策和法律向群众进行宣传和解释，再行判决，使群众的意见和法律规定融为一体。因此，他的判决既合乎法律，又为当地舆论所赞许，使当事人双方心悦诚服。人情与国情在他的审判中得以充分地统一。

第三，方便群众诉讼，手续简便，不拘形式。马锡五牢记边区司法工作者便利人民诉讼、保护人民利益的神圣职责。为了照顾人民利益，使受冤枉者便于申雪，他在实践中采用了一系列便利人民诉讼的好方法。如携卷下乡，亲赴出事地点；审理案件没有官气，询问和气，耐心说服，不敷衍，不拖延，消除了农民对法律和法官的畏惧感；不拘形式，不怕麻烦，不论黑夜白天，还是田间地头，就地设庭审判，即时判决；在法律许可的范围内，在保证案件依法合理审理的前提下，简化诉讼程序，照顾民间风俗习惯，注重调解以利于人民的团结。

马锡五审判方式充分体现了党的群众路线，是抗日民主政权司法战线上的一面旗帜。它的出现和推广使依靠群众、调查研究、实事求是的工作作风蔚然成风，培养了一大批优秀的司法干部，解决了积压多年的疑难案件，促进了团结抗战，有利于生产，进一步推动了边区司法的民主化，使新民主主义的司法制度落到了实处。

三、人民民主政权的司法制度

（一）司法机关

1. 人民法院

解放战争后期，与政府的设置相适应，各解放区都建立了大行政区、省、县三级司法机关，它们一律改称人民法院，分别隶属于同级政府，从而建立起新的人民法院系统。各级人民法院一般设有院长及审判委员会，有的审判委员会分为民事组、刑事组，分别审理民刑案件。

2. 人民法庭

《中国土地法大纲》规定，“为贯彻土地改革的制度，对于一切违抗或破坏本法的罪犯，应组织人民法庭予以审判及处分”。法庭由农民大会或农民代表会所选举及由政府所委派人员组成，各级法庭受同级选举团体或其上级机关以及同级或上级政府机关的监督与领导，其上诉机关为上一级人民法庭或上级政府，最后的上诉机关通常为县政府。人民法庭有死刑判决权，但死刑执行须由县以上政府批准。人民法庭是专门审理一切违抗或破坏土改运动案件的临时审判机关，一俟土改结束，人民法庭即行撤销。

3. 军事法庭

1948年11月颁发的《关于军事管制问题的指示》规定，在新解放城市的军事管制委员会下设军事法庭，负责审判反革命案件。法庭内设庭长、审判员、检察处和书记处。

4. 检察机关

解放战争期间，一般解放区都实行审检合一，或由公安机关代行检察职责。后来，华北人民政府另设华北人民检察院，首次实行检审分立。

（二）诉讼审判制度的发展完善

解放区人民民主政权的诉讼审判制度，在民主政权各项传统制度的基础上又有进一步的发展。主要表现在：

1. 公安机关与司法机关的权责进一步划分

在拘捕权、司法权由公安、司法机关统一行使的原则下，各解放区人民民主政权对公安机关和司法机关处理刑事案件的权责作了进一步的划分，确立了二者既相互配合又有所制约的关系。

2. 建立起较完善的传讯、拘捕等制度，禁止肉刑

为保障人权，人民民主政权还建立了较为完善的传讯、拘捕和搜查制度，严禁使用肉刑。1948年，哈尔滨特别市政府发布《为禁止非法拘捕、审讯及侵犯他人人权等行为事》的布告；1948年5月，豫皖苏边区行政公署向各级政府发布《切实保障人权，严禁乱抓乱打，肉刑逼供》的训令。

3. 便利群众诉讼，取消诉讼费用

1948年11月，华北人民政府发布《关于估定囚粮额数，取消讼费及区村介绍起诉制度的通令》，宣布一律取消讼费和起诉须经区、村介绍始得受理的制度。

4. 放宽上诉限制与严格复核制度

这是解放区人民政府采取的新措施。解放区的审级至此由过去的两审终审制改为三审终审制，上诉期限刑事案件为7至10天，民事案件为20天。解放区人民政府为了加强对下级司法机关的检查与监督，保证案件的正确处理，严格了复核制度。1949年以后，凡判死刑的案件，县、市法院须呈省院转大行政区法院复核，由大行政区主席批准。

（三）废除国民党六法全书和确立解放区的司法原则

在解放战争即将取得全面胜利之际，为彻底废除旧法统，澄清革命队伍内模糊的法律意识，为新中国成立后的法制建设作准备，1949年2月，中共中央发布了《关于废除国民党的六法全书与确定解放区的司法原则的指示》（以下简称《指示》）。其基本内容是：

1. 揭露和批判国民党六法全书的反动本质并宣布予以废除

《指示》指出，“国民党全部法律只能是保护地主和买办官僚资产阶级反动统治的工具，是镇压与束缚广大人民群众的武器，因此六法全书绝不能是蒋管区和解放区均能适用的法律”，国民党六法全书应该彻底废除。

2. 确立解放区的司法原则

《指示》要求“目前在人民的法律还不完备的情况下，司法机关的办事原则应该是：有纲领、法律、命令、条例、决议规定者，从纲领、法律、命令、条例、决议之规定；无纲领、法律、命令、条例、决议之规定者，从新民主主义政策”。

3. 要求对司法干部进行教育和改造

《指示》要求司法机关蔑视和批判国民党政府及欧、美、日等资本主义国家的一切反动法律，以马列主义、毛泽东思想的国家观、法律观和新民主主义政策、纲领、命令、条例、决议的办法来教育和改造司法干部。

《关于废除国民党的六法全书与确定解放区的司法原则的指示》表明新民主主义革命法制即将在全国取得绝对优势，从而为人民司法工作的建立指明了方向。各解放区人民法院根据指示精神进行了初步的整顿。这就在思想上、组织上为新中国成立后深入开展司法改革运动和在全国范围内建立各级人民司法机关奠定了基础。

【本章小结】

革命根据地法制建设的基本原则有：坚持马克思主义与中国国情相结合，紧密围绕并服务于民主革命的总任务和总路线，坚持人民民主专政。革命根据地法制的建立和发展经历了萌芽、开创和奠基、发展以及日趋成熟阶段，最后完善是在建国初期农村的合作化运动和城市的资本主义改造运动开始以前。此后，新民主主义革命法制就开始为社会主义法制所取代。这一时期的宪法性文件有：工农民主政权时期的《中华苏维埃共和国宪法大纲》，抗日民主政权的《陕甘宁边区施政纲领》，人民民主政权的《陕甘宁边区宪法原则》、《华北人民政府施政方针》。土地法规内容有：工农民主政权的土地立法对于没收土地的对象、分配土地的对象、土地分配的标准和办法、土地所有权的归属问题都在不断探索之中。抗日民主政权的土地立法提出了保护一切公私土地所有权，规定以保护佃权和减租为主要内容的土地租佃关系，规定以减息为主要内容的借贷关系。人民民主政权的土地立法有：《五四指示》要求各级党委将解决土地问题作为当前最基本的任务，并提出解决土地问题必须依照的主要原则；《中国土地法大纲》的基本内容有：规定了土地改革的基本任务，规定了土地改革必须遵循的原则，规定了保护土地改革的司法措施。刑事法规包括：工农民主政权的刑事立法有《中华苏维埃共和国惩治反革命条例》、《关于惩治贪污浪费行为的训令》；抗日民主政权的刑事立法原则的发展变化；主要犯罪种类发生变化，重点惩治危害抗战和边区秩序的犯罪；刑罚制度趋于完善。人民民主政权的刑事立法原则继续重大发展；重点惩办的犯罪有战争罪、反革命罪等；刑罚制度发生变化，创造了新的刑种“管制”，调整了某些刑罚执行制度。婚姻法规：工农民主政权的婚姻立法有《中华苏维埃共和国婚姻法》；抗日民主政权的婚姻立法在立法原则、结婚规定、离婚的规定方面均有变化；人民民主政权的婚姻立法重申保障革命军人婚姻，规定了干部离婚的处理原则和程序，强调离婚的阶级条件。劳动法规：工农民主政权的劳动立法主要指《中华苏维埃共和国劳动法》，抗日民主政权的劳动立法关注于资方应适当地改善工人生活，减少工时，增加工人工资以调动工人抗日和生产的积极性；工人应提高生产热忱，遵守劳动纪律，增加生产使资本家有利可图。人民民主政权的劳动立法依靠工人阶级建设城市、管理城市、管理生产，实行劳动保险制度，贯彻劳资两利原则、合理调处劳资争议。

工农民主政权的司法机关包括最高法院，省、县、区裁判部，军事裁判所，检察机关；审判制度包括：两审终审制度，公开审判制度，回避制度，合议制与人民陪审制，辩护制度，死刑审批制度；劳动感化院的建立。抗日民主政权的司法机关包括高等法院及其分庭（院），地方法院或县司法处（科），检察机关；诉讼审判制度包括审级制度，公审制度，上诉制度，复核制度和审判监督制度，人民调解制度，巡回审判制度。人民民主政权的司法机关包括人民法院，人民法庭，军事法庭，检察机关；诉讼审判制度的发展完善主要表现在：公安机关与司法机关的权责进一步划分，建立起较完善的传讯、拘捕等制度、禁止肉刑，便利群众诉讼、取消诉讼费用、放宽上诉限制与严格复核制度；废除国民党六法全书和确立解放区的司法原则。